U0516841

新
思
THINKR

有思想和智识的生活

企鹅欧洲史

中世纪
盛期的欧洲

EUROPE IN THE HIGH MIDDLE AGES

[美] 威廉 · 乔丹
(William Chester Jordan) _ 著
傅 翀 吴昕欣 _ 译

中信出版集团 | 北京

图书在版编目（CIP）数据

中世纪盛期的欧洲 /（美）威廉 · 乔丹著；傅翀
吴昕欣译 . -- 北京：中信出版社，2019.5（2025.7 重印）
（企鹅欧洲史）
书名原文：Europe in the High Middle Ages
ISBN 978-7-5086-8780-3

Ⅰ . ①中… Ⅱ . ①威… ②傅… ③吴… Ⅲ . ①欧洲 －
中世纪史 － 1000-1350 Ⅳ . ① K503

中国版本图书馆 CIP 数据核字 (2018) 第 053997 号

Europe in the High Middle Ages by William Chester Jordan

First Published 2001
First published in Great Britain in the English language by Penguin Books Ltd.

中世纪盛期的欧洲

著　　者：[美] 威廉 · 乔丹
译　　者：傅　翀　吴昕欣
出版发行：中信出版集团股份有限公司
（北京市朝阳区东三环北路 27 号嘉铭中心　邮编　100020）
承 印 者：河北鹏润印刷有限公司

开　　本：880mm × 1230mm　1/32　　印　　张：14.25　　插　　页：8　　字　　数：343 千字
版　　次：2019 年 5 月第 1 版　　印　　次：2025 年 7 月第 14 次印刷
京权图字：01-2015-8279
书　　号：ISBN 978-7-5086-8780-3
定　　价：68.00 元

服务热线：400-600-8099
投稿邮箱：author@citicpub.com

目录

"企鹅欧洲史"系列中文版总序　i

《中世纪盛期的欧洲》导读　v

作者序　xvii

第一部分　11 世纪的欧洲　1

第 1 章　1000 年的基督教世界　3

第 2 章　地中海地区的欧洲　19

第 3 章　北欧人、凯尔特人与盎格鲁-撒克逊人　43

第 4 章　法兰克 / 法兰西　60

第 5 章　中欧地区　76

第二部分　12 世纪的文艺复兴　93

第 6 章　主教叙任权之争　96

第 7 章　第一次十字军运动　115

第 8 章　知识界　132

第 9 章　12 世纪的文化创新：俗语文学与建筑　153

第 10 章　政治势力及其环境（上）　170

第 11 章　政治势力及其环境（下）　193

第三部分　13 世纪的欧洲　213

第 12 章　社会结构　216
第 13 章　教皇英诺森三世与第四次拉特兰会议　231
第 14 章　学问　255
第 15 章　北方诸王国　271
第 16 章　波罗的海和中欧　291
第 17 章　哥特世界　310
第 18 章　南欧　324

第四部分　14 世纪早期的基督教世界　345

第 19 章　饥荒与瘟疫　347
第 20 章　政治与社会暴力　362
第 21 章　危机中的教会　377

结语　391
致谢　393

附录　395

世系表　397
参考书目　417
推荐阅读　421

“企鹅欧洲史”系列中文版总序

文明的更新、重组和不断前进

——为什么我们应该阅读“企鹅欧洲史”系列

彭小瑜

21 世纪还剩有 80 多年，当今的主要发达国家，也就是欧洲国家以及在制度和文化上与之关系极其紧密的北美洲和大洋洲国家，在发展上的明显优势目前无疑还存在。那么到了 21 世纪末，情况又会如何？“企鹅欧洲史”系列包含的 9 部著作覆盖了欧洲文明近 4 000 年的历史。如果我们精细地阅读这几本书，我们就能够观察到欧洲文明在历史上经历过的多次繁荣、危机和复兴，进而能够认识到欧洲文明保持更新和不断前进的真正力量是什么。

相对于世界其他地方的古老文明，欧洲文明天然具有优越性吗？从 19 世纪在中国沿海地区贩卖鸦片的英国人身上，我们看不到什么值得欣赏和效仿的品德和价值观。西方近代的“船坚炮利”及其背后的科学技术固然值得研究和学习，但是学会了“船坚炮利”的本事不是为了欺负和攻打别人。另外，西方文明的优点，欧洲在近代国力强大的原因，绝不局限于自然科学和先进技术。我们了解和研究欧洲历史，借鉴欧洲和整个西方的历史文化和经验，肯定也不能局限于救亡图存这一有限目的。我们采取和保持一个面向世界的开放态度，是为了建设一个美好的生活环境，也是为了对世界和平和全人类的福利做出我们的贡献。因此，我们对欧洲史和整个西方文明需要有一个认真和耐心研究的态度，努力学习其优点，尽量避免其不足，以期完成我们中华民族在21世纪追求的远大目标。为了这样一个宏大的事业，我们需要精细阅读"企鹅欧洲史"系列。这是我们了解和学习外部世界过程中迈出的小小一步，却可能会让我们拥有以前不曾体验过的惊奇、思索和感悟。

整套丛书由古希腊罗马远古的历史开始，讲述了直到21世纪的欧洲历史。尽管各位作者的资历和背景不尽相同，他们基本的历史观却高度相似。在对西方文明进行坦率批评的同时，他们以明确的乐观态度肯定了这一独特文化、政治和经济体制的自我更新能力。普莱斯和索恩曼在描写古代雅典城邦时（见《古典欧洲的诞生：从特洛伊到奥古斯丁》），注意到了雅典民众拥有在古代世界独一无二的政治参与权，不过该城邦"同时也是对妇女压制最为严重的城邦之一"，因为唯有男性拥有公民权的情况让没有公民权的自由民妇女地位变得十分糟糕。依靠元老院、人民和行政长官三者之间沟通和平衡的古罗马，建立和维持着一个似乎比雅典更加稳定的共和国。后来，贫民的土地问题以及意大利和其他地方民众获取公民权的问题，引发了"罗马在350年里的第一次政治杀戮"。之后不断加剧的社会矛盾导致了血腥的持续的内战，并颠覆了共和制度，但是罗马人在内战废墟上建立了君主制帝国，同时让各地城市保持了强有力的自治传统，在地中海周边的辽阔地区又维持了数百年的安定和繁荣。

乔丹在《中世纪盛期的欧洲》里面写到了14世纪的黑死病，“在1347—1351年的瘟疫中有多达2 500万人殒命”，之后瘟疫还连续暴发了好多次，而此前欧洲的总人口只有大约8 000万。这个世纪同时也是战争和内乱频仍的年代，是教会内部思想混乱和不断发生纷争的年代。面对如此可怕的巨大灾祸，面对16世纪宗教改革带来的政治和思想的严重分裂，西方人在生产、贸易和金融等领域仍然取得长足进步，并开始探索世界地理，航行到非洲、亚洲和美洲，倡导用实验来把握有用的知识，学会用科学的方法来仰望星空，认知宇宙的秘密。与此同时，自私的欲望逐渐泛滥，开始有文化人鼓吹“最自然的人权就是自利”，鼓吹“自然状态是一个相互竞争的丛林”（见《基督教欧洲的巨变：1517—1648》）。

当资本主义的贪婪和帝国主义的强权给世界上落后国家带来压榨和屈辱的时候，欧洲内部的社会矛盾也变得十分尖锐。在19世纪中叶，英国每天要用掉大约2.5亿根火柴，在位于伦敦的工厂：“用于制造可燃火柴的白磷产生的气体开始给工人身体造成严重损害。工厂工人几乎是清一色的女工和童工，工人需要先准备好磷溶液，然后把火柴杆放在里面浸沾。他们的牙龈开始溃烂，牙齿脱落，颌骨慢慢腐烂，流出散发臭味的脓水，有时从鼻子里往外流脓，人称‘磷毒性颌骨坏死’。1906年在伯尔尼签署的一项国际公约禁止使用白磷，两年后，英国议会批准了该公约。”（见《竞逐权力：1815—1914》）

历史故事的细节从来都具有一种思想冲击力。“企鹅欧洲史”系列的各个分册里面充满了大量的细节和故事。看了白磷火柴女工的故事，认真的读者都会好奇，当时的欧洲会往何处去。埃文斯描写了第一次世界大战前的欧洲社会和改革运动。他提到，德国的铁血宰相俾斯麦曾经声称，国家必须“通过立法和行政手段满足工人阶级的合理愿望”。在叙述现代历史的各个分册里，我们都能看到，欧洲统治阶级坚持文化和制度的渐进改良，不单单是“出于发自内心的社会良知”，也是因为他们面临来自社会主义思想和运动的压力，希望通过对话达成社会各阶层的和解。社会各阶层重视沟通和妥协不仅是现代西方社会的一个突出特点，应该也可以追溯到遥远的雅典城邦和罗马共和国传统。沟通和妥协的能力，确实是欧洲文明保持活力和持续进步的一个重要原因。

第一次世界大战结束后不久，梁启超先生到欧洲考察，遇见一位美国记者，后者觉得“西洋文明已经破产了”，不赞成梁启超将之“带些回去”的打算。梁启超问：“你回到美国却干什么？”该记者叹气说：“我回去就关起大门老等，等你们把中国文明输入进来救拔我们。”梁启超在《欧游心影录》里面记载了这个故事，但是他提醒读者，欧洲不会完。他解释说，18 世纪以后的欧洲文明不再是贵族的文明，而是“群众的文明”，各种观念和立场有顺畅交流，思想文化依然活跃。所以他断言，欧洲仍然能够“打开一个新局面”。饮冰室主人在 1929 年去世，没有机会看到此后的欧洲历史轨迹。我们是幸运的，看到了更多的世界风云变幻。我们是幸运的，能够阅读“企鹅欧洲史”系列这样有趣和深刻的历史读物。我们借此不仅能够更清楚地看到欧洲的过去，也可能能够看到一点欧洲和世界以及我们自己的未来。

《中世纪盛期的欧洲》导读

“封建，非圣人意也”？

彭小瑜

中信出版集团组织出版的《企鹅欧洲史》丛书里，有威廉·乔丹《中世纪盛期的欧洲》一册。好的历史著作都会超越历史的叙述和制度的研究，会成为一种观念的结晶。借助故事和历史进程的细节，乔丹的这部书成了晚近史学界对西方文明所做思考和所持信念淋漓尽致的展示，有助于我们理解欧美学者对西方文明的深度认知。其实阅读这本书以及其他优秀的欧洲历史著作，也有助于我们理解古代中国最重要的政治思想，譬如顾炎武《郡县论》提出的“寓封建之意于郡县之中”。柳宗元《封建论》把封建看作是社会发展原始阶段不得已的办法，所谓“不初，无以有封建”，应该是古今中外都曾经流行的庸见——很难在欧洲历史的实际中得到印证。

李维（公元前 59 年—公元 17 年）是古罗马的历史学家，生活在共和国解体、君主制兴起的风云变幻之际，后来与奥古斯都这位罗马帝国“第一公民”以及他的家族关系友善。李维的罗马史充满了大量共和国英雄的事迹，充满了对共和国公民美德的赞美和歌颂，但是他同时又是帝王家的“宠臣”。但是他真的是汉语意义上的“臣子”吗？

罗马帝国君主真的是汉语意义上的“皇帝”吗？奥古斯都认为自己是所有罗马传统，包括共和国制度的继承人，但是他又改变了人们对传统的理解。譬如在他的葬礼游行中，按照他生前的指示，他的尸身不再是跟随在祖先的面具和哀悼者人群之后，而是在整个队伍之首。他清楚地意识到，罗马的荣耀大半出自共和国，切割掉共和国传统，切割掉罗马精神的这一厚重内涵，反而是对他所创立的罗马君主制政治的否定。不过这不是说，奥古斯都没有修改共和国制度以适应君主制的政治和文化需要。李维对待历史的态度应该和奥古斯都是一样的，即在原则上尊重共和国传统，警惕和蔑视试图借助暴民到达目的的政治家，譬如格拉古兄弟。与此同时，无论是奥古斯都还是李维，作为那个时代政治文化的主要塑造者，都愿意接受罗马制度的变革。罗马在共和国之后的巨大社会变革在西方学者眼里无疑标志着君主制的产生，但是这一制度是由共和国传统中逐渐萌生和破土而出的，应该也不同于世界其他古代文明的君主制度。我们不应该用“皇帝”这个称呼来翻译和界定罗马帝国统治者的头衔。其实他们始终没有建立明确的世袭制，长期保留着元老院，也没有系统地消除各地历史悠久和强大的自治制度和文化，包括各地不同类型的贵族和市民会议，没有克服古代常见的通信和交通原始状态，没有企图对广大边远地区进行深入和微观的直接社会控制。

回顾罗马帝国的历史对我们理解欧洲在中世纪的发展非常重要。在他影响巨大的《罗马帝国衰亡史》里面，吉本对公元 1 世纪和 2 世纪帝国的政治成就有些容易引起读者误会的笼统概括，譬如把它形容为古代最文明、富有和强大的君主制国家，具有最强大的武备和法制，让境内不同种族的众多人民成为罗马公民。因此对吉本来说，罗马帝国的衰亡就是这样一个被他多多少少想象为“现代化”的古代国家的衰亡，而欧洲的重新崛起则发生在中世纪经历了早期的黑暗时代之后。乔丹教授这些新锐的欧洲史教授早就不再相信，罗马帝国西部所遭受的不可挽回的危机是来自蛮族的入侵和破坏。他们接受了比利时学者亨利·皮朗（1862—1935）在 20 世纪 30 年代就提出的见解（《穆罕默德与查理曼》），即西部真正的衰败是在 7—8 世纪穆斯林势力兴起、地中海东部和北非地区脱离罗马原先维持的经济贸易圈之后。这一广大区域内国际贸易路线的变化使得欧洲文明的中心北移，意大利、法兰西、德意志和英格兰等地成了中世纪欧洲经济、政治和文化的核心区域。准确地说，这一变动带来的不是欧洲社会长期持续的衰落和停滞，而是在保留罗马帝国遗产基础上的重组、更新和更深刻的发展，是推进欧洲形成有别于近东、中东和其他东方文明的特点，是为欧洲在近代获取先进地位进行准备和铺垫。

严格地说，乔丹教授以及晚近许多学者笔下的欧洲史不是国别和地区史的总和，而是对欧洲整体上的统一性的讲述。而这种“天下一统”的局面，又是以统治阶级对分散的城市、庄园和贵族领地有效的社会控制为基础的。这是由欧洲文明自身的特点决定的。很多中国古代史学者承认周王室有天下共主地位，能够维持天下统一的局面。但是大家长期不能摆脱的一个观念是，周王室衰微之后，秦统一六国，秦汉以来的专制主义中央集权君主制成为巩固和维护统一的唯一有效工具。而周代的分封制，正如柳宗元在《封建论》里面早已草率断言的，“封建，非圣人意也”，甚至认为“周之败端，其在乎此矣”。所以司马光在《资治通鉴》开篇首先说：“以四海之广，兆民之众，受制于一人，虽有绝伦之力，高世之智，莫不奔走而服役者，岂非以礼为之纪纲哉！”这一宏大设想在古代语境中实现的程度究竟如何？起码顾炎武对郡县制的批评是，“今之君人者，尽四海之内为我郡县犹不足也，人人而疑之，事事而制之”，结果是基层社会的疲软和松散，“此民生之所以日贫。中国之所以日弱而益趋于乱也”。因此顾氏提出的、最终并未实现的办法，是“寓封建之意于郡县之中”，以加强地方社会控制的自主性来改善帝国统治在整体上的有效性。

而我们在《中世纪盛期的欧洲》里面所读到的社会状况，在很多方面接近顾炎武的上述理想。首先我们看到的是，欧洲封建社会在11—13世纪这三百年里面，通过有决心改革的教会精英人士，以提升罗马教宗的地位为形式，确立了基督教会对各地教会严格统一的领导权威、对所有民众的道德教化责任，以及由教会和世俗当局共同主持的、一体化的文化教育体系。由11世纪修道院和教宗发起的教会改革一开始就是欧洲范围内的改革，而不是局限于某个特定地区。欧洲文明在中世纪的最主要成就正是在整个地区建立了统一的语言、文化、思想和道德价值观体系。在这个意义上，中世纪欧洲是“四海之内”的一统天下。

基督教欧洲在9—10世纪可以说是内外交困。除了北非和地中海沿岸东部，穆斯林的势力范围还逐渐扩展到了西班牙南部、科西嘉、萨丁尼亚和西西里，并从海上袭扰法国南部和意大利。马札尔人由东部入侵，占据现在匈牙利所在的地方并威胁到巴伐利亚。对西欧腹地最大的威胁来自北方，即从斯堪的纳维亚南下的维京人。他们由海路以及使用内陆河流入海口对英格兰、法兰西和爱尔兰等地进行海盗式袭击，并在法国西部沿海地区定居下来。马札尔人和维京人最终接受了基督教，并融入了西欧主流的文化。但是他们以及穆斯林在当时对欧洲的入侵和打击毁坏了各地众多的修道院，扰乱了宗教生活，削弱了神职人员对教会的领导，助长了世俗军事贵族对教会事务的干预。罗马当地的贵族在10世纪甚至在很大程度上控制了教宗的选任。

针对这一系列危机，正如乔丹所指出的那样，欧洲教会和世俗贵族在11世纪开始的宗教和社会改革中不仅有分歧，也有深度的合作。他的叙事基本上清楚摆脱了学界过去长期使用的过时范式，不再将改革运动简单看成克吕尼修院和教宗格列高利的事业，而是把视野扩大到整个西欧的教俗贵族复兴宗教和文化的决心和行动，扩大到欧洲思想、法律和政治制度一体化在中世纪的缔造和形成。阅读了《中世纪盛期的欧洲》，一位中国读者如果真的留心，就会获得一种奇异的感觉，即乔丹笔下的欧洲史（主要是西欧和中欧史）并非一个国别史的综合，而是一部突出该地区整体性与同一性的经济、社会和政治史，而写作亚洲中古史的作者是很难这样入手来写历史的。

欧洲在中世纪盛期是一个价值观和制度高度同一的一统天下。在这个意义上，我们很难说“天下”是我们独有的观念，而西方世界没有。西方学者心目中的“天下”在中世纪流行开来的表述就是“基督教世界”（拉丁语是Christianitas，英语是Christendom）。这个西方一统天下的内涵的确具备独特性。第一次世界大战之后，比利时历史学家亨利·皮朗拒绝对西方文明采取悲观态度，出版了他在战争年代写作的中世纪和近代早期《欧洲史》（出版被拖延到1936年）。皮朗对国家和文化精英在社会进步中扮演的积极角色仍然给予高度的肯定。无论是“黑死病”肆虐和内外战争频仍的14和15世纪，还是宗教改革引发大规模动荡的 16 世纪，都没有动摇皮朗对欧洲的信心。皮朗的写作在很大程度上是在修正启蒙运动学者吉本制造的“罗马帝国衰亡”论。尽管使用了“国家解体”等表述来描写加洛林法兰克王国的失败，皮朗试图展示的并非欧洲政治的衰败，而是一种新旧更替，即旧体制的退出和新体制的建立，以及新体制对近代世界的意义。在他看来，告别罗马帝国以及与之传承关系密切的早期中世纪，绝非西方文明的衰落：穆斯林力量的兴起改变了地中海交通和贸易状况，进而导致了欧洲商业和城市在一个时期内衰落，使得高度依赖商业和城市所提供资源的国王及其中央政府实力下降，因此在欧洲，统治阶级将社会控制的重心刻意下移，以封君封臣制度为依托建立了能够更加有效率调配资源的封建政治体制。此后当工商业和城市市民阶层进一步繁荣之后，西方社会的经济、文化和政治画面变得更加丰富多彩。与罗马帝国的情况类似，中世纪欧洲自始至终没有发展起来以“专制主义中央集权”为特征的君主制国家；同样与罗马帝国类似，中世纪欧洲在进入盛期之后始终在文化、经济和政治制度上具备和维持着高度同一性和高度认同感。

中世纪西方在宗教上以及对宗教权威的认同方面不仅是同一的，而且具备高度统一性，即普遍承认罗马教宗在宗教和道德上的领导地位。这也是西方“基督教世界”的思想基础。皮朗《欧洲史》的写作比乔丹《中世纪盛期的欧洲》要早 80 多年，不过两位作者在这个问题上并无分歧。中世纪欧洲绝非神权政治，教宗的权力仅仅限于宗教领域。所以乔丹对英诺森三世活动浓墨重彩的描画无非是想说明，教宗介入德意志、法兰西和英格兰政治，或者是因为威胁到其生存的意大利问题，或者是因为国王们在婚姻上的不道德行为以及他们介入教会内部事务的举动。教宗对各国事务的干预、他在异端镇压和十字军运动中扮演的领导角色，都清楚说明了中世纪欧洲在宗教和道德上具有高度统一的价值观和共同承认的最高权威。这种统一性在社会生活的其他方面也有突出表现。

近代西方民族国家的兴起使得中世纪欧洲的研究者过度关注民族的差异和对立。在乔丹教授的这部著作里，令人遗憾的是，我们仍然可以看到，因为忽略作为一个文化统一实体的中世纪欧洲，不同民族的俗语文学被看作 12 世纪文化创新的核心内容，尤其被看作精英阶层以外受众广大的文学形式。而实际上，在中世纪庞大的文学宝库里，中古德语、英语、法语、意大利语、西班牙语、爱尔兰语、冰岛语等所有的俗语文学加起来，在数量和质量上仍然完全不能与拉丁文学竞争。这一事实被乔丹教授巧妙地掩饰过去了。在整个中世纪，拉丁语不仅是学校教育和文化人写作和口头表达的语言，同时也是教俗官员、法官和法学家、医生和医学教授使用的语言，在数学、地理学、动物学、手工业、建筑业、造船和武器制造等领域也是通用的书面和口头语言。拉丁语并不仅仅是整个欧洲专业和精英阶层的语言，更不能被看作教士和修士的语言。拉丁语同时也是中世纪欧洲受过基础教育的普通人通用的书面和口头语言，适用于日常的生活以及商业和旅行，其地位相当于现代世界的英语。当时流行的语言课本就是为了这些目的编写的。拉丁语也为各地方言和基于方言的文学提供了语法的借鉴。[*]更重要的是，拉丁文学和用拉丁语写作的历史、哲学、法

---

* Michael W. Herren, “Latin and the Vernacular Languages,” in F. A. C. Mantello and A. G. Rigg, ed., *Medieval Latin: An Introduction and Bibliographical Guide* (Washington, D.C.: The Catholic University of America Press, 1996), pp. 122-129.

律、宗教、政治思想和自然科学文献，为欧洲人民超越不同地区的方言提供了一个途径，养育了欧洲共同的思想文化，孕育了文化的欧洲共同体。*

这一文化共同体也具有高度相似的经济制度，即以农奴和庄园制度为典型特点的封建经济；具有高度相似的政治制度，即以封君封臣制和城市贵族统治为基础、社会控制触角能够延伸到基层的封建君主制度。顾炎武在明末竭力倡导又未能实现的政治理想，即“寓封建之意于郡县之中”，在很大程度上就是中世纪盛期欧洲的政治文化和政治状况。回看民国时期就已经被翻译出版的海斯的《世界史》(英文原版出版于 1932 年)，我们仍然可以看到的说法是，封君封臣制度“把国王和其他可能成为暴君的人的权力分散到许多封臣手中以遏制他们的权力，这样也就长期推迟了民族的统一以及在广大疆域上建立起稳固的政府”。乔丹教授在 2002 年出版《中世纪盛期的欧洲》，他对封君封臣制度下的德意志、英格兰和法兰西政治的描写集中在第 10 和第 11 章，对封建政治的正面陈述比较突出。不论是德意志农奴出身的封臣，还是法兰西和英格兰的领主与骑士，都在地方社会的治理中发挥重大作用，也在国王处理得当的情况下成为协助君权使之得到强化和发展的积极元素。欧洲政治的这一特点，因为是晚近学界的共识和常识，所以欧美学者最近的中世纪历史，尤其是通史和教材类著作，会做出交代，却不会刻意强调，这是中国读者在浏览中容易看轻甚至忽略的。

比利时学者皮朗思想新锐，对法国年鉴学派的出现和发展有关键

---

* Jan M. Ziolkowski, “Varieties of Medieval Latin Literature,” in in F. A. C. Mantello and A. G. Rigg, ed., *Medieval Latin*, pp. 505-509.

影响。他的《欧洲史》是国内学界一直不太重视的经典作品。他指出，1215年的英国大宪章不单单是封建贵族、教士和市民对王权的限制，而且表达了他们积极参与整个王国管理的愿望。需要注意的是，这一政治参与与其说是近代意义上的民主，不如说是意味着地方贵族、教士和市民在支持王权的同时，借助这一文件，力图禁止王室官员在地方上滥用权力，捍卫他们自己对领地、城市和教区的维护与管理权力，即地方的统治阶级在当地加强他们精心和细致地处理基层社会事务的权力。西方学者往往觉得这一点是不言自明、不需要仔细说明的，而我们往往会疏忽之。也正是在这个意义上，中世纪欧洲在封建制和王国的统一之间建立起了和谐、相互促进的关系。这也就是顾炎武所说的“寓封建之意于郡县之中”。

在封君封臣体制下，欧洲贵族、教士和市民对国王与皇帝的支持，对西方基督教世界这一“一统天下”的认同，在十字军运动中表现得尤其突出。《中世纪盛期的欧洲》对此有精彩的讲述，也对通行整个西欧的基督教战争与和平思想做了详细介绍。也就是说，在教宗扮演道德领袖的欧洲，指导军事活动的思想和伦理标准是统一的。用乔丹的话说：“11世纪晚期时，精英阶层中的大多数人都认为，攻击非战斗人员是不合法的，除非这些人是敌人的密探，或是藏匿敌人、为其提供给养的人。人们会特别保护非战斗人员中在他们看来力量最弱的群体，也就是妇女和儿童——特别是寡妇和孤儿，还有神父、修士、修女、老人和弱者。”不过在当时，这种具有现代性的观念是与对异教徒的迫害和不宽容并存的。

中世纪关于十字军运动的设想在教宗领导下提出，得到整个西欧的各个阶层的认可。最初的很多十字军成员甚至都不是骑士，而是农民和其他穷人。这些十字军队伍纪律松懈，对欧洲本土的犹太居民肆意劫掠和屠杀。之后由王公贵族组织的军队在1099年6月攻占了十字军运动的主要目标耶路撒冷，并杀戮了那里众多的穆斯林平民。第一次十字军以及此后多次的十字军征战都由欧洲的大贵族甚至君王领导，包括德皇腓特烈一世，英王"狮心"理查，法王路易七世、腓力二世。第三次十字军远征包括了德英法君主率领的封建骑士武装。中世纪欧洲文化和政治的统一性的确也表现在暴力和迫害矛头的指向是同一的，即犹太教徒和穆斯林等异教徒，以及基督教社会内部的异端分子等非主流人群。

乔丹教授的专长是社会史。他不是制度史专家，对中世纪社会发展的两个特殊方面语焉不详，一个是欧洲城市所具有的独特制度和氛围，另一个是欧洲历史上关键的法律和政治思想变化。在这两个方面，中世纪盛期欧洲对西方乃至世界未来的发展有重大的影响。不过乔丹还是用精炼的笔墨写到了城市的自由和特权以及城市对地方事务的有效管理。在教宗和教会对整个西欧与中欧社会保持统一和强有力的道德和宗教领导地位的同时，欧洲"基督教世界"在政治制度和政治文化上也维持着高度的同一性。贵族、城市市民和乡村居民的团体一方面在财政和道义上支持国王，认可他的最高统治权威，另一方面又在自己的领地和村镇保有不同程度的自治特权，能够倾力打造精细和扎根基层的地方社会秩序，并在根本上巩固了各个王国和整个基督教世界的政治和文化的稳定性。这一状况可能就是布罗代尔那句名言所指："封建主义打造了欧洲。"*

* 布罗代尔，《文明史》（北京：中信出版社，2014年），第337页。

同样是美国学者的布莱恩·蒂尔尼出版有《西欧中世纪史》，其中有大约三分之二的篇幅覆盖乔丹此书所叙述的历史时期，凸显了所谓“中世纪盛期”在欧洲历史上的重要性。* 作为法制史专家，蒂尔尼将这一时期逐渐强大的王权界定为“封建制君主”，即在封君封臣制的基础上实施国王的权力，协调君主与贵族和城市之间互动及互相支持的关系。他同时也注意到，在13世纪，全国范围的或者地方上的代议制度在英法德以及西班牙、意大利、西西里和匈牙利等地出现了，使得封君封臣制下的自治、协商和维护王权的政治被系统地制度化。

当中国读者在阅读《中世纪盛期的欧洲》的时候，我们面对的是千年以前遥远的外国历史，难免有雾里看花的感觉。不过如果我们读到顾炎武在《郡县论》里面对封建制度的精辟论说，读到他呼吁将社会治理重心下移至基层社会的慷慨激昂的声音，我们其实也就读懂了欧洲的中世纪历史。他在批评了明代“郡县之弊已极”之后说：

> 然则尊令长之秩，而予之以生财治人之权，罢监司之任，设世官之奖，所谓寓封建之意于郡县之中，而二千年以来之弊可以复振，后之君苟欲厚民生，强国势，则必用吾言矣。

也就是说，应该让各个地区都能够发挥各自的积极性来加强地方治理，并在这一基础上加强国家统一和君主的最高统治权。这就是顾炎武笔下的“寓封建之意于郡县之中”，这也是欧洲中世纪盛期封建

---

* 蒂尔尼，《西欧中世纪史》（北京：北京大学出版社，2011年）。

主义政治和社会的大致意思。

柳宗元说，“封建，非圣人意也”，恐怕是说错了。封建，也许恰恰是远古圣人之理想。

作者序

1049年，时年47岁的阿尔萨斯人（Alsatian艾吉斯海姆的布鲁诺（Bruno of Egisheim）长途跋涉900多公里，从沃尔姆斯（Worms）赶赴罗马朝圣。在那里，他将成为教皇利奥九世（Leo IX），并在此后的1087年获封圣徒。当时与他同行的，是一批为人诚挚、行事坚定的伙伴，克吕尼修道院长休（Abbot Hugh of Cluny）便是其中一员，彼时尚不出名的托斯卡纳（Tuscan）修士伊尔德布兰（Hildebrand）亦位列其中。教会应当是普世的，基督教社会应该是大一统的基督的王国——这是布鲁诺一行人以及其他一些志同道合者的信念。他们将践行这一信念，哪怕效果不尽完美，也要一步步地严格执行。他们的举动也会对笃信天主教地区的君主与主教们产生巨大的影响。新任教皇利奥九世践行这一理念的主要行动便是根除圣职买卖（simony）的陋习，就是用金钱换取教会职务的行为。这种行为令那些影响力巨大的家族得以控制地方教会，当时的贵族也趁机把本地教会当成摇钱树，榨干其资产，还拿教会当贵族斗争的棋子。

法国人克吕尼的休的贡献在于建立起了超越本地纽带的效忠关系网络。他将自己负责的勃艮第克吕尼大修道院发展成西方最重要的修会机构。出自克吕尼的修士们建立了数不胜数的子会，而另有大量年代久远的教会机构，要么因克吕尼修士的到来而接受改革，要么被克吕尼修道院的模范作用激励，在与其保持密切联系的情况下进行了自己的革新。“圣徒休”（休也将获得封圣的待遇）在克吕尼建造了壮丽的教堂，在基督教世界中，其规模直到文艺复兴时期才有后来者超越。在这座教堂里，休参与的规划影响了从不列颠到西班牙的诸多修士的命运。彼时，他威望甚高，在天主教欧洲的世界中，无论是王公贵胄还是教会信徒，都会前去聆听他的忠告与教诲。

之前提到的教会三巨头中，最有争议的是伊尔德布兰，即后来的教皇与圣徒格列高利七世（Gregory VII，1073—1085 年在位）。在教皇任上，他向“神权俗授”（lay investiture）的行事方式发难。这样的习俗允许君主将象征属灵权柄的戒指和权杖授予主教。授予戒指或授权（investiture）象征主教与他的教区结合在了一起，因而他也将像丈夫爱妻子那样爱属下的人民。就像人与人之间的婚姻一样，这样的结合在理论上是不可分开的，只有在得到上帝或其在人间的代理人——教皇——的允许后，才能做出改动。权杖则象征主教的权利与义务：保护天主教信徒免受来自内部和外部的威胁，教导信仰，击退“野狗”，就是分裂主义者、异教徒和不信者，他们想要引诱虔信之人背离正确的信仰。在权杖所代表的责任当中，将信徒处以绝罚（excommunication）只是主教拥有的权力之一，却十分重要。开除出教，意味着将一名接受过洗礼的基督徒正式驱逐出基督信徒的团契。在教皇格列高利七世看来，神权俗授的做法使非神职人员获得了凌驾于教会之上的权柄，这是不合适的。由此造成的对教会自由的侵犯，甚至不亚于买卖圣职的恶果。

如今，已经没有学者主张布鲁诺、休、伊尔德布兰的改革理念是他们自己首先提出的了。但是，这群在 1049 年一同前往罗马的人构成了一个结构松散却意志坚决的团体，在之后的几十年里，将有许多教士与平信徒加入他们。我们在本书中的第一个任务便是描述产生这个改革团体的世界。

第一部分

11 世纪的欧洲

第 1 章

1000 年的基督教世界

要推测中世纪欧洲的人口总量，只能靠相当不完整的资料。不过，人口统计学者们发展出了成熟的调研方法，可以从这些资料中挖掘真相。采用这些方法的独立研究在给出结论时都颇为谨慎，历史学家们对其计算出的数字多少有一些信心。根据相关成果，从 1000 年开始，到黑死病在 14 世纪中期横扫欧洲为止，这个地区的总人口从约 3500 万增加到了约 8000 万。

中世纪盛期落幕之际，人口最多的地区是现在的法国所在的区域，其上有约 1500 万名居民，不过也有一些学者认为这个数字应当高达 1900 万。1000 年时，该地区只有大约 500 万名居民，其人口却在 14 世纪达到了上述的高峰数量。欧洲大陆的德语区在人口方面并未落后太多，其数目从这个千年初的 300 万或 400 万，增加到了 14 世纪早期的 1200 万至 1400 万。在意大利和英格兰这两个地区，人口统计学者们也得出了令人信服的结论：意大利人口从 500 万增加到了 800 万或 1000 万，而英格兰人口则从 200 万上升到了约 500 万。

至于现今葡萄牙与西班牙两国所处的伊比利亚半岛，估测人口变化的工作进展得尤为不易。在那里，基督徒与穆斯林王国之间的征战几乎无休无止，造成很大破坏，因此我们现在看不到连续的记录。不过，一份估测报告提出，该地区的人口从1000年的大约700万净增200万，于瘟疫降临前上升到900万的最高点。在推测斯堪的纳维亚及部分中东欧地区的人口时，学者们无法找到类似法、德、意、英和伊比利亚一些地区的人口书面记录，因而也很难得到完全可信的结果。尽管如此，还是有些不那么充分的证据显示，在这些缺乏记录的地区，人口也经历了整体增长，各处的速率有所不同。1300年时，斯堪的纳维亚可能已拥有200万以上的人口，其中包括150万名丹麦人和丹麦王室控制下的斯堪的纳维亚人，有不少居民居住在现今的瑞典南部地区，此外还有50万名挪威人和数量可观的瑞典人。此外，在黑死病来袭之时，还有至少500万名天主教徒居住在欧洲的匈牙利语区和斯拉夫语（比如波兰语、捷克语、斯洛伐克语和克罗地亚语）区。

如此幅度的人口增长使劳动进一步细分成为可能，地区性的市场交易也有所发展。更多的人口促使人们扩建既有的城镇，建立新的居民点，建立起国内乃至国际的贸易网络。简单来说，人口增加成了从根本上刺激经济增长的要素。不过需要思考的是，人口本身是如何从千年初的低值开始这一轮剧增的？是什么使如此大规模的增长成为可能？在回答这个问题前，我们还要考虑多种负面人口学因素的作用：婴儿与儿童死亡率居高不下，成年女性在生产时死亡率较高，成人和儿童都容易染上流行病，食物常常缺乏，甚至有时还有大范围的饥荒。

有人提出了一个合理的解释，认为少数决定性因素导致了人口的暴增。然而，孰因孰果的问题依然存在。根据中世纪历史学家的记载，在11世纪时，许多地区的农业经历了从两田制种植到三田制种植的转变。* 简单说，完成上述转变的村庄中任何时候都应当有三分之二的可耕地按照三田制的方式种植着作物，另外三分之一则休耕以恢复肥力。而在旧式的两田制耕作中，只有一半田地处于种植作物的状态。由此带来的食物与饲料增产改善了居民与牲畜的营养条件，使家庭规模扩大，力役牲畜增多，人们也有更多的肥料可以用在果园和农田上。

当然，倘若在此之前，既没有劳动力供应方面的增长来提供人手完成额外的种植和收割工作，又没有更加有效利用劳动力的方法，人们也不能完成从两田制种植到三田制种植的转变。此外，还必须有足量的牲畜和足够多质量达标的工具，才能如此大规模地扩大可耕地。为了生产，人们需要更多的公牛和马匹，更多的轭与挽具，更多的犁耙与镰刀，还需要更多的运货车来运输粮食，更多的谷仓来储存丰收所获。若要满足上述需求，就得先有大批专门劳动力，包括矿工、铁匠、木匠与泥瓦工。

技术也是个问题。起初，阉公牛是农耕的主要畜力。不过，倘若开发出有效的挽具，马匹会更好用。中世纪早期的马颈轭十分粗劣，可能会使这种宝贵的牲畜窒息。我们无法得知其名的某个或某些人在1000年左右完善了颈轭设计，使马匹免于窒息，这项技术也慢慢推广到整个欧洲。作为耕作用的牲畜，马匹永远也无法替代公牛，这是因为后者具备诸多优点，包括更低廉的初始购价、对粗劣饲料的较强忍耐力，以及对疾病的较强抵抗力，所有这些特性都使公牛更适合在农

---

* 两田制种植时，耕地被分为两部分，每年一块耕作，一块休耕，作物也保持轮种以保持土壤肥力；三田制则把耕地分为面积大体相等的休闲地、春播地、秋（冬）播地三个耕区。——译者注

场和庄园中劳作。不过，马匹给既有农耕方式带来的好处也得到了学者的一致认同，引入马匹有助于提高农作物的生产量和运输量。我们仍面临同样的问题：是人口的增长刺激了马颈轭的改进与流行，由此使农田有更多的产出，还是新式马颈轭的发明与传播提高了田地的利用率，田地出产的更多作物促进了人口的增长？

在人们广泛采用三田制种植并改善马匹耕田效率之前，也有增加农业产出的办法。清理出新的肥沃土地，即所谓开垦（assarting），是最主要的途径。根据中世纪历史学者们的记录，大规模开垦发生在1000年到1300年之间，而这样的活动既需要铁产量的大规模增加，也需要其价格随之降低，因为人们需要用铁制成工具来砍伐欧洲北部和中部地区那看似无边无际的阔叶林。同时，铁还用于制造重型犁，以帮助农民犁开硬实的土壤，传统的犁在这方面是无能为力的。重型犁的发明时间似乎远远早于中世纪盛期之初的大开垦年代，但这项技术的广泛传播，则要等到新千年中炼铁革命到来时才能实现。不过，重型犁开垦技术的出现与传播是否导致了1000年之后的人口剧增，同样值得怀疑，因为有效开垦土地、建立新村庄，首先需要大量的人口和劳动力。

虽然人们对孰因孰果无法达成一致，但有一点是毫无疑问的，那就是在新千年的第一个世纪中，欧洲人口开始稳步增长。这种趋势广泛存在，而且经济发展也相伴而行，不过，并没有多少普通人能够察觉。无论哪个时期，在一两代人的时间里，变化与创新都是渐进甚至完全静滞的，因而其改变乡村生活本质的潜力也难以察觉。购买一把新犁，多养几头公牛，或是一个农民使用了非常规的新式马颈轭，这样的事件并不常见，也不会马上带来大范围的改变。人们在乡村总是生活得小心翼翼。像如何播种、种植何种作物这样的大事，往往需要集体决策。谨慎的态度和需要一致同意才能决策的做法，显然更适合保守的思想。随意采用新技术，额外畜养可能会因过冬饲料不足而死亡的家畜，引入不可靠的创新，这些都会危及人们的生存，不应冒险。

一个居民点的居民们在首次听说有一个砍伐森林开垦出的新定居点时，肯定也清楚，那里很可能只有少数移民愿意前往，当地的教堂可能还在筹划，尚未建立，星星点点的树桩还散布在新开辟的耕地之中，阻碍着犁地与种植。此外，即使有贵族和修道院赞助新的开垦工作，但几乎可以肯定，新居民点中的马匹、公牛和农具还是相当缺乏，因为捐助者并不会拿出现有的工具，也不会将劳动力资源分给移民们。开荒是一项漫长而艰难的工作，有时漫长得叫人灰心，仿佛毫无意义。

在支撑人们继续开荒的理由中，也许自由的奖励是最吸引人的。在新建定居点的过程中，农民们贡献出时间与劳动，期望能够在多少有些遥远的未来改善经济状况。不过，清理出耕地、开拓新定居点还带来了更直接的收益：开荒者们——原先的隶农（coloni）——获得了自由之身。“开荒使人自由”(Rodung macht uns frei)，这项活动使他们脱离了农奴制和奴隶制的生活。

这一点之所以重要，部分原因在于奴隶在1000年的欧洲社会中依然是重要的组成部分。即便到了11世纪末期，英格兰部分地区还是有10%到30%的人口被归为奴隶。这些负责家务和农业生产的工作者无论是在人身方面，还是在劳动方面，都没有任何权利，也无法拥有任何财产。他们承担的任务多种多样，有人需要从事十分繁重的体力劳动，例如耕作，也有人工作强度较轻，比如制造奶酪。不过在理论上，这些人的生活方式都完全由他们的所有者直接决定，毫无商量余地。

在那些多年前就建立起来且颇为稳定的社会中，奴隶能从开荒的习俗和实践中获得一些好处。在稳定的环境中，只有改善经济状况的希望、提升社会地位获得自由的诱惑才能激发奴隶的兴趣，使他们愿意冒险抛弃既有的生活模式，去尝试建立新的村庄。而在这些新建村庄中，地租的收入也会增加资助这项活动的领主们的财富，扩展他们的权势。理论上，贵族可以强迫奴隶开荒，但倘若要动员 11 世纪和 12 世纪欧洲垦荒活动所需的大规模劳动力，在 11 世纪的西欧这样一个本质上缺乏国家权力的世界中，这种做法是行不通的。人们还需要一些强制力之外的东西，比如自由的保证。

在多个因素的共同作用下，奴隶制在 11 世纪的拉丁基督教世界中逐渐消失了，哪怕它在当时的世界上依然广泛存在。新奴隶越来越少，部分是因为教会严格禁止奴役基督徒。众多欧洲的异教徒既已归信上帝，奴隶的来源便枯竭了，只有在拉丁基督教世界的边远地区才有例外情况出现。此外，总体而言，基督徒都将领主释放奴隶的行为看作善行加以鼓励，随着时间推移，领主们回应这样的教导，便会给奴隶自由之身。以教会之名拥有奴隶的人们在释放奴隶方面较为迟缓，这是因为包括奴隶在内的特定类型教产从未被视为可以转让的财富。因此，虽然奴隶制度已在欧洲北部的庄园和大多数家庭中消失，部分教会却依然保有奴隶。我们将会看到，只有当这些奴隶的身份被提升到与农奴同等时，奴隶制才算真正废止了。

农奴制成了替代奴隶制的基本依附关系。具体约束农奴到什么程度，各个地区、不同时期的做法都不同。不过，守法农奴和奴隶的区别在于前者拥有一定的权利，包括在遭受犯罪指控时进行辩解的正当法律权利。从11世纪晚期到12世纪，农奴在西方基督教世界中有人定居的地区越来越常见，这部分是因为先前的奴隶地位提升，成了农奴，部分是因为自由农因负债和其他因素而不得不接受对他们活动的约束，沦落到了农奴的境地——理论上，这样的约束将永远持续下去，因为农奴地位是一代传一代的。想到可以借垦荒让自己和自己的后代摆脱农奴的境遇，大批农奴很快加入了中世纪盛期的垦荒大军。

根据不同地区的法律与习俗，农奴想要摆脱的负担轻重也相差甚多。许多被归为农奴的人只拥有有限的继承权，甚至除了少数习俗规定的东西之外根本无法继承任何财产，这些人受所谓不可转让（mainmort）条款的限制。另有一些农奴则无法离开他们领主的庄园，不能享有自由婚姻权（formariage），他们未经己方领主许可不得与其他领主的农奴通婚，更不用说与自由人结婚了。许多人都有劳动服务或强制力役要完成，其具体内容则由任务本身或所需的工作时间来决定，比如收获季节每周为领主收割作物三天，不过，领主也可能允许农奴用一些东西来替代这些服务。人们必须缴纳的其他固定税金常被称为地租（tallage），也有许多其他的名称。尽管在习俗与通货膨胀的影响下，最终需要缴纳的地租数额相当之低，但这种地租依旧可以解读为农奴卑微地位的进一步证据。身份卑微的农奴无法成为修士或修女，男性农奴也无法成为神父。

上述种种义务都在农奴垦荒并定居于新村庄的过程中得到了免除。由于领主们投资建设了新村庄的基础设施，因此这些居民们还是得受其他一些义务的约束，譬如必须使用领主名下的磨坊、烤炉、葡萄压榨机等设备。随着时间的推移，他们承担的义务出现了细致的分化，这些称为使用义务（banalities）的约束条件是不具贬低意味的，而另一些义务则明显带有农奴污名的烙印。

在垦荒活动较少的拉丁基督教地区，农奴获得自由地位的机会就没有那么多了。但在11和12世纪时，上述地区的城镇数目增加，城镇新居民获得了更多特权，一些乡村移民也憧憬着能够同时改善经济状况与法律地位。不过，在谈及这个以谚语“城镇的空气使我们自由”（Stadtluft macht uns frei）作为总结的话题之前，有必要先关注一下乡村社会中处于统治地位的人们。

在乡村社会中，权力最大的男男女女有许多不同的名号。称他们为“领主”（lord）固然是个很方便的办法，但其他的称呼也同样适用。法语中的“seigneur”便是一个常见的替代用词。当然，并非所有的领主都拥有同等的权利，而多种多样用于描述他们的词有时也揭示了这样的差异。在11世纪早期，英语中的“骑士”（knight）和源于凯尔特语的“封臣”（vassal）指的还是仆人，这样的人服侍一个地位更高的领主，但其身份则既非村夫农民，又不是无可置疑的社会精英。德语中的“骑士”（Ritter）在法语中的同义词为“chevalier”，这两个词和其他罗曼语族中的同义表述——比如西班牙语中的“caballero”——都或含蓄或直白地强调了马匹（拉丁语“caballus”），骑士只有拥有马匹才能履行自己的军事义务。含义较为宽泛的拉丁词“miles”则强调了骑士在实践中做的事——战斗。

直到后来，进入12世纪后，“骑士”这个职业才与“骑士精神”“骑士气概”等抽象观念体现的高尚地位联系了起来，这些观念反映出这一军事职业开始具备越来越多的仪式意义。在法兰西等国，世袭的骑士身份成了贵族地位的象征，而英格兰等国的情况却并非如此，不过，骑士身份依旧能使一个男人及其家庭与地位低下的芸芸众生划清界限。

11 世纪初期，在粗糙而混乱的社会分层中，骑士阶层之上的是称为堡主（castellan）和男爵（baron）的阶层。顾名思义，堡主要么是城堡的主人，要么控制着另一名领主委托他管理的城堡。当时，许多地区缺乏有效的集权管理，城堡数量因而不断增长，这一被称为城堡化（encastellation）的过程无疑使堡主和城堡驻防骑士的数量大大增加了，法国西部的普瓦图（Poitou）就是很好的例子。“男爵”含义宽泛，意指一个较为重要的男人，他往往拥有不止一座城堡，也许还有大批家臣（retainer）追随。同时几乎可以肯定的是，男爵拥有自己的财产，在我们所考察的年代早期，他们的财产中包括奴隶，后来则变成了农奴。通过比较可以发现，上述条件使这样的人物拥有了远超普通骑士的巨大财富，和普通的乡村居民相比，他们的资产就是天文数字了。

在如此巨大的权势和财富之外，他们往往还有相应的管辖权。男爵们能够建立法庭，审问自己的佃户和依附于自己的骑士们。有些法庭是查理曼（Charlemagne）及其后嗣所建立的公共审判机构的延续，然而，随着欧洲西部加洛林王朝（Carolingian）统治体系的崩溃，许多这类机构落入了个人的手中，这样的情况在 10 世纪时尤为严重。还有一些法庭是后来建立的，比如新开垦定居点中的村庄法庭就是。

在乡村社会体系中，地位最高的贵族包括子爵（viscount，即所谓“副伯爵”）、伯爵（count，在英格兰被称为 earl）、公爵（duke）或持与之相当头衔者，比如所谓边境领主（marcher lord），他们因统治边疆地

(marches)——边境上的封邑——而得名。这些人是自己领地上的君主，在英格兰和斯堪的纳维亚之外的地方，这种人的头衔往往能追溯到加洛林王朝时期君主的赠予。然而，和其他贵族一样，这些人将他们的公共责任变为世袭传承的，仿佛他们取得上述权势是理所应当的。他们的权势甚至会超过他们名义上效忠的国王与皇帝。以诺曼底公爵为例，11 世纪时，拥有这个头衔的领主，其实力甚至强过法国国王。

这些差异巨大的个人与家族由复杂的纽带维系，成了一个群体。他们中的一些人以个人名义宣誓效忠或保证提供保护。通过誓言，一名领主成了另一个人的属下之人（拉丁语为 homo），“效忠”（homage）一词就是由此产生的，形容的是宣誓形成的纽带及相关仪式：强大者在更强大者面前屈膝，他紧握的双手被在上位者的双手覆盖，他保证将尊敬并支持自己的领主，之后，两人嘴唇轻触，以体现这种纽带的紧密性。通常，效忠者会得到一份地产，其收入能够帮助他为自己的主君提供军事支持。根据最纯粹的效忠定义，一人终其一生只能进行一次效忠，对象也只能是一个人。宣誓之后，受效忠的人也会向自己的家臣提供一些深层次的人身保障，用术语来说，便是所谓“auxilia”或救助保证。当一个人在战争中被俘时，他的主人会为他赎身，而当他的孩子们经历人生大事时——比如长女出嫁、长子获封骑士等，他的主君也会现身，给属下的家门增辉。

另一些宣誓则没有这么沉重的负担。人们会发誓保证，自己将成为在上者忠诚的支持者。他们可能会和多个主君建立起这种忠诚（fealty，来自拉丁语中的 fidelitas，有忠实信任之意）关系，并多次确认自己的誓言。不过，宣誓效忠要付出的忠诚是否优先于对其他人宣誓的忠诚，还存在争议，而是否应当将效忠于国王的誓言当作最优先的誓言，同样是有疑问的。在1100年时，上述问题，特别是后一个问题，还没有多少人放在心上。在11世纪时，依附关系即便能勉强称为体系，也还没有形成稳定的形态。

近年来，针对应该给那些统治着下层的人们贴上何种标签，以及该如何称呼这些上层人士内部的种种做派与关系，学者们产生了激烈的争执。有人用了“封建制度”（feudalism）这个词，本书中也将使用该词。但我们也很容易发现，将一个政权描述为封建政权会带来很多问题，更不用说称一个社会为封建社会了。17世纪的文物研究者与法学专家们在回顾中世纪时，认为封地（fief，拉丁语feudum）的财产权和裁判权具有重大意义。但事实上，封地并不总是重要的财产单位。在许多地方，这个词甚至到11世纪中期之后才真正出现。许多批评者认为，在拉丁基督教世界还未形成清晰的封地概念时就称其为“封建时代”（许多优秀学者都这么做了），是很奇怪的。此外，封地明明只是流行于巴黎周围法兰西岛（Ile de France）等少数地区的土地所有模式，却被用来形容一个政治制度，这在批评者看来也很不合理。最后，“封建制度”有多种多样的意义，一些学者因此认为，这个词的分析力和描述力不高。毕竟，这个词既能让人联想起马克思主义所说领主对依附于他的农民的经济剥削，又能用于形容第三世界国家中那些由军阀控制的腐朽政治体系。

那么，为何要保留这个术语呢？原因在于，在中世纪盛期，封地这种地产形式成了许多贵族在经济领域实力的标志。在当时，所谓的自主地——不受他人控制的自有地产——依然存在，而其他类型由所有者自由保有、不受剥削的土地也依旧可以见到。但是，这一时期出现了大量用于描述封地并将其分类的司法文献，迎合社会上层的通俗冒险文学作者也总是描写关于封地扩张、封地继承、拥有封地者相互关系的情节。这样的作品，比如史诗《康布雷的拉乌尔之歌》（*Song of Raoul de Cambrai*），大多是在12世纪或更晚的时期创作的，但是作品描写的11世纪世界，就像12世纪时一样充斥着各种与封地有关的事件。就这方面而言，许多贵族都在某种意义上自视为封建架构的代表。他们的实力、威望和权威，在相当程度上都被认为源自他们对封地正当合法的继承权。

当然，上述所有观点都有些奇怪，因为当时的法律文书作者往往将封地想象成一些财产与权利的集合，而其中并没有继承权。在这个仅存于想象的世界里，倘若一个封臣的父亲去世，他便会面见他父亲的领主，尝试宣誓效忠。成功的话，他便会获得父亲的封地。前任封臣是谁仿佛无关紧要。新的封臣并没有继承权。他必须与主君建立个人关系，并指望情况往最好的方向发展。

然而在现实中，这个体系里却似乎存在着一种应得权利。在封地刚刚出现的时候，就已经有了儿子——特别是长子——指望在父亲去世后获得封地的情况。儿子会在父亲离世时支付一笔赎买金，以获得允许来继承父亲的封地。在这笔钱到账之前，理论上领主可以优先占有（primer seisin）封地，但这一权利很少得到强制行使。当然，有人会心存担忧：若封臣的子嗣尚未成年该怎么办？如果其继承人（heir）是女性（在这里使用heir是正确的，无须使用表示阴性的heiress，因为现在讨论的是继承权heirship的问题，即便这只是法律上的可能性），又该如何？此时领主可以施行监护权，他也许会将封地的全部或一部分收入拿走，直到未成年的封臣成年、能够提供军事服务并宣誓效忠为止。至于女性继承人，则肯定有义务在获得领主允许之后才进行婚配，这是因为她丈夫将接过她父亲被正式授予的封地，继而完成连带的军事服务义务。此外，在这样的一个封建体系中，封臣与领主关系的核心是封臣提供服务，领主尊重这种服务，丧失声誉会使封臣失去拥有封地的合法性，他的封地将被领主没收。倘若一个封臣想将一块封地的所有权移交给他人，那么他就需要交出一份礼物以获得领主的允许，这份礼物有时被称为转让罚金。而如果他以任何方式违背了上述程序，他就是玷污了人与人之间的纽带。虽然存在这样的警告，但在通常情况下，控制封地者的长子（在没有儿子的情况下，其女性继承人会成为继承者）是封地毋庸置疑的事实继承人。

*

1000 年时的天主教欧洲从本质上说是农业社会。本书内容结束的时间点是 1350 年，在那之后很久，欧洲仍保持着上述状态。上文提到的封建纽带主要存在于农业社群。不过，中世纪盛期的欧洲也有城镇。尽管人口多寡不同，有些所谓城镇的人数还要少于大型的村庄，但城镇之所以被称为城镇，是因为它们具备一些有别于乡村居民点的特征。

相对而言，城镇的人口密度要大于村庄，不过两者之间的分界线也很模糊。同样，在城市定居点中，相对来说劳动分工更专门化，工种也更有多样性，这一点在手工艺方面尤为明显，在其他行业中也有所体现。一个定居点若要被称为城镇（town），就得拥有较高的人口密度和专门化的劳动分工，在经济领域也应以货币交换替代易货交易，此外，该地的收入也应有较高比例来自贸易所得。定期举办集市并加以管理的居民点未必是城镇，因为许多村庄中也有集市。不过反过来说，一个没有定期集市的城镇，在中世纪可以说是不可想象的，而没有定期集市的村庄却十分常见。最后，城镇与大村庄的区别还在于城镇聚集了多种多样的地标性建筑，尽管这些建筑未必是城镇独有的。城镇建筑包括大型的教堂、钟楼、仓库、永久性的集市大厅、行会会馆、医院、市政厅等等。不过，即使是到了中世纪末期，上述建筑也未必会悉数出现在每一个城镇中。

有些学者还会再补充一些特征，比如城镇中往往设有铸币厂，城镇居民享有特别的法律地位和土地占有模式，城镇拥有自主的刑事与民事法庭体系。有人甚至还主张，判断一个居民点是不是城镇，一个重要准则是看那里有没有“交通堵塞”（Carlin，1996 年，第 250—251 页）。道路上牛车、马车熙熙攘攘，长长的货运队列给城镇中的市集、工匠铺和储藏库送去水果蔬菜、原材料与制成品，骑手携带着消息抵达商铺，与商人会面商谈，他们在街道上呼来喝去以找出一条路，汹涌的人潮来来去去。没有拥堵的场面，也就不成其为城镇了。

无论定义如何，在 1000 年前后的天主教欧洲，城镇还相当稀少，规模也十分有限。不过，到 14 世纪初的时候，城镇居民点的数量和规模都经历了指数式的大增长。莱茵兰（Rhineland）在进入 12 世纪时仅仅拥有不超过 8 座城镇，而 13 世纪时，城镇就达到了 50 个之多。在 1000 年时，欧洲中部地区只有很少的地方可以称为城镇，但从 11 世纪到 1250 年，这一地区却出现了多达 1500 个新城镇，之后大约 50 年时间里又有同样数目的城镇被建立起来。在欧洲南部，城镇分布则更多沿袭了既有居民点的分布模式：新城镇虽然不少见，但城镇增长主要是移民流入旧定居点带来的。

在 11 世纪早期，绝大多数城镇和控制乡村的领主之间的关系并不密切。在北方，多数情况下这些领主控制或拥有城镇，但自己不在其中居住。在城镇内，领主的代理人往往要与主教和其他教会人员争夺控制权，前者在英格兰被称为“reeves”，在法国或其他日耳曼语地区被称为“provosts”。相比于领主和教会的势力，城镇中的商业阶层在主导权竞争中是较弱的一方，不过在中世纪盛期，三方力量各有消长，天平最终将戏剧性地向商人倾斜。

在南方，城市寡头统治的传统并未彻底消失，商人与上层手工业者在城镇管理上拥有较多的话语权。不过，这里同样有商业寡头、神职人员与世俗贵族三股势力争夺权力的角逐。跟北方贵族相比，南方贵族更倾向于将主要住所设在城镇中。上述斗争的结局随地区和时代不同而有所不同。在南方，特别是意大利北部地区，上述斗争将贯穿从1000年到1350年的时代，成为政治文化中的主导元素。

*

我在本章中多次提到“天主教”（Catholic）这一概念，仿佛其含义是明确而固定的。一些保守的神学家可能会希望用一些核心词来给这个概念下定义，但研究中世纪的历史学家却越来越不认可这样的做法。从行为方面看，1000年时典型的天主教徒（如果当时的天主教徒可以用“典型”来形容的话）和12、13、14世纪的天主教徒是有很大差异的。对于基督信仰的奥秘之事，第一个千年末期的普通村民或市民能知道多少呢？这些奥秘之事包括耶稣的道成肉身、受难与代赎，三位一体，各样圣礼——在圣礼和其他教义问题上，再博学、再正统的人也无法完全达成一致，还有耶稣的复活和升天，耶稣复临和审判的日子。

事实上，在1000年时，欧洲北部的基督教传教过程还在进行。大批斯堪的纳维亚人和西斯拉夫人接受洗礼，只不过是因为他们的统治者下达命令要求他们这样做。在当地，依然存在着有大批信徒的异教崇拜场所，小型的异教神龛更是为数众多。天主教的神父与修士们——教会的精英阶层——依旧十分缺乏，而且教会只是刚刚在上述地区建立起教区制度。在每个村庄建立起不少于一座教堂的理想，还需要很长时间方能成为现实。在这样的情况下，教会并不能进行常规的宗教指导和教义问答。

对信徒布道在当时也许并不罕见，但即便是在欧洲南部，布道也只能算是偶尔为之，至于参与礼拜、领取圣餐乃至服从比如周日禁止劳作的教会纪律，这样的情况也并不常见。有些历史学家认为，在1215年第四次拉特兰会议（Fourth Lateran Council）发起教会全面改革、方济各会（Franciscan）和多明我会（Dominican）在13世纪传教之后，欧洲大陆的礼拜活动趋于一致。但是在1000年时，欧洲各地的情况还是差别很大。

对大多数人甚至教会精英层而言，在1000年时当一名天主教徒，并不需要改变太多传统的行为习惯，部分原因在于我们统称为“教会”的团体在当时还不成形（“教会”这个名称用起来方便，却会掩盖当时的实际情况），并没有什么人代表教会监督人们的行为。不过，上述情况就像欧洲的其他传统一样，将在未来的几个世纪中发生戏剧性转变，而这段时期，便是我们所说的中世纪盛期。

第 2 章

地中海地区的欧洲

地中海沿岸的一些景色让人久久难忘：蓝天明净，盐沼地上的草浪随风起伏；空气温暖潮湿，水鸟或成群成双，或形单影只，翱翔于天际，直到循着潟湖找到捕鱼与休憩之处，方才歇息落脚。波浪拍击着海岸，不远处是广袤的绿色原野，数百年来，人们一直在其上耕作。在遥远的高地上，橡树和冷杉组成了大片林地。村庄中，葡萄藤和繁花盛开的果树散发出晚春和夏季特有的芬芳气味。

地中海没有明显的潮汐现象，这片海域及其欧洲腹地为中世纪的捕鸟者、渔民和水手提供了丰厚的机遇。当地狩猎盛行，贵族鹰猎者喜欢在苍鹭筑巢之地打猎，乡民们则每年捕获数以十万乃至百万计的候鸟。据估计，每年约有 500 亿只候鸟离开位于非洲的冬季庇护所，迁徙到欧洲的夏季栖息地，而地中海北岸的歇脚处便成了它们的丧命之处。此外，海中也能找到食物，不过地中海盐度较高，鱼群密度不及北欧海洋。来自不同民族、信仰和文化的信使、商人和奴隶出现在港口，这给地中海的居民提供了许多交流接触的机会。

然而，地中海这个伙伴有时也信不过。冬季可能会有狂风暴雨，水手们不愿在此时出海。许多大陆港口都不适合大船停泊，部分原因是海水涨落幅度太小，冲不走平缓河流汇入海中时带去的大量淤泥。盛夏时节，潟湖中散发出恶臭，携带病菌的昆虫肆虐，当地生活变得令人生厌。强劲的海风偶尔吹过，送来新鲜的空气，将成群蚊蚋一扫而空，不过，风暴来临，不在避风处的船只也会因此损毁。

盛夏也带来了干旱。欧洲南部的降水比不上北部。山脉的春季径流形成了无数小河，而到了 6 月末 7 月初，这些小河的下游就会变成干涸的河床。8 月时，在西班牙中部、法国南部和意大利南部的部分地区，生态已经变得与沙漠相仿。曾经嫩绿的山峦丘陵变成了苍灰色，有如余烬。清晨阳光的热量令大地重现生机，让蜥蜴们愉悦不已，正午骄阳的炙烤，又使它们慵懒闲适起来，人类和家畜只能倦怠地躲在任何能找到的阴凉处所。幸运的是，那里有山脉，比如伊比利亚（Iberia）半岛的坎塔布连（Cantabrian）和比利牛斯山脉（Pyrenees）、法国南部的赛文山脉（Cevennes），以及意大利的亚平宁山脉（Apennines），靠近群山的地方湖泊常满，溪水常流，附近繁茂的草场能为成群的家畜和野兽提供充足草料，至少曾经如此。

在群山中，在海岛上，在南部许多有森林覆盖的地区，土地原本的肥沃程度与人类耕耘的回报多寡因地而异，这是世界上几乎所有地方的共同点。在某些情况下，人类干预是关键。在巴伦西亚（Valencia），灌溉技术在穆斯林到来之前就有应用，又在穆斯林手中得到了完善。到 11 世纪时，灌溉技术已经使这座城市成了花园般的尘世乐土。在其他地方，自然环境的改变并非如此彻底，却也带来了类似裨益：西西里岛（Sicily）的峡谷风景迷人，那里也是 11 世纪欧洲生产力最高的地区之一。在大陆上，阿尔卑斯山和比利牛斯山的谷地中牧草繁茂，吸引平原地区的牧人们在晚春时节长途跋涉而来，哪怕这里地势险峻，人迹罕至，在许多民间传说中，这里更适合猛兽和未开化之人居住，而非信仰基督教的文明人。

地中海南部的独特环境塑造出这里日常生活的特有形态。夏日正午的酷热使午休成为惯例。就连笃于苦修的本笃会（Benedictine）修士们也得到指令，从大斋节（Lent）直到 10 月，都以阅读代替室外劳作。葡萄园无处不在，在没有宗教禁令的地方，生产葡萄酒轻而易举，成本低廉，因此南方人的饮料也不会局限于麦芽酒、苹果酒和牛奶——至少对基督徒和犹太人而言是如此。橄榄树的栽培意味着南方可以用橄榄油作为烹饪用油和制造用油，不像在北方那样只能用动物脂肪。

军事和政治的历史也使南方和北方出现了差异。在语言方面，和阿兰人（Alans）、汪达尔人（Vandals）和哥特人（Goths）一波波的入侵和移民相比，罗马帝国的长期统治、拉丁文化的多年浸染更有影响力。在伊比利亚、法兰西、意大利，还有以撒丁岛（Sardinia）上萨尔多（Sardo）为代表的岛屿地区，基于拉丁语或罗曼语的各式方言固然多样，但在语言学上，这些方言依然与遥远北方的日耳曼语形成了鲜明的对比。谈及法律时，南方人依旧认为自己处于罗马法的约束下。这话的意思是，从他们订立契约的程序和一小部分契约责任的实质中，仍能辨认出古代帝国管理者创立的原则和格式化用语。

巴斯克人（Basque，他们是 9 世纪诞生的纳瓦拉王国的创立者）在高卢（Gaul）西南和伊比利亚西北一隅持续抵抗罗曼语言的影响，罗曼语系因而没能在欧洲西南部获得全面胜利。东南方向，早年罗曼语在达尔马提亚（Dalmatian）沿海等地区的成功转瞬即逝。穆斯林势力于 711 年征服西班牙，902 年又夺取西西里，随着阿拉伯语的引入，罗曼语遭遇了最有力的对手。阿拉伯穆斯林之后，包括北非柏柏尔人（Berbers）在内的一批又一批非阿拉伯人接踵而至，带来了在此后数代人时间里影响南欧生活的又一组文化因素。

伊斯兰教本身成了文化领域最大的挑战者。它给了信仰基督教和犹太教的人们另一种选择。改信伊斯兰教之所以有吸引力，部分是因为在穆斯林统治区，改信能使人获得最好的工作与受尊敬的社会地位。在教义方面，较之于复杂的三位一体基督论，伊斯兰教教义十分简洁，再加上其教义整合进了对耶稣和圣母马利亚的尊重，也许便说服了一些不太坚定的基督徒，使他们认为改变信仰并非神父口中的罪孽。1000 年时，在欧洲，穆斯林的第一波征服和伊斯兰教的首次传播固然都已结束，但其大规模的退却远未开始。

在 11 世纪的欧洲，南方生活的一个显著特点是强势的城市文化，这种文化并未彻底失去来自遥远过去的传承。穆斯林征服者们以极强的责任感鼓励人们适应城市的生活方式与文化氛围，科尔多瓦（Cordoba）这座罗马帝国时期的省会城市就是很好的例子，其他许多失去了古时光彩的城镇也是如此。而在基督教欧洲地区，至少在南部，城市景观依然存在，但是繁华不比当年。相比之下，罗马只是当年盛况一个残影。这座在古代有 100 万人居住的帝国都城，此时居民数量仅为 2 万左右，有时像座鬼城，其中的宏伟建筑已人去楼空。话虽如此，倘若沿着朗格多克（Languedoc）南部海岸或整个法国地中海沿岸地区寻找，人们一定能发现一些规模虽小却十分繁荣的基督教城镇，在意大利的托斯卡纳（Tuscany）与伦巴第（Lombardy）也是如此。在亚得里亚海（Adriatic Sea）尽头，威尼斯也开始崭露头角。

从10世纪晚期到11世纪，为数众多的此类城镇已经脱离了皇帝、教皇、教区主教或一方诸侯的控制，与自己曾经的主人重新商谈保有独立的条件。在基督教君主国家里，唯一明显偏离这一趋势的例子出现在11世纪时经历基督教再征服后的西西里岛。在那里，一个强大的王国建立在穆斯林式制度之上，防止了城邦的出现。

城镇成了多种商品的集散中心，部分原因在于，在欧洲南部生活的人们通常会种植并销售特定的商业作物。1060年时，在西西里和意大利南部的卡拉布里亚（Calabria），农民已经开始大规模种植桑树，他们还收集蚕蛹供丝绸纺织业之用，这一产业自10世纪开始就以北意大利的卢卡（Lucca）为中心。此外，在意大利南部，也有染料行业的靛蓝（indigo）制造业，种植园里也有蔗糖生产活动。

在欧洲南部，形形色色的文化与信仰混在一起，这在前文已有提及。在西班牙，除北方比利牛斯山区的几个基督教小王国外，自711年起，多数地区已经完全处于伊斯兰政权的统治之下。征服者将权威施加到广大基督徒与数量可观的犹太人身上。有人认为，穆斯林的统治，至少到再征服运动真正展开时，都能保证基督徒、犹太教徒和穆斯林间和平共处。虽然在穆斯林统治伊比利亚半岛期间，穆斯林人口一直占少数，但通过改信与移民，他们的人口数量始终在稳定增长。而且，穆斯林自信能够长期保持霸权，因此虽然没有给予基督徒和犹太教徒所有权利，却依然和后两者友善地生活在一起。虽然有不平等因素存在，但人们还是都享有宗教自由，不过，被征服民族的宗教被认为是次于伊斯兰教的。被征服者的建筑、诗歌和其他文化与知识的表达形式，借鉴了许多阿拉伯与伊斯兰风格的主题和修辞，并重获新生。

近来，上述图景被批评为现代自由派和反教权派学者的理想化描述，甚至是对史实或多或少的有意歪曲。这些学者憎恨西班牙后来变成的样子——充斥着教士和种族主义者的西班牙，在欧洲其他地方盛行启蒙运动之际，西班牙却在经济和政治领域大幅滞后。许多 19 世纪和 20 世纪的学者幻想能有这样一个时代：教会权力受限，基督徒不以血统纯洁或世袭传承来分为三六九等，不同信仰的人们一起劳作和娱乐，创造出繁荣进步的社会。但即便这种和平共处的情景纯属虚构，至少在西班牙，虽然信仰三种宗教的人群间存在着鸿沟，但当时暴力行为的数量依然少于中世纪较晚时期，即伊比利亚半岛差不多完全回归到基督徒统治之时。

朗格多克和普罗旺斯（Provence）则从未经历过穆斯林统治。在这里，穆斯林征服时期建立的前哨据点仅仅是昙花一现。穆斯林曾多次袭击沿海并向内陆进军，还曾向北深入了相当一段距离。事实上，直到 11 世纪，类似攻击还在继续，穆斯林要么从普罗旺斯的拉加尔代弗雷纳（Garde Frainet）这种位于欧陆沿海的基地进军，要么从他们治下的岛屿，比如巴利阿里群岛（Balearics）出发。这些袭击，加上当地基督教领主的内斗，使朗格多克各地在政治经济发展上不甚均衡。尽管如此，从图卢兹（Toulouse）到法意边境的广大地区，依然存在一些普遍性的特征。

朗格多克和普罗旺斯大体以乡村为主，不过，当地还是有一些沿海或靠近海岸的城镇，本地居民成分多种多样，既有基督徒，又有数量可观的犹太人。和平时期，这些城镇——其中以纳博讷（Narbonne）、阿尔勒（Arles）和马赛（Marseilles）最为重要——会和北非、西班牙、意大利进行贸易往来。在充斥着暴力的历史时期，许多居民转而干起了海盗的勾当。在内陆，城镇规模较小，数量也更少。图卢兹是内陆最值得注意的城镇，或许也是唯一的大城市。像阿维尼翁（Avignon）、奥朗日（Orange）和瓦朗斯（Valence）这样的城镇将在中世纪后期的政坛上扮演重要角色，但 11 世纪时，它们只是荒僻的小城而已。

在上述两省的广袤乡间，人口占绝大多数的基督徒中（在乡村，犹太人数量不多），包括了古代融合之后的高卢–罗马人和日耳曼人后裔，除此之外，还有大量信仰基督教的居民被补充进当地人口——这些人是在穆斯林征服西班牙之后迁来的。在乡村社会中，对个人的忠诚成了人与人之间最主要的纽带。11 世纪的某个时刻，人们可能会将这种关系以封建制度的形式表述出来，这一情况在不同地区出现的时间不同。不过，执掌大权的人（*potentes*，“强大者”）与权力较小的人（*mediocres*，“平凡者”）之间的纽带，并不是通过宣誓效忠与赐封采邑形成的。上述两类人统治着为数众多的“弱小者”（*impotentes*），也就是贫穷的自由民、农奴和奴隶。这些人以正式或非正式的方式依附于社会地位更高的人，他们和教士阶层一样，在乡村的暴力活动中成为饱受侵害的对象。

在 10 到 11 世纪发生的变化中，上述暴力行为促使大批教会人士与世俗贵族树立一套政治与社会层面的公正观念，这个体系强调了正当与非正当战争之间的区别，也着重区分了暴力与复仇的合法与非法对象。一些地区领导者发起了“上帝的和平”（Peace of God）或“和平运动”（Peace Movement），号召地方显贵与大批弱小者和贫民出席集会，取当地教堂的圣物为见证，试图约束暴力行为。他们宣布了一系列规定，确立了冲突期间的行为准则。

在 989 年召开的沙鲁（Charroux）会议上，“主教、教士和修士皆有列席，更不用说还有大批平信徒在场”，面对这些人，波尔多大主教领衔的高层神职人员严肃谴责了破坏教堂、劫掠乡村贫民、攻击神父渎神的恶徒，将他们逐出教会。“许多圣徒的遗体”也在会上得到了展示，“这些圣徒在世时常行神迹”。994 年，在利摩日（Limoges）召开了另一场会议，同样带着奇迹的光环。与会者也发布了一份地区性的“和平与正义公约”。11 世纪早期，在普瓦捷（Poitiers）与鲁埃格（Rouergue）召开的历次会议延续了这项工作，其原因正如普瓦捷会议所指出的：“和平之名如此美妙，合一信念如此美好，和平与合一都是基督升天时留赠给门徒的。”（引文均出自 Head and Landes，1992 年，第 327—342 页）

1027 年，在鲁西永（Roussillon）的埃尔讷（Elne）召开了会议，会议在图卢日（Toulouges）的大草场上举行，以容纳大群教士、贵族，以及“大批虔诚信徒（其中不仅有男人，还有女人）”。主持会议者制定了许多关乎“上帝的和平”的教规，也规定了休战条例，限制了打斗可以合法进行的时间段。“前述伯爵领地和（鲁西永）主教区的居民，不可在礼拜六的第九个小时到礼拜一的第一个小时之间，向任何敌人发起攻击，这是为了让人人都尊崇我主的日子。”就像上帝的和平一样，上帝的休战也迅速传播开来，而且条例禁止打斗的时间往往得到延长，将原本允许合法打斗的时段也包括在内。到了 1041 年，似乎整个朗格多克省都已经处在了开战禁令的影响之下，该禁令禁止人们在“从礼拜三晚上到下个礼拜一的黎明”之间进行暴力活动，不过并非所有人都遵循这样的约束。

礼拜仪式上的诅咒是修士们为了推进和平而进行的一项传统活

动，也被用于推行“上帝的和平”：

> 以上帝之名、借由圣灵之力，并从主教们那里，获取了使徒之首、受祝的圣彼得所赋予的神圣权威之后，我们将这些人（作恶者）从圣母的教会的怀抱中赶出，并降下永久的绝罚，使得这样的人无法从任何基督徒那里获得帮助或与之取得联系。愿他们饱受诅咒，在城市中如此，在乡村亦然。愿他们的谷仓被诅咒，愿他们的骨头被诅咒。愿他们在家园中身陷诅咒的折磨，愿他们离家成为居无定所的流民。愿这样的人像那无信而不幸的（古代异端）阿里乌斯（Arius）*一样，流尽内脏而死。愿上帝借摩西之手施加于那些违背神圣戒律者的惩罚，都加在他们的头上。（Little，1993 年，第 36 页）

对作恶者的另一项惩罚是让圣物在他们面前受亵渎，圣物被从祭坛上拿下并放到地上，直到作恶者为其行径忏悔为止。不过，根据上述引文，处以绝罚乃至下禁令（interdiction）这样的终极手段，可能依然是教会最强大的武器。逐出教会，意味着把人终身隔绝于教会那赐生命的圣礼之外，他们的朋友若和他们接触，也是有罪的。而禁令则禁止人参与当地所有教会活动，为的是在破坏和平者、他们的支持者和无辜的旁观者心中埋下深深的恐惧。使用这样的武器确实能够给社群施加巨大压力，使作恶者意识到自己做错了，需要忏悔。在朗格多克和其他地方，上帝的休战与和平也许并没有遍及所有角

---

* 阿里乌斯（256—336）是亚历山大里亚的一名基督教长老，其反对三位一体理论的观点引起了教会内部的分裂，在罗马官方的干涉下，这一派（阿里乌斯派）被视为异端。——译者注

落，但这依然体现了天主教教士阶层与许多世俗贵族对保持稳定、主持公正的关切，这样的举动最终会重新催生出教会监督之下的强力世俗政府。

*

以上便是从大西洋到普罗旺斯之间欧洲地区的情况。在东南方向，跨过滨海阿尔卑斯山（Maritime Alps），意大利的政治经济环境就完全不同了。北意大利已因一批重要城镇而颇为出名。在亚得里亚海靠近意大利的这一侧有威尼斯城，而在半岛的西北沿岸地区，则有热那亚和比萨。对这些城市而言，对大海的直接利用始终都是重要的活动，但它们也通过另一些手段来获取权势与财富，比如商业、转口贸易、银行业与制造业。本节将从威尼斯这个极佳的范例开始讲述相关的内容。

威尼斯这座城市处在像里亚尔托岛（Rialto）那样平缓升起的淤积小丘或岛屿上，坐落在南面阿迪杰河（Adige）与北面皮亚韦河（Piave）河口之间的大片潟湖群中央，因而拥有良好的地理位置，从海上或陆上发动的攻击都很难形成威胁。从理论上说，这座城市是拜占庭帝国的属地，不过事实上，该城长期以来一直享有自主权，这也和位置有关。统治当地的是一名选举产生的总督（doge），这一名称来源于拉丁语的“领袖”（dux）。总督还要与他的顾问们以及选举产生的理事会分享权力。

威尼斯人通过出口产自潟湖的盐获利，拥有不断扩张的玻璃制品行业。贩卖奴隶的业务，特别是出售从亚得里亚海东岸达尔马提亚抓来的战俘的生意也在稳步发展。因此对威尼斯而言，商业活动的安全稳定非常重要。而转口贸易，无论牵涉到的货物为何，都是威尼斯繁荣不可或缺的因素。在转口贸易中，最大也最受青睐的市场是君士坦丁堡。将君士坦丁堡的人口估计为 50 万可能太高，但毫无疑问，居住在这座城市墙内与郊区中的居民应当有数十万之多，在 11 世纪的欧洲，这样的城市规模是绝无仅有的。为了保障前往君士坦丁堡的商路，威尼斯必须建立一支庞大的海军，要么清除亚得里亚海的海盗，要么雇他们当捉人为奴的强盗，这项工作在很大程度上是由总督彼得罗·奥赛罗二世（Pietro Orseolo II，983—1008）完成的。

若要取得在君士坦丁堡的商业中的长期胜利，威尼斯就必须击败潜在的竞争对手。在与其他贸易城市进行了毫无底线的肮脏竞争之后，威尼斯人成功地在拜占庭帝国获得了广泛（甚至是绝对）的商业特权，并且这一成就早在 991 年时便已实现。此外，在扎拉（Zara）和特罗吉尔（Traù /Trogir）等亚得里亚海东北部的沿海港口中，威尼斯还实现了政治上的控制。11 世纪晚期，在南意大利这个拜占庭皇帝宣称领有的地区，威尼斯人为拜占庭人提供军事援助以抵御诺曼人入侵。作为回报，他们获准在君士坦丁堡建立属于他们自己的居民区，并在所有的拜占庭港口享有免税的特权。

北意大利诸城镇中，热那亚和比萨脱颖而出，成了威尼斯的主要对手。热那亚位于亚平宁山脉东北分支的山脚下，这座城市拥有深水良港，但由于群山阻隔，其内陆部分面积很小。这座城市陆地方面的限制对于当地的自治十分重要，农业也因此产出较低，当地居民生存多依赖渔业与地方食品生产而非贸易。在中世纪中期时，热那亚只是一片自治的闭塞之地。热那亚遭遇了一系列由穆斯林发起的残忍劫掠与猛烈袭击，这打乱了居民们的传统生活节奏，迫使他们即刻团结起来防御和进攻。到10世纪末时，这座城市已经崛起为地中海西部与中部的主要势力之一。

和威尼斯人一样，热那亚人也建立起了一支有组织的舰队，追捕海盗并深入其巢穴。他们还和比萨这样的城市建立了有利的联盟，向穆斯林的堡垒发动打击。在1015年和1016年，热那亚人在海上取得了一系列针对穆斯林的辉煌胜利，并攻取了后者在撒丁岛上的飞地。11世纪末，与比萨人结盟的热那亚人在进行"赎罪远征"（Riley-Smith，1997年，第51页）时，已经开始袭击位于北非的穆斯林要塞，马赫迪耶（Al-Mahdiya）这座突尼斯（Tunisia）的主要城市便是他们的目标之一。上述行动成功后，热那亚人将他们原本在地中海西部和中部的商业活动向东拓展，由此，他们的势力进入了威尼斯这个意大利海军强权占据的地区。

11世纪初时，比萨曾与热那亚携起手来，对撒丁岛上的穆斯林发动报复性的打击，但事实上，这两座城市在更多时候都处于你死我活的争斗状态。比萨的城址并不理想，这座城市位于距海岸10公里的内陆地区，仅仅拥有一个无关紧要的港口，似乎不太可能成为一个海上强权的对手。比萨坐落于一条历史悠久的商道之上，在中世纪时，这条商道依然兴旺，而比萨富饶的内陆地区则带来了可观的谷物产出与大量木材资源以供贸易所需。在阿尔诺河（Arno）上游，佛罗伦萨（Florence）将会适时崛起，成为比萨的主要麻烦，并最终发展为其陆地扩张道路上不共戴天的死敌。不过在11世纪之初，这不太可能成为现实。换言之，当时比萨人决定将自己的城市塑造为海上强权，并不打算在其他领域扩张。在整个 11 世纪的进程中，他们大力插手地中海中部的贸易网络，并逐步向东部渗透，在这一过程中，他们就像热那亚人一样，不得不面对与威尼斯人的冲突。

北意大利城镇的复兴在热那亚和比萨得到了突出体现，然而复兴的趋势在亚平宁半岛中部却显得有些疲软。罗马就是一个例子。教廷势力是这座城市的基础，然而在 11 世纪绝大多数的时间里，教廷的表现都不怎么样。每一任教皇都借着血缘或政治联盟与意大利中部的重要家族搭上了线，并站在某个派系一边，卷入持续不断的血腥斗争之中，这样的斗争严重困扰着居住在这个遍布城堡的地区的人们。

教皇本笃九世的所作所为很好地体现了当时教廷的道德标准。可以说，他“享受”了三个任期，分别是 1032—1044 年，1045 年和 1047—1048 年。第一次被选举为教皇时，他好像还不到 20 岁；他结束第三个任期时，则被许多人视为非法窃居教皇圣座的罪人。至于他卸任的原因，不同的信息来源给出了不同的说法：有人说他拿到了一笔钱作为自己退位的补偿，也有说法称他是为了结婚而退位的，还有的说他放弃教皇的宝座，是在为自己放纵的私生活忏悔。无论事实为何，德意志帝国的贵族圈子都厌烦了这样的局面，因此神圣罗马帝国皇帝亨利三世决定采取行动牢牢控制住教会。因此，在 1046 年的罗马宗教会议上，本笃的辞呈不仅被接受，而且借由正式的宣誓得到了确认。这次退位之后，本笃九世再次出任教皇，在最后一个任期里与皇帝支持的两名候选人发生了争斗，他们就是我们后来所说的克雷芒二世（Clement II，1046—1047 在位）与达马苏二世（Damasus II，1048年在位）。

本笃退位，他的竞争对手们撤销对教皇圣座的索求，从德意志主教中选出克雷芒二世和达马苏二世为教皇，这些都是教廷更广泛改革的重要步骤。这一进程将随着另一名德意志主教——利奥九世——在1049年的当选更进一步。不过，即便是在尚未经历改革之时，教廷也表达出了有学识、有权势基督徒心中的一些重要信念。这有助于保存人们将圣地与北非重新收回基督徒手中的梦想。由于教廷保有大量的圣物，因此教会人士也鼓励整个基督教世界的人前往罗马朝圣。有鉴于此，无论罗马多么贫穷，人口多么少，这座城市都最有资格自称为拉丁基督教世界的首都。在西方基督教社会的架构与信仰似乎摇摇欲坠的时候，教廷在巩固这一体系上起了重要的作用。

*

西方基督教社会、天主教世界、拉丁基督教世界等概念都隐含着区别的意思，第一个词体现了西方和东方的区别，第二个词体现了天主教和东正教的区别，第三个词则体现了拉丁人和希腊人的区别。这样的区分十分必要，不过西方与东方基督教之间的裂痕并非不可弥合。就这方面而言，人们过分强调了1054年所发生事件的意义。

那一年，罗马教皇派遣代表组团拜访君士坦丁堡主教（或称大牧首），对后者处以绝罚。作为回应，大牧首也对教皇处以绝罚。在为自己的行动辩护时，双方都指出了实际存在的分歧（这些分歧当时还在可控范围内)。其中最有名的冲突，莫过于希腊人指控拉丁人在用拉丁文翻译信经时加了一个解释性的词“和子”(拉丁文 filioque)。西方神学家们坚持说，信经中关于圣灵之所出的内容需要拓展：圣灵由圣父“和圣子”而出。在之后的岁月里，希腊人在神学理论方面对这一阐释的反对会愈加激烈，不过当时他们对西方人产生意见的主要原因，则是西方人未经教会大公会议同意便擅自修改教义。这种行动暗示了罗马主教权势的扩张，这才是希腊人最不愿意看到的。罗马主教自称为使徒圣彼得的继承人，耶稣将彼得任命为教会之首，彼得又是罗马的第一任主教，因此罗马主教自认为具有足够权威修改教义。

当然，基督教世界的东西两半还有其他信仰与实践方面的分歧。在举行圣餐仪式时，希腊人用的是发起来的有酵饼；而拉丁人在举行这一纪念耶稣及其门徒最后晚餐的仪式时，用的是无酵饼；在欧洲西部，几乎所有地方都把拉丁语当作敬拜语言，与之不同的做法都逐渐被摒弃了。在欧洲东部，希腊语也许还是教会敬拜的主要用语，但有些地方依然存在着强大的传统习惯，使用叙利亚语（Syriac）或古斯拉夫语（Old Slavonic）之类的语言。

上述种种差异叠加在一起，却没有造成大分裂，尽管 1054 年发生的事件将局面朝分道扬镳的方向又推进了一步。双方都清楚他们依旧是同一个基督教会的成员。双方也意识到，穆斯林的崛起给他们带来了共同的挑战。两个教会都希望弥合分歧。1204 年，一队十字军洗劫君士坦丁堡，夺取了大半个拜占庭帝国的控制权。和 1054 年的会议相比，这一事件才是天主教和东正教相互敌视历史上的决定性事件。相关内容我们到本书第 13 章再具体讨论。

如果说罗马是欧洲西部基督徒团结的象征，而教皇也在较小程度上扮演了这一角色的话，那么在罗马南面不远处，一个港口中的商人与海员则在物质层面上成了欧洲的代表。阿马尔菲（Amalfi）位于萨莱诺湾（Gulf of Salerno）和那不勒斯港之间，在11世纪初，这座城市比热那亚和比萨更有充当威尼斯最强大挑战者的资格。在这个千年之初，阿马尔菲的港口尽管遭受过几次大规模滑坡的损坏，但依然相当适合使用。那里的船只还拥有暂时性的技术优势。这要归功于当地人较早采用了三角帆，又在12世纪晚期开始使用磁罗盘。根据传说，三角帆是当地人发明的，磁罗盘也许同样是阿马尔菲人的发明，不过更有可能的情况是，他们迅速采用了阿拉伯人的技术。

阿马尔菲通过奴隶贸易崛起为重要势力，贩奴也给当地商人带去了巨额财富。这些商人凭借其权势统治着一个事实上独立的共和国，尽管那里自6世纪起就是拜占庭帝国名义上的附属。这样的附属关系虽然有名无实，不过从中还是可以看出，阿马尔菲与君士坦丁堡之间有重要的传统纽带，该城的商业也因此获益良多。

阿马尔菲统治者塞尔吉乌斯一世（Sergius I）公爵家族的统治从958年一直延续到了1073年，在这段岁月中，阿马尔菲达到了权势的顶峰，之后此地便受到了西西里诺曼统治者的威胁，并于1131年最终成了后者疆域的一部分。在10世纪和11世纪，阿马尔菲颇具活力，当地人在拜占庭帝国属下的多个海港中建立了拥有特权的贸易站。同一时期，一座宏伟的大教堂在这座城市里拔地而起。教堂被奉献给了使徒圣安德烈，这本身便是向拜占庭致敬的表现，毕竟这位圣徒的遗骨据说存放在拜占庭境内[*]。教堂有醒目的黑白外墙。教堂的青铜大门也值得一提，据说这两扇门是1066年之前在君士坦丁堡精工打造的，做工精美，体现了阿马尔菲与君士坦丁堡这座欧洲东部大都会之间的密切联系。

1087年，阿马尔菲的战舰加入热那亚和比萨人的舰队，洗劫马赫迪耶。不过在北意大利的海洋强权与阿马尔菲之间，竞争恐怕要远多于合作，也正是这些竞争导致了阿马尔菲的衰落。加埃塔（Gaeta）、巴里（Bari）等位于南意大利的地中海贸易潜在竞争者在11世纪迅速衰落，从此一蹶不振，但阿马尔菲这座充满生机的城市，却是在北方敌人们的一次次无情打击下缓缓凋零的。1135年，比萨人在阿马尔菲大肆劫掠，最终粉碎了阿马尔菲人统治地中海南部与东部的梦想。

*

科西嘉、撒丁与西西里等岛屿组成的巨大弧线，连同意大利所在半岛的西部海岸线，勾勒出第勒尼安海（Tyrrhenian Sea）的范围，崛起中的地中海强权在制订政治与商贸战略时，必须考虑这片海域，不过在一般记载里这一事实却很少得到认可。科西嘉从未被穆斯林征服过，不过该地也经受了一次又一次的入侵、劫掠，小部分地区也曾被暂时占领。对入侵者而言，上述进攻和在当地保住穆斯林飞地的努力最终都演变成了军事灾难。810年，一支庞大的入侵军队在科西嘉人及其法兰克盟友的打击下全军覆没。尽管如此，类似的

---

* 圣安德烈的部分圣骨位于希腊的帕特雷（Patras）。1208年十字军洗劫君士坦丁堡之后，位于君堡的另一部分圣遗物也被带往阿马尔菲。——译者注

袭击还是持续到了10世纪30年代，而此后穆斯林海盗也依然是一个威胁。

科西嘉岛拥有为数众多的小型良港，因而可以作为进攻其他地区的理想基地。此外，当地水源丰富，土壤也相当肥沃。岛上的高地（这个岛屿上大多数地区都是山区）上覆盖着繁茂的森林，可供造船业利用。总的来说，科西嘉岛的山麓和沿海平原环境宜人，其上的密集植被散发出芳香，香气甚至会飘到海上数里格*之外的地方，如此舒适的环境也为其带来了另一个美名，即“芬芳之岛”（the Scented Isle）。

抵抗穆斯林的活动并未在科西嘉的山民与其他居住者中催生出政治上的统一。法兰克人势力固然帮助当地人建立起了覆盖全岛的同盟关系，并挫败了穆斯林征服当地的尝试，但在地中海范围内，这股势力却在10世纪期间迅速衰落了下去。于是，到了11世纪初，岛上进入了一个新的时代，人们为了争夺霸主地位而内斗不休。暴力造成的破坏如此之大，以至于在新千年到来之后没多久，便有为数众多的土地贵族与重要居民群体代表聚集到岛上中心位置的莫罗萨利亚（Morosaglia）谷地，商议稳定局面的办法。情况与朗格多克省的和平运动颇为相似。

这次会议上的决定多少规范了岛屿北部地区的司法手段。不过，即便是在北部，真正意义上中央集权体系的建立也依然遥遥无期，这部分是复杂的地形所致。在科西嘉的南部，世仇和封建领主的暴力仍然很常见。这类暴力活动中最作恶多端的行凶者是辛纳卡（Cinarca）

---

* 1里格约为4.8公里。——译者注

家族的历任伯爵，他们施行暴力的对象可不仅限于南部的居民。尽管如此，辛纳卡家族在挑战北方新近建立的秩序时，还是遭遇了抵抗。1012 年前后，马萨侯爵（Marquis of Massa）威廉参与了推翻辛纳卡统治的活动，而这位侯爵便属于此后在文学作品中广为人知的马拉斯皮纳（Malaspina）家族。到了 1020 年，这项伟业已经完成。尽管如此，统一全岛依然是个不可能实现的任务，至少马拉斯皮纳家族也认为，只要他们和各个山区领主能在一定程度上承认彼此的边界，减少政治暴力活动，保留这些领主的相对自治状态就可以接受。

科西嘉岛以南仅仅数公里，便是撒丁岛的海岸。撒丁岛也是多山的岛屿，但河流比科西嘉岛要少一些，当地人对水井与溪流的争夺已经持续了好几个世纪。自古以来，当地人就借助努拉吉（nuraghi）来保护撒丁岛上的战略资源与精神寄托，那是一种类似于堡垒的小型建筑，由粗糙的石块堆砌而成，形似竖立放置、截去顶端的圆锥体。在这座岛上，考古学家们辨识出了至少 6000 个这样的遗址或遗迹，这类建筑往往靠近泉水、水井与祖先的墓葬。即便是那些较为古老的努拉吉，在 11 世纪时也可以作为防御性建筑，用于抵抗任何试图占领撒丁岛的军队。

撒丁岛上的港口不多，但都是良港。因此，和科西嘉的情形一样，穆斯林袭击者也将这里视为进一步打击基督教世界的有用跳板。他们从 720 年开始入侵，不过面对当地剽悍的山民及其盟友，穆斯林并没有取得长期性的成功，这与他们在科西嘉遇到的情况相似。虽然也有一些穆斯林定居点被建立起来，但直到大约 1000 年时巴利阿里群岛上的穆斯林统治者夺取卡利亚里（Cagliari）之后，这些入侵者们才拥有了真正意义上的大型居民点。

撒丁岛隔着第勒尼安海与罗马城相望，军事威胁不言而喻。1004 年，教皇若望十八世督促基督教诸势力，希望他们尽快夺回这块穆斯林控制的飞地。尽管撒丁岛与意大利其他众多岛屿和半岛地区一样，在名义上处于拜占庭的统治之下，但正如我们已经知道的，比萨和热那亚才是派出军队响应号召的势力。1016 年，联军已经完成了夺回绝大多数领土的任务。岛上的穆斯林城市之首米萨（Musat）似乎坚持到了 1022 年，但这已无关紧要。穆斯林的最后一次夺岛尝试发生在 1050 年，这次进攻以入侵者军队在卡利亚里城门下的溃散告终。不过，战争时期的相对团结无助于削减山区领主们的独立性。和科西嘉一样，撒丁岛依然是一个充满政治分歧、容易受到攻击的地区。

在讨论西西里这个地中海第一大岛时，有必要同时提及南意大利的大陆，这是因为在千年之交，拜占庭的统治者十分关注自己名下的这两块土地，特别是南意大利。拜占庭人宣称，他们的帝国才是真正的罗马帝国，日耳曼人的杂糅国家（所谓神圣罗马帝国）并不是，拜占庭人理应继承老帝国曾经拥有的领土。在 11 世纪的最初几十年中，意大利的局势使这样的理论在现实中得到了巨大的支持。南意大利曾处于拜占庭帝国的牢牢控制之下，许多地区的人都崇拜希腊文化，使用希腊语，卡拉布里亚就是其中之一。西西里本身曾经被穆斯林征服，因而处在拜占庭的势力范围之外。尽管如此，拜占庭帝国的统治者们仍然决心改变这一局面。拜占庭的局势恢复了稳定，而帝国在地中海中部与东部的势力也得到了巩固，这主要归功于皇帝巴西尔二世（Basil II，976—1025 年在位）。

拜占庭人在西西里取得胜利注定十分艰难，因为伊斯兰教势力在当地根基很深。从 827 年到 902 年，穆斯林军队蚕食并征服了西西里，在 10 世纪，西西里被穆斯林统治者断然并入了伊斯兰世界。不过，大批基督徒与在当地人口中占少数的犹太人仍旧拒绝改信伊斯兰教。此外，拜占庭人以及阿马尔菲和比萨这样正在崛起的海洋强权，也对繁荣的西西里岛和岛上的贸易站虎视眈眈。学者们通常相信，倘若拜占庭的巴西尔二世没有在 1025 年去世，他就会在摧毁巴尔干半岛上的保加尔（Bulgar）敌人之后，马上出兵攻打西西里的穆斯林政权。

尽管巴西尔已死，拜占庭内部又出现了一系列混乱的继承纠葛，但到了 11 世纪 30 年代，巴西尔的梦想已经开始实现：拜占庭人在墨西拿（Messina）附近向西西里岛发动了多次袭击与佯攻。然而，诺曼人（Normans）这股新势力在地中海中部崛起，帝国对收复全岛有心无力。诺曼人是来自北方的海盗，在 11 世纪的第二个 10 年中，他们中的一些人作为朝圣者前往意大利，并在那里受到招募，为意大利的统治者服务，他们的雇主甚至包括教皇。这些雇主利用诺曼人来打击自己的竞争对手和拜占庭人。而在巴西尔二世及其继任者手中，拜占庭帝国也试图在意大利半岛的中部地区扩展版图或收复故土。

对意大利地方统治者而言，诺曼人的支持并不能保证胜利，在面对像拜占庭帝国这样军事组织完善的对手时更是如此。巴里的梅莱斯（Meles of Bari）是个在意大利南部发起叛乱对抗帝国统治的伦巴第人，他在 1017 年时借助诺曼人的力量对阿普利亚（Apulia）发动了进攻，却在面对拜占庭人时遭受了可怕的损失。此外，即便胜券在握，在发动袭击的部队中雇诺曼人依旧会带来问题。获得胜利的佣兵们往往会无耻地向雇主提出更多要求。那不勒斯的公爵不得不将那不勒斯北面不远处的阿韦萨（Aversa）伯爵领赐给诺曼佣兵队领袖莱努尔夫（Rainulf），以换取他的援助来对抗拥有这片领地的伦巴第王公。通过各式各样的利益交换、报酬索取、威逼恫吓与强力抢夺，诺曼人不断从当地的伦巴第领主与拜占庭官员那里获得土地与头衔。而他们的成功，反过来又促使更多的诺曼移民前往意大利，从战利品中分一杯羹，并出售他们的服务来换取土地，甚至在必要时武力夺取地盘。因此，到了 11 世纪 50 年代，诺曼领主已不仅仅以阿韦萨伯爵之名施行统治，而是作为加埃塔（Gaeta）公爵与卡普阿（Capua）亲王在发号施令了。

罗贝尔·吉斯卡尔（Robert Guiscard）出生于诺曼底小贵族家庭，诺曼人最大胆的冒险传奇围绕着他展开，首先是在意大利，最终一连串故事发生的地点转到了西西里岛。吉斯卡尔（这个名字的意思是"狡猾的"）在 1047 年抵达意大利，在此后的数十年中，他都是意大利乃至整个地中海中部地区的重要军事政治领袖。他和他麾下的战士们也被视为最可怕的军队之一。

吉斯卡尔出售自己的服务，作为佣兵出现在卡拉布里亚的土地上。凭借勇气与坚持，他利用针对拜占庭人的绑架活动、军事胜利与权宜之盟，将其转化为一系列使卡拉布里亚乃至整个南意大利脱离拜占庭帝国的计划。在这个过程中，他成功地将"诺曼人伯爵"的头衔收入囊中。吉斯卡尔也尝试征服更广的领地，他的敌人中就有教皇利奥九世，而教皇的军队也在 1053 年惨遭诺曼人屠戮。尽管教皇遭遇了军事失利，局面却发生了令人惊讶的转变：吉斯卡尔与教皇间建立了绝对忠诚的纽带，这样的关系在 1059 年得到了正式确认。吉斯卡尔与教皇的联盟并不稳固，尽管教廷方面对此颇有疑虑，但吉斯卡尔还是一次又一次证明了自己的价值，直到他在1085年离世。

吉斯卡尔及其诺曼部下都渴望征服西西里。他们从1061年开始就专注于这项活动，尽管也曾遭遇挫折，但他们还是继续努力了30年之久。最终，1091年，岛上最后一座穆斯林堡垒也屈服于诺曼人的威势，此时距离伯爵去世不过数年。之后，征服当地的军队由吉斯卡尔的弟弟罗杰（Roger）统领。尽管到1130年吉斯卡尔的侄子罗杰二世在位时期，西西里的伯爵们才被正式承认为国王，但事实上，这个王朝的统治者们早在征服开始之时，便已在南意大利与西西里［合称为王国（Regno）］以相当于王室的权威施行统治了。

诺曼统治者治下的属民如同大杂烩。他们的属民包括一些犹太人，还有大批穆斯林、希腊正教徒与天主教徒。犹太人并不会构成军事上的威胁，因此他们的存在得到了容忍，不过还是被当作宗教异见者受到歧视。穆斯林人口则逐渐减少，直到被彻底清除，这一过程一直持续到了13世纪。对穆斯林的恐惧，以及这些人可能在其北非盟友帮助下发动叛乱的现实，有时会促使统治者对他们施以高压。不过需要强调的是，在此后超过一个世纪的时间里，西西里都是穆斯林文化的重要中心。至于希腊正教徒，他们受到越来越大的压力，不得不采用拉丁礼（Latin rite）的信仰方式。希腊正教的衰落过程也非常缓慢，部分是因为诺曼人常常要顾及拜占庭人对其共同信仰者命运的关切，部分是因为迫使人们改用拉丁礼的压力，要依靠欧洲基督教两个不同分支间那缓慢增强的敌对情绪才能产生。

诺曼人很快适应了他们所建立国家的环境。在征服西西里之后，他们发现自己几乎可以原封不动地沿用穆斯林的统治体系，或是将其恢复并接手管理。这些入侵者大体上结束了游荡在外寻找战利品的生活，定居到岛上像巴勒莫（Palermo）这样的大城市，成了东方式的统治者。诺曼人的穆斯林前任能够从贸易与商业中获得大笔收入，并借由所拥有的巨大庄园获得产出、征收贡赋，凭借上述收益，诺曼人同样能享受富裕的生活。在基督教世界中，西西里成了统治最有效也最富裕的国家之一。这片遍布着石榴与无花果园的富庶之地，与诺曼人来此之前所居的北方地区形成了鲜明的对比。

第 3 章

北欧人、凯尔特人与盎格鲁-撒克逊人

> 他们四处查看，想要找到烟气，或是任何证明这片土地有人居住的迹象，却一无所获……当他们开船离开这片土地时，大雪从天而降，覆盖在群山之上，于是，他们将这片土地定名为“冰雪之地”。(Wright，1965 年，第 346—347 页)

斯堪的纳维亚

爱尔兰的基督徒隐士们居住在这座岛上的一些小屋中，用古斯堪的纳维亚语写就了《定居点之书》(*Landnámabók*)，书中描述了当地居民点的情况，并将这片土地称为“冰雪之地”，如今人们更熟悉的名字是“冰岛”(Iceland)。在此之后，信仰异教的挪威人和其他斯堪的纳维亚人于 9 世纪晚期开始在沿海地区建立定居点。新近的移民在岛上并未平均分布，因为当地内陆遍布着山峦冰川、高原台地，也有深沟险壑、地热喷口，间歇泉、硫黄泉、火山口与熔岩流都是常见的景色，并不适宜居住。火山运动持续不断，尤以海克拉山(Mount

Hekla）为甚，岛上气候较好的南部与西部地区暴露在周期性火山喷发的毁灭威胁之中。尽管居住环境不佳，但冰岛沿海及其附近地区在高峰时的人口仍可能达到了 6 万之多，在贸易活动的支撑下，这些人的生活状况尚可。当地人放牧牛羊，开发利用了面积有限但植被相当丰富的草场地区。猎人们则使用陷阱猎捕鸟类并收集鸟蛋。当地渔民能够获取大量的渔获，其中包括鲸鱼和海豹。

10 世纪初，勇猛无畏的海员们从冰岛出发，与格陵兰（Greenland）建立了联系。而到了 10 世纪晚期，虽然探索还在继续，但已经有相当规模的定居点建立在了格陵兰的沿海地区。毫无疑问，北欧人曾造访拉布拉多（Labrador）、纽芬兰（Newfoundland）等北美沿海地区。故事讲述者们通过一系列史诗传奇来纪念他们英雄的壮举，这些故事以“文兰传说”（Vinland Sagas）之名广为流传。尽管探险者们也在上述地区的沿海建立了小规模的定居点，但这些小型的村庄与营地都没能维持太久。当地环境的严酷并非唯一的原因，殖民者们也许还和土著居民有过惨烈的交锋，而这可能才是他们殖民失败的关键因素。

对格陵兰的殖民持续了较长时间。更晚到来、为数不多的移民将冰岛的政治架构与基督教信仰带到了格陵兰，教会的等级制度也一并得到引入。不过，此地的定居者也遭遇了很大的麻烦。有力证据表明，在当地不断迁徙的民族，即北欧人口中所谓的斯卡拉埃林人（skraelings）*，曾占据岛上的西部与南部沿海地区。14 世纪中期，这些人将会返回，并摧毁岛屿西部沿海的北欧人定居点。岛上东部和南部

* 斯卡拉埃林人是现今因纽特人的祖先。——译者注

的居民点坚持得比较久，事实上，格陵兰岛与冰岛之间的联络尽管不太规律，最晚却持续到了 1410 年。在失去联系之后，北欧人剩余的定居点到底还坚持了多久仍是学者们讨论的话题。尽管如此，一个颇有说服力的观点称，在格陵兰岛上完全由北欧人组成的大小村庄要到 1500 年之后才会彻底绝迹。

由于北欧人对格陵兰岛的殖民仅仅取得了有限的成功，因此冰岛仍是中世纪时欧洲移民最靠西的主要定居点。冰岛上固然没有原住民与移民竞争，但也有困扰当地居民的其他问题，其中最大的困难是糟糕的环境，这严重影响了中世纪主要食物来源——谷物——的产量。此外，岛上林地稀少、缺乏木材的状况又因周期性火山喷发导致古老林地毁灭而雪上加霜。这给当地居民群体带来了另一个大麻烦，因为他们完全依赖船只输送人员、供应货物。当地人用草皮当屋顶，收集海上的浮木，以弥补林木的不足，但木材还是不够用。既然当地谷物产量低，木材也不足，那么为何当初斯堪的纳维亚人要如此坚定地殖民冰岛呢？

对于上述问题，传统上的学术解释是挪威的人口压力引发了一波又一波的移民浪潮。然而，在缺乏文献资料的情况下，历史学家只能求助于年代较晚的记录，其中的内容也许能给这样的解释提供一些支持。此外，就像许多其他来源的信息一样，对于通过考古得到的证据资料，通常会有多种多样甚至互相矛盾的解释。并没有人真正了解到底发生了什么。

中世纪晚期的冰岛居民相信他们自己能够给出答案：他们用政治因素来解释自己的移民行为。这个故事是，在 9 世纪末到 10 世纪初，一个名为金发哈拉尔德（Harald Fairhair）的强大领主试图在挪威建立起统一王国，在统一的过程中，国王侵犯了传统上属于部族首领及其族人的权利。许多部族屈服了，但另一些人则动身前往迷雾密布、风暴横行的法罗群岛（Faeroes）。然而，此后法罗群岛也被并入了挪威王国。其他不肯屈膝的人铁了心不愿被任何统治者支配，因此继续向西航行到了冰岛，并在那里定居下来。

在冰岛，信仰异教的部族首领也许同时在宗教与政治两方面发挥了作用，这些人组织起了一个强调部族的管理体系，其中的同盟关系不仅源自血缘，也可以依靠联姻、干亲结盟与收养仪式来维系。奴隶制也得到了保留，劫掠所得的俘虏和已遭奴役之人的子女都沦为了奴隶。来自爱尔兰的女性奴隶往往成为其男性所有者的妾室。在这样一个强制劳动行为不会受到质疑的地方，绝大多数的奴隶都被视为家庭所有的仆役或工人，必须支持家庭农场的劳动，妾室亦然。尽管如此，在理论上，冰岛从未成为真正意义上的奴隶社会，也就是说，其社会经济并非完全建立在奴隶的劳动之上。此外，北欧人发动的袭击越来越少获得成功，奴隶制度也逐渐遭到削弱，而之后基督教的训导也使将其他基督徒当成奴隶变得不再合理，哪怕那些人是战俘。

在冰岛，权力分散给了地方上由首领与长老组成的会议，以及架构类似、涉及全岛的“全国性”集会，即“阿尔庭”（Althing）会议，由此才保证了部族的强势地位，而这些部族也以相对独立的身份组成了一个松散的联盟。（在格陵兰，北欧人也建立了类似的集会体系。）当地的法律反映出大人物希望保证部族的完整性与行动自由，法律也特别仔细地提到了适用于挑起争斗者的极刑与处刑地点，这便是冰岛人为其政府形态要付出的代价，而这种政府有时会被误称为民主政府。中世纪盛期的冰岛史诗文学《尼亚尔传说》(*Saga of Burnt Njal*) 与《沃尔松格传说》(*Volsungssaga*) 常将关注焦点放在失败的情形上：在故事中，人与人之间的关系和维护正义、控制争斗的系统都失效了。

《尼亚尔传说》中希尔迪贡（Hildigunna）催促她的族人弗洛西（Flosi）复仇的场景，成了体现复仇于家庭与世系荣耀之重要性的经典范例。传说甚至用基督教来证明复仇的正当性（故事写就的时间要远远晚于据说所描写事件发生的时间，故事也披上了一层基督教的外衣）。

> 希尔迪贡回到她睡觉的阁楼，打开柜子，取出弗洛西当初送给哈斯库尔德（Hauskild）的斗篷。哈斯库尔德被杀死的时候，身上就披着这件斗篷；希尔迪贡把他的血全都包到里面。她拿着斗篷，默默走到弗洛西面前。弗洛西已经吃完，桌上的东西都已收拾掉。希尔迪贡把斗篷往弗洛西身上一披，凝结了的血块撒了他一身。这时希尔迪贡说：
>
> “弗洛西，这件斗篷是你送给哈斯库尔德的，我想把它还给你。他被杀的时候就穿着这件斗篷。我请上帝和好心的人们作证，我恳求你以你的基督的一切奇迹，以你的荣誉和你的豪杰气概来为他身上蒙受的创伤报仇。要不然，就让所有的人都说你是小人！”*（*Saga of Burnt Njal*，1911 年，第 208—209 页）

尽管争斗时常发生，但团结一致仍是冰岛社会珍视的目标与理念。每年 6 月，在阿尔庭大会召开之际，法律讲述官（law speaker）都

* 译文引自侯焕闳译《尼亚尔传说》(上海译文出版社，1983 年)第 267 页。——编者注

会在庄严的仪式上凭借记忆复诵律法，以强调部族首领们从挪威移民那里带来的文化遗产，以及冰岛独有的特性。不过，政治上的独立并不能得到保证。当然，冰岛人与维京人总体上都被视为勇猛的武士，以人们尚未完全理解的“狂暴战士”（berserker）为代表。狂暴战士似乎是身披熊皮、战斗力极强的残忍武士，能够完全无视伤痛。能够让狂暴战士平静下来的能力被视为神圣性的体现。至于这些战士进入亢奋而狂暴的状态是不是服用致幻类蘑菇的结果，人们依然争执不下，也许其中虚构的成分要远多于事实。

无论狂暴战士们在战斗中的凶猛作风是如何形成的，在现实中，这都不足以保障政治独立。在很大程度上，这是因为如果没有进口货物，冰岛的经济就无法维持。因此，当地人一方面要依靠海盗活动维生，面对勇气和残忍程度都不亚于自己的勇猛战士，另一方面则以挪威为市场，售出岛上所产的一定数量的粗劣毛纺织品。纺织品出口换来的利润被用于进口粮食。

阿尔庭大会中的立法会（Lögrétta）成员们在1000年时接受了基督教信仰，这在一定程度上是出于贸易上依赖挪威带来的经济政治压力。仅仅五年之前，即995年，一位在流亡英格兰期间接受基督教信仰的北欧大领主奥拉夫·特里格瓦松（Olaf Tryggvason）夺取了挪威王位，并在王国之内强制百姓信奉基督教。尽管奥拉夫在1000年时被杀，但他派往冰岛的传教士，以及他迫使当地部族首领接受基督教的行为，依旧对这个岛屿的历史产生了重大影响。

部族领袖在改信基督教时也提出了自己的条件，其中包括冰岛人继续保有其习惯（例如食用马肉）的权利，即使传教士们并不喜欢这样的习俗。从长期来看，信仰的转变保证了冰岛人能够被纳入基督教大家庭。当地人本来可能成为一个或数个孤立的群体，此时却成了基督教世界的一部分。同时，冰岛人还进入了包括不列颠群岛在内、延伸至斯堪的纳维亚半岛乃至德意志北部地区的文化世界，从中获益，也做出了许多贡献。在这个文化世界中，有许多英雄文学的主题是相通的。

事实上，正如我们所见，冰岛定居者大多来自斯堪的纳维亚半岛上的王国，主要是挪威，也包括丹麦和瑞典。这些王国在新的千年中崛起于北方并互相敌对，不过在 11 世纪上半叶，丹麦占据了主导地位，并进入了王权扩张的阶段。丹麦统治者八字胡斯韦恩（Sweyn Forkbeard，约 985—1014 年在位）在 10 世纪末期领兵入侵英格兰，而到了 1014 年他离世之际，他的王朝已经取代了当地的盎格鲁-撒克逊王朝，在英格兰施行统治。他的儿子克努特大帝（Cnut the Great）同时统治着丹麦与英格兰，直到 1035 年去世。

在丹麦，克努特在其统治时期不断尝试控制不同的部族与派系，并建立起像英格兰那样的中央机构。他下令铸造王室硬币，既体现出英格兰政治实践对他的影响（在盎格鲁-撒克逊诸王治下，铸造硬币是王室垄断的特权），又表明他希望通过开拓创新，将他的斯堪的纳维亚王国凝聚成一个整体。但即便克努特及其继任者们真的凝聚起了这个王国，丹麦的帝国优势也只维持了很短一段时间。丹麦人对英格兰的统治终结于 1042 年，当时本地王朝在“忏悔者”爱德华（Edward the Confessor）的领导下重掌大权，相关情形将在本书之后的章节里讲到。

克努特治下的丹麦帝国，其疆域在巅峰时期扩展到了丹麦和英格兰之外的地方。克努特大帝同时控制着挪威南部地区。而克努特在挪威的对手奥拉夫二世·哈拉尔德松（Olaf II Haraldson，1015—1028 年在位）只能勉强在丹麦人直接统治区以北的挪威沿海地区保持独立。奥拉夫在面对异教激烈攻击时仍极力维持挪威的基督教信仰，此举使他被追认为圣人。不过直到克努特死后，挪威对于丹麦扩张的抵制才初见成效，挪威历任国王才得以在疆域接近于现代挪威的区域内施行统治，确立基督教信仰。

和挪威一样，11 世纪时瑞典的局面也给丹麦人造成了很大麻烦。首先，基督教刚刚被传到瑞典，这个国家由于宗教原因出现了内部分裂加剧的状况。学者们认为，坚持异教信仰的人口比例很大，也许过了半数，瑞典位于乌普萨拉（Uppsala）的主要异教圣所一直到 11 世纪晚期才关停。在这个圣所中，把动物当作祭品的行为显然存在，不过，对于同时代有人指责其使用人殉的情况，学者们就不那么肯定了。无论如何，信仰异教的部族都威胁到了新近接受基督教信仰的君主们的权威与势力。国王们拒绝参加乌普萨拉的异教仪式，异教部族则一度将他们的国王奥洛夫·埃里克松（Olof Eriksson，994—1022 年在位）驱逐到了丹麦人统治下的西哥特兰地区。11 世纪中期，其他事件使局面变得更为复杂，内战与王朝纷争使瑞典进入了无政府状态。能让某些形式的本土暴力行为减少一些的，也只有人们对从不断增长的贸易中获利的希望了，他们希望进行的贸易是不同于海盗行为的正当生意，贸易对象是更为基督教化的王国中的商人。

此外，瑞典人也像他们的诺曼亲戚一样成了雇佣兵，他们常常去各个基督教王国服役，有时则将其征服并据为己有。这些军人依旧与本土的瑞典人保持着联系，其中许多人时不时会带些战利品返回故土。返回瑞典的人倾向于支持基督教国王对抗异教信仰，至少据推测他们是这么做的。在 11 世纪的进程中，异教信仰的抵抗逐渐被瓦解，紧随而来的是各个主教辖区的建立，以及拉丁基督教社会其他基础设施元素的实现。到 1100 年时，瑞典已经成了一个基督教国家，异教则无足轻重了。

不列颠群岛

斯堪的纳维亚征服的主要目标、北欧人结伴劫掠的首要对象是不列颠群岛，其中爱尔兰与大不列颠所受的侵扰最为严重。尽管人们撰写不列颠群岛的历史时，往往写的是这两个岛屿的历史，但我们应当记住，不列颠群岛中还有其他大岛屿和岛群，那些地区同样对不列颠群岛的宗教、军事、政治与经济发展产生了巨大影响。11 世纪时，这些岛屿中最靠南的那些，比如大不列颠岛南海岸之外的怀特岛（Isle of Wight），以及多佛尔海峡（Strait of Dover）中的萨尼特岛（Isle of Thanet），其人民在政治上都效忠于英格兰，论民族则属于盎格鲁-撒克逊人。其他地区的居民在民族和文化上要么属于凯尔特人，要么属于斯堪的纳维亚人。通常来说，越往北，斯堪的纳维亚的影响就越突出。这些岛民中的大部分人都被爱尔兰岛与大不列颠岛上的定居人口视为严重的威胁。

举例来说，安格尔西岛（Anglesey）是格温内思（Gwynedd）诸王的基地，他们促成威尔士人的统一，惩罚英格兰人试图征服威尔士的行为。马恩岛（Isle of Man）位于安格尔西岛以北，挪威奥克尼伯爵们率领的维京海盗在入侵爱尔兰前，就在这里集结，这些人此前就征服了马恩岛上说凯尔特语的居民。在更北面，维京海盗从赫布里底群岛

（Hebrides）、设得兰群岛（Shetlands）和奥克尼群岛出发，袭击来自凯尔特人、盎格鲁–撒克逊人控制区甚至挪威半岛的船只，直到这些地方臣服于挪威国王之后，袭击才停了下来。

北方岛民那充满血腥暴力的冒险，特别是奥克尼群岛航海者们的经历，被用史诗形式记录在《奥克尼伯爵萨迦》（*Orkneyinga Saga*）中。这部萨迦创作于12世纪，并在此后得到了增补。根据书中的描述，一个名为斯韦恩（Svein）的头目率领狡黠的海员们航行

> 到了苏格兰以南的梅伊岛（Isle of May）。当地有一座修道院，其负责人是名为博德维尼（Baldvini）的院长。斯韦恩及其同伴借口躲避风雨，在当地逗留了7天，自称受罗格瓦尔伯爵（Earl Rognvald）之命面见苏格兰国王的使者。修士们对他们的故事颇有疑问，怀疑这些人实际上是一帮强盗，因此派人前往大陆寻求帮助。斯韦恩及其同伙意识到发生了什么之后，便洗劫了修道院，登上他们自己的船，开船离去。

但故事还没结束。这些抢劫犯们继续冒险远征，最后抵达了苏格兰国王的宫廷所在地。他们身着华丽的服饰（毫无疑问是偷来的），被当成大人物受到招待，享受娱乐与盛筵。最终，他们甚至向国王坦陈自己"在梅伊岛上是如何掠夺（修道院）的"。在尊重英勇行为的北方，只有一部分人信仰基督教，因此他们这么说并不会破坏双方的友谊。此后，"斯韦恩和他的部下们又在苏格兰国王身边待了一段时间，受到主人盛情款待"（*Orkneyinga Saga*，1987年，第137页）。

上述这些人和其他许许多多的海盗一样，知道哪里有财富可供掠

夺。正如故事描述的那样，他们往往会选择建立在岛屿上的修道院，不过，在许多传奇故事中，被称为“大陆”的大不列颠与爱尔兰岛则提供了更为丰厚的财宝。确实，由于它们面积较大，资源丰富，因此长期以来大不列颠和爱尔兰不仅吸引了北方海盗，还成了北方学者们集中描写的对象。此后的情况也证明了这种偏爱的正确性：大不列颠在西欧乃至整个世界的历史进程中都长期扮演着核心角色，而爱尔兰在不列颠历史中的重要地位也是中世纪开始之时便已确立的。在这两地之外，再没有其他斯堪的纳维亚人、盎格鲁-撒克逊人或凯尔特人的居住区能够吸引如此多学者的关注了。

在凯尔特人占据统治地位的爱尔兰社会中，传统上贵族阶层建立在大量小王国势力均衡的基础之上，不过在1000年之前的两个世纪里，这种均衡状态遭遇了危机。维京人的入侵使爱尔兰人开始调整自己的战争形态，他们开始使用骑兵，放弃了小王国之间业已摇摇欲坠的政治同盟。上述改变加剧了本地势力之间的内斗，从短期来看，维京人因此得以更好地控制局面，甚至在当地建立了他们自己的王国。在这些维京王国中，最有名也最强大的王国以都柏林（Dublin）为中心。入侵者在沿海和内陆地区也建立了王国，这些王国往往以新建的维京城镇为中心。

从长远来看，爱尔兰当地君主之间内斗的结果是本地王国中崛起了一个超级强权，即位于利默里克（Limerick）以北的达尔加什（Dál Cais）。11世纪初，布赖恩·博鲁（Brian Boru）统治着达尔加什，他渴望获得爱尔兰至高王的头衔。虽然布赖恩在克朗塔夫（Clontarf，1014年）之战中阵亡，但在这场战役中，他的军队击败了爱尔兰大贵族同盟与都柏林维京国王、马恩岛和奥克尼群岛斯堪的纳维亚入侵者组成的联军。他的继任者们在芒斯特（Munster）统治着一个疆域更广的国家，而他的王朝在之后的多年传承中，也始终居于相对优势地位。

本地强权的成功没能团结起爱尔兰，不过这样的局面确实也使当地人在面对斯堪的纳维亚势力的入侵时，能够组织起较为有效的抵抗。在同一时期，当地的斯堪的纳维亚统治者正式抛弃了异教信仰，投入了基督教的怀抱。在来自英格兰与欧洲大陆的传教士的影响下，这些统治者照罗马模式设置了权力很大的主教，让教区保有自己的地产，而按照爱尔兰人的传统习惯，主教原本拥有的权威甚至还不及一个修道院长。爱尔兰当地人并不乐意建立这样的体系，因为统治者可以利用这种教会组织架构增强控制力，他们的这种不情愿多少增加了本土王国的凝聚力。

在与爱尔兰毗邻的不列颠岛上，凯尔特人居住地区（苏格兰、康沃尔和威尔士）的历史同样充满政治纠葛与王朝更替。苏格兰人因为部族与地形的因素而四分五裂，苏格兰北部与西部的高地和山区地势高耸，其他包括大片沼泽在内的地区则地势平缓。苏格兰缺乏农业资源，可耕地面积也非常有限，因此不如英格兰和爱尔兰富庶，对入侵者而言也缺乏吸引力，不过，挪威人依然在最北端的凯斯内斯地区（Caithness）建立了一些长期性的居民点。物资缺乏等原因使苏格兰各地长期盗匪横行，冲突不断。

1034年，以邓肯一世（Duncan I，1034—1040在位）为代表的王朝宣称统治苏格兰的所有地区。这一宣称在实际统治中到底有多少效力，依旧是学者们激烈争论的话题，毕竟11世纪的君主制度大都不太稳定。邓肯在战斗中被麦克白（Macbeth，1040—1057年在位的苏格兰国王）的部下所杀，后者又死于邓肯之子马尔科姆三世（Malcolm III，1058—1093 年在位）之手。这样一个王国在其他领域的统一程度也遭到了严重挑战。苏格兰的教会在中世纪之初就已经建立，提供了一种国家统一之感，但这方面的努力因为制度上的缺陷——比如与爱尔兰类似的巡回主教制度——而备受阻碍。

11 世纪时，威尔士也没有什么凝聚力。和苏格兰一样，威尔士北部与西部多山的地形加剧了分裂倾向，但是在威尔士，统一似乎的确是一种文化理想。维京人与英格兰人对当地的袭击造成了毁灭性的破坏，导致生产力降低。不过，威尔士人因此也明白了自己所处的脆弱地位，并认识到了在政治与军事方面进行革新的必要，于是袭击的负面效应就通过这种奇特的方式多少抵消了。此外，威尔士人还给威尔士的文化成果和对统一的渴求披上了类似于传奇故事的传统外衣，他们会回想 10 世纪时威尔士在“好人”海韦尔（Hywel the Good，910—950 在位）的领导下取得的荣耀。当时，圣大卫（St David）主教区在威尔士的教会中处于统治地位。大卫是位在 5 世纪时传道的圣徒，对他的崇拜成了威尔士人信仰与朝圣的焦点，这有助于实现政治统一的诉求。至于海韦尔，威尔士人则将铸造国家货币、颁布并铭刻律法的功绩归到了他的身上。

无论上述传统在激励人心方面起了多大作用，格鲁菲斯·阿普·卢埃林（Gruffydd ap Llywelyn）在战场上的英勇表现才是促成威尔士政治与军事变革的关键。1039 年，格鲁菲斯以他在威尔士北部的领地为后盾，崛起为最强大的威尔士领主。他将自己的权威向南方稳步推进，压制敌对的王公贵族，对英格兰人发动袭击，在许多地区提升了自己的威望。到 1055 年前后，格鲁菲斯已经成了威尔士绝大多数地区的主人，不过，在其他领域缺乏改革的情况下，暴力与恐惧并不能成为长治久安的基石。1063 年，面对英格兰人的反击，格鲁菲斯选择撤退，却在避难时被他的威尔士对手杀死。和爱尔兰的情况一样，维系威尔士统一的制度架构十分脆弱，甚至可以说并不存在。

康沃尔的情况与苏格兰和威尔士不同，此地完全处于英格兰人的统治之下。这样的区别，部分是因为当地没有明显的天然障碍，因而无法阻止大量英格兰移民与军队的渗透。不过，康沃尔地区的独有文化依然存续到了近代早期。使用康沃尔语的中世纪晚期神迹剧（miracle play）是很好的例子，作为口语使用的康沃尔语直到 18 世纪才渐渐消亡。但是，和他们的威尔士邻居不同，康沃尔人在家园于 8 世纪遭到征服之后，从未真正挑战过英格兰人在政治领域的权威。

*

毫无疑问，在不列颠，生产力最发达、人口最多、军力最强的政治区划是被称为英格兰的地区（这个词在此使用时代表的含义及其指代的宽泛的地理与政治概念，似乎直到丹麦征服的时期才形成）。尽管丹麦人在 11 世纪早期时凭借武力在英格兰建立了统治，但这些征服者从未在被称为“丹麦律法适用区”（Danelaw）的北部地区以外设立定居点。此外，统治时间最长也最有名的丹麦统治者克努特大帝十分欣赏古英格兰社会的统治模式，将其保留下来，为己所用。

和他的盎格鲁–撒克逊前任们一样，克努特大帝任命官员来监管法庭诉讼、市场运行、地方防务与税费征收。这些官员中，郡长（sheriff）尤为重要，他们管理着最大的行政区划——郡（shire）。郡可以分割为更小的统治单元，这样的单元可以称为百户区（hundred），每个大致包括一百个家庭，丹麦律法称其为小邑（wapentake），字面含义是“拿起武器”（weapon-take），说明这是一种军事区划。这些统治单元都由被称为地区长官（reeve）的王室官员管理。

11世纪时的盎格鲁–撒克逊人还遵循着延续了数个世纪的基督教惯例，膏抹新国王，按教会的观点，此举将使国王成为“主的受膏者”（Christus Domini）。这一举动赋予国王权威，但与此同时，国王在意识形态等方面无疑也接受了一系列道德规范的约束，因而其权力也在理论上受到了限制。比如，在加冕仪式上，国王需要宣誓保护百姓与教会。不过，国王也能通过种种手段控制英格兰的教会，特别是他可以任命所有主教与重要的修道院院长，包括主教之首或首席主教（primate）——坎特伯雷（Canterbury）大主教。此外，主教人选往往从王室礼拜堂中富有经验的神父里产生，这些人不仅向大众布道，还替国王起草信件、命令与法令，并为王室记录土地交易的情况。按照一名历史学家广为人知的说法，盎格鲁–撒克逊教会是“国家不可缺少的一部分”(Sayles，1961年，第192页)。

在理想状态下，国王的行动应当符合上层阶级的正当权益，他们的权益则通过贤人议会（*witan*）表达出来。“贤人”们都是贵族出身，包括了来自王室、盎格鲁–撒克逊和盎格鲁–丹麦家族的各样人员，主教和重要修道院的院长也位列其中。议会的成员总数通常在30到40人之间，每年开两三次会，不过，当需要选择新国王、宣战或正式缔结和平协定时，贤人会议也会立即召开。

当贤人会议承担司法机构职能时，就被称为“*witenage-mot*”，即智者的法庭。法庭陈述习惯法或直接做出裁决，其判决的方式则是为了在这个极度遵循传统的社会中，让人们认为法律是被发现而非生造的。尽管如此，大多数历史学者认为，这些所谓“发现”法律的做法其实相当于立法。

正如“法庭”这个词所暗示的，智者的法庭也要通过讨论寻找方法，平息出身高贵者的争端，解决其他可能威胁王国繁荣的问题。智者法庭的工作遵循智者与法律专家们知悉的久已有之的习惯，等级较低的法庭也会采用类似办法办理事务。在补偿受害者或其家庭时，被宣判有罪的犯人需要根据受伤害一方的地位进行赔偿（称为 wergild），或根据伤害的性质加以弥补（称为 bot）。所有这些工作总体上都是为了消除不和（虽然如此，以恰当方式公开的冲突则合乎法律）并维护“国王的和平”。“国王的和平”这一概念有多重含义，从最普遍的和谐状态（古英语称之为 frith），到国王对特定场所或特定个人的豁免与保护，都被纳入其中（古英语将场所的这种权利称为 mund，个人的称为 grith）。

当然，除非出现重大危机，否则大多数人不可能破坏国王的和平，也没什么机会接触王室统治体系中的最高层机构。在平时，国家政策对普通的自由人没有多少影响，对被奴役的人而言更是如此，后者在英格兰的某些地区还占据着超过 10% 的人口比例。总体而言，自由人和奴隶的生活依旧被局限在某一个小村庄中，而这样的村庄在英格兰数不胜数。在丹麦人的统治下，和平得到了延续，这样的局面似乎也不太可能改变：一代又一代盎格鲁–撒克逊与盎格鲁–丹麦领主们，从地位最高的伯爵一直到地位最低的乡绅，用苛刻的手段盘剥他们名下的庄园和其中的劳动者，而这些统治者自己却没有因恶行受到多少惩罚。

直到1042年为止，在克努特和他两个儿子在位的时期，英格兰在丹麦人治下都保持着和平状态。英格兰成了丹麦人的帝国中最稳定的部分，相比于其他斯堪的纳维亚人或凯尔特人王国，统治者对英格兰的治理无疑也更成功。然而，在1042年时，当地却爆发了继承危机。一名在挪威征战的克努特大帝的亲属宣称自己理当坐上英格兰王位，但他无法率军前去把口号变成事实。另有两名竞争者属于古韦塞克斯（Wessex）王国的继承序列，他们同样认为自己应当成为英格兰国王。这两人中，一人正在匈牙利流亡，因距离太过遥远而无法在英格兰进行有效的活动；另一人则流亡于诺曼底公国境内，在诺曼底公爵与一名强大的英格兰伯爵——韦塞克斯的戈德温（Godwin of Wessex）——的支持下，他被贤人会议选举为英王，加冕登基。

新国王将被后世称为“忏悔者”爱德华，这名善良的统治者与其妻子的结合是神圣而无关肉欲的。长期旅居诺曼底的他也被诺曼文化同化。爱德华说法语，用法语取代英语作为王室的通用语言。传统上，爱德华被刻画为一个软弱无力的国王，无力控制属下伯爵们的行动，尤其是戈德温，在他统治期间，王室管理的效力也一落千丈。对此，有些学者持反对意见。不过所有人都同意，爱德华对戈德温及其子哈罗德（Harold）逐渐失去了信任。爱德华在位期间，这一局面逐步恶化，直到国王于1066年去世，英国的王位继承纠纷终于通过被称为“诺曼征服”（Norman Conquest）的事件解决了，而这一事件也将永远改变欧洲北部地区的实力对比（详见第10章）。

第 4 章

法兰克 / 法兰西

11 世纪时，欧洲北部各地的政治生活都充斥着暴力。当然，这并不意味着暴力会持续不断、永不停歇，冲突爆发之时，人们的生命和财产也并不一定会遭到毁灭性威胁。事实上，此时精英阶层内部的大量暴力冲突已经具备了一些仪式性特征。对拥有骑士身份或更高地位的人来说，他们与经济、社会地位相近的人对抗，一方面意在展示自己的力量与勇气，另一方面则是为了在领地与观念两个方面向对手强调边界所在。人们——主要指男人——需要知道他们的位置，并了解他们可以在哪里、对哪些人施展权威，同时明白他们的权威能达到何种程度。

有时，上述暴力行为的边界会得到重新定义，“上帝的和平”或“上帝的休战”出现之时便是如此。说来古怪，新的边界也需要通过人们的暴力行为或仪式化的暴力展示来确认。但有一件事是确定的：不管基督教社会中出现了多少像“和平运动”这样的新浪潮来促使政治势力改变形态，都没能减少 11 世纪时声称自己有权合法使用暴力者的数量。

这就在一定程度上解释了，为何法兰西和德意志的王室拥有集权传统和集中的权力，时刻威胁统一的分裂势力却始终存在。法兰西和德意志的统治者一直勉力维持国家统一，却都未能完全成功。在德意志，尽管边界地区有像匈牙利王国和波兰王国这样的新兴政治体，使皇帝面临的局势更为复杂，但德意志统治者比法兰西统治者更有效地阻止了分裂。上述新兴王国的百姓并没有坚定地归信基督教，这给国际政治带来了更多麻烦。在本章中，我们将讨论法兰西的政治局面，欧洲中部地区的政局则是第 5 章讨论的内容。

*

在 11 世纪早期，法兰西王国与其说是政治实体，不如说是个抽象概念。这个王国连地理疆界都很难描述，因为法国王室宣称自己对远离巴黎盆地这一核心地带的区域也有宗主权。事实上到了加洛林王朝晚期，王室权威受到削弱，军事实力下降，经济衰退，这一切将这个王国变成了小诸侯领地的聚集体。这些领地有的得到了很好的治理，有些则混乱不堪，但彼此几乎始终处于对立状态。直接为国王提供经济来源的那部分领土，即所谓王室私有地（royal demesne），才是国王能真正管理的区域。

学者们尽了最大的努力，却依然对这段时期中王室私有地管理的情况与覆盖范围知之甚少，对于管理者的身份也不甚了了。卡佩（Capetian）王朝的名字是 18 世纪的作家根据于格 · 卡佩（Hugh Capet，987—996 年在位）的绰号起的。卡佩王朝早期的三位国王是于格 · 卡佩、“虔诚者”罗贝尔（Robert the Pious，996—1031 年在位）

和亨利一世（1031—1060 年在位），他们取代（支持者如是说）或篡夺（批评者如是说）了加洛林王朝的王权。他们取得成功的部分原因在于他们的家系延续了非常长的时间，而且在每一次继承过渡时，老国王都成功地将自己的王位交到了长子手中。

这样的成就在某种程度上源于统治者对王室荣誉的强调。他们精心设计的理念证明了王权存在的必要性。法国国王的正式头衔是“法兰克人的国王”，教会中的支持者们将他奉为大卫王再世、所罗门重生、主的受膏者。他在加冕时获得了国王的职分，无疑带有多重帝王权威的光环。不过，我们对加冕礼的细节的确不大了解，只能通过搜寻 12 世纪和 13 世纪的相关记录，来想象新国王是如何在兰斯（Reims）那壮丽的大教堂中受膏的，膏礼用的圣油据说是 5 世纪第一位法兰克人的基督徒国王克洛维（Clovis）受洗时，由一只鸽子从天上衔下来的。我们还能想象，这位新的大卫王腰挂查理曼的宝剑象征勇武，手持顶端饰有象牙手掌的权杖（即正义之手），以示他像所罗门和基督那样，是公正的审判者。我们也能想象，在加冕礼之后，新国王便俨然成了能行神迹之人，只要伸手一碰，在患者身上画个十字，就能治好瘰疬（scrofula）等讨厌的皮肤病。

可惜，我们几乎可以肯定，上述种种，有许多都不是 11 世纪早期的仪式。以触碰来治疗瘰疬的做法，直到于格·卡佩登基一个多世纪后才成为加冕礼之后的仪式和其他情况下的惯例，不过，为“虔诚者”罗贝尔宣传的人们相信，这位国王是行过神迹的。此外，也有一些迹象表明，在腓力一世（1060—1108 年在位）统治期间，某种通过触碰来行神迹的仪式就已经成了惯例，尽管并不经常出现。至于 11 世纪的其他惯例，相关记录的质量参差不齐，缺乏决定性的证据。直到 1129 年，兰斯大教堂才成了举行加冕仪式的固定场所。涂抹圣油的神圣仪式第一次得到提及是在 1131 年，而倘若 11 世纪的加冕礼就用到了圣油，恐怕是不会不被人记录下来的。

我的意思是，11 世纪时包括加冕礼、欢呼庆祝等王权仪式在内的核心宗教仪式，在颂扬卡佩家族王权方面还有待持续“改进”。直到 13 世纪，卡佩王朝的王权仪式才在华丽程度以及所宣称理念的大胆程度上超过了其他的基督教王朝。

卡佩王朝的教会支持者一边不断丰富加冕仪式的内容，一边不免要强调卡佩家族成员在其出身之外的个人美德，以此表明他们的统治是正当的，因为在短期内，新上位的统治者是无法禁止人们指控他们为篡位者的。在这方面，“虔诚者”罗贝尔统治期间的作为十分关键。尽管罗贝尔的个人生活并不规矩，他与自己表妹的结合更是被视为血亲乱伦，招致教皇的严厉谴责，但他依旧获得了一批可以作为骨干力量的支持者。（他最终屈服于教廷规矩，放弃与表妹结亲，该举动无疑有所助益。）罗贝尔的虔诚行为使得他获得了虔诚修士一般的名声，他支持克吕尼改革派与上帝和平运动，帮助基督徒镇压犹太人和异教徒所谓的背叛行为，一些异教徒还因此被处以火刑。因此，罗贝尔成为第一个被宣称拥有行神迹能力的卡佩朝国王，也就不足为奇了。

这个新兴王朝还使用了提前继位（anticipatory succession）的手段来稳定政治局势，这个做法一直沿用到了 12 世纪晚期。诺曼底等公国的领主也会采用类似的继承方式。在卡佩王朝，国王的长子与父亲联系在一起，在父亲在世时便完成加冕，并且至少会以共治国王的身份统治国家直到老国王离世，并在父亲死后再次加冕成为国王。于格统治之初，他的长子“虔诚者”罗贝尔便已经开始协助其施行统治。

这样的继位方法不仅能防止出现继位争议，还能帮助继位者获得大量的统治经验，当然这方面的具体效果还要取决于新老国王的秉性。

尽管卡佩王朝的国王们竭尽全力显示自己的统治权乃上帝所授，但他们还是发现，法国北部的沃土上到处都是自己的政治对手。11 世纪乃至 12 世纪的法王都不得不花费大量时间和精力来征服对手，包括那些控制巴黎盆地区域内强固城堡的男爵和地位没那么显赫的人。法王为自己的东征西讨找的理由之一，是每次加冕礼都重申的王室保卫教会的承诺，而其内涵则可以在现实中被解读为：对于地方领主试图掠夺毁坏的大量教堂与修道院，王室将给予保护。

葡萄园、麦田、羊群、奶牛场、果园等分散在法兰西岛地区富饶乡间的种种农业设施，都由修道院、教会和世俗领主管理，掠夺者和土匪对其虎视眈眈。法国北部的村庄与农业区坐落于地形平缓之处，很少有自然障碍保护。春季是个例外，那时河水暴涨，这一地区的许多河流成了令人畏惧的屏障，阻挡着掠袭者，也让更加危险的入侵者们望而却步。在安宁时期，乡村居民可以跨越政治疆界轻易建立联系，实现经济交流。同一条河流，天气不好时，河水暴涨，河流被垃圾淤塞，损毁农田与村庄；天气正常时，水流平缓，同样的河流也可以形成四通八达、效率极高的贸易运输网络。毫无疑问，法兰西岛成了贸易与商业活动的中心。这一地区有多个大城市（规模都不及巴黎），尽管政治失序时有发生，但这些城市还是发展了起来。

在法国其他地区，混乱状态也造成了不同程度的危害。布列塔尼人自相残杀的斗争使统治者的权威濒临崩溃，近邻安茹伯爵与诺曼底公爵则持续从外部施压，试图控制这个靠近自己领地的地区，而他们也多少取得了成功。面对来自东部安茹与东北部诺曼底的双重压力，布列塔尼只有西部的凯尔特语区能够免受“外敌”入侵。显然，这些地区也是该省最贫穷的地区，尽管那里有不少滨海的渔村还算繁荣，许多布列塔尼人依靠贸易和海盗行为，生活尚可维持。

对布列塔尼人政治独立威胁最大的两个领地是安茹和诺曼底，相较之下安茹的侵略性更强一些。安茹伯国水源丰沛，气候条件得天独厚，土壤肥沃，安茹的历任伯爵因此岁入丰厚，有足够金钱投入对抗仇敌的事业。在 11 世纪上半叶的岁月里，几任安茹伯爵逐步吞并了附近的重要领地。他们可能更倾向于通过联姻完成合并，因为这样代价较小（伯爵们的财力毕竟有限），而且通常在短时间内没有太大风险。尽管如此，富尔克·内拉（Fulk Nerra）与若弗鲁瓦·马特尔（Geoffrey Martel）这两位以强烈扩张欲望著称的安茹伯爵，还是选择了直接武力征服的道路。这两任伯爵从布列塔尼向外一路扩张到了南特（Nantes），从 10 世纪就开始统治该地区。他们还将领地的边界向南推，进入了普瓦图（Poitou）与图赖讷（Touraine）两省，甚至在 10 世纪中期将后者的首府图尔（Tours）也纳入了安茹王朝那庞大的资产。伯爵们建造了大量石头城堡，以此巩固新征服的大片领地。这些堡垒既能用于防范反叛的臣属，又能用于抵御入侵的外敌。

富尔克伯爵在位时（987—1040 年）以血腥残暴著称。修士撰写的编年史材料也许会夸大他的残忍，但他三次前往耶路撒冷的赎罪之旅固然体现了他的虔诚，也确实表明他在战场内外的行为并不符合当时基督教统治者的道德标准，他只有通过朝圣赎罪之旅才能得到救赎。富尔克之子若弗鲁瓦·马特尔（1040—1060 年在位）可能没那么残暴，但也毫不温和，毕竟，他也有效地使安茹伯爵庞大领地上的人们甘心臣服于自己。他不允许城堡堡主拥有任何形式上的政治独立，同时不遗余力地向地方领主们灌输服从自己并将自己视为最高领主的观念。在若弗鲁瓦治下，安茹伯国堪称法国西部最强大的势力。

理查二世（996—1026年在位）治下的诺曼底公国也有同样尚武的政治文化，却在11世纪的前20年时间里保持着非常稳定的状态。在理查继承的这个省份中，来自斯堪的纳维亚的征服者们以自由农的身份定居下来，开发了这片肥沃的土地，使之日益因乳制品、水果和谷物等产品而闻名，自信的公爵在此地施行仁政。理查在统治本土时展现了能力，在国际事务方面的表现也优于安茹的历任伯爵。我们几乎可以肯定，诺曼底与英格兰之间建立了某种商业联系。诺曼底，尤其是其首都港口城市鲁昂，很自然地成了英法货物进出的集散地。此外，理查还把妹妹埃玛（Emma）嫁给了盎格鲁-撒克逊国王——“决策无方者”埃塞尔雷德二世（Aethelred II the Unready，死于1016年）。诚然，埃塞尔雷德所属的韦塞克斯家族已在丹麦征服之初被入侵者取代，但毕竟埃玛与埃塞尔雷德育有儿子，诺曼底的公爵们也因此获得了希望，打算重新恢复韦塞克斯家族的统治。1042年丹麦人的统治分崩离析之后，埃玛之子结束了在诺曼底的流亡生涯，返回英格兰接过王位，上述希望才成了现实。这位新的英王就是“忏悔者”爱德华。

此外，理查公爵还将一名充满工作热情的伦巴第贵族教士引入了诺曼底的宫廷。此人名为沃尔皮亚诺的吉勒莫（Guilermo of Volpiano），在英语文献中通常被称为沃尔皮亚诺的威廉（William of Volpiano）。吉勒莫曾在勃艮第公国任职，作为一名克吕尼派修士以及第戎（Dijon）圣贝尔尼（Saint-Bénigne）修道院院长，他的职业生涯颇为成功，其伟大功绩不仅包括教会的道德改革，还涉及建筑设计方面的创新。除了在圣贝尔尼修道院中复兴教会的属灵生活，沃尔皮亚诺的吉勒莫还支持建造了宏伟的圆形修道院，其造型仿自耶路撒冷的圣墓。

在诺曼底，沃尔皮亚诺的吉勒莫极好地完成了使命，他重建了被公爵的异教徒维京祖先摧毁的费康（Fécamp）修道院，在与理查有紧密联系的领地上，相关的修道院也接受了吉勒莫主持下以克吕尼派作风为模板的修会改革。在接下来的二三十年里，超过25座新建大教堂的施工经费都出自公爵本人或他近亲的捐赠。公爵与教会之间如此紧密的联系加强了公国内部的政治凝聚力，而这样的结果反过来又在意识形态方面产生了积极作用，那些记录诺曼人如何定居、功绩几何的作者们创造了颇有奉承意味的神话，而这些神话最终被当成了历史。此外，贵族中地位最高者都与公爵家族有亲戚关系，他们也认识到，自己产业的安危仰赖公爵本人的善意，整个省份因而较为团结。于是，诺曼底并没有像布列塔尼等地那样出现密集的城堡、不受约束的争执与难以平息的私战。大体来说，诺曼底人修建城堡的目的与安茹人类似，都是将城堡当作公爵家臣们的防御中心和补给基地。

理查的后继者之一罗贝尔一世（1028—1035年在位）将其尚在襁褓中的私生子立为继承人，这给公国带来了不小的麻烦。此后不久，罗贝尔在前往圣地朝圣途中去世。就像历任安茹伯爵的朝圣一样，他的朝圣行为本身就说明，圣城耶路撒冷正成为欧洲北部人民信仰的中心。罗贝尔启程后不久便去世了，而他留下的继承人在即位时不过是7岁幼童，需要等待许多年才能亲政。不过，在1047年，还是少年的小公爵却大胆地维护自己的权威，甚至引发了一场封臣叛乱。这些臣属已经习惯了主君年岁尚幼时的宽松统治，因而愈发胆大妄为。

在法王亨利一世的支持下，名为威廉的年轻公爵得以自保并镇压了叛乱，从此开始了对诺曼底的有效统治。威廉一收回权力就对敌人展开了报复，使用武力将自己的影响力拓展到了公国西部，这里也是对他的反对最为激烈之处。遭到公爵军事打击的还有临近的曼恩与布列塔尼，他的一些敌人正是从这些省份中发动袭击或寻求支持的。

威廉公爵和北方邻居佛兰德的关系则较为平和。在鲍德温四世（Baldwin IV，989—1035 年在位）和鲍德温五世（1035—1067 年在位）统治时期，佛兰德进入了快速发展的历史阶段，为其成为欧洲北部富庶地区奠定了基础，威廉则娶了鲍德温五世的女儿为妻。佛兰德境内有许多可以通航的河流，默兹河（Meuse）、斯海尔德河（Scheldt）以及莱茵河下游河道都穿过佛兰德的土地。佛兰德伯国还拥有多个沿海港口，当地的经济生活因而与贸易活动紧密联系在了一起。此外，佛兰德的土地开垦面积很大，新增的土地主要来自围海造田，这增加了谷物与牲畜的产出，支撑起了根特（Ghent）、伊普尔（Ypres）和布鲁日（Bruges）等大型贸易城镇中迅速增长的人口。

佛兰德各个贸易中心的实力在不断增长，不过这些城市却没有给伯爵的统治带来太大的挑战。伯爵的威胁来自其他世俗君主，特别是德意志皇帝亨利二世，在新的千年来临之后没多久，鲍德温四世就不得不使用武力来保卫自己和自己的领土了。双方对抗的结局，是伯爵不得不承认自己控制下的部分地区为皇帝的直辖领地。若要理解之后数个世纪中牵涉到佛兰德的复杂国际局势，就有必要将这部分被称为帝国佛兰德的地区与法王控制的佛兰德区别开来。

这样的政治分野只是大致接近于伯爵领地中对法语区（瓦隆区，

Walloon）与德语区（佛兰德区，Flemish）的划分，但语言的区隔成了伯爵属下封臣对立的基础，这样的对立不利于伯爵及其继承者的统治。鲍德温四世的儿子对父亲的统治不满，在1028年挑起叛乱。不过，当叛乱者自己在1035年成为伯爵之后，这名尚武的军人也无法有效地施行统治。鲍德温五世凭借包括与诺曼底公爵结盟在内的巧妙谈判才保住了自己的领地，使其得以拓展，并由此保证自己有机会在长达30年的统治期间，改善佛兰德的政治架构。

在11世纪的绝大多数时间里，法王的权势显然都不及诺曼底公爵，可能也比不上佛兰德伯爵们。然而，对王室威胁较大的贵族却是通常被称为布卢瓦–香槟（Blois-Champagne）伯爵的领主。伯爵厄德二世（Eudes II，死于1037年）第一次将属下广袤领地的控制权集中到了一人之手。他对布卢瓦的所有权没有争议，但他继承香槟的合法性则不够充分。在厄德的请求下，主教沙特尔的富尔贝尔（Fulbert of Chartres）这位当时的大学者完成了一套很有说服力的材料汇编，为伯爵说话，表示厄德于1021年从祖母那里继承香槟这片广大领地是合法的。

除了论述合法性，富尔贝尔还有一个核心论点，就是宣布厄德是忠诚坚定的王室臣属。在当时的世界中，臣属以个人身份宣誓效忠，能够很好地帮助主君对抗敌人，因而这样的誓言尤为宝贵。在这个主题上，主教进行了充分的论证。他写道：

> 向其领主宣誓效忠之人需要始终铭记六件事：无害、安全、荣耀、有益、随和与可能。无害，意味着一名封臣绝不可对其领主的身体造成任何伤害；安全，即他将坚定保守领主的秘密，守

御其领地；荣耀，意味着封臣不能有违公正，也不能做出其他任何有损荣誉的事情；有益，即封臣不应对领主的所有物造成损害；而随和与可能这两个词，表明封臣不应在自己的领主行善之时成为阻碍，也不应给领主可能实现的行动增加困难。（Strayer，1965年，第133页）

富尔贝尔成功地主张了厄德对香槟地区的权利，也树立了他忠于王室的形象，于是，在1030年，厄德迎娶了桑塞尔（Sancerre）的女继承人，他本来就有的和通过婚姻获得的土地在地理上连成了一片。香槟的土地适合种植谷物，而伯爵名下其他的领地，比如桑塞尔，则拥有适合葡萄生长的环境，伯爵因此从土地产出中获得了可观的收入。厄德及其后继者统治期间，来自香槟的收益越来越多，这个重要的商业中心带来了可观的财富，在那里进行的国际贸易交易会尤为著名。看起来，厄德即将建立起一个伯国，其领地包围着王室的领地，其财富则比王室更胜一筹。对卡佩家族而言，来自布卢瓦-香槟的伯爵们无疑是必须小心提防的对手。

除了安茹、诺曼底、佛兰德与布卢瓦-香槟以外，另一个在体量、凝聚力与财富方面足以成为法国境内政治游戏主要玩家的是勃艮第（Burgundy）。事实上有两个名为勃艮第的领地，一块位于索恩河（Sâone）以东，是德意志帝国中的一个伯国，另一块在索恩河西侧，是法兰西王国境内的公国。勃艮第公国的土壤尤为肥沃，小农场与大庄园散布其中，而此时当地早已因为出产高质量的葡萄酒而扬名，兴盛的贸易交流也由此产生。至于河对岸的勃艮第伯国，此时还森林密布，在商业上也不够发达。

马孔（Mâcon）伯爵奥托–纪尧姆（Otto-Guillaume）宣称自己应当拥有帝国部分的勃艮第伯国，但直到他于1027年离世，这也没有完全实现。奥托–纪尧姆尝试将势力范围向西拓展，进入更为富饶的勃艮第公国，但他西进的尝试受到卡佩王朝的“虔诚者”罗贝尔阻止，终告失败。伯爵的后裔们依旧实力强大，他们在临近勃艮第公国的帝国领地之内虎视眈眈，于是法王罗贝尔索性将自己的儿子封为勃艮第公爵，以防备对方的觊觎。罗贝尔之子于1031年登基，是为亨利一世，他将公国转手交给了自己的幼弟，由此创造了卡佩家族的勃艮第公爵世系分支。在之后的数个世纪时间里，历任公爵们将因对王室的忠诚而扬名。

*

在分析法国北部地区的政治局势时，必须关注那些在11世纪崛起、或多或少具有独立性的王公们，研究他们之间不断变化的对立与联合，如此才能理解所发生的事。尽管法王自称是当地最重要的角色，但我们会发现，在11世纪之初，实际情况远非如此。国王的势力乃至他作为大领主的地位，都有赖于法王本人和其他诸侯之间适时的结盟行动，以及他在诸侯王公之间制造对立的手腕。毫无疑问，到11世纪中期时，卡佩家族的国王们对这两件事已经十分娴熟了。尽管如此，他们对于政治的领悟并不比诺曼底历任公爵强多少，后者将在此后的一个半世纪中成为法王最强大也最难缠的敌人。

除了贵族王公小圈子内部的敌意，另一种环境因素也能解释为何法兰西的大领主们会进行如此疯狂的权力斗争。前文已经指出，法国北部地区拥有丰富的自然资源。香槟地区的城镇成为重要的贸易中心，巴黎、鲁昂，以及隶属于安茹伯爵的卢瓦尔河谷地区的城镇也出现了类似的情况。犹太商人纷纷迁入上述居民点，这一点本身就证明了当地的经济活力。在大多数乡村地区，谷物的产量迅速增加，葡萄酒也畅销于法国境内和境外。同时，法国北部地区的人们还协力利用水力进行日常工作，特别是水磨开始普及起来。村庄纷纷采用水流力量推动的石磨，磨坊的蓄水池还可以养鱼供当地人食用。

在谷物、水果和葡萄酒外，法国北部很快又因当地的羊群及羊毛制品出了名，那里还种植可以纺成亚麻布的亚麻，以及能提取靛蓝染料的菘蓝。当地广袤的林地得到了大规模利用，成为重要资源。清空树林所得的土地被用于养猪，木材用于建造房屋，树枝成了燃料，而木炭则用于炼铁，所得的利润增加了统治者及其臣属的财富。战争本身也有促进生产的一面，一些能用于和平时期的手工业形式发展起来，比如，在和平年代，制造金属武器和盔甲的匠人可以转型生产犁、锄、耙与斧。于是，林地便得到了（或开始得到）进一步的清理。

因此，有一种说法认为，也许法国北部的王公们开疆拓土，不仅是为了展示男性气概并提升威望，也是为了在经济方面获得利益。然而讽刺的是，他们开疆拓土的战争恰恰打断了当地工人的生产，野蛮纵火造成村民流离失所，战斗毁坏了磨坊、铁匠铺等能够增进生产力的资源，而倘若没有这些破坏，经济起飞会更为显著，王公们也能获利更多。

学者们在分析时以他们的后见之明告诉我们，当地经历了一个缓慢的历史进程，在此期间，大多数小领主都被逐渐纳入王室的管理范围，而前述种种资源都成了法王的囊中之物。这一进程大致开始于 11 世纪中期法王亨利一世（1031—1060 年在位）在位期间，并在其子腓力一世（1060—1108 年在位）那更长的统治时期内继续着。卡佩王朝诸王在位的时间都相当长，这样的稳定性有助于他们施行一贯的政策。他们为了提升王朝形象，不仅改进了加冕仪式，还留意选择合适的联姻对象。腓力一世的名字是希腊人中常见的，他之所以被起名"腓力"，不是因为西方人喜欢用使徒腓力的名字（这个名字在西方并不常见），而是因为这个名字常见于东方——腓力之母安妮（Anne）的故乡。

安妮是罗斯公主，基辅大公的女儿，安妮的家族被视为欧洲最重要的家族之一，因此安妮是非常合适的联姻对象。安妮的父亲"智者"雅罗斯拉夫（Iaroslav the Wise，1019—1054 年在位）统治着大片东欧土地，似乎仅凭一国之力便挡住了草原蛮族的侵袭。这位大公甚至想让年轻的罗斯教会和罗马教廷而非东正教结盟，因为他拒绝向君士坦丁堡献媚。但在他统治的晚期，雅罗斯拉夫没能用军事手段拿下君士坦丁堡，从那以后便与东罗马帝国保持和平关系。尽管遭遇了上述挫折，但雅罗斯拉夫依旧受人敬仰，也令人畏惧，一直到他去世。

如前所述，基辅大公家族的威望在联姻中多有体现。雅罗斯拉夫自己迎娶了一名瑞典公主，他的两个妹妹则分别嫁给了波兰国王和拜占庭大贵族。雅罗斯拉夫大公膝下儿女中有三男三女都与欧洲的大贵族结为连理，三个女儿分别成了法国王后（即安妮）、匈牙利王后与挪威王后。婚姻的誓言隐含着政治的保证，体现出 11 世纪时基督教精英们的"欧洲化"趋势，在接下来的几个世纪里，这样的趋势将渗透到贵族生活的方方面面。

在他生命的最后两年，法王亨利一世任命他和安妮所生的儿子腓力为名义上的共治统治者，继续对法兰西岛区域内的小领主们施行高压政策。亨利曾向诺曼底公爵威廉伸出援手，帮助他稳定地位，现在两人却渐生嫌隙。亨利曾两次入侵诺曼底，但都徒劳无功。不过值得注意的也许并非法王的失败，而是王室上述举动包含的意义：此时法国王室已经开始以更积极的姿态对抗国内贵族王公们的势力了。

可惜，亨利去世时其子腓力尚年幼，只有七八岁。腓力的父亲预见到儿子继位时可能出现不稳定的局面，安排了佛兰德伯爵作为王国的摄政者。这是一步妙棋，腓力的这位保护者不仅势力强大，而且还是诺曼底公爵的岳父。因此，倘若威廉公爵想要报复多年前亨利对诺曼底的攻击，他就会面临道德上的障碍。

腓力一世在成年后施行统治的大部分时间里都延续了其父的政策。他也有不少革新，比如设置监察官（provost）。监察官受命在地方上监督王室税收的征收情况，履行其他一些管理责任。法国中央政府的组织架构也日益系统化，少数官员的地位得到提升，成为政府各个实际部门的主要管理者。在这方面，同样不难看出腓力在幕后的推动作用。

不过，就像其他同时代的统治者一样，对于那些在 11 世纪末动摇教会基础的变化（参见第 6 章），腓力并不完全理解，也不认同。腓力对可能限制国王权威的变动本能地怀有敌意，态度含糊，因而王室与教会产生了冲突。腓力与其妻贝尔塔（Bertha）离婚，并于 1092 年再度结婚（教会斥其为重婚），对象是蒙福尔的贝特拉德（Bertrade de Montfort）。教会对他处以绝罚，之后又赦免了他，此后腓力故态复萌，再次遭到开除，再次得到宽恕……这样的循环持续了十多年，而国王也越发闷闷不乐，他不再关心如何统治，也难以担当重任。

所幸，卡佩王朝联合执政的传统挽救了王朝的尊严。腓力之子路易按照当时似乎已经成为传统的权力转移方式，逐渐接管父亲留下的局面，巩固领土（压制小领主们的暴力行为），扩张领地，倘若武力征服行不通，路易便会购买，1101 年吞并布尔日子爵领的情况便是如此。重要的是，在教会看来，他父亲的罪并没有让路易沾上无法挽回的污点。总体而言，在卡佩家族和认为卡佩王朝有望在法国内部建立持久和平的人看来，11 世纪是一个成功的世纪。

第 5 章

中欧地区

11 世纪时，德意志和匈牙利这两个中欧的主要君主国都不太稳定，两国的差异也很大。不过，如果以中央集权程度为标准，那么可以说这两个国家与我们在上一章中提到的政治分裂的法兰西王国截然不同。当然，也许有人会主张，用中央集权程度来描述差异并不合适，这也不是最重要的指标，而上述三个国家在经济领域和社会组织模式上的共性，也要远远超过它们在“国家形成”初期的区别。但这种说法很值得怀疑。在欧洲大陆北部的基督教国家中，普通乡镇居民在开拓土地、管理工作场所、为领主服务等方面的确有不少共性，但这三个国家中暴力活动的程度区别甚大，深刻影响着上述各方面行为。此外，它们也受到异教徒的威胁，德意志的异教威胁主要在边境地区，匈牙利的则同时在边境和境内。有鉴于此，学者是不应得出各国各处日常生活都相似的轻率结论的。

德意志

德意志的奥托王朝（Ottonian dynasty）又称萨克森王朝（Saxon

dynasty)，该王朝自称查理曼遗产的正统守护者。自 962 年起，奥托王朝的统治者就以神圣罗马帝国皇帝的身份在意大利统治着大片领地，并宣称自己是整个基督教世界的主人。此外，皇帝还享有获重要教会人士承认的特殊神权政治地位。他在德意志境内拥有广阔的直属乡村庄园，也能向帝国土地上的各个城镇征收名目繁多的税款，并要求其提供各式各样的劳役，由此获得的经济收入巩固了他的统治。

962 年，德意志国王奥托一世即“奥托大帝”（Otto I the Great，936—973 年在位）坐上了皇帝的宝座，他的名字也成了萨克森王朝世系的代称。在加冕成为皇帝之后，奥托统治的核心领土依旧是德意志，更准确地说是欧洲的德语区，其中也包括现今比利时的大部、荷兰、卢森堡，以及默兹河与罗讷河（Rhône）以东的法国领土，还有瑞士。11 世纪早期，这片所谓“大德意志”地区虽然是基督教世界中面积最大的王国，但人口可能只有 400 万左右。（相比之下，英格兰的面积不及大德意志地区的 1/4，但在 11 世纪中期时就已拥有 100 万到 200 万名居民了。）

德意志大片地区要么覆盖着茂密的森林，要么群山连绵，要么兼而有之，中部和南部尤其如此，而大小君主当时尚不能从群山中获得由银矿而来的财富。德意志大多数地区的农业生产水平都不高，矿产开采的强度也十分有限。莱茵兰地区的城镇是德意志较为繁荣的地方，那里的人口和经济即将步入快速增长的阶段。佛兰德也较为繁荣，不过当地繁荣环境的主要受益者还是伯爵，不是德意志的君主。

和德意志境内更靠南的地区不同，北方平原上的农业定居点迅速扩张。农夫（有的受雇于修道院）承担了清理森林、填平沼泽、填补冰川锅穴、削平冰碛（锅穴和冰碛是上古时期冰川退却留下的坑洞与岩石堆积构造）的任务。有时，德意志村庄在规模与数量上的扩张并不是来自开垦无主荒地，而是通过征服斯拉夫定居点、驱逐斯拉夫人实现的。通常而言，从易北河（Elbe）越往东，德意志人的扩张就越不顺利，遇到越多挑战，斯拉夫人的抵抗也越激烈。在边境地区，贵族的统治方式也更无情，比隆（Billungs）边境伯爵领、图林根（Thuringia）边境伯爵领（位于图林根东部），以及奥地利（Ostmark，即 Austria）和克恩滕（Carinthia）公爵等领主们的领地都是如此。

奥托王朝的私产，即王室占有权利最多、农业生产最发达、收益最高的地区，集中于萨克森与法兰克尼亚北部。与此同时，王室还试图将影响力与统治权向南扩展。在某些情况下他们还会借助教会的力量间接扩张。通过宣称自己对教会的保护，奥托王朝的君主们得以在远离直辖地的地区获得权势。君主将神权和世俗权力授予主教，暗示主教对他们负有个人义务，这义务几乎等同于贵族对君主的忠诚义务。统治者将大量地产赠予教会，有的地产是从不顺从的男爵们那里没收来的（毕竟，奥托王朝在崛起的过程中也遇到过挑战）。统治者希望那些获得土地的高层教会人士拥有足够的实力，能够心甘情愿地派出军队走上战场，为皇室的雄心壮志服务。

至少在一个颇有历史的现代学派看来，奥托家族拓土开疆的雄心壮志比德意志内部的权力巩固更令人神往。奥托一世在扩张方面颇有野心，从他接过皇帝头衔的行为便可见一斑，他的注意力主要集中于意大利。但 10 世纪 90 年代时，他发现有机会利用德意志东部边境居民点中的混乱局面来扩张领地。在那里，斯拉夫人与日耳曼人之间，或者说异教徒与天主教徒之间的对立已变得异常尖锐。奥托一世对斯拉夫人的威胁心知肚明，在处理该问题时也毫不犹疑，而在德意志人口稠密区与波兰领土之间的地带，帝国和当地斯拉夫部落的小规模冲突也十分常见。事实上，德意志向东扩张，在很大程度上是通过征服这些部落实现的。

在更靠东的地方，波兰的势力颇为强大。和其他一些斯拉夫族群不同，波兰在梅什科（Mieszko，962—992 年在位）的领导下，能够借助政治军事体系征召起庞大的军队，波兰与其他中欧政治体也建立了更正式的关系。战争的可能性始终无法排除，波兰与德意志之间也会偶尔爆发战争。不过至少在 10 世纪时，总体而言德意志和波兰之间关系平稳，甚至可以说相当友好。

在第二个千年到来之前，波兰除了波兰—俄罗斯边境的广袤沼泽地之外，并没有任何有效的天然屏障，因而从长期来看，波兰人的处境相当微妙。波兰的这种边境状况一直持续到 11 世纪，在波兰扩张到克拉科夫（Krakow）以南、推进至喀尔巴阡山脉（Carpathians）时才有所改观。但喀尔巴阡山脉只是波兰漫长国境线上的一小段防线，波兰边境的沼泽和群山也只能阻隔东边和南边的敌人，对西边的德意志强权则无能为力。尽管如此，波兰人还是有理由指望波德双方的良好关系继续下去：梅什科娶了一名波希米亚的基督徒公主为妻，自己也在 966 年接受了天主教信仰，波兰王室因此有可能与其他基督教君主建立牢固的友善关系。

奥托大帝在晚年时竭尽全力，试图确立帝国在意大利地区的权威。他的儿子奥托二世（973—983 年在位）延续了他的政策。奥托二世娶了一位拜占庭公主，也许是因为与拜占庭的这层关系，他选择了"罗马人的奥古斯都皇帝"（Imperator Augustus Romanorum）这个称号，并尝试以这样的身份去控制古罗马帝国的首都罗马城，以此为他的封号增光添彩。然而在 982 年时，穆斯林却在卡拉布里亚给奥托二世的军队以决定性的打击，他将意大利纳入帝国领土的梦想也就此终结。在那之后，尽管穆斯林在意大利本土上的统治昙花一现，但德意志帝国的控制区域还是被局限在了意大利中部和北部地区。

尽管遭遇了挫折，但奥托家族从未忘却将德意志帝国塑造成霸权的野心。奥托二世去世时，其子奥托三世（983—1002 年在位）年仅 3 岁，他能够顺利继位，还要归功于其担任摄政的希腊裔母亲狄奥法诺（Theophano）的手腕。从孩提时代起，奥托三世似乎就已经着迷于拜占庭式的帝国统治模式，在亲政之后，他也继续为扩张皇帝统治权付出努力。奥托三世下令在罗马城内建造宫殿，重新唤起了德意志皇室控制这座城市的梦想；他还让城内互相争斗的各个派系暂时对他俯首称臣，从而在实现他父亲希望的道路上前进了一大步。他父亲希望控制罗马，以此提升皇室在帝国境内的地位，复兴罗马帝国（renovatio imperii romanorum）。除此之外，奥托三世还尝试将东罗马帝国宫廷中的典礼与仪式收为己用，用拜占庭人的风格统治自己的帝国。

皇帝授予自己一连串头衔，并以此为据，声称自己拥有普世统治权。皇帝自称为“耶稣基督的仆人”和“众使徒的仆人”，这相当于宣称自己与教皇的地位同等。自 7 世纪或更早以来，教皇拥有的称号包括“使徒圣彼得的继承人”“基督（或上帝）的代理人”“上帝众仆人的仆人”。奥托三世试图与教皇合作，共同统治所有基督徒的肉体与灵魂。

皇帝不仅用头衔来象征自己的统治权，还实施了旨在扩大皇帝在教会事务上权力的政策。在这一点上，奥托三世深受许多热心传教士的影响，这些传教士努力让斯拉夫人归信基督，不惜为此殉道［布拉格的圣阿达尔贝特（St Adalbert of Prague）在997年如愿殉道，死于信异教的普鲁士人之手］。波兰的情况就是例证。尽管波兰公爵梅什科在966年归信了基督，但在奥托二世统治时期，德意志和波兰还是发生了激烈的交战，而且德方处于非常不利的地位。年轻而虔诚的奥托三世登基之后，按照自己的想法改变了东方政策。

奥托三世认为，自己应该超越琐碎的争执，追求基督里的统一这一更高目标。皇帝和他的众多教会顾问（包括后来殉道的圣阿达尔贝特）都认可这一目标，这意味着基督徒皇帝最主要的工作是传播天主教信仰。因此，对奥托三世而言，支持梅什科将大多数波兰人转变为基督徒，显然比与波兰进行军事对抗重要得多，他前任发起的那种军事对抗会延缓甚至终止波兰基督化的进程。奥托三世有神秘主义的倾向，他热心传播信仰，像教士一样关心波兰人和他们的信仰状况。以教会的标准论，他的理想十分高尚，但这样的理想在德意志引发了保守势力的反对。这位年轻的皇帝早逝之后，群龙无首，奥托的后任、皇室巴伐利亚分支的旁系继承人亨利二世（Henry II，1002—1024年在位）也支持保守势力，反对的声音越来越大。

在遵循奥托三世的方针上，亨利二世有所迟疑，部分原因是他在德意志的地位并不稳固，德意志地区仍是王室地产等收入的重要来源。尽管奥托王朝的君主们不断努力使用新的手段，但是在意大利，许多被认为理当属于国王兼皇帝的特权还是掌握在地方统治者手中。在王室看来，情况较好时，这些地方领袖会因四处彰显自己权威的国王及其家臣而有所节制。王室并不认为自己和地方统治者之间的实力对比一成不变。11世纪的德意志国王都努力让形势变得对己方更有利，亨利二世也不例外。

在德意志地区，被皇帝们当作主要对手的是国内的各个公爵。尽管在10世纪时，皇室在政治和军事领域取得了胜利，迫使这些大贵族毫无争议地成了皇帝的下属，但他们的势力仍然很大。传统的撰史者认为，大贵族与皇室之间的紧张关系，是德意志政治领域最棘手也最核心的问题。大贵族压制内部纠纷，在面对皇室时比以往更为团结，至少在皇帝看来是如此。不过，尽管皇帝与大贵族之间的对立确实存在，但这并不意味着他们之间全无共同利益。皇帝和大贵族都认为和平的社会环境极为重要，大贵族也不同程度地接受了皇帝在属灵事务上的领导权。此外，大贵族和皇帝都认为，他们之间有一套固定的等级关系与义务体系。

倘若掌权者想要合法使用权力，就应先得到不同统治者对其势力影响范围的认可。不过，正如前文所提到的，权力的分配模式并非一成不变。在与斯拉夫人居住地接壤的地区，新兴德意志贵族崛起，建起村庄和房屋，另一些家族则就此没落下去。在萨克森东面的比隆边境伯爵领中，比隆家族及其分支的起起落落便是最好的例子。由于得到了皇帝的垂青，比隆家族取代了一个历史悠久却反对奥托王朝统治的公爵家族。他们不断积累财富，成为当地的贵族巨头，有时也会因皇室的中央集权政策而与皇帝产生利益冲突。在这种不稳定的状态之下，家族内部的反对派系嗅到了机遇的气息，并在立场千变万化、激烈角逐权势的人物之间纵横捭阖，试图夺取家族的主导大权。

许多家族的历史中并没有那么多暴力行为，但他们也在试图获得更多资源。有些家族投资建造新的修道院，以得到资助天主教信仰的名声和物质上的实利，从而获得更大的权势。他们能从中得到经济收益，是因为修道院会在当地（有些是此前未开垦的土地，有些则是贵族们新近征服所得）引入先进的土地开发技术，促进当地经济发展。贵族在德意志捐资建造修道院，这在11世纪不亚于一场革命。到11世纪末，新建的修道院已达数百座，事实上，修道院的数量似乎增加了两倍。

大贵族与皇帝间的对立恐怕并非德意志统治者心中不变的主题，对立状况的尖锐程度也并非始终不变，其特点也不是多年如一。尽管如此，在11世纪德意志的历史中，国家的统一还是多次受到了威胁。大贵族和皇帝为维护各自的既得利益而不断争夺，使社会内部氛围紧张，充满危险的气息。

在这样的状况下，帝国外部的不确定因素，比如波兰人的威胁，使局面更加复杂。亨利二世可能认为，他采取的军事对抗波兰的方针，比奥托三世高尚的和平政策更符合贵族的心意。然而，亨利低估了波兰人抵抗帝国入侵的能力。事实上，经过接连三场战役后，波兰人确立了他们的独立地位。1025年，尽管前一年去世的亨利二世极力反对，但梅什科的长子博莱斯瓦夫（Bolesław）统治下的波兰还是正式成为王国，我们几乎可以肯定其地位还得到了教皇的确认。不过对波兰人来说不幸的是，博莱斯瓦夫在数月之后的1025年6月离世，而接任他王位的幼子在继承权方面遭到了质疑。于是，波兰陷入了混乱的无政府状态，一个篡位者试图废掉国王，贵族之间互相倾轧，农民们则发起暴动，导致异教信仰重新抬头。在此期间，德意志帝国一方成功地通过支持卡齐米日一世（Casimir I，1034—1058年在位）一系的波兰王室血脉，将自己的影响施加到了波兰王国境内。因为重新支持基督化活动，所以卡齐米日一世被冠以“复兴者”（the Restorer）的名号。但是，波兰和德意志之间的紧张关系仍是欧洲北部地区国际政治的主旋律，还将在接下来的几十年里对两国的国内历史产生深远的影响。当然，这个故事又关系到皇帝与教皇关于君权和神权的重大纠纷——主教叙任权之争，因此，我们之后将在那次纠纷的背景下，再来讨论这件事（参见第 6 章）。

匈牙利

马扎尔人（Magyars）原本是说乌戈尔语（Ugrian）的游牧民族，但他们在 955 年被奥托一世在莱希费尔德（Lechfeld）战役中击败之后，便放弃了逐水草而居的游牧生活方式。莱希费尔德位于多瑙河的支流莱希河（Lech）边，临近历史悠久的古城奥格斯堡（Augsburg，一个罗马时代建立的城市）。奥托一世击败的这支军队和那些规模较小、更加典型的草原掠袭军队不同，马扎尔人的军队是由各个部族的兵士组成的，规模庞大。战前，各个部族的酋长们无疑通过萨满预言认定，他们的冒险将得到命运的垂青。正因为如此，这次败北让那些“不走运”的马扎尔人感到了深深的困扰：在游牧民族的精神世界中，好运如同神灵一般，如此惨败，意味着他们失去了上天的眷顾。此外，在这次失利之后，马扎尔人再也没有获得较大的胜利，因而对他们来说，好运从未得到恢复。在匈牙利平原的西南端，马扎尔人成功地在多处前哨战中打退了拜占庭人的进攻，但后者的防御力量十分强大，其建立起的防御性同盟也足以封堵马扎尔人南下的尝试。此外，拜占庭人还使用贿赂手段，在众多马扎尔酋长中播下了不和与对立的种子。

马扎尔是众多部族中的一个，马扎尔人长期占据匈牙利平原，而匈牙利平原得名于该部族的另一个名称“欧诺古尔”（Onogur）。匈牙利平原是马扎尔人居住的核心地区，其范围与现代欧洲地图上小国匈牙利的疆界基本一致。然而在中世纪，巅峰时期的匈牙利王国疆域要远远超过其现代边界，其领地范围被扩展到了现今斯洛伐克、乌克兰、罗马尼亚与克罗地亚所拥有的领土之上。匈牙利王国境内的大片土地——所谓的大平原地区——非常适合农业耕作与马匹豢养，平原四周则有喀尔巴阡山脉与巴尔干山脉环绕，为新近定居下来追求农耕生活的百姓提供了天然屏障。11 世纪初，这里的居民人口还不到 100 万。除了通过农业收获与马匹饲养获得利益之外，部落领袖们还能利用盐矿等自然资源获得稳定的收入。

奥托王朝自称继承了查理曼帝国，匈牙利王朝的建立也不比查理曼帝国晚多少，因为阿尔帕德王朝（Árpádian dynasty）始于 875 年甚至更早。阿尔帕德王朝支配着马扎尔社会，其统治者是部族的首领。然而正如前文所述，匈牙利人所处地区的地貌特征，以及该国的早期地理边界，要到他们在莱希费尔德战役失利之后才稳定下来，而匈牙利王室接受基督教的时间还要更晚。篡夺了匈牙利王位的伊斯特万一世（Stephen I，997—1038 年在位，又称圣伊斯特万）是匈牙利历史上第一个真正意义上的基督徒国王。1001 年 1 月 1 日（也可能是一周以前，即 1000 年圣诞节当天），伊斯特万接受祝圣，获得了从罗马送来的王冠和长矛等王权象征物（regalia），那代表着德意志皇帝与教皇的祝福。

根据匈牙利的继承法则，大公（grand prince）死后，他近亲中最年长的大贵族会坐上王位，大公本人的后代则未必能获得继承权。然而，盖萨大公（Grand Prince Geza）和特兰西瓦尼亚（Transylvanian）公主“白色夫人”绍罗尔特（Sarolt）之子伊斯特万却从他信异教的年长亲属科帕尼（Koppány）手中夺取了权力。伊斯特万后来证明自己是很有天赋的统治者，他对拉丁基督教的热忱，也远远超过他父亲盖萨大公对基督教表面的尊重。当时，在这个刚刚接受基督教的王国里，伊斯特万为天主教信仰建立基础制度的热情几乎无人能及。匈牙利国王的加冕地埃斯泰尔戈姆（Esztergom）得到教皇许可，成了大主教的驻地；而到了1010年，匈牙利境内又增加了4个大主教辖区。通常，国王会任命来自国外的拉丁基督教高级教士担任国内的教会职位，正因如此，这些人完全是出于国王本人的恩宠，才能够在新建的教区中发号施令。像在盎格鲁–撒克逊的英格兰一样，教会在匈牙利也成了国家的一部分。

在政治上，伊斯特万继续对抗他的敌人。这些人中有些是异教徒，有些则是信仰东正教的基督徒，不过他们都反对国王依靠教皇在匈牙利传播基督教信仰，也抵制他巩固王室与教会权威的更大计划——那意味着大量贵族的产业将被没收充公。伊斯特万在夺取王位后施行了上述政策，但其实这个政策已经施行了很久，他信仰异教的前任们就将原属部族所有的土地收入囊中，以增强自己的实力。伊斯特万通过一系列残酷的战役（1003—1008年）彻底消灭了反对势力，而遭到推翻的科帕尼也在其中一场战役中惨死（他被残忍地砍杀至死，而决定他死亡的严酷命令，很可能出自伊斯特万之母“白色夫人”绍罗尔特之口）。在此后的20年里，匈牙利境内几乎没有人敢公开挑战伊斯特万的权威。

伊斯特万面临的边境状况就不像内部环境那样安全无忧了。当然，在他治下，匈牙利王国与德意志帝国的关系还算稳定平和。伊斯特万的妻子吉塞拉（Gisela）便是巴伐利亚公爵亨利的女儿，也是皇帝亨利二世的妹妹。这对夫妻给他们的儿子、理论上的王国继承人起名为伊姆雷（Imre），即匈牙利语的"亨利"，以象征他们与德意志皇室家族之间的纽带。此外，正如我们所知，他们于995年结婚，5年之后，伊斯特万便得到皇帝的默许，接受了王冠。然而，伊斯特万与后一任皇帝康拉德二世（Conrad II）之间的争端破坏了两国的友好关系，后者也因此在1030年发动了对匈牙利的入侵。

在东北方向和东面，匈牙利王国的边境受到来自波兰与信异教的佩切涅格（Pecheneg）部落的军事威胁。波兰王公们时常发动小规模战事，试图脱离帝国的控制，将其影响力向波希米亚和南方扩展，也因此和匈牙利人发生了冲突。佩切涅格人的情况则更为复杂。

佩切涅格人是说突厥语的部落联盟。在匈牙利人接受基督教信仰的一个多世纪之前，他们横跨亚欧大草原来到这里，并且在事实上成了当时处于游牧状态、信仰异教的马扎尔人的盟友。在面对各式各样的邻居时，佩切涅格人要么与其发生小规模冲突，要么干脆开战，无论对方是游牧民还是定居者。他们的对手包括可萨人（Khazars），可萨人中有伊朗裔也有突厥裔，他们建立了王国，王国统治者后来改信了犹太教。佩切涅格的敌人名单里甚至还有拜占庭人和罗斯人。到11世纪初伊斯特万当政时，出于受到东面军事力量威胁等原因，佩切涅格部落入侵了并入匈牙利不久的特兰西瓦尼亚。特拉西瓦尼亚诸省是伊斯特万在当政早期，从他那信仰东正教的舅舅久洛亲王（Prince Gyula）手中夺来的。

伊斯特万在位期间，尽管匈牙利王国边境麻烦不断，但公允地说，该国的心脏地带还是相当和平安定的。虽说这样的和平状态是伊斯特万靠铁腕政策实现的，其中也不无怨恨不安，但和平状态有助于行政机构的建立，文化整体也渐趋繁荣。地方政府被精心建立起来，无论是在边境地区还是中心地带，地产分配都会对王室有利，国王的忠实臣属也能得到相应的奖赏，获得被充公的土地。地方政府在司法、商业（市集）、经济（地产管理）、军事等方面的行为由伯爵监督，在边境地区，伯爵监管军事事务尤为重要。和同时代西北欧诺曼底与安茹的情况类似，在匈牙利，城堡由统治者直接控制，发挥着行政中心和防御枢纽的作用。

政府建立后，论述应该如何施行统治的文本也应运而生。在伊斯特万在位期间或之后不久，就出现了最早的“君主镜鉴”（Mirrors of Princes）。“君主镜鉴”是论述理想统治方式的手册，在之后的三百年里将成为风靡欧洲的主要政论体裁。那些由伊斯特万发布或被很快归到他名下的法律条文，在内容完备程度上足以匹敌盎格鲁–撒克逊人的法律，条文包括对教会的保护，对赔命价（wergild）和其他刑罚的详细说明，以及关于惩处女巫和术士之流的规定。丹麦的克努特大帝采用了盎格鲁–撒克逊人铸造王室货币的做法，将其作为一种统一国家的手段，伊斯特万也铸造王室货币，宣示他作为全匈牙利统治者的地位。

与此同时，伊斯特万国王还继续资助主教辖区和各个修道院，拜访西方的教会改革者们，请求他们协助指导。接受他请求的教会人士包括德意志境内戈尔泽（Gorze）修道院的修士们。在国王的支持下，教区建立起来，教区教堂也得到了兴建。国王的主要支持者们也捐助新建立的教会，这不仅是在效法国王，也是出于他们自身对天主教的虔信。在欧洲北部的朝圣者和后来的十字军成员看来，穿过匈牙利国土向东行进是一条不错的路线，而伊斯特万和他的继承者们也支持朝圣活动，他们在沿途建设朝圣旅社，最远可至罗马和耶路撒冷，同时也以极大的热情在其他许多方面投身于天主教信仰。在写给伊斯特万国王的信中，克吕尼修道院院长奥迪罗（Odilo）表达了全体基督徒（“几乎是整个基督教世界”）对国王的感谢：“几乎整个（基督教）世界的人们，都在谈论您是何等热心地荣耀了我们的神圣信仰，而那些从我主基督之墓返回的朝圣者们，尤其能做您的见证。”（Gyorffy，1994 年，第 89 页）

和 11 世纪时所有王国和小诸侯的情况一样，对于像伊斯特万国王这样的奠基者，真正考验其订立的制度架构、宣扬的团结传统以及激发出的凝聚力的时刻，直到新老国王交接时才会到来。当时，异教信仰是否会卷土重来，权力是否可能被分散出去，局势还不明朗。各个部落首领与伯爵们信奉天主教固然鼓舞人心，但毕竟他们投身于此的时间还不够长。至于普通人，倘若王室政府在施加压力传播基督教时有所松懈，他们是否还会继续信仰上帝仍是一个未知数。在伊斯特万治下，城堡是君主控制乡村地区的关键，然而倘若王室衰弱，这些城堡也很容易成为独立势力的活动中心。以此而论，一切的关键都在于伊斯特万之子伊姆雷。和其父一样，伊姆雷也抱有建立一个基督教国家的理想，倘若他能够活到继承父业的年龄，那么匈牙利可能仍会保持稳定状态。然而，伊姆雷却在 1031 年死于一场狩猎事故。伊斯特万晚景不佳，自己疾病缠身，又为失去伊姆雷而哀痛，还得考虑选谁来继承王位。

伊斯特万不信任血缘关系较近的族人，因此最终选择了自己的外甥、威尼斯总督之子彼得·奥赛洛（Peter Orseolo）作为继承人，但这一选择没能避免继承危机，反倒引起了纠纷。在领导力方面，彼得从未达到要求，还两度遭到废黜，而王室家族中的各个派系则在接下来的数十年里为了获得大权而争斗不休。在这样的内斗状况之下，其他王侯或是因为秉持原则，或是出于投机取巧的心态，纷纷介入匈牙利事务。干涉者中最显要的无疑是德意志皇帝，此时他已经和大量匈牙利贵族建立起了家族纽带。尽管如此，皇帝旨在保护德意志领土与帝国皇室家族利益的干涉活动，并未真正结束匈牙利的内乱纷争，反倒使暴力活动升级了。

两场民众暴动揭示了匈牙利社会的裂痕。第一场暴动发生在1046年，信异教者和新归信的基督徒联合起来，反抗伊斯特万及其教会顾问对世俗阶层施加的经济义务。这是一场血腥暴动，大批高层教会人士惨遭杀戮。第二场暴动发生在1061年。这场暴动并没有被当成异教的卷土重来——1046年时当权者对反抗者的镇压，已经摧毁了匈牙利异教势力的中坚力量。事实上，对于这场我们所知甚少的暴动，有资料将其称为农民起义。乡村居民需要支持军事防务，承担教会奉献，还要上缴自己收获盈余中的很大一部分，用于供养领主和官员，这类难以逃避的沉重负担激起了他们的反抗。这次暴动同样被镇压了下去，但农民们的举动揭示了匈牙利社会各阶层间长期存在的鸿沟。

直到11世纪中后期，匈牙利才从这种以王朝战争和民众暴乱为特点的内斗中恢复过来。而此时，我们也能看出伊斯特万的成就。传播基督教信仰的基础设施还在，尽管教会的财产受了侵害，但各教区都有教区神父服侍。虽然从 1046 年的事件看，异教势力仍然不小，但大多数匈牙利人似乎都已真心实意地接受了基督教信仰。1061 年的暴动敲响了警钟，社会内部的断层也由此显现。尽管如此，在伊斯特万之后的国王们依然能够利用他留下的遗产，建立起维持匈牙利统一与独特性的意识形态堡垒。拉斯洛一世（Ladislas I，1077—1095 年在位）统治时期，政府努力对法律进行了改革，并试图改善国民的经济状况。拉斯洛还成功地团结起他的人民，抵御了威胁匈牙利的库曼人（Cumans）和其他信仰异教的未开化草原游牧民族。在他和他的继任者卡尔曼一世（Coloman，1095—1116 年在位）任上，匈牙利成功地扩张了领土，踏入了克罗地亚所在的地区，最终将这个国家彻底吞并。1100 年时，似乎那传说中的运气已经回到了匈牙利的马扎尔人身边，只不过此时他们信仰的是耶稣基督，不是异教神祇。

尾声

至此，我们可以看到，欧洲北部和南部信奉天主教的人群因共同纽带而组成了一个联合实体，方便起见，我们可以将其称为拉丁基督教世界。尽管如此，在 11 世纪欧洲的许多政治体中，将多种不同文化维系在一起的纽带依然脆弱。在北部的许多地区，人们依然在基督教和异教信仰之间摇摆不定，至少表现出将要如此。而在南部，还没有看到穆斯林势力逐渐消退的迹象，也没有明显迹象表明拜占庭人的势力必将撤出地中海中部地区。教皇自称在属灵领域拥有无上的权威，在这段岁月中的大部分时间里，这样的说法虽然不是空话，但也因为各式各样的教廷丑闻，以及教皇卷入意大利本土政界的家族对立、领地纠纷而大打折扣。

在接下来的数十年中，这一切都将经历一场变革。拉丁基督教世界的形态会得到彻底的重塑。这场转变就是“12世纪改革”（Constable，1996年），这场激进的改革就是本书下一部分的主题。

第二部分

12 世纪的文艺复兴

美国中世纪学者查尔斯·霍默·哈斯金斯（Charles Homer Haskins）的同名著作出版后，“12世纪的文艺复兴”一语就传播开来。哈斯金斯在书中探讨了1050年到1250年间拉丁世界学者文化（learned culture）的复兴，但对物质文化、政治和俗语文学着墨不多，不过他也同意，这些领域确实发生了很大的变化。他选择“文艺复兴”（renaissance）这个词，部分是为了强调此时人们对拉丁语的诗歌散文重新产生了兴趣，这也让人联想起8世纪到9世纪时加洛林王朝时期的复兴。不过，哈斯金斯用这个词，也是因为想要表达自己有争议的观点：虽然意大利文艺复兴运动的拥护者贬低中世纪，将自己那场文艺复兴抬高到了非凡的地位，但他们宣扬的并非事实。哈斯金斯在当时（1927年）提出这样的论点，时机正合适。

时至今日，针对上述看法的论辩已不再激烈。如果我们接受哈斯金斯提出的时间段，认为那个时期的人们既有创新，又复兴了从前的文化，也留意到当时宗教生活和俗语文化的变革，那么“12世纪的文艺复兴”不失为对那个年代的恰当描述，我们接下来就将对此加以探究。

第6章

主教叙任权之争

在1049年的教皇选举中，皇帝亨利三世（1039—1056年在位）将他的亲属艾吉斯海姆的布鲁诺推上圣座，是为利奥九世。皇帝此举意图十分明显，他打算支持利奥九世改革教会，根除圣职买卖的陋习和神职人员娶妻纳妾的做法。有的学者认为上述举措是单纯的教会内部改革。很多人指出，神职人员将整肃教会内部，但皇帝没有料到世俗与属灵领域权威之间的传统关系会就此改变，这也是他不愿意看到的。

这样的局势变化叫人想不通。皇帝本人是真心实意希望进行一场改革的，身为虔诚的天主教徒，他渴望净化教会。他也希望在情况符合他对基督教世界秩序看法的前提下，与教会上层人士保持固有的良好关系。而对于那些不符合其构想的习俗和习惯，皇帝则希望将它们废除。亨利三世之所以支持废除买卖圣职、禁止神职人员娶妻纳妾的运动，部分是因为他不想再让罗马和意大利其他地区的家族把持教会职位。那些家族俨然将圣职当作世袭产业，也从中获得了过大的地方影响力，其影响力至少超过帝国官员。

问题在于，这样一场运动到底要进行到什么程度才算结束。是否应当除去一切世俗势力对教会的控制，即使控制教会的是皇帝和其他受膏或未受膏的君主？这些靠上帝恩典在世上施行统治的统治者还是世俗之人吗？使徒保罗说过，“没有权柄不是出于上帝的”（《圣经·罗马书》，13:1），这话当时指的是信异教的统治者。异教徒尚且如此，在他们之后的基督徒君王岂不更是上帝所派的吗？何况他们许多人在加冕或即位时，还像祭司一样受了膏礼，他们的头、胸、肩和肘都抹上了圣油。这些人已脱胎换骨，至少理论上如此。他们成了新的大卫王、新的所罗门王，因受膏而成了新的基督（“基督”意为受膏者）。按照一位佚名作者的说法，“因此我们必须承认”，君王“有双重身份，第一重源于天性，第二重源于神授……源于天性的那一部分和普通人并无二致，而源于神授的特性、源于圣礼的权威则使他得以超凡脱俗……就天性而言，他只是一个人；而从另一个角度来看，通过上帝的恩赐，他成了另一位基督，一位‘神人’（God-man）”（Kantorowicz，1957 年，第 46 页）。

一些理论家称，预备成为基督徒统治者的人在加冕仪式上受膏后，蒙受上帝的恩典，会像基督一样成为君王兼祭司。因此，加冕礼实质上是宗教活动，是圣礼，是上帝恩典的管道——至少近乎如此。君主们在世时，需要在纪念重大基督教节日的宗教场合戴王冠，也就是圣诞节、复活节和五旬节（圣灵降临到使徒身上、建立教会的纪念日）。对基督的赞美（laudes Christi）同样适用于对君王的赞美（laudes regiae）。君王在场时，人们会为显示崇拜而吟诵“君王赞美诗”，这类仪式精妙地将国王类比为耶稣基督：“基督征服！基督统治！基督领导！”（‘Christus vincit! Christus regnat! Christus imperat!’）又有什么力量可以抵挡上帝在人间的代表呢？这些人像耶稣一样受膏，是君王，也是祭司。正如《圣经》中所说，人当“敬畏上帝，尊敬君王”（《圣经·彼得前书》2:17）。这里描述的大量引用《圣经》的中世纪政治神学，也有人称之为“圣礼君权”，因为这种权力的展示方式可以溯源到关于敬拜基督的描述和规定。

直到亨利三世去世的 1056 年为止，在改革初期，上述理论对君王在教会内权威的阐述还没有引起教会改革者太大的反感，但此后的情形有所不同。事实上，改革在一开始并未导致所谓“主教叙任权之争”（Investiture Controversy），后来，教会内部的改革派坚持认为，皇帝的权威尽管远高于其他世俗统治者（毕竟他自称为查理曼的继承者），但对教会而言，皇帝的权力从本质上说只能是世俗的。

这样的共识，即便是在激进派改革人士中也是逐步产生的。皇帝亨利四世（1056—1106 年在位）与格列高利七世（Gregory VII，1073—1085 年在位）之间激烈斗争所产生的政治氛围，对于激进派观点的形成至关重要。从另一方面来看，这场斗争也暂时阻止了教廷的进一步行动，使其无法将理论转变为现实。直到 12 世纪初，在和另一位皇帝——亨利五世（1106—1125 在位）——的斗争中，教廷改革派才取得了成功，而他们的作为也影响了之后数个世纪里帝国与教廷的历史轨迹。

*

事实上，皇帝亨利三世在 1056 年离世前，已经自行任命了 4 任教皇。在就任之前，这些教皇都曾在德意志教会中忠诚地为皇帝服务，他们也都被视为改革者，尽管这并不意味着他们都支持同样的改革，或是会向同一个目标心无旁骛地前进，他们的行为也未必总是能与其他改革派人士合拍。举例来说，教皇利奥九世（1049—1054 年在位）反对买卖圣职，反对神职人员当兵，因而受到了其他改革者的赞扬。但是，他也领导了 1053 年针对南意大利诺曼人的军事行动，这深受改革派人士诟病，批评者包括隐修士们，以及 1057 年成为枢机主教的彼得·达米安（Peter Damian）。教皇在军事行动中成了俘虏，尽管很快得到释放，但他的遭遇无疑成了更大的丑闻。不过，从利奥九世的两位前任开始，一直到在他之后登上圣座的继任者，这几任教皇的政策保持了连续性，而这多半要归功于皇帝亨利三世支持改革的眼光、他的路线引导，以及他的宗教热忱。

正因如此，亨利辞世时，教廷的历史走向也多少受到了影响。考虑到亨利三世的继任者亨利四世此时不过是个年仅六岁的男童，这个过渡时期就更显得危机四伏了。由上文可知，亨利三世不仅决定控制意大利的贵族势力，还打算在整个德意志范围内采取这样的政策。在这方面，1044 年时，皇帝对待洛林公爵戈弗雷（Godfrey）的手段颇有代表性。公爵不满自己仅仅得到上洛林而非整个洛林公国，在那一年发起了叛乱。皇帝动用军队镇压，还撤销了公爵对上洛林的所有权以示惩罚。

亨利三世还健在时，这位受罚的贵族就已经是威胁了。1047 年，他再次叛乱，后来又在意大利制造麻烦——他从 11 世纪 50 年代初开始住在那里。皇帝驾崩后，贵族愈发大胆。对于辅佐小皇帝的摄政们而言，他们的首要任务是尽可能阻止或限制贵族的反扑。皇帝的权力基础是其王朝世系在德意志境内戈斯拉尔（Goslar）周围拥有的地产，毫无疑问，所有试图延续这个家族势力的人们，都将注意力放在了保护其德意志基业的活动之上。在此过程中，罗马的改革派人士就只能依靠自己的力量来达到目的了。

对教会中的改革者而言，帝国当局权威的削弱无疑也解开了他们的束缚，帝国的危机恰恰是他们的机遇。他们提出要独立进行教皇选举，还在 1059 年的罗马宗教大会上据此发布了一条授权法令。到场的教会人士将选举罗马教皇的权力交到了地位仅次于教皇的枢机主教手中。这个由枢机主教组成的团体被称为枢机团（college of cardinals），在 11 世纪时，其规模还非常有限。

和帝国摄政一样，教廷改革派也要面对试图卷土重来的贵族势力，因此他们发布了更激进的宣言，声明教会是独立于世俗权威存在的组织。在发布法令规定由枢机主教选举教皇的同年（1059 年），教会还明令禁止了世俗人士在仪式中将教堂授予神职人员的行为，而这一禁令在 1063 年又得到了重申。明确支持这一做法的神职人员中就有伊尔德布兰，即未来的教皇格列高利七世。这些禁令固然重要，但还比不上改革派人士试图将自己的候选人扶上北意大利地区米兰大主教宝座的行为。

即便控制米兰教会并不意味着获取整个北意大利教会的主导权，但毫无疑问，这座城市在整个地区的地位举足轻重。米兰曾是古代伟大教士安布罗斯（Ambrose）的主教驻节地，地位高贵。此外，米兰大主教还使用伦巴第的铁王冠将德意志国王加冕为意大利之王，这更提高了米兰的声望。在地理方面，米兰位居北意大利最肥沃、生产力最高地区的核心位置，因此在中世纪初期，一拨又一拨的入侵者前来，试图将这座城市划入自己的势力范围。

在当时，奥托王朝的统治者们是最新一批令米兰臣服的主人，为此，他们与米兰主教——通过仪式授予加洛林王朝诸王权威之人——缔结了同盟。这一过程并非轻而易举：德意志人和意大利人之间的民族矛盾很棘手。伦巴第人曾经的国都帕维亚（Pavia）便是培育反抗奥托王朝统治情绪的温床。不过，随着时间的推移，这座城市最终也不得不向来自德意志的征服者低头。米兰大主教获准在该城核心地区的教会土地上发展起庞大的军事依附者（capitanei）网络，他的支持对德意志帝国在北意大利的统治至关重要，他也代表着制衡帕维亚的重要势力。然而到了 11 世纪初，历任米兰大主教固然还是皇帝的坚定支持者，却也成了声名狼藉的买卖圣职者。

在皇帝亨利二世（1002—1024 年在位）统治时期，由于当时的教皇并非改革派人士，因此上述状况并未导致危机。但在康拉德二世（1024—1039 年在位）统治期间，局面发生了变化。米兰大主教的价值在于他能为皇帝的利益考虑，对城市周边地区施加影响力。1035 年，当时的大主教的阿里贝托（Aribert）在为皇帝办事时，反倒激起了一场叛乱，这使皇帝对他发挥的作用产生了疑问。反叛者都是些小领主，他们对主教手下们的傲慢态度十分不满。这些人派出代表向皇帝陈情，让康拉德相信大主教正在激化德意志人与意大利人之间的矛盾，损害了德意志人的利益。无论康拉德是否真的相信这些指控，显然他认为有必要消弭拥有诸多特权的依附者和叛乱小领主们之间的分歧，于是，他在 1037 年颁布法令，将贵族的特权也赋予了发起反抗的小领主们。

然而，阿里贝托大主教却违抗这一法令，还聚集起一个反帝国的团体，试图维持现有的特权状况。亨利三世在继位之初暂时稳定了局面，但在 1042 年，当米兰的商人和手工业者团体把大主教及其反对帝国的手下驱逐出城时，危机再度爆发。

双方在 1044 年达成了妥协，但这样的状况并没持续太久。各个派系在米兰的冲突形成了奇景：城市居民们纷纷宣誓加入阴谋团体，试图再次对付大主教和他的贵族支持者们，帝国势力则在幕后斡旋于两方之间。在这段时期里，皇帝始终相信，他统治北意大利的关键，在于他自己和大主教之间恢复或建立切实的同盟关系，而这就需要一位顺从并依赖皇帝的大主教。

然而，随着阿里贝托的继任者维利特的圭多（Guido of Velate）在 1045 年成为米兰大主教，局面又恶化了。就在一年之后，德意志帝国支持的改革派教皇登上了圣座。圭多大主教也是老派的买卖圣职支持者，而他所面对的，则是被称为帕塔立尼（patarini）的派系的挑战。这些人受到改革派人士的鼓舞，不仅主张取缔买卖圣职，还反对教会人士的婚姻和同居行为。“帕塔立尼”意为“拾荒者”，是敌人给这些当地改革派人士起的蔑称。至于赞成圣职交易的圭多及其贵族和教会支持者，他们既不乐于见到 1044 年限制大主教权力的那种妥协，又不愿意任由帕塔立尼的计划取得成果，因而与劳动者公社、小贵族和帕塔立尼支持者产生了可怕的暴力冲突。

亨利三世于 1056 年辞世之后，由皇室，或者说由帝国仲裁来解决米兰问题的希望也逐渐消逝。此时教皇却给米兰派去了一个代表团来仲裁纠纷，其成员都是富有改革精神的教会人士，包括伊尔德布兰以及在米兰出生的卢卡主教巴吉奥的安瑟伦（Anselm of Baggio）。尽管如此，在米兰，休战协定总是十分脆弱，内部冲突常常再度爆发。对于圭多大主教在暴力活动中到底发挥了多大的影响力，人们尚有争议，但毫无疑问，他对于改革派人士指责自己买卖教职的举动十分愤怒，而当帕塔立尼派领袖在1066年被杀时，恐怕他也心存窃喜。圭多在次年即辞去了大主教之位，乍看颇有政治家风度，但这只不过是由来已久的惯例。圭多将自己的职位卖给了一个想要上位的野心家，刚开始亲政的亨利四世对这个人选也没有表示反对。皇帝正式确认了新旧大主教的权力交接，对此米兰和罗马的改革派人士非常愤怒，他们原本指望皇帝对抗售卖圣职的做法，但他们的抗议并没有让亨利收回对新任大主教的支持。1072年，改革派教士和世俗人士发起了公开的反对活动，在米兰自己选举大主教。1061年，巴吉奥的安瑟伦成了教皇亚历山大二世，并从此致力于在米兰的各个派系之间斡旋。他试图让皇帝站在改革派的立场上看待米兰大主教职位的人选，也承认了改革派选出的米兰大主教。

在亚历山大二世之后担任教皇的是格列高利七世（1073—1085年在位），他在位期间，局势变得危险起来：米兰发生内战，帕塔立尼的新领袖遭到杀害，皇帝又拒绝了改革派的要求。事实上，皇帝决定将买下大主教职位的人撤职，但将以帝国方面的人选而非改革派的候选人取而代之，这样的做法在人们看来是挑衅，绝非和解。

新教皇是在人们追求教会自由与复兴的热情之中就任的，他也着手进行更全面的教会改革工程。不过，恐怕教皇的当选并没有经过合法的选举程序，这一点将在未来产生深远的影响。1074年12月，格列高利七世下令禁止德意志境内的已婚神父继续进行圣事；1075年2月，他又禁止了神权俗授的做法。此时，皇帝与大多数德意志主教结成了联盟，公开声明教皇法令无效——毕竟，大多数德意志主教的职位都是皇帝授予的。1075年，教廷的办事人员起草了一份《教皇训令》

(*Dictatus Papae*)，训令中列出了从古代到中世纪早期历任教皇拥有的特权和权力。

虽然算不上教廷的官方宣言，但这份训令还是可以解读为对现存政治秩序与教会体系的挑战。这份文件称，“只有教皇才有资格使用帝国的徽记”，“所有王公贵族都必须也只能亲吻教皇的脚”（Cowdrey，1998年，第504—507页）。也许格列高利七世在心中也如此认为，他在1075年12月8日送出一封信，要求皇帝以苦行的方式赎罪，否则便会以违背《教皇训令》的罪名撤销他的帝位。

对此，亨利四世的反应是给德意志的主教们施压，他还在次年1月27日称格列高利为假修士，并宣布，后者被选为教皇的程序颇为可疑，因而其地位并不具有实际效力。也许他只是做个样子，并不是真要召集异见者重选教皇，但皇帝的反应也不可轻忽，毕竟前几任皇帝都曾频繁废立教皇。面对挑战，格列高利选择坚持对抗。仅仅过了几周，在1076年的大斋节，他就对亨利四世处以绝罚，禁止他参加天主教圣礼，宣布支持他的人有罪。

在格列高利之外的人看来，可能直到6月，处以绝罚的做法才真正带来了成功的希望。6月29日，依旧支持亨利的主教们反过来对教皇处以绝罚以示回敬，讽刺的是，这一天恰恰是圣座保护人使徒彼得和保罗的纪念日。对格列高利来说，好消息在于有好几名德意志主教临阵倒戈，尽管他们也许并没有多少热忱，但还是站在了教皇一边，或者至少保持中立。此外，亨利的许多政敌也抓住这个机会，合法地拿起武器对抗失去神圣性的国王。

1076年秋季，各方钩心斗角，皇帝逐渐意识自己的地位岌岌可危。倘若帝国发生内战，短期而言，即便最终亨利能够成功击败对手，他在德意志和意大利的权威也会被大大削弱。此外，皇帝若想重启他父亲在位时颇为管用的控制教廷（或者与教廷合作）的模式，也未必要先在战斗中击败对手。因此，在帝国内部，人们倾向于和教皇达成某种妥协，避免全面的军事对抗。

1077 年，当教皇身处托斯卡纳境内阿尔卑斯山下的卡诺萨（Canossa）城堡中时，亨利四世也抵达那里，并扮演了一个悔罪朝圣者的形象。当时是 1 月底，他三天三夜赤脚站在雪中，乞求赦免。如果格列高利用精明的政治眼光审视这场表演，那么他的反应可能会不同，但当时教皇似乎确实被皇帝的姿态感动了。格列高利将皇帝视为业已悔改的罪人，允许他重回教会。心怀不满的德意志贵族对他们失去神圣性的国王的反叛，也因教皇的宽容而失去了正当的理由。然而，依然有一些大贵族联合起来，选出了自己的国王来与亨利对抗。内战已经不可避免。

在这紧要关头，来自波兰的敌意增加了德意志境内的不稳定因素。“复兴者”卡齐米日一世在 1058 年去世之后，波兰的新大公、“大胆者”博莱斯瓦夫二世（Bolesław II the Bold）致力于恢复波兰在 10 世纪晚期到 11 世纪初的辉煌——当时，波兰的军力大大超过了德意志帝国。到了 11 世纪 70 年代，博莱斯瓦夫已经成功地收复了部分失地。他用高压手段迫使几个重要的贵族家族依附于他，坚决加强了教会的势力，以防止异教的反扑。现在，关于主教叙任权的斗争又给他提供了新的机会。博莱斯瓦夫支持格列高利七世教皇，而作为回报，教皇认可了他在 1076 年的圣诞节那一天加冕为波兰国王的举动。

对于博莱斯瓦夫的政策，不仅德意志人心怀不满，就连波兰人也不乐意接受，因为国王加强王室实力是以波兰人民的利益为代价的。

在 11 世纪最后四分之一的时间里，波兰的历史成了一团乱麻，来自德意志的威胁和内部的纷争交织在一起，博莱斯瓦夫二世自己在 1079 年退位并被迫流亡，不少人声称自己拥有继承权，发生了一系列王位纠纷与割地自立的事件。最终，表面上的秩序得到了重建，而在老国王的侄子、与其同名的“歪嘴”博莱斯瓦夫三世（Boleslaw III the Wry-Mouthed，1097—1138 年在位）的领导下，波兰人也成功抵挡了来自德意志的军事威胁。

尽管波兰也经历了一场内乱，但在极为关键的 11 世纪 70 年代后期，这个国家对教皇立场的支持，至少在卡诺萨事件带来的和平情绪消退之后提振了教会改革派的情绪。格列高利七世赦免了亨利四世，双方在表面上达成了和解。虽然格列高利七世在德意志内战之初采取了中立的态度，但他和皇帝之间的分歧并未真正得到弥合。卡诺萨的闹剧结束之后没多久，帝国和教廷之间的关系又恶化了。教皇认为自己有责任再次对皇帝处以绝罚，继续谴责帝国派的教会势力，皇帝的敌人们也因此又获得了斗争的动力。皇帝做出反击，派兵攻打格列高利，还支持自己的教皇候选人成为克雷芒三世（Clement III），以代替他口中的“假修士”伊尔德布兰。格列高利不得不逃离罗马，直到 1085 年离世时都未能获得正名。据说在临死前，他引用了《圣经·诗篇》第 44 篇第 7 节（现代译本为第 45 篇第 7 节）那节被《圣经·希伯来书》第 1 章引用的经文：“你喜爱公义，恨恶罪恶。所以上帝，就是你的上帝，用喜乐油膏你，胜过膏你的同伴。”在格列高利口中，原本鼓舞人心的经文带上了悲剧色彩：“我喜爱公义，恨恶罪恶。然而正因如此，我在流亡中结束了生命。”

*

尽管存在不少争议，但教皇和教士的地位的确发生了变化，变革并不仅限于此。和之前的帕塔立尼运动、“上帝的和平与休战”运动一样，改革运动在大众层面也获得了一些成果。我们没有必要像某位历史学家那样，将现实中广泛存在的改革愿望与精英教士阶层对教廷的改革区别开来。另外，教廷改革不能简单等同于教皇权威的扩张，也不能简单地说，后期的和平运动将百姓和教士对立了起来，因为据说教士们利用百姓对和平的渴望，把对自己权利的认可强加在乡村居民身上（Moore，1996 年，第 24、33 页）。

不过，大众层面改革的成败轨迹和上层斗争的结果是不同的。格列高利失败了，于 1085 年在流亡状态下去世，而法王腓力一世和匈牙利国王拉斯洛一世等君主是否会遵守俗人不得授予圣职的教廷禁令，也很难说。然而，基督教世界中的其他属灵复兴力量却没有因此遭到削弱。有不少建立时间较早的修会都顺应复兴浪潮，强调起传统的灵修和属灵操练形式，比如与勃艮第的克吕尼修道院或摩泽尔河（Moselle）畔的戈尔泽修道院关系密切的修会。其他一些神职人员，也就是人们通常所说的教士团成员（canons），则在修会中遵循调整过但更严格的规矩。奥古斯丁隐修会（奥斯定会）的教士团成员可能是这种新情况最著名的例子。但学者们更关注的是另外两方面的发展。

第一个方面的发展是，在主教叙任权之争开始后的一个世纪里，修会数量迅猛增长。我们知道当时人们建立了数千座男修道院，具体数字还有待学者综合各项资料得出。由于文献质量不佳，因此我们很难确定女修道院的具体数量，不过根据一种传统的估算方法，在 1070

到 1170 年间，女修道院数量也猛增了四倍之多。举例来说，塞诺内（Sénonais）是法国北部的一个小地区，小镇桑斯（Sens）就位于那里，如果有人在 1170 年去那里，就能看到许多年代久远的宏伟教堂和修道院，其中一些建筑，比如本笃会的圣皮埃尔勒维夫（Saint Pierre-le-Vif）修道院，其历史甚至可以追溯到法兰克人刚开始接受基督教信仰的时代。1070 年时，这些古老教堂还像几个孤独的巨人一般屹立在大地之上。到了 1170 年，大批新建的基督教建筑已经彻底改变了当地的景观。在通往塞诺内的乡村道路上，一座座尖塔高耸入云，各式各样的十字架立在屋顶上，这一切都是 12 世纪人们虔诚之心的物质明证。

另一个引起历史学家关注的变化与修道院数量的增加不无关系，那就是全新修会的出现与发展。新修会包括加尔都西修会（Carthusians）、熙笃会（Cistercians）和普里蒙特利修会（Premonstratensians）。当时，绝大多数新建立的修会都强调组织制度简化与个人禁欲。这些修会也崇拜圣母马利亚，但崇拜圣母的方式发生了变革，崇拜的人也增多了。这种信仰固然立足于古代的先例，但也符合当时的潮流，人们越来越看重耶稣的人性，更多地注意到婴儿时期的耶稣，也强调他肉身的脆弱，因此出现了感性描述圣母马利亚与圣子关系的强劲势头。

12 世纪时，关于圣母及其关怀凡人的故事不断涌现，其中就包括她奇迹般介入凡人生活，保护他们的信仰与道德准则不受异教、乱伦和犹太教威胁的内容。此外，当时的人也强调圣母的代求者角色，相应的艺术形式和崇拜方式也成了主流。颂扬圣母的祷文与赞美诗突然大量涌现，其中包括《万福马利亚》这篇需要手持玫瑰念珠（马利亚被喻为玫瑰）吟诵的祷文，这篇祷文在12、13世纪之交通过另一个新生的修会（多明我会，参见第13章）得到了普及。赞美祷文的巅峰之作则是13世纪的《圣母悼歌》，这首感人至深的赞美诗表现了圣母目睹其子在十字架上痛苦死去的过程。

1084年，第一个加尔都西修会的修道院由圣布鲁诺（St Bruno）在格勒诺布尔（Grenoble）主教的支持下兴建，被称为大加尔都西修道院（La Grande Chartreuse）。布鲁诺将这座修道院建在阿尔卑斯山区，复现了基督教会早期"沙漠教父"与世隔绝的修道环境，也着重模仿了这些修士在物质上自给自足的精神。

> （布鲁诺写到，）在这里，我们努力，是为了得着明亮清澈的眼睛，看见新郎耶稣如何为了爱的缘故受伤，看见上帝。在这里，我们在繁忙的工作中获得心灵的闲暇，在无言的劳动中获得真正的安宁。在这里，上帝将奖赏给了他的赛跑者，就是世人所不知道的平安与圣灵中的喜乐。（Mursell，1988年，第256页）

跟古代埃及修士团体一样，加尔都西修会在很多方面更像结构松散的隐修士联合体，而非有严格章程的团体。加入修会的大多是经过深思熟虑的成年人。他们渴望隐居，希望避免与"世界"接触，鼓励并践行沉默的修行。修士们虽然没有彻底拒绝集体活动，但也将活动减到最少。在加尔都西修会名下庄园工作的人们，连非神职人员都得有庶务修士的身份，都要遵循修会的规矩。更准确地说，这些人可能也希望获得庶务修士的身份，因为他们也渴望远离世俗，只是因为受教育程度不够或自感不配而没有宣誓成为正式修士。加尔都西修士圣洁的名声广为传播，但他们严格苦修的生活限制了修会修道院数量的增长。

熙笃会的第一个修道院建立在勃艮第境内的西多（Cîteaux）。这座修道院的历史可以追溯到1098年，此后修会的每一座教堂都献给了圣母马利亚。和加尔都西修会一样，熙笃会的成员们希望重现早期基督教修士那与世隔绝的生活，因此特意将他们最早的修道院建造在了远离道路的地方，并且亲手劳作，清理出建筑用的空地。他们也去除了传统敬拜仪式中浮华的部分。熙笃会的教堂、装饰品与服装都十分简单，他们不用金器，也不用多色的器物。修士穿纯白色衣服（他们因此得名为“白衣修士”），外罩软布织成的宽大黑色短肩衣。

熙笃会在欧洲的传播比加尔都西修会成功，因为熙笃会修士的生活方式不那么与世隔绝，他们也比较愿意接受年轻人，此外，熙笃会著名成员克莱尔沃的伯尔纳（Bernard of Clairvaux）也为修会吸引了许多的新成员。到1150年时，熙笃会已拥有超过300个附属修道院，分布在基督教世界的各处。这些修道院大都拥有庶务修士，这些人清理土地、耕种作物、放牧羊群，要么和修士一起工作，要么为其服务。

受熙笃会简朴虔诚生活方式吸引的有男性也有女性。一名男性教会人士在1150年前后写到，女人们“凭借其自由意志，踊跃积极、满怀喜乐地加入了许多青壮男子都不敢加入的熙笃会。她们放弃了亚麻与毛皮，只穿朴素的羊毛束腰外衣。这些人不仅做纺织一类的女性的工作，还走到户外，用起了斧头和锄头，松土、砍树、清理树根、披荆斩棘，默默地用双手勤勉劳作，获取食物。她们凡事效法克莱尔沃的修士，正如主所说的，在信的人，凡事都能”（Evergates，1999年，第 105 页）。在 1150 年时，她们的确是在“效法”。熙笃会的领袖不愿意在内部建立女性分会，不过后来还是在教廷压力下建立了女修道院（修道院里也有庶务修女）。修女院和修会的其他修道院都要接受定期巡查，以保证修士、修女、庶务修士、庶务修女的行为符合道德标准。

普里蒙特利修士团的历史则较为复杂。修士团由克桑滕的圣诺贝尔特（St Norbert of Xanten）在 1120 年建立。在经历了属灵觉醒后，诺贝尔特摆脱了追名逐利的生活，他所建立的修士团采用改良后的奥古斯丁修会规则，从一开始就欢迎神职人员和男女平信徒加入。圣诺贝尔特在法国北部的普里蒙特利建立了第一个修会社团，他布道很有魅力，吸引了大批追随者，自己在教会中也获得晋升，最终以马德堡大主教的身份殁于任上。在建立修会时，诺贝尔特会先在当地激起百姓的信仰热情，再建起距离很近的男女修道院，让修士和修女在同一个教堂中敬拜。在诺贝尔特于 1134 年离世之后，这样的组织方式不再受人青睐，修女的重要地位也逐渐成了历史。普里蒙特利修会的入世程度始终高于加尔都西会和熙笃会，他们特别关注穷人的需要。

*

宗教领域经历的动荡和冲击体现在旧修会的复兴和新修会的扩张上，前面提到的加尔都西会、熙笃会和普里蒙特利修会只不过是诸多修会中的代表，这几个例子足以证明整个教会有多么渴望复兴。正因如此，尚未解决的主教叙任权之争让秉持原则的神职人员和平信徒都心有不安。冲突引发的暴力正说明有必要尽早达成和解。不过，帝国和教廷想达成协议，似乎还有很长的路要走。

格列高利七世于1085年离世，皇帝亨利四世暂时占了上风。然而，他和他所支持的敌对教皇很快遇到了新的对手——改革派的乌尔班二世（Urban II，1088—1099年在位），他将登上圣座，积极开展行动，提升格列高利派系的地位。不过，乌尔班并非格列高利的后任。格列高利七世的继任者德西迪里厄斯（Desiderius）在欧洲德高望重，他是蒙特卡西诺（Montecassino）修道院的院长。德西迪里厄斯所在的修道院在整个西方基督教世界极负盛名，其建立者圣本笃（St Benedict）是欧洲修道院建设的重要发起者。德西迪里厄斯成为教皇后改名维克托三世（Victor III）。维克托三世注定无法长期拥有教皇的三重冕（tiara）*，在病榻上，他为一位时年65岁上下的法国人祝福。这名法国人担任多个重要的教会职务，其中包括兰斯副主教和克吕尼修会副会长，在格列高利七世手下，他还担任了奥斯蒂亚（Ostia）的枢机主教一职。

维克托三世死后，这名法国人成了教皇乌尔班二世。上任之初，这位新教皇便踏上了不寻常的旅途，以重新组织起教廷的事业。为此，他冒险进入罗马城，此后又去而复返，来往于法国和意大利的各个角落，召开多次宗教会议。在其中一次会议，即1095年的克莱蒙（Clermont）会议中，乌尔班二世首次以派兵支援被穆斯林困扰的东方基督徒为主题布道，最终促成了十字军运动（参见第7章）。此后，他又以同样的主题进行了一系列布道活动。此外，乌尔班还邀请基督教世界中最有智慧的人、他从前的导师圣布鲁诺前往罗马担任顾问。最

* 德西迪里厄斯健康状况不佳，1086年就任时已罹患疾病，次年去世。——译者注

后，这位教皇还对托斯卡纳的玛蒂尔达（Matilda of Tuscany）的支持善加利用。玛蒂尔达是北意大利地区很有权势的女继承人，热心拥护教会改革。教皇安排她与亨利四世的主要对手巴伐利亚公爵韦尔夫（Welf）结了婚。

尽管敌人十分强大，但皇帝亨利四世依旧坚持主教应由帝国皇帝授予职权，也坚定认为在他庇护下选出的教皇才是正统。在经历了多次不成功的尝试之后，双方都不愿意达成妥协，因此，德意志还得经历多年的动荡。1099 年乌尔班的去世本可能成为解决争端的良机，然而，很快传来了十字军攻克耶路撒冷的消息。面对这一奇迹般的事件，有人认为这正说明十字军的发起者乌尔班才是真正的教皇，但亨利四世还是不愿意低头。

1104 年时，皇帝的一个儿子（亨利）终于受够了这样的纷争。他有位兄长*曾在 11 世纪 90 年代发起叛乱，却死于 1101 年。亨利决定继续兄长反抗父亲的事业，因为父亲拒不让步，不仅于自己的继承有碍，还有损于德意志皇室的传统权威。他无疑相信倘若能推翻他父亲的统治，帝国和改革者们之间就有和解的可能。因此，他着手夺取大权，逼迫亨利四世退位。在不久之后的 1106 年，老皇帝去世了。亨利五世执掌大权后，出现了和平的希望。然而，亨利五世很快发现自己高估了改革派人士做出让步的意愿。冲突和暴力仍在继续。

直到 16 年之后的 1122 年，双方才终于在莱茵兰的沃尔姆斯签订协议，正式结束了这场纠纷。不过，协定的一些条款依然含糊，双方对于某些内容闪烁其词，甚至彻底避开了一些敏感问题。一些学者

---

* 此人即亨利四世的次子康拉德，之后发起叛乱并成功的是他的弟弟亨利（五世）。——译者注

因此认为，沃尔姆斯协定违背了格列高利七世和乌尔班二世的真实意图。毕竟，皇帝对主教选举仍有影响力，甚至能在选举结果存在争议时以仲裁者的身份决定人选。那么，皇帝放弃正式任命主教的权利，表示将属灵领域的权威归还教会，从此之后国王受膏仪式的步骤将不同于主教受膏仪式的步骤（即国王不再于头上涂抹圣油，也不再进行受膏加冕礼，特殊的圣油仅供宗教仪式之用），这样的让步对教会而言是否足够？这样的妥协无异于表明教会不可能彻底自由，但至少在一件事上，沃尔姆斯协定影响深远。自那以后，包括皇帝在内的国王都只能被认作俗人。要实现教会自由这个改革派人士的斗争口号，还有很长的路要走，但在 1122 年时，教会的确得到相当多的自由。

第 7 章

第一次十字军运动

说来奇怪，中世纪盛期时，人们对和平主义不怎么感兴趣。早在 4 世纪时，圣奥古斯丁就提出了正义战争（*bellum justum*）的理念，在那之后，教会人士又将他的理论糅合进了基督教王道意识形态。理想化的基督教国王应该避免战争，在交战不可避免的情况下，他应该尽力找出重建和平的正当手段。（“使人和睦的人有福了，因为他们必被称为神的儿子”，《圣经 · 马太福音》5:9。）如果基督教王公的领地遭到无理入侵，臣属受到敌对王公或犯上作乱者的威胁，他们就可以合法使用战争这一政策工具。

战争自有其规则，当时那些繁复的规则后来被称为骑士精神（chivalry）。11 世纪晚期时，精英阶层中的大多数人都认为，攻击非战斗人员是不合法的，除非这些人是敌人的密探，或是藏匿敌人、为其提供给养的人。人们会特别保护非战斗人员中在他们看来力量最弱的群体，也就是妇女和儿童——特别是寡妇和孤儿，还有神父、修士、修女、老人和体弱者。

圣经时代的正义战争是得到上帝公开祝福的，正如《约书亚记》

所说。上帝岂不是叫日头在天当中停住，好让约书亚得胜吗？（《圣经·约书亚记》10:12）最极端的说法是，对于那些攻击上帝子民的不信者，发起战争是上帝的旨意。而除了全能者上帝的直接光照，在确定上帝旨意方面，还有什么比神职人员——最好是高级神职人员——宣布战争为神圣更好的方法呢？

耶稣被钉十字架的前夜，他在客西马尼园中被捕，彼得拔刀护卫耶稣，耶稣制止了他，说："收刀入鞘吧！凡动刀的，必死在刀下。"（《圣经·马太福音》26:52）这说明圣彼得的属灵后代——教士阶层——不应持有伤害人肉体的刀剑，不过，教士们依然应当成为武力的主人，"收刀入鞘"就说明他们才是武器的所有者。因此，根据某些教会理论家的说法，动武的决定应当由教会做出，世俗统治者什么时候可以拔刀，又该用什么方式施行正当报复，其决定权都在教会手中。这一理论与前人提出的"双剑论"并不矛盾。根据"双剑论"，象征着属灵惩戒的剑（能让人蒙羞、受到诅咒、被逐出教会、被禁止参加圣事）由教会掌控，以迫使那些不受管辖、拒绝服从的罪人低头；另一把剑则是世俗的剑（代表物质性的惩罚力量），由世俗统治者掌握。新理论阐明了为何教会应当凌驾于世俗权威之上，从而更好地解释了传统的"双剑论"。

事实上，一种为战争祷告的仪式已经存在了数百年之久，它强调了神职人员和正义军事暴力之间的紧密联系。理论上，在战斗打响前，所有人都要禁食，神职人员则会在军人的环绕中和众人一起祈祷，承诺永远献身于上帝，请求获得胜利的护佑。之后，神父会为指挥官及其麾下部队祝福，进行属灵的布道训导，相当于世俗指挥官的战前演说。神父们带领虔信上帝的军人们诵唱赞美诗，用启应的方式读经，有时他们会读《圣经·诗篇》第20篇（在拉丁文武加大译本*中是第19篇），这一诗篇中有这样的名句："有人靠车，有人靠马，但我们要提到耶和华——我们上帝的名。他们都屈身仆倒，我们却起来，立得正直。"

此外，在战斗胜利后，神职人员和指挥官还会引用《圣经·约书亚记》里征服应许之地的故事来纪念胜利，以此暗示甚至明示，战斗胜利就说明他们开战是正当的。为此，他们一方面遵循古代希伯来人在征服应许之地时，遵上帝吩咐掠夺被击败的敌人的惯例（例见《圣经·约书亚记》8:26—27），另一方面也要求军人们望弥撒，再次宣誓奉献自己，预备战斗，礼拜军事遗物，向武器致敬。

也就是说，早在11世纪时，精英阶层中的思想家和其他出身高贵者早已了解何谓正义战争，以及怎样进行正义战争，尽管他们的行为未必符合这样的理念。"上帝的和平与休战"运动广为传播，普及了这样的理念，而发生在11世纪晚期的一系列事件，则帮助确立了一种更引人注目的正义、神圣的战争方式，那就是十字军。

有人认为，在11世纪的西欧社会中，人们普遍有千禧年即将到来的感觉。也许这样的感受在11世纪初时要更普遍一些，但整个11世纪，成形的千禧年运动和天启运动都比较流行。许多这样的运动都强调，善的力量与恶的仆役之间即将展开大决战。

天启作品的一个突出主题是耶路撒冷城及其解放，特别是将圣墓（Holy Sepulchre）——基督之墓——从异教徒手中拯救下来。（从11世纪到12世纪，欧洲北部的基督徒渐渐倾向于将穆斯林视为异教徒。）

---

* 武加大译本是由耶柔米翻译和编订的拉丁文《圣经》译本。——译者注

同一时期，“耶路撒冷”开始被用作女孩的名字（Riley-Smith，1997年，第33页），这显示出圣城的理念已经深入人心。从西方前往耶路撒冷朝圣的行为从10世纪开始也越来越多，而这种朝圣之旅在7世纪到10世纪期间是不太常见的。到11世纪时，朝圣行为已经相当常见，有的朝圣团的规模还非常大。1054年的一个朝圣团就有3000名成员。据说在1064到1065年间，还有7000名德意志信徒一起前往耶路撒冷朝圣。

西方天主教徒听说，近东和西班牙地区发生了多起基督徒被穆斯林击败的事件，有时，穆斯林在获胜之后会干出可怕的事，这激起了西方天主教徒复仇的渴望。1086年10月，在西班牙萨拉卡战役（Battle of Sagrajas）中取胜的穆斯林将死去基督徒的头颅集中起来放在马车中，他们带着这令人毛骨悚然的车队及其上腐烂的战利品，一路走过伊比利亚半岛，返回了北非。早在这场战役之前的10年左右，教皇格列高利七世就设想由教廷的支持者、圣彼得的忠诚门徒组成一支合乎战斗要求的军队，并亲自随军出征，将东方的基督徒从穆斯林的攻击中解救出来，夺回耶路撒冷。但当时出现了主教叙任权之争，人们也对教皇直接参与战斗抱有疑虑，因此上述设想没能成为现实。此外，十字军运动理念里的许多重要元素，例如军队出征前需要进行悔罪宣誓，都还没有出现在格列高利的设想中。但教皇的思考还是在教会改革派圈子里启发并鼓励了其他关于正义战争的设想。

为了对抗帝国支持的敌对教皇克雷芒三世，乌尔班二世于1088年当选后不得不多方寻求帮助。之前的和平运动在地方贵族和一大批强大的修道院间建立了紧密的联系，在法国尤其如此。祷告是他们关系的核心，修士为贵族家族成员和他们的先祖祷告，多少意味着贵族保护修道院生活的善行将增加他们得救的希望。修道院生活是最崇高的基督徒生活方式，贵族保护修道院，就是保护基督教世界。在实践中，贵族的保护一般通过劝说或威胁来实现，真正使用暴力对付潜在恶徒的情形少之又少。不过，在劝说和威胁无效的情况下，人们也认为，使用暴力镇压那些可能攻击修士和其他弱小基督徒的作恶之人，是完全正当的。

正义战争被小心地与领主间的“小”争端区别开来，那些争端充满了匹夫之勇和混乱，是自相残杀的暴力行为（guerrae，这是现在很多语言中“战争”的词源）。这样的内斗在中世纪中期造成了很大的麻烦，和平运动因此兴起，但直到11世纪晚期，内斗在社会上都很常见。不过，乌尔班二世或他的一个顾问却从格列高利七世的遗产中得到了启发，他听到东方基督徒的求助，迈出了决定性的一步，发展出十字军的理念。那些保护修士的世俗领主也能保护从东到西的基督教世界，他们可以在地中海东部地区与穆斯林入侵者和征服者作战，圣地就在那里。

1095年11月27日，在法国南部举行的克莱蒙宗教会议上，教皇做了布道，在这次著名的布道中，教皇对未来的战士能得到的回报语焉不详，但夺回圣墓、帮助东方基督徒弟兄的理念无疑已经流传开来，也确实得到了人们热情的回应。1054年，教皇和君士坦丁堡大牧首对彼此处以绝罚的行为固然加剧了东西方教会之间的紧张气氛，但这并没有将双方置于敌对交战的状态，东西方基督徒也在一定程度上保持了互相尊重。

在克莱蒙会议上，教皇布道结束后，人群中响起了喊声：“这是上帝的旨意！这是上帝的旨意！”乌尔班请求大小领主放下那些可能将他们引向地狱之路的无意义纠纷，去背起十字架，为拯救受到威胁的基督徒奉献自己。在一场无疑正当且神圣的战争中杀死敌人，这是犯罪吗？当然不是。那么，战场上的牺牲者是否能获得更多的赦免，将此前旧账一笔勾销，或直接进入天堂？在这次会议和后来其他布道支持远征东方的场合中，教皇可能越说越激动，针对这个问题讲了一些模棱两可的话。当然，不管是当时还是后来，他的听众中都有一部分人相信，倘若在这样一场远征中忠心作战，他们过往的罪孽便会尽数得到赦免，他们若是战死，就相当于殉道。熟知经典的教会人士默认十字军有赎罪的功用，也对此加以强调，但他们坚持认为参加十字军或在十字军战斗中战死只能让人获得有限的宽恕。

在克莱蒙会议上向大众发表讲话之后，教皇认识到，他开启了让军人为信仰献身的大门。此后他在布道时继续发出类似的请求，催促那些有所响应的领主们制定切实的远征计划，在 1096 年出征东方。从 1095 年末到 1096 年初，人们又召开了一系列会议和集会，与会者充满热情，但这热情也许不全是真的，教皇有意在人群中安插支持者，带着人们喊“这是上帝的旨意！”当时真正的热情也可能在几周后就渐渐消退，因为领主们逐渐意识到结果难以预料的漫长远征意味着巨大的危险与高昂的费用。让人们困扰的，还有他们可能会死在遥远的异国他乡，而当时人们普遍希望能与家人同葬在教堂里，至少葬在基督教的土地上。后来出现了一种规定，就是死去十字军战士的血肉可以被埋葬在异国，但他们的骨骸必须带回故乡下葬。

尽管存在着上述种种挂虑，但十字军运动一旦开始，就在各地迅猛发展起来，特别是在法国和低地国家南部，以及承认教皇乌尔班二世的意大利部分地区。另外，十字军此后归功于上帝介入（他借着法兰克人完成了这项伟业）的成功也带来了一个令人困扰的问题，那就是十字军没有获得帝国的支持。对此，皇帝亨利四世完全知情，事实上，他甚至一度表示愿意亲自参加十字军远征。然而，因为在神权俗授方面不愿让步，他的提议也就落空了。

教皇乌尔班二世鼓励立下誓言的人认真切实地兑现承诺，最终，远征的主要领导人——包括佛兰德、莱茵兰、法国北部和普罗旺斯的男爵，但没有国王——决定了启程日，就是1096年8月15日，圣母升天节这一天。然而，协调遍及整个欧洲西北部的远征行动十分困难。多个由巡回传教士和骑士领导的十字军分队在春末就已出发，他们有时被称为农民十字军或平民十字军。在诺曼底的鲁昂，一支规模不大的十字军屠杀了城中的犹太人，给早期远征定下了血腥暴力、近乎无法无天的基调。另一支类似的军队由名为“身无分文的”瓦尔特（Walter the Penniless，即法语中的 Walter Sansavoir）的骑士率领，离开法国，穿过德意志与匈牙利，在当年7月抵达君士坦丁堡市郊。第三支农民十字军则由魅力非凡的教士“隐士”彼得（Peter the Hermit）率领，在7月底抵达君士坦丁堡。但这支队伍纪律松散，沿路与匈牙利和拜占庭士兵多有擦枪走火，这些流血战斗也是给他们的教训。

许多参加第一批十字军的人甚至没能抵达君士坦丁堡。其中一支军队由名为戈特沙尔克（Gottschalk）的神父指挥，他们在行经匈牙利时扰乱当地秩序，四处劫掠，激怒了匈牙利人，最终被彻底击溃。另一支十字军的率领者福尔克马尔（Volkmar）此前默默无闻，这支军队野蛮攻击了布拉格的犹太人，后来在匈牙利与波希米亚边境的尼特拉（Nitra）遭受了类似的命运。最声名狼藉的十字军团体是由士瓦本伯爵弗隆海姆的埃米希（Swabian Count Emich of Flonheim）统领的。伯爵及其追随者被劫掠的欲望驱使，而且更重要的是想强迫犹太人改信基督教，因此他们野蛮袭击了莱茵兰地区，其影响持续了数个世纪。

埃米希和他的手下最终离开德意志前往东方，在半路上死于匈牙利军队之手。然而在此之前，他们已经蹂躏了多个地方的犹太人聚居区，施派尔（Speyer）、沃尔姆斯、美因茨（Mainz）、特里尔（Trier）、梅斯（Metz）和雷根斯堡（Regensburg）均深受其害。一些地方的犹太人被尽数杀害，美因茨就是一例。而在另一些地方（例如雷根斯堡），几乎所有的犹太人都受到胁迫，不得不改信基督教。即便有基督教当局特别是主教们介入保护犹太人，局面依然十分凶险。在少数情况下，犹太人被疏散到乡间，以防被十字军大批围攻，但十字军依然会派出搜索小队，寻找躲在小村镇中的犹太难民。有时，教会人士承诺保护这些人的安全，但代价是他们必须改信。也许最让人震惊的，是一些地方的犹太人不惜自杀，也不愿照着十字军的要求改信。许多犹太女人领头催促犹太社群中的男人动手，宁可被杀死也不愿改信。父母也杀死他们的孩子，表达至高的虔诚。

在之前的犹太教历史上，大规模自杀非常罕见，然而在 1096 年和以后的岁月里，拉比们却为自杀是否道德而深受困扰。最终他们认为，这些及后来的自杀行为都是面对改信胁迫的正当反应，一代又一代的诗人也作诗纪念这些殉道自杀者和殉道孩童的英勇。许多人的名字被列入了受纪念的名单。犹太人将纪念这些牺牲者的诗作纳入了会堂礼拜仪式，以永远铭记 1096 年的事件，纪念此后历次十字军活动和其他危机产生的殉道者与受害者。

噢，孩童们的哭声多么大！

他们颤抖着，眼看自己的兄弟被杀；
母亲绑紧儿子，唯恐他因战栗而亵渎了这祭仪；
父亲求得祝福，让杀戮成为圣洁的仪式。
慈悲的女人们勒死自己的孩子，
纯洁的处女发出痛苦的尖叫，
新娘吻别新郎，就此永诀——
他们都匆忙而急切地迈向死亡。

全能的主啊，高高在上，
过去，天使曾向你呼喊，只为不让一个人被杀献祭；
而今，如此之多的人被捆绑、被杀死——
为何他们不为我的婴孩呼喊？

（Carmi，1981年，第372—373页）

在发生了1096年的可怕事件之后，基督徒和犹太人的关系中至少还有一个方面遭受了严重的影响。犹太人群体内部产生了裂痕，一派人恢复了以往的生活方式，另一派人则认为应当更加严格地遵守犹太式的生活方式。也许，莱茵兰地区犹太人哈西典派（hasidim）敬虔运动的兴起，不能完全归结为十字军大屠杀的结果，但毫无疑问，这场杀戮肯定对那些坚持信仰、采用更虔诚生活方式的幸存者产生了重大影响，此后，他们采取更严格的避世生活方式，以免在宗教和社会生活方面受到不够虔诚同胞的玷污，更不用说和基督徒交流了。后来，哈西典派渐渐从历史舞台上淡出，但其理念留在了一批重要文献里，特别是《虔诚者之书》（*Sefer Hasidim*）。在后来的历史上，哈西典派的理念一次又一次地激发起欧洲犹太人的复兴运动。

*

多数农民十字军部队都未能抵达君士坦丁堡，但有两支军队做到了，它们分别由“身无分文的”瓦尔特和“隐士”彼得统领。拜占庭皇帝阿历克赛*及其将领对这些衣衫褴褛的军队很不信任，他们并没有允许这些十字军在帝国的首都市郊宿营太久，而是在 8 月 6 日直接将其送到了海峡对岸的小亚细亚。在那里，十字军大致按照各人使用的语言被分成了好几个分队。一开始，他们发动了数次成功的袭击，但一队规模较大的德意志十字军在尼西亚附近遭到孤立，最终落败，他们被迫改信伊斯兰教，要么被送往东方，要么被杀。十字军的主力虽然因战友被杀而有所警惕，但还是没能很好地协调作战，也缺乏相对有效的军事情报体系，10 月 21 日，他们面对占据压倒性优势的土耳其军队，惨遭屠戮。

此时，在欧洲，王公贵族组成的十字军正在进行最后阶段的准备工作。这支军队中的贵族指挥官麾下兵多将广，而且将领们都清楚地知道，这些属于自己的私兵已经在本土战事中磨砺过作战技能。这支军队中的许多军人都长期效忠于各自的领主。所谓十字军成员都是无地的年轻骑士，不过是传闻，实际上，十字军成员大多是成年男子，经历丰富，他们往往是抛下大笔财产出征的。这些十字军战士虽然忠诚，但各部内部无法始终保持和谐，各部间的合作也不总是顺畅。尽

* 此人即科穆宁家族的阿历克赛一世。——译者注

管如此，贵族十字军的士气远非农民十字军所能比。这支军队的后勤补给状况也要好于之前出征的十字军。这一方面是因为指挥此次远征的大贵族们拥有更多现金，信用也更好，可以购买较多的装备和其他补给品；另一方面，出征的时机也很重要，这支十字军出发日期较晚，规划的自由度更大，也能用上 1096 年当年的收成。

从 1096 年 11 月到 1097 年 5 月，大贵族及其十字军部属陆续抵达君士坦丁堡，分批渡过博斯普鲁斯海峡（Bosporus），预备与敌人交战。大多数将领都承诺，如果他们作战成功，那么他们所征服的原属拜占庭帝国的地区就会物归原主，这是十字军获取拜占庭援兵所需的必要让步，而拜占庭人确实也在一段时间内提供了援助。据乐观估计，这支十字军的总兵力超过 4 万人。

6 月 19 日，庞大的十字军部队出现在尼西亚，震慑住了当地的土耳其驻军，迫使他们向拜占庭人投降。一周之后，十字军开始向内陆进发，并于 7 月 1 日在多里留姆（Dorylaeum）击败了另一支土耳其军队。48 小时之后，他们继续行军，在接下来几周的时间里，这些欧洲人穿过小亚细亚内陆的一座又一座城市，最终于 9 月初在埃雷利（Ereghli）遭遇了另一支土耳其主力部队。这一次，他们同样击败了对手，并将残余敌军逐离战场。

此战之后，这支军队的两支偏师分别在布洛涅的鲍德温（Baldwin of Boulogne）和一名性情多变的贵族坦克雷德（Tancred，罗贝尔·吉斯卡尔之子*，参见第 2 章）的率领下向东方和东南方向进军，完成了

* 原文如此。多数资料中罗贝尔·吉斯卡尔应为坦克雷德的外祖父，坦克雷德的父亲“好人”侯爵奥多（Odo the Good Marquis）娶罗贝尔之女欧特维尔的埃玛（Emma of Hauteville）为妻，子嗣中的坦克雷德与威廉皆为著名的十字军战士。——译者注

对安纳托利亚沿海地区诸城的再征服。被夺回的城市包括塔尔苏斯（Tarsus），他们知道此地是圣徒保罗的出生地。在以上战果的基础上，鲍德温又再接再厉，征服了埃德萨（Edessa）。在排挤掉该地的亚美尼亚王公之后，他在当地建立起了第一个十字军国家。此后承受压力的则是喜怒无常的坦克雷德，他需要加入十字军的主力部队，继续对安条克（Antioch）城的漫长围攻，该城从 1097 年 10 月 21 日一直坚持到 1098 年 6 月才被攻破。

攻城战胜利后，十字军夺下了安条克城，只有内城依旧处于穆斯林守军的掌控之中。然而数天之后，一支庞大的土耳其援军便抵达并包围了这座城市。此时，一支阿历克赛皇帝领导下作为预备队的拜占庭军距离安条克仅仅数公里之遥。这支部队本可以为十字军解围，却因为皇帝情报机构高估了土耳其人的兵力，夸大了土耳其人增援之初的胜利，而最终撤离了安条克。

绝望的处境最终激发出了一系列令十字军名留青史的事件，至少在十字军战士自己看来，毫无疑问是上帝之手推动了事件的发展。在被围困的人中，有人称自己看到了异象，从耶稣本人那里得到了安慰和鼓励。也有人报告说自己看到了圣母马利亚、圣安德烈和圣彼得显现。这些奇迹中最神奇的莫过于一个贫穷农民的发现：一柄在安条克大教堂楼板下找到的长矛。据说，这柄长矛就是当年耶稣基督死在十字架上之后，那名罗马百夫长扎他时用的长矛（《圣经 · 约翰福音》19:34）。圣矛（Holy Lance）被视为圣物，十字军战士认为这意味着他们应该放弃安条克城中相对安全的防御阵地，出城直接对抗土耳其人。6 月 28 日，十字军真的这样做了。土耳其人猝不及防，被对手的大胆行动震慑，最终逃离了战场。此战之后，内城的穆斯林守军也因为援军的失利而大感意外。尽管他们勇敢地坚守内城直到此时，但眼见同袍溃散，他们也放下武器投降了。跟随耶稣的人首次被称为“基督徒”正是在安条克，现在这座城市终于完全落入了十字军之手。

十字军成员相信，包括寻得圣矛在内的上述成功是上帝的旨意，但成功也激化了他们内部的矛盾。在部分十字军成员看来，拜占庭皇帝背叛了他们，因此他们也就不需要继续遵守承诺，将所有征服的土地都归还给阿历克赛了。另一些将领则反对背弃他们许下的庄严誓言。此时，十字军中疾病肆虐，一些最优秀的指挥官死于这场瘟疫，士兵也大批死亡。尽管如此，军中的争论并未平息，在他们继续讨论未来计划的时候，什么是上帝所喜悦的，什么又是不讨上帝喜悦的，成了痛苦而危险的话题。

一直到 1099 年 1 月，许多士兵都还聚集在小领主周围，他们试图迫使持不同意见的领袖们让步，放弃分歧，继续进军，让军队重新恢复秩序，在必要的时候，他们甚至愿意诉诸武力。事实证明，动武是不可避免的［有人袭击了圣吉勒的雷蒙（Raymond of Saint-Gilles）的堡垒，他是支持遵守十字军和拜占庭帝国之间的协定的］。尽管如此，人们还是很快清醒过来，再度投身于远征。到了 2 月，绝大多数尚存的十字军已经在继续前行，他们穿越了黎巴嫩，并在 5 月抵达巴勒斯坦。6 月 6 日，坦克雷德征服了耶稣的降生地伯利恒（Bethlehem），6 月 7 日，十字军主力开始围攻耶路撒冷。此时，仅仅剩下大约 1.5 万人来进行这次围城之役。

跟之前的安条克战役相比，这一次十字军的行动要迅速得多，他们在 7 月 15 日便通过强攻夺取了耶路撒冷。在这场战斗中，十字军士兵的狂热态度，以及夺城之后屠杀的可怕规模，都是世间罕有的。

> 许多“萨拉森人”（Saracens，欧洲人对穆斯林的别称）在逃跑时爬上了城里所罗门圣殿的殿顶，却被箭矢射中，头向下从殿顶坠下。在这座圣殿中，有将近一万人惨遭斩首，死者的鲜血可以没过脚踝。我能说什么呢？他们完全不留活口，连妇女和孩童也不放过。（Fulcher of Chartres，1969 年，第 121–122 页）

一周之后，胜利者们推举布永的戈弗雷（Godfrey of Bouillon）为耶路撒冷的统治者，但不是耶路撒冷王——耶稣才是王。不过，这些十字军战士还是从在安条克发生的事中吸取了经验：穆斯林肯定会派另一支军队前来，试图夺回耶路撒冷，事实上，8 月就有一支庞大的埃及军队入侵了巴勒斯坦。然而这一次，主动出击的却是十字军，他们于当月 12 日在距离圣城大约 80 公里、位于地中海岸边的阿斯卡隆（Ascalon）附近伏击了对手，彻底摧毁了这支军队。

此时，第一次十字军运动已经引起群情激昂，按照习惯，此时已经可以宣告远征胜利结束了。在此之后，十字军国家纷纷建立，当地的政治宗教生活也在短时间内发生了翻天覆地的变化。事实上，十字军活动远没有就此结束。在接下来的 20 年时间里，人们不断涌入圣地，也许是为了维护十字军诸国的内部安定，也许是为了开疆拓土或巩固边界，这些人在大大小小的冲突中奋战。这些规模小得多的行动成了耶路撒冷之战的终曲，也可以视为第一次十字军运动的一部分。几乎持续不断的战事扭曲了十字军国家的政治结构与社会分工。因此，对于再征服时期（参见第 11 章）西班牙的描述，也许更适用于这些十字军国家：这些国家的社会组织架构，几乎完全是为应对战争时期的紧迫状况设计的。

这种社会的一个特有产物是军事修会。在这些组织有序的团体中，成员们都是虔诚的基督徒，他们照顾并保护前来圣地的朝圣者，医治病人，还积极参与十字军国家的军事防务。远在1099年之前，投身于朝圣客护理事业的团体就已经存在。不过，自基督教军队完成再征服伟业后，前往圣地的朝圣者数量便经历了戏剧性的猛增。去耶路撒冷朝圣的多为老人或病人，他们前往圣城，并不是为了寻求治愈的奇迹，而是为了死在耶稣受难的地方。部分是因为朝圣者的人数太多，为朝圣者服务的机构最终演变为正规的修会组织。这些修会中，最早成立的似乎是耶路撒冷的圣约翰修会，其更为人所知的名称是“医院骑士团”(Hospitallers)。而到了1119至1120年间，所罗门圣殿修会即“圣殿骑士团”也建立起来，其初衷是保卫朝圣之路。

在圣城中，医院骑士团管理着规模颇大的朝圣者医院，有时还会雇用犹太人和穆斯林医师来协助救治病人。医院也接收需要护理的穆斯林和犹太人。医院还收养因战乱失去父母的孤儿和遭到遗弃的孩童，派女性看护照顾他们。这些孩子成年之后，也会受邀加入骑士团。不过，医院骑士团虽然还在行使最初的职责，但和多数军事修会一样，越来越向军事力量靠拢。骑士团的大型医院中可能拥有超过1000张床位，这些床位常常被骑士团自身参战的伤员占满。

在比较成熟的军事修会中，通常会有发誓服侍上帝并保持独身的骑士、在修会中承担属灵职责的神父、出身低微的军士，以及帮助护理妇女儿童并为基督徒使命获得成功祷告的修女。这些修会成了国际性组织，直接听命于教皇。设立于欧洲各地的分部给位于圣地的修会提供金钱支持，并为年老退休的修会成员提供养老场所。在征服耶路撒冷之后英雄辈出的年代里，上述修会的工作赢得了广泛的赞誉。圣伯尔纳就曾写信褒扬圣殿骑士团，按照他的说法，这个修会是新一代基督教骑士精神的杰出代表。纳瓦拉与阿拉贡（Aragon）的国王阿方索一世（Alfonso I，卒于1131年）曾希望将自己王国三分之一的土地捐献给医院骑士团，以支持其工作。

*

在基督教世界中，十字军夺回耶路撒冷的消息和虔诚基督徒的善行使人们确信，教廷和大众发起的改革已经使基督教获得了复兴。在那些幸存并返回欧洲的十字军成员中，只有少数人获得了大笔财富。在他们离乡远征时，家中的庄园经历了困难，此时他们不得不付出极大努力，才能平息事态并恢复原有的经济状况。在近东的平原上，这些返乡者失去了为数不少的亲族和友人，尽管如此，他们回忆起这场冒险时依然心满意足。他们经历苦难、展现勇气的故事被重复讲述，发展成伟大的传奇，激励了之后的好几代人。

随着时间流逝，未能参加此次远征的人们感受到了更大的压力，觉得必须尝试去证明自己。然而，参加第一次十字军远征的机会是独一无二的，永远不会再度出现。每一个远征参与者所属的贵族家族都会竭尽全力保住那重要的回忆，而那些没有参与其中的家族则很难解释缺席的原因，毕竟在贵族阶层的意识中，高贵的出身和保卫基督教的责任是紧密联系在一起的。经过一段时间后，有些家族甚至有意无意地耍起了聪明，利用编年史记载的模糊之处杜撰出先人参与第一次十字军运动的假象（Murray，1998年，第38—54页）。如果我家和他家关系比较近，他家的祖上曾带着大批随从前往东方作战，那么理所当然，这些随从里也会有我家的祖上。在贵族们看来，这样的战争是最合乎道义的，能够参与其中，为基督教世界服务，就是最高的成就。

第 8 章

知识界

在欧洲以外的地方，第一次十字军运动取得了成功；在欧洲之内，文化理念和实践领域也经历了长期的复兴与创新。上述发展的根源固然来自古典时代，但与 12 世纪知识界的绝大多数进步一样，这些创新在很大程度上要归功于教皇与德意志皇帝之间新近爆发的主教叙任权之争。

在整个中世纪时期，学界都能通过拉丁文来理解并运用古典时期的罗马学问，对于古希腊的学问，他们没那么熟悉，但也能通过拉丁文译本来了解，在中世纪早期也是如此，尽管 11 世纪之前发生了破坏性的社会与政治变革。不过，对于古代异教的自然哲学与道德哲学，许多思想家只保持了有限的尊重。古典时期思想家的伦理观念通过文字流传到中世纪早期和中期，但许多观念是与基督教信条不相符的，比如自杀是回应羞辱的光荣做法这一观念。此外，许多本可以表现古典思想多样性、揭示古典文化与基督教信仰兼容性的文献，在中世纪早期的西方修道院图书馆里是看不到的。

举柏拉图对话录为例，当时的人们确实能够获取大量论述、评注和选编作为参考，而新柏拉图主义者和像奥古斯丁这样的教父也有相关论述提及柏拉图对话录的内容。尽管如此，在中世纪盛期到来之前，柏拉图的作品中仅《蒂迈欧篇》(*Timaeus*) 有拉丁文译本（而且并非全本）。现代读者浏览柏拉图的作品时，很容易发现《蒂迈欧篇》的奇怪之处：苏格拉底在其中并无多少戏份，而作品本身更像是抒情诗歌。《蒂迈欧篇》中关于创世的神话与中世纪传统基督徒所理解的创世相去甚远。柏拉图描述的是奥林匹亚众神和宇宙的创造过程，而人类在其中是微不足道的。不过，这篇对话录突出了创造者的善和所造之物（无论是何种造物）的善和美，教父们也认为柏拉图预示了基督教的基本信仰［“假如这些人（他特别提到了柏拉图）能再活一次，”奥古斯丁在《论真宗教》(*Of True Religion*) 中写道，“他们是会成为基督徒的。”］。因此，《蒂迈欧篇》在修士中很受欢迎，对话式的写作方式也被许多作者采纳。

此外，基督教思想家们还将柏拉图作品中的许多内容收为己用，提炼其中的寓意，使其更容易被人接受，而这也是古代作家的常用手法。这样一来，作品对世界的描述是否真实这个问题就可以暂时搁置了。希腊哲学家谈到创造的智慧时很喜欢用“努斯”(nous) 这个词，这个概念经过阐释和寓意解释后，可以用来表示创造万物的基督教上帝，12 世纪的哲学家伯纳德 · 西尔维斯特 (Bernard Silvester) 正是这样做的。在西尔维斯特笔下，努斯是“上帝完满深沉的理性……［以及］他那神圣旨意在安排万事时表现出的知识与判断力”(Bernardus Silvestris，1973 年，第 69 页)。

人物传记和拉丁语诗歌中古典风格复兴的趋势早在查理曼时代就

出现了。无论是在加洛林时代的文艺复兴中，还是在影响范围更大、意义更深远的 12 世纪文艺复兴时代里，人们都没有盲目地模仿罗马式的体裁与修辞。苏埃托尼乌斯（Suetonius）在 2 世纪写就的《罗马十二帝王传》成了王室传记的范本，也影响了此后圣徒言行录的写作，但王室传记和圣徒言行录都在很大程度上偏离了这一古典模式，尤其是它们会纳入奇迹的故事，还刻意强调从邪恶生活向良善生活、从良善生活向更良善生活转变的经历。

在拉丁文诗歌方面，古典时期的妙喻也被加洛林文艺复兴时的人们迫不及待地吸收。包括复杂的格律在内的一切技巧，在 12 世纪的诗歌界都得到了教授和运用。不过，人们往往也会采用新的作诗方式，使用古代不常见的妙喻，采用不同于古典时代的创作技巧。创新之一就是半谐音，也就是只押元音韵，不押辅音韵，比如 rana（青蛙）和 papa（教皇）就是半谐音。诗人们也爱用更复杂的押韵词，比如用 accipis（你接受）和 precipis（你下令）押韵，用 meus fundus（我的钱）和 totus mundus（整个世界）押韵，此外还有复杂的行尾押韵手法和夸张的押头韵手法，这些手法要么是奥维德（Ovid）和维吉尔（Virgil）* 的时代没有的，要么就是古代诗人会避免使用的。

12 世纪，人们在法律、医学、历史写作等领域取得了长足进展，这一切在某种程度上都要归功于古典时期的历史或加洛林时代对古典时期的阐释。尽管如此，在经历了 12 世纪文艺复兴的蓬勃创新之后，所有这些成果的内容都多少发生了改变。

* 两人都是生于公元前的古罗马诗人。——译者注

制度背景

数百年来，传统的本笃会修士都在修道院中保存、修订、评注古典时代的文献，进入 12 世纪后，他们仍在继续为人们的精神生活做出重大贡献。不过此时，新兴修会的修士们也开始从事一些辅助工作。这些新修会强调修道时应当保持贫困，礼拜仪式应当简化，他们坚持亲手做工，也忠于圣母，因此，他们关于学术、默想和灵修的作品有其侧重点，和本笃会成员的作品多少有些不同。许多人会在这些不同点上大做文章。更糟的是，在某些学者笔下，似乎一切有趣、有创造力的内容都出自熙笃会和其他改革派修会，比如 13 世纪早期的托钵修会（friar，参见第 14 章）。甚至还有人说，在本笃会修道院完成保存古典时代遗产的任务后，修道院中的学问也渐渐消失了。上述说法有多不公正，只要看看 12 世纪本笃会主要作者的名单就知道了。在撰史领域，本笃会修士独领风骚。圣德尼修道院（Saint-Denis）的本笃会修士们为法兰西诸王撰写了官方历史。圣奥尔本斯（St Albans）的本笃会成员为英格兰国王做的事也差不多，他们的工作是在中世纪盛期中段开始的。

不过，新修会的扩张确实促进了知识的传播。每个新的修道院、教士团、修女院都需要书，包括一本或多本《圣经》，修会的章程，记录庄园、地租与契约义务的手册，礼拜和灵修用书，比如录有弥撒祭献经文、赞美诗和圣徒生平的日课经（breviary），当然，还会有一些通用的阐释手册，特别是解释基督教教义的书。无论加尔都西会或熙笃会的修道院在哪里建立，修士们都得买书或借书以抄写副本，因此，修会章程规定必须建立图书馆。

随着时间的推移，即便是最小的修道院中藏书最少的图书馆，其规模也有所扩张，因为不断出现新的标准参考书，修士们也希望将之纳入收藏。重要的书，图书管理员不是每本都能买到，抄写员也没法每本都抄，但有些书是绝对必备的。修道院长如果想在法庭纠纷中保护自己的修道院，就可以雇律师或代理人，但至少对某些修士而言，熟悉教会法律仍是非常重要的技能。从 12 世纪 40 年代开始，格拉典（Gratian）的《教会法整理汇编》（*Concordance of Discordant Canons*）逐渐取代各式各样相互冲突的法律文献，成为教会的基本法典，各个修道院的图书管理员纷纷看到了保有这样一本书的必要性。12 世纪中叶，伦巴都（Peter Lombard）完成了他的《四部语录》（*Sentences*），这四卷书总结了基督教的教义，成了教会学院的标准教材。毫无疑问，教会图书管理员们也会将这本书的抄本或摘抄本纳入收藏。

此时，一部分图书馆已经成了学术研究的中心，另外一些也很快会取得这样的地位。德意志的富尔达（Fulda）成了学术研究中心的标准，那里有 2000 卷可供学者参阅的藏书。12 世纪时，克吕尼修道院已经开始构建一个拥有近 1000 种书的图书馆，馆藏包括一本《古兰经》（伊斯兰教圣书）的拉丁文译本、重要信件集，以及哲学和神学小册子。同一时期，一批新兴的修道院也成了研究中心。武加大译本（Vulgate）的不同抄本有许多不一致的地方，熙笃会的修士们深感困扰，遂组建了一个团队来确定《圣经》文本。他们努力的成果是《熙笃会圣经》（*Cistercian Bible*），这个版本的圣经文本有所改进。12 世纪早期，熙笃会修道院的扩张速度甚至超过了抄写员为这本圣经制作抄本的速度；但这本书真正创作出来，还有赖于集中于熙笃会本部图书馆的大量武加大《圣经》抄本和其他资料。

比修道院图书馆的发展更令人瞩目的，是欧洲主要城镇中图书馆和书籍制作体系的建立发展。一些地方的图书馆和教士团有联系，比如奥古斯丁修会在巴黎的圣维克托修道院（St-Victor）就在城中拥有自己的图书馆。此外，每个主教座堂都有下属学院，其资产自然也包括藏书。

有的教会学院会因杰出的师生而获得巨大的名望。沙特尔（Chartres）大教堂的附属学院便永远和索尔兹伯里的约翰（John of Salisbury）联系在了一起。约翰撰写了一本关于政治理论的伟大专著《论政府原理》（*Policraticus*），并在其中对教会权威与世俗权威进行了分析。巴黎的圣维克托修道院则吸引了大批贡献突出的伟大学者前往，其中多数都是神学家，包括休（Hugh）、安德烈（Andrew）与理查德（Richard），尽管从名字来看，这三位学者可能分别是德意志人、英格兰人与苏格兰人，但在记载中，他们的名字都被冠上了“圣维克托”的前缀。也许正是在这三位大家的小圈子中，诞生了对《圣经》的标准解读，即《标准注释》（*Glossa Ordinaria*）。此外，他们是最早一批通过参考犹太贤哲作品来理解《旧约》内容的学者，在这一点上圣维克托的安德烈尤为突出。不过，这种做法后来遭到了某些教士的恶意抨击。除了上述工作之外，圣维克托修道院中的学人还留下了许多研究圣礼、教育、灵修、密契结合（mystical union）与礼拜仪式的巨著。

巴黎教会学院的美名与恶名都和皮埃尔·阿伯拉尔（Peter Abelard）的生涯有关。阿伯拉尔在1100年前后抵达巴黎，以学识出众、态度傲慢著称。他的雇主富尔贝尔（Fulbert）是任职于主教座堂的教士，颇有影响力。阿伯拉尔受命成为富尔贝尔外甥女爱洛依丝（Héloïse）的教师。阿伯拉尔在公开场合大胆攻击其他教师，认为他们在智力方面远不及自己，他还引诱了自己年轻的学生爱洛依丝并使其怀孕。他的行为招致了广泛的批评，自己也走上了一条极为艰险的道路。爱洛依丝的叔叔相信他能和阿伯拉尔达成协议，用一场世俗婚礼解决纠纷，爱洛依丝却反对这样的安排。富尔贝尔怀疑阿伯拉尔背叛了自己，便与朋友联手复仇，阉割了阿伯拉尔。整个巴黎都为此哀伤——至少受害者本人的自传《我的苦难史》（*History of My Calamities*）里是这么说的。但阿伯拉尔也在自传里承认："上帝击打我犯罪的身体是公正的，我所背叛的人向我复仇也是公正的。"（Abelard，1974 年，第 75 页）

阿伯拉尔的故事并没有就此结束。他通过一系列信件和爱洛依丝保持联系，给她各式各样的建议，甚至在她缓慢而痛苦地从双方罗曼史的失败中恢复之时也是如此。两人的孩子受洗时，用"艾斯特雷布"（Astrolabe，星盘）作为教名，以纪念当时新出现的一种航海设备。爱洛依丝似乎是将孩子托付给了其他家庭成员抚养，自己则在香槟省中一个被称为"保惠师"（Paraclete）的小修道院中以修女的身份生活，"保惠师"是圣灵的名字。这里一度成为阿伯拉尔躲避冲突的避难所，后来被翻修成修女院，成了阿伯拉尔继续向爱洛依丝授业的地方。尽管阿伯拉尔在管理修道院方面一向缺乏能力，但他的名望为他获得了高位，他得以继续创作诗歌，撰写哲学与神学专著。

倘若他们生活在一个世纪以前，阿伯拉尔和其他大师的作品可能只会在很小的圈子内传播。他们的作品也许会偶尔得到抄录，在修道院或主教座堂的图书馆间偶尔流动。口耳相传的传播手段也可能扭曲作者的本意。当然，这种情况在阿伯拉尔的时代多少还是存在的，但比起一个世纪之前，修道院和教士团的数量要多得多，这样，一些思想家的观点就能得到更广泛的传播。学者所在学院的名望也有助于推广他们的作品。但最重要的因素或许是专门化的书籍贸易，当时，这样的贸易已经在主要的城市学术中心出现了，为的是服务需要以平价购买或借阅图书的大量学生。书籍贸易出现后，才真正有了“出版”。通过书本学习成了教育的核心，效法出众人物的模仿式学习不再是主流。不过，某些圈子中对阿伯拉尔的吹捧，也体现了老旧模式在新环境中顽强存留的现象。在阿伯拉尔的敌人们看来，阿伯拉尔那些轻率得近乎异端的教导（“它们用黑暗取代光明”）之所以特别危险，是因为它们传播得太快了。“这些教导从这个民族传到那个民族，从一个国家蔓延到另一个国家”，甚至还“漂洋过海，飞跃阿尔卑斯……传遍了各个省份、各个王国”。（Jaeger，1994 年，第 239 页）最终，阿伯拉尔被迫放弃写作，眼看着自己的许多理念和著作被当权者打入冷宫，但他思想的传播是任何人都无法阻止的。

12 世纪晚期，城镇知识界深受大学（universities）的影响。大部分大学都是从学院发展而来的，也或多或少受教会的控制。虽然许多学生十多岁时即已入学，吵吵闹闹也是出了名的，但大学的学生往往拥有司法豁免的特权，这部分是因为他们被视为教士阶层的一部分或这个阶层的后备军。最早的大学之一建立于意大利的博洛尼亚（Bologna）。在那里，所谓的“团体”（universitas 的字面意思）指的是学生团体，而非“magistri”（师傅，教士）的团体，事实上，有时后者和大学机构之间的关系并不好。大学并不仅仅是一种“团体”，它们也是综合性的学术机构。大学提供完整的七艺教育，包括“三艺”（trivium，语法、修辞、逻辑）和进阶的“四艺”（quadrivium，音乐、算术、几何学、天文学），此外还会传授更高等的专业性内容。

虽然大学课程的涵盖范围很广，但某些大学是因特定学科而出名的。博洛尼亚大学因其法学院而名扬四海。蒙彼利埃大学（University of Montpellier）的情况也相似，该校虽然是综合性学术机构，但最有名是法学院和医学院。巴黎大学在学界地位方面也可以与前两所大学比肩，但巴黎大学的法律教育因为官方管控而受到了限制。尽管巴黎大学 1200 年才从法王那里获得执照，但在这之前巴黎大学就已经作为教师团体存在了数十年之久。该大学拥有多个学院，其中声望最高的是神学院。13 世纪初，牛津和剑桥两所大学也相继建立，成了自然哲学与神学的重要研究中心。

在 12 世纪和 13 世纪上半叶，另有多所大学得以建立并兴盛一时，不过其中一些大学并没有存留很久。值得注意的是，在此期间，德意志和西班牙都没有建立起大学，虽然西班牙有过一次不太成功的尝试，但是这两个地方建起大学，还要等到很久以后的中世纪晚期。尽管如此，西班牙和德意志依然通过其他类型的机构对 12 世纪的知识革命做出了重大贡献。这些机构包括修道院（老派修道院、改革派修道院和新兴修道院）、托钵会修道院［（德意志托钵会修道院出了不少顶尖学者，比如大阿尔伯特（Albert the Great）和托马斯·阿奎那（Thomas Aquinas）］、主教座堂学院，以及贵族宫室［特别是在卡斯提尔（Castile）和阿拉贡］。由于西班牙和德意志境内没有大学，因此这两个地方想接受大学教育的人会前往博洛尼亚、巴黎等地求学，这样一来，大学里就有了更浓的国际化氛围，精英教士阶层也更倾向于世界主义。

我们刚才谈到的这些教育机构，不管是大学还是本地的学院，基本上都只对男性开放，而且全是基督教机构。因此我们自然会问，妇女和犹太人是否也经历了“12 世纪的文艺复兴”？爱洛依丝所接受的教育说明，12 世纪学术界的一些发展趋势可能已经对精英阶层女性的生活产生了影响。此外，12 世纪时，修女院中的传统学术模式似乎也经历了变革并焕发光彩。这样的进步可能是历史学家们根据留存下来的文字材料推断出的。虽说与男性学术机构中诞生的浩如烟海的材料相比，女性著作相当稀少，但比起之前几个世纪的女性作品，这样的数量已经是巨大的进步了。尽管女性通常只能在家庭、修女院学院等有限场合接受教育，但我们依然能够在医学、小说、诗歌等领域看到她们做出的杰出贡献。

至于犹太人，他们早就有传统的入门学院和高等学府了。学生们要么以门徒的身份在私宅里向导师学习，要么在专为教育建造的建筑中求学。名声在外的导师会吸引远方的学生前来寻求指引，就好像阿伯拉尔凭借魅力吸引基督徒学生一样。犹太人的教育可以不受当地语言的限制，因为最高等教学机构的教学语言是希伯来文，而每个心智正常的犹太男性都多少懂一些希伯来文。事实上，许多人都能娴熟地使用这门语言。

不过，当时究竟是出现了整体性的文艺复兴，还是仅仅涌现出了一批杰出人物，尚有争议。12 世纪之初的确出现了一批思想巨擘，比如在香槟的特鲁瓦（Troyes）定居的犹太教拉比所罗门·便·以撒[（Solomon ben Isaac，即拉希（Rashi）]。他是伟大的《圣经》注释者，其作品间接对圣维克托的安德烈产生了重要影响。另一个类似的人物是拉比摩西·便·迈蒙［Moses ben Maimon，一般简称为郎班（Rambam）或迈蒙尼德（Maimonides）]，尽管此人终其一生都活在伊斯兰教统治者控制的国家中，但他的作品对 12 世纪晚期和 13 世纪的基督教神学传统产生了深远影响。犹太学者用的一些方法和基督徒同行颇有相似之处，他们的观点往往也都直接、间接或潜移默化地受到了亚里士多德主义、柏拉图主义和新柏拉图主义的影响。在某些领域中，基督徒和犹太人思想家之间也进行了直接交流并相互促进。关于《圣经》注释的讨论在这两个群体中都催生出高水平的论证法，而对哲学文本的翻译（这些文本此后将被大量引用）则预示了一场思想革命。

学院、城市教育中心、部分修女院和犹太学校中发生的那种思想动荡，在王公贵族的宫室中自然也有所体现，西班牙就是一个例子。贵族宫室中也有大量藏书，吸引着学者前往。有的学者身兼数职，担任王宫贵族的顾问、行政官和宣传大使。跟修道院、教士团和主教座堂的图书馆相比，贵族宫室图书馆中的世俗著作和俗语作品更多。另外，大量的历史作品也在贵族的帮助之下得以写就，其中包括受地方领主委托而写的家族历史，这些历史作品用俗语写成，用于纪念贵族的家系传承。

课程与学术

在基督教学院中，人们发展出了一种独特的研究方法，这种方法根据“学院”（school）的拉丁文“schola”得名为“经院哲学”（scholasticism）。早期经院哲学家根据亚里士多德提出的逻辑规则，采用严谨的方法研究道德、神学和哲学问题。他们了解亚里士多德学说有两个途径，一是通过 6 世纪的波伊丢斯（Boethius）阐释亚里士多德思想的作品，二是直接阅读亚里士多德作品的译著，在中世纪盛期，相关的译著越来越多，新出现的译著大多是西班牙、西西里两地的基督徒、犹太人和穆斯林学者合力完成的。因此，在被引入学院之时，亚里士多德的作品往往会遭到曲解。翻译所用的原始希腊文手稿是亚里士多德学生对其论述的摘记，是较为原始的资料，但这并没有起到什么作用，况且学生的笔记总有许多缺漏之处。在被翻译成希伯来文和阿拉伯文的过程中，这些希腊文手稿的意思被扭曲了。当作品被从阿拉伯文和希伯来文译成拉丁文时，亚里士多德的教导还可能再遭到一次歪曲。

虽然这些作品中偶尔会出现些无意义的段落，但拉丁学者还是大为钦佩。亚里士多德似乎对万事万物都有权威性的解释。就像圣保罗被称为“使徒”、圣奥古斯丁被称为“神学家”、查士丁尼皇帝（Emperor Justinian）被称为“法学家”（Jurist，详见后文）一样，亚里士多德被冠以了“哲学家”的名号。不过很可惜，这位哲学家是异教徒——当然，他是个非常睿智的异教徒，一些早期的阐释者将他刻画成一个柏拉图主义者，但无论如何，他依然是异教徒。因此，基督徒学者必须将亚里士多德纳入自己的体系，就像他们对柏拉图所做的那样。这就意味着他们不仅需要尽可能将亚里士多德的思想糅合进他们自己的世界观，还要在驳斥亚里士多德的部分教导（比如世界永恒论，基督教上帝在时间中创造出来的世界怎么可能永恒存在呢？）时，利用亚里士多德自己提供的逻辑学工具，来解释这位哲学家错在哪里、为什么会犯错。

在讨论中，基督徒学者引入了辩证推理的方法，这也是经院哲学的一个特色。对于一个问题，人们会先提出一个真伪有待辨别的论点（thesis），给出支持该论点的权威证据；然后，人们提出相反的论点

（antithesis）及相关权威证据。学者的任务就是通过综合（synthesis）来寻找真理，要么想方设法弥合论点与反论点之间明显的冲突，实现调和统一，要么摒弃或修正其中一方的看法。

解决问题的方法有很多。当然，最有名的办法是严格运用亚里士多德逻辑学的工具，特别是演绎逻辑（deductive logic）。有时，学者也会试图证明论点和反论点之间的矛盾并不成立，因为两者字面上的含义并不能和其哲学或神学内涵对应起来。举例来说，三位一体（Trinity）* 有三个位格（persons），但三个位格又是一体，同为一个上帝。这样的叙述也许很令人困惑，但（中世纪的神学家认为）只要明白，神学术语“位格”其实是希腊语中的“hypostasis”（常译作“显现”），三位一体就没那么难理解了。当然，这种解释也会引发其他神学家的讨论和对“显现”含义的质疑，他们也会进一步提出自己的解释［比如，位格是“实体”（substance）还是本质（essence）？］。

我们还可以再举一个例子，就是“人”这个词。“人”是表示类别的词。有些个体可以归入“人”这个类别（比如苏格拉底）。不过，“人”这个中世纪哲学用语中的“共相”（universal），其本体论地位是什么呢？共相真实存在吗？还是说共相仅仅是种名称［“名称”拉丁文为 nomina，“唯名论”（nominalism）这一哲学立场就由此得名］？** 过度简化是不对的，实在论（realism，认为共相真实存在）有很多种，唯名论（否认共相真实存在，但尝试描述共相的具体地位）也有很多

* 基督教概念中的圣父、圣子和圣灵被称为三位一体。在其理论中，三者分别属于三个位格，但依然是同一个本体：圣父完全是上帝，圣子、圣灵同样完全是上帝，三者之间却不等同。——译者注

** 唯名论和实在论是两个互相对立的经院哲学派别。唯名论否认共相的客观实在性，认为共相后于事物，只有个别感性的事物才真实存在。实在论则认为共相具有客观实在性，先于事物而独立存在，是个别事物的本质。实在论的支持者中，就包括前文所述的阿伯拉尔。——译者注

种，但人们在讨论上帝和三位一体的三个位格时，想必会进行关于共相之本体论地位的辩论。阿伯拉尔最激进也最具争议性的观点便是围绕这个问题提出的。

这样的哲学思考有很大的危险。倘若学者无法在教条和道德规范所能容忍的范围之内解决问题，他们的讨论便会招致非常尖刻的批评。当阿伯拉尔在他的著作《是与否》（*Sic et Non*）中援引教会权威们那表面上互相矛盾的声明却拒绝将其调和时，他也再次受到了敌人的讥讽。此外，用经院哲学的方法来讨论神学真理，哪怕是用经院哲学为神学真理辩护，也可能惹恼部分教会人士。在天主教信仰中，三位一体是最核心的奥秘之一，不需要解释，也无法解释。厘清三位一体神学的语言无疑是得到允许乃至鼓励的。然而，即便是温和派的教士，也认为这种厘清不应受到滥用，不该被用来探索三位一体中三个位格之间的权力关系，从而满足虚空的好奇心，而这也是克莱尔沃的圣伯尔纳对阿伯拉尔的批评。

不过，天主教信仰的教义十分复杂，其实需要强有力的哲学辩护，非常正统的圣维克托的理查德就持这样的观点，也将其写在了自己关于三位一体的杰出论著的优美导言中。同样正统的圣安瑟伦（St Anselm）来自意大利，他在英格兰成了一个诺曼修道院的副院长，之后又成了坎特伯雷大主教。在他看来，信仰高于一切，但信仰也寻求理解。人凭信心相信上帝，但理性能够鼓舞和增加信心。安瑟伦是改革派，反对神权俗授，他也是苦修者，谴责他所在时代的罪恶，他还因为与国王起争执而两度被迫离开大主教的位置。安瑟伦大可以用自己圣洁的生活、忍受苦难的经历和对原则的坚守，来亲身见证基督教上帝确实存在（若不是因为他相信自己的救赎主活着——信心是最高级的知识——他怎么会愿意忍受苦难？）。但安瑟伦没有这么做，他也是哲学家，他像阿伯拉尔和圣维克托的理查德一样，热衷于探讨三位一体的本质。对于我们今天视为雷区的其他问题，安瑟伦也没有回避。

也许安瑟伦最著名的论述是他在《论证》（*Proslogion*）中提出的一个构想。他将上帝定义为最大的存在者，提出即便是否认上帝存在的人，在否认其存在时也是知道“上帝”一词的含义的，否则他们的否认就不合逻辑了。因此，上帝也存在于否认上帝存在的人们的意识中。否认者也可以设想上帝不仅在意识中存在，也在真实世界中存在。当然这里有个矛盾，因为真实世界中的存在要大于精神世界中的存在，真实存在的上帝也要大于（在意识中）被否认存在的上帝，而上帝是人们所能想象的最大的存在。倘若要解决这样的矛盾，那真正的上帝和遭到否认的上帝就必须是同一个上帝。若其中一个上帝存在，另一个也必然存在。因此，即便是那些“心里说‘没有上帝’”的愚顽人（《圣经·诗篇》14:1），也对上帝有概念——上帝就是那最大的存在者，而他们有这样的概念本身，就证明了上帝的存在。

有人称安瑟伦的构想为上帝存在的“本体论证明”，这似乎是17世纪的人起的名字。其他名称就不那么温和了。有的人说，安瑟伦的论证很“狡猾”。他怎么能把心中具有上帝的概念和上帝存在于心灵之中等同起来呢？虽说中世纪的思想家都认为，存在于外部真实世界中的存在者比只存在于心灵之中的存在者大，但为什么非得如此呢？从逻辑上能证明吗？还有，从对某个东西下的定义出发，究竟是怎么推出那个东西存在的？最后，即便我们接受安瑟伦的论证逻辑，这样的逻辑难道不会导向荒谬的结论吗？安瑟伦的一个反对者指出，按照安瑟伦的逻辑，现实中一定存在完美的海岛，否则人们就可以在脑海中想象出一个更完美的海岛，而这是矛盾的，因为完美本身不存在比较级。对此，安瑟伦生硬地回应说，上帝的完满定义本身就蕴含了上帝的存在，这跟海岛的完美是不同的。然而，安瑟伦及其支持者的努力并没有平息反对的声音。他的本体论证明及变体仍将是人们激烈争论的焦点——支持者热心声援，反对者刻薄嘲讽，这样的情况将一直持续到近代早期哲学变革发生之时。

除哲学和神学外，在大学中另一个高度发达的学科是医学。当时的人奉《蒂迈欧篇》为圭臬并深受其影响。根据《蒂迈欧篇》的世界观，单个有机体的微观世界（microcosm）是宏观世界（macrocosm）的缩影。因此，人们认为理解身体——获得医学知识——对于了解整个宇宙的运行十分关键。许多出自修会的重要医学专著都以这种哲学观念为依归，当然，这些专著也关心具体的治疗。宾根的希尔德加德（Hildegard of Bingen）修女*那些几乎包罗万象的作品，遵循的就是这样的传统。

当时最有名的医学中心位于意大利的萨莱诺（Salerno），它既不是修道院，也不是大学，而是一个不寻常的机构，在那里，医学是招揽顾客的实用行业，而不只是语言的艺术。和医药有关的内容之所以能进入大学课程，是因为在萨莱诺的人们写下了许多附有精心注释的作品，这些作品能够用于学术分析。文本内容丰富，也很艰深，艰深部分是由我们前面提过的多重转译和阐释造成的。尽管这些文献存在

* 宾根的希尔德加德（1098—1179）是一名德意志的本笃会修女，她称自己能看到异象，写下了大量作品，涉及神学、音乐、诗歌、科学与医药等领域。在医学作品中，她指出不仅要在物质领域进行治疗，还要进行“属灵医治”。——译者注

缺陷，但其中体现了南欧长久以来的学术传统。当时最重要的古代医学著作当属《箴言》（*Aphorisms*）和《预后学》（*Prognostics*）——作者据说是希波克拉底（Hippocrates），以及一系列署名不同却都归到盖伦（Galen）名下的作品。此外，萨莱诺文献中还有一些阿拉伯文著作的译本。

萨莱诺文献独树一帜，还因为它包含了广泛多样的资料，其中就有被归到女医师特罗图拉（Trotula）名下的妇科学作品，这部作品经过翻译后传遍了欧洲。在书中，她（或以她之名写作的一人或多人）建议，对于胎死腹中的孕妇，医师可以在其鼻子内部和下方涂抹胡椒粉，以此加速流产。胡椒粉会让人打喷嚏，有助于肌肉收缩，加快产程（*Medieval Woman's Guide*，1981 年，第 139 页）。提出这些建议的人了解女性的身体，似乎是因为自己就是女性，因此这些建议大受追捧。男医师也能从特罗图拉的作品中获取关于女性身体的知识，以此作为他们职业素养的基础。

当时医学的核心概念都与病状有关。人们认为，疾病是偏离常态的现象，具体表现因人而异，但仍可以根据一些基本特征和平衡程度来定义疾病。每个健康人体内冷热、干湿的平衡点都不同，用当时文献中的话说，就是有不同的组合特质（complexion）。平衡的理念也适用于器官中的四种液体，即血液、黏液、黑胆汁和黄胆汁。当体液不平衡时，身体可能出现发热、流涕、咳嗽、咯血、小便黄赤、小便发白、身体肿胀、皮肤变色、病变、臭气、化脓等情况，也就是我们通常认为的疾病的信号。有时，可以用一些办法来恢复平衡，比如换个环境、用药、采用石头疗法（lithotherapy），还有做外科手术。

关于平衡的理念使医药成了颇有吸引力的分析对象，而不仅仅是治疗手段。在讨论有关平衡的话题时，人们可以引入许多经院哲学的概念。这样一来，医生们就可以利用其他经院哲学家在道德分析问题上的论证了，比如关于正义的论证。报应式正义（retributive justice）等概念就蕴含了类似的平衡论思想，而研究法律的哲学家和专业人士已对报应式正义做了深入的经院式探讨。

对正义的讨论是中世纪法律研究的一部分，而促使中世纪法律研究成形的重要事件有三个。第一个事件是11世纪的学者们重新获得了6世纪时查士丁尼皇帝下令编纂的罗马法原始文本。第二个事件我们都能想到，就是主教叙任权之争。第三个事件是法学院在博洛尼亚的建立。近来，有些学者极力主张，在推动法学发展方面，发现查士丁尼文献之前的历史阶段和博洛尼亚之外的意大利学术机构所起的作用，其实比学者们之前认为的要大。不过传统的观点是，在历史性政治宗教变革的背景下，被人重新发现的文本拓宽了法学界的眼界，促进了法学的发展。这些文本包括汇集精炼古代法律意见的《法学汇编》(*Digest*)、《查士丁尼法典》(*Code*，东罗马帝国当时通行的法律的汇编)、《新律》（*Novels*，颁布《查士丁尼法典》之后设立的新法律）与《法学阶梯》(*Institutes*，古典时代晚期研习法律的教科书)。

对这些罗马城邦和帝国的法律文献，博洛尼亚和其他学术机构中的学者做了详细的注释。这些经过注释的文献极为详尽，很有吸引力，文本关于古代帝国权威的描写引人入胜，其中的箴言行文优雅，往往每条格言都能与文章的开头或关键词呼应。举例说，格言“人皆敬畏的话语”和“人皆敬畏的律法”（“*Digna vox*”和“*Lex digna*”）都能在《查士丁尼法典》（1.14.4）中的对应段落里找到出处：“一名帝王对于愿意接受法律束缚的公开表示，是体现统治者权威的、人皆敬畏的话语，因为这意味着我们的权威［这条法令的发布者是 4 世纪时的两位共治皇帝，狄奥多西（Theodosius）和瓦伦提尼安（Valentinian）*］将取决于法律的权威。的确，元首**对法律的遵从，远比展现出的帝王权威更加伟大。”（Kantorowicz，1957 年，第 104 页）

和上面引用的话语类似的声明倘若被当成规范，便有可能成为中世纪盛期时反帝国法学家手中的武器，这些法学家支持教会，认为皇帝（他们指的是德意志的皇帝）任命主教触犯了法律，理应废除皇帝在这一领域的权威。然而，另有一些被人们视为近乎智慧源泉的箴言给出了相反的意见，特别是《法学汇编》中的格言。比如，《法学汇编》（1.4.1）中，所谓的“皇帝订立的律条”（Lex regia）就称“任何规定，只要能取悦君主，就有法律效力”。被中世纪解读者尊称为“法学家”的查士丁尼皇帝曾经宣称，为他编纂法典的人已经竭力去除了其中的矛盾之处。因此，中世纪的学者们在遇到矛盾之处时，往往会采取努力调和的办法，对“人皆敬畏的律条”与“皇帝订立的律条”两者的处理便是一例。

钻研罗马法的学者，即所谓“民法专家”（civilians），主要是通过讲座来详细阐释他们各式各样的观点的。讲师在讲座中通过学术性阅读向学生诠释观点。这样洋溢着学术气息、丰产而催人奋进的学术环境，在西方历史上也是不多见的。倘若有人为看似支持帝国一方的观点写注释，或试图调和其中的矛盾，他们便可能激起教皇的怒火。著名的大师伊纳留［Irnerius，可能是德文名“维尔纳”（Werner）的拉丁写法］便是一例，他于 1119 年被处以绝罚。而那

* 此处应指狄奥多西一世与瓦伦提尼安二世。——译者注

** 此处的元首（元老院首席公民）为罗马皇帝的头衔之一。——译者注

些从文献中梳理出对帝国权威不利观点的学者们，也需要面对来自世俗权威一方的敌意。

尽管可能面临严重的政治后果，但教授和学生们都热衷于学术对话。针对法典的注释不断增加，最终，学者们一齐发力，试图总结前人的种种阐释。其中一个总结由大师阿库修斯（Master Accursius）写就，成了基准，那就是出版于13世纪早期、解读罗马法的《标准注释》（*Glossa Ordinaria*）。阿库修斯的这部著作虽然已经相当全面，却引发了更多的学术对话，激励人们进一步表达意见、增补注释、提出总结，也引起了更多的争议。

类似的研究也在博洛尼亚和北意大利的其他地方进行，并最终扩展到整个欧洲。民法专家研究罗马法，教会法专家（canonist）则发展并阐释教会的法律。部分是因为受到主教叙任权之争的刺激，教会人士翻遍了所有能找到的讨论教权与世俗权力的文献。《圣经》关于权威是怎么说的？教父们对此有何意见？早期的教皇信件和会议法令又是怎样处理这一问题的？古代帝国、王国的诏令可以参考吗？

对于上述问题，人们需要全面而易于理解的答案，格拉典为此编纂了《教会法整理汇编》，又称《教会法令》（*Decretum*）。格拉典在这部著作中使用的辩证分析方法对后世产生了深远影响。对于修士格拉典本人，我们所知甚少，不过，和6个世纪之前的查士丁尼皇帝一样，格拉典致力于调和、解决他所编纂教规的矛盾之处。教皇对这本书产生的影响颇为满意，表示了认可。在《教会法整理汇编》的基础上，一个更大的法律架构被建立了起来。后来，格拉典提出的许多观点也受到了挑战。学识渊博的学者陆续出现，将自己的观点编写成书，12 世纪末的乌古齐奥（Huguccio）就是一例。不过，这些教会法著作的核心依然是格拉典的《教会法令》。

*

对于 12 世纪的学者们取得了何等成就，而他们又是在什么样的环境之中取得上述成就的，本章的描述仅仅是管中窥豹。不过，读者还是能从中感受到当时精英机构的精英圈子中，那种创造力勃发甚至有些危险的精神生活。12 世纪的文艺复兴影响深远，我们将在下一章中讨论其对艺术领域的影响。

第 9 章

12 世纪的文化创新：俗语文学与建筑

在广义上的 12 世纪（1050—1250 年）中，文化领域在多方面都取得了显著进展，我们很难断言这一时期最典型的变化为何。不过毫无疑问，在此期间艺术界取得的诸多成就大大影响了未来几代人。现代人想到欧洲中世纪时期，浮现在脑海里的往往是以《罗兰之歌》(*Song of Roland*) 为代表的“武功歌”(chansons de geste)、兰斯洛特 (Lancelot) 这样的浪漫化英雄形象、精美的装饰手抄本、德意志吟游诗人和他们的歌曲，还有壮丽的大教堂和其中的音乐及仪式。

俗语文学

可以说，俗语文学和拉丁语作品形成了竞争关系。《圣经》武加大译本用的是拉丁语，因此许多类型的文本都会使用拉丁语，特别是官方文件和学术著作。普世教会也发现，在礼拜仪式和教会教育中使用一种通用语言可以跨越语言障碍，有助于有效管理会众。不过，俗语为新的文学体裁所采用，也逐渐为一些旧体裁所接受，其影响力也不断扩大。俗语文学的受众比拉丁语作品的广，不局限于教士阶层。即便是官方文件等拉丁语地位稳固的领域，在我们所说“12世纪文艺复兴”的末期，拉丁语也受到了一些地方语言的挑战，比如卡斯提尔的卡斯蒂利亚语和佛兰德的佛兰德语。

在新兴的文学体裁中，武功歌最引人注目。武功歌是一种长篇诗歌，通常颂扬古时候的英雄行为（geste），但其颂扬对象不限于古代英雄。查理曼及其亲密部属——例如罗兰（法兰克语作 Hruodland）——的事迹是很有吸引力的主题。多年来，人们用多种方言传唱着他们的功绩。与此相似，早在史诗《熙德之歌》（*El Cantar de mio Cid*）被写在羊皮纸上之前，西班牙人就在传唱颂扬11世纪冒险者埃尔·熙德（El Cid）* 与穆斯林入侵者斗争的功绩了。不过，我们称为“武功歌”的长篇史诗是不是由上述这类诗歌（有点像现代的民歌）汇编而成，就不好说了，因为长篇史诗更加连贯一致，不像是从诗歌汇编而来的。不过我们可以确定的是，那些我们往往不知其名的史诗作者，从许多歌曲和故事中获得了灵感与素材，也借鉴了学者写下的历史。

既然颂诗作者借鉴了学者写下的历史，那么我们就应该想到，尽管颂诗在贵族圈子里比较流行，但它们并不是简单的民间故事，而是有学问者——也许是修士——的创作。这些诗歌都很长，即便是像《罗兰之歌》那样较短的作品，也有大约4000行。诗人们使用复杂的形式来表达他们的思想。常见的做法是采用每行十个音节的格律规则，每行的第四或第六个音节之后会有个气口或停顿（caesura），也有部分诗人偏好使用每行八个音节的格式。

---

* 这名卡斯提尔贵族和军事领袖原名罗德里格·迪亚兹·德·比瓦尔（Rodrigo Díaz de vivar），埃尔·熙德（El Cid）是他的敌人给他的称呼。——译者注

《罗兰之歌》等早期武功歌的手稿，其年代不早于1138年。早期武功歌一般都用半谐音手法，只押元音韵。但到12世纪末时，半谐音已逐渐为押全韵的手法所取代。诗歌的段落有时被称为诗节（laisses），诗节其实很难把握。因为在一首诗里，并不是说这个14行的诗节围绕一个话题或举动展开，接下来的一个12行的诗节就会去描述另一个话题或举动。各诗节的内容其实有很多重合之处。不过，诗节也具有相对独立的诗歌特征，诗节内部会用半谐音手法形成统一，有的诗节末尾还有叠句或其他标志（比如《罗兰之歌》诗节末尾那神秘的"AOI"，其含义已无人知晓）。诗节无疑也有助于记忆诗歌。研究史诗叙事传统的现代学者发现，吟游诗人能记住长度惊人的诗篇，但也会带上个人风格，他们会调整韵律，更改广为人知的字句，在意想不到的地方停顿，甚至会根据观众的反应增加或删减传统故事的内容。倘若查理曼和罗兰的事迹在十字军营地的篝火旁之类的地方得到讲述或吟唱（这很有可能发生），那么颂唱者想必会根据十字军成员不久前的经历，特别强调那些哀伤沉重的情节。

也有人主张，武功歌展现英雄文化，对贵族少年有教育意义，有助于他们在成年后保持英勇。我们可以从"史诗一击"（epic blow）的角度来看待这种观点。在武功歌传统中，所谓的史诗一击，就是骑在马上的英雄使用宝剑猛烈攻击，重创对手。根据武功歌的描写，英雄可能会用宝剑将对手的头盔、头骨、大脑，牙床、肩膀和躯干劈成两截，甚至连人带马劈开。成年的战士都知道，这样的伤害在现实中是不可能实现的，而且骑马时从侧面发起攻击更方便。但从未在战斗中见血的男孩可能无从获得这样的知识，正因为如此，史诗一击那令人惊叹的景象才可能让他为之着迷，满心向往。他可能会想成为这样的英雄——至少有人相信如此，而他也会因此明白，自己有使命去获得那样的地位。

当然，这并不意味着这些遣词造句煞费苦心的诗歌仅仅针对男孩而作。就像现在一样，从战场归来的男人们也会喜欢动作片（哪怕影片质量不佳），动作片的主人公总能完成不可能完成的事，做出非凡之举。同样，女人和女孩们也不会被排除在武功歌的受众之外，她们也能欣赏这些歌颂英雄的诗歌。她们可能也接受了英雄主义的文化——她们的儿子、兄弟和丈夫就是在这样的文化中成长起来的。此外，女性或许也像男性一样，很容易被武功歌描述的场面打动，比如罗兰之死，还有诗歌偶尔描绘的身陷可怕事件的女性形象。《康布雷的拉乌尔之歌》描写了奥里尼（Origny）的修女院遭到焚毁的可怕景象，恐怕没有多少人能不被打动。即便是骑士们自己，按照武功歌中的描述，“也因怜悯而潸然泪下”（*Raoul de Cambrai*，1936 年，第 43—44 页）。一切都表明，武功歌在中世纪的文化中有多方面的意义。

武功歌激起了人们对英雄主义的向往。人们有大把时间将战争“现实”的一面介绍给男孩和年轻人们。在欧洲北部，比武竞赛（tournament）的发明便是为了这个目的。一开始，比武竞赛是真正的混战格斗（mêlée），两组骑士不受什么规则约束，相互打斗，直到一方认输或被宣布为胜利者。这是一种危险而血腥的运动，对某些比武竞赛的描述，在掺杂了一些杜撰的内容之后，便摇身一变成了史诗故事的一部分。不过没过多久，老式的混战格斗便被改进成了规则严格的仪式化比武竞赛（我们现代人还以为比武竞赛一贯如此文雅）：以华丽羽毛为饰物的长枪骑士捉对比武，两人之间往往还有一道矮墙相隔；有时，长枪攻击并不冲着人，只是为了展示武士的技巧。这样的竞赛还有观众，也就是杰出的骑士和盛装出席的贵妇。

除了英雄史诗，这一时期还出现了大量篇幅较短的俗语作品，包括寓言、短篇叙事诗（lais）、抒情诗和爱情诗。最著名的寓言集出自一位女性——法兰西的玛丽（Marie de France）——之手，其中包括了102个故事，其存世手稿多达十余种。玛丽活跃于12世纪晚期，除了寓言之外，她还写短篇叙事诗，另著有一部内容深刻、引经据典的长篇小说。这部小说名为《圣帕特里克炼狱传奇》（*Espurgatoire Saint Patrice*）*，长达2000行，涉及圣帕特里克（St Patrick）的事迹，也展现了炼狱促使罪人改变生活方式的力量。

关于玛丽的出身，人们有诸多推测，但我们对她依然知之甚少。唯一可以确定的是她来自法国，庇护人是贵族甚至王室成员。她的寓言取自多方面素材，但她在编纂寓言集时加入了大量原创成分，因此许多寓言可以说是全新的作品。这些寓言均为具有教育意义的故事，其寓意可以灵活阐释，不过也受作者给出的道德教训的限制。寓言的主题比较老套：剥削他人、滥用权力、自高自大、违背公义都是罪恶。寓言并没有颠覆规矩，而是对既有的社会规范表示支持。她的作品用暗示或比喻的手法，表示权力理应掌握在贵族精英手中。这样的权力分配方式本身并非坏事，问题出在滥用权力的掌权者身上，他们滥用权力，也就不配掌握权力了。

法兰西的玛丽曾经在英格兰写作，和她同时代的一位犹太作家可能也是在英格兰写作的，那就是文法学者比利家（Berechiah ha-

---

* 所谓的圣帕特里克炼狱（St Patrick's Purgatory）位于爱尔兰，是一个古代的朝圣地点。据传，耶稣基督向圣帕特里克显现，向他展示了当地的一个可以通往炼狱的洞穴。小说描写的是一名爱尔兰骑士前往当地的赎罪之旅。——译者注

Nakdan)。比利家编纂的故事集是希伯来文的，因此严格说来，他用的不是犹太人和他们的基督徒邻人共用的俗语。这部故事集被称为《狐狸寓言》(*Mishle shu'alim*)，其中许多作品在故事情节方面都与法兰西的玛丽笔下的寓言一致。据说，比利家的书中只有一个故事是完全源于犹太传统的，这说明在这个时期，犹太人和基督徒至少在这一文学领域的喜好相似。

前面说过，法兰西的玛丽也写短篇叙事诗，短篇叙事诗每一行的长度通常为八个音节。这些简短叙事作品的情节可能来自布列塔尼的传说，似乎是在人们传唱的短故事的基础上创造加工写成的。这些短篇叙事诗的主题和英雄传奇类似，在短短的篇幅之中，糅合了勇敢的举动、感情的纠葛等元素。和寓言一样，短篇叙事诗也以道德教化为目的，只是表达得较为含蓄。在阅读或聆听过这样的内容之后，人们将明白合理道德行为的基本原则。

仅仅在普罗旺斯语作品中，就有大约2500首抒情诗和爱情诗存世。和史诗一样，这些作品在中世纪的文化中发挥了多重作用。许多这样的诗作（现在请读者暂时将注意力集中到普罗旺斯语文本上）是写给王宫贵族看的，还会由行吟诗人或杂耍艺人在表演时吟诵。有一小部分抒情诗和爱情诗的作者是女性，虽然为数不多，但值得注意。绝大部分抒情诗和爱情诗都是以男性作者的口吻呈现的。许多诗歌都在颂赞圣母马利亚，还有相当一部分诗歌使用很容易让人联想到马利亚崇拜的隐喻，来描述骑士对远方理想化女士的爱情。

一些爱情诗作比较世俗化，引发了严重争议。有一批被称为“牧女诗歌”（pastourelles）的诗作就是这样。最早的牧女诗歌似乎完成于12世纪早期，其作者是一个名为马卡布鲁（Marcabru）的歌手兼作曲家。他是出身低微的加斯科涅人，作为依附人行走于西班牙和法国南部的各个贵族宫室。早期的牧女诗歌描述骑士暗中寻找天真莽撞的牧羊女，对其始乱终弃。有的现代读者可能会认为，这既是对当时男性贵族掠夺行径的反映，也是一种认可。不过，这种看法值得怀疑（Paden，1998 年）。事实上，这样的故事并不能反映当时的生活，至少在牧羊女一事上是这样。某些骑士确实犯下了强暴的罪行，但他们施暴的对象并非牧羊女，因为在中世纪，放牧几乎是由男性垄断的工作，不存在什么牧羊女。有人可能会说，也许牧羊女代表的是所有无辜而缺乏保护的女性，但另一个问题仍然存在，那就是，这些诗作是否真的认可甚至赞美骑士的这种行为？其他文学作品中有许多理想化的牧羊女形象，比如安条克的圣玛格丽特（St Margaret of Antioch）的生平故事，这说明中世纪的故事听众也会谴责那些骑士的行径。后期牧女诗歌中关于暴力的描述减少了，也就避免了一些解读的问题。有些诗歌描写的，只不过是骑士驻足观望牧羊女和其他村民互相嬉戏的悠闲场景。

爱情诗也引发了争议，这类作品往往和传奇文学一起被归入“宫廷爱情”（courtly love）的传统。据说，宫廷爱情作品会描述中世纪贵族男女如何捍卫理想化的婚外恋情，这些贵族认为，和贵族世界中包办婚姻里的夫妻感情相比，婚姻外的爱情更真挚。虽然学者们也可以使用所研究时期之外的术语，但想到“宫廷爱情”这个词其实不是中世纪时期的发明，还是让人多少有些不安。这个词代表着激进的世界观，表现的是虔诚贵族的另一面，但“宫廷爱情”一词其实是 19 世纪浪漫主义复兴时期的发明。浪漫主义复兴时期的人们将中世纪描写得好似神话。浪漫主义者说，“1000 年这一年的恐慌”笼罩着中世纪。

但事实上，将那一年定为公元1000年的历法系统，当时的人恐怕并不知道，即便他们知道那年是1000年，也没有证据表明有人把这一年或其代表的可怕事件放在心上。（1000年前后，人们固然多少会有些情绪，但研究千禧年情感的严肃学者还是不得不对浪漫主义者的夸张描述做出反击。）此外，宣扬中世纪封建领主对农奴新婚妻子拥有初夜权的，也是这些浪漫主义者，他们站在启蒙运动批判封建主义的立场上散布这一观念，但其实当时只有个别领主如此滥用权力，浪漫主义者却将其描述为普遍现象。

创造出“宫廷爱情”这一概念的学者们绝非不学无术的空想家。他们认为，自己有很好的理由相信宫廷爱情确实是中世纪贵族文化的重要特征，因为这一时期的许多文本都透露了对单恋式爱情的向往。在中世纪的语言中，最接近宫廷爱情的词也许是“fin'amors”，其实际含义类似于“无瑕的爱”，这样的爱情因难以企及或不应存在而有了纯洁和辛酸的意味。当然，在诗歌中，优秀的故事需要冲突，在传奇文学作品里更是如此，人们普遍接受的基督教规范和强烈的情感产生了冲突。在这些虚构的故事中，人们的抗争总会以失败收场。毕竟，通奸行为会破坏纯洁。作者在描写的时候可以赞美完美的爱情（即便这有悖于法理），但通奸行为本身一点也不体面。而且，在被用于证明宫廷爱情现象存在的文学作品中，其实有很大一部分是戏仿嘲讽性质的。相关的争论仍在继续。

如上文所述，传奇文学也被人归入宫廷爱情的传统，但这样的定位也引发了激烈反对。传奇文学是当时新出现的诗歌类型，相当于现代的小说，当然，并非所有文学学者都认可这样的类比。传奇文学兴起于12世纪的最初几十年。特鲁瓦的克雷蒂安（Chrétien de Troyes）

等传奇文学作者从民间传说中获取大量素材，而且像短篇叙事诗作者一样，特别倚重起源或流传于凯尔特人土地上的故事。在这些以亚瑟王为核心或背景的故事中，作家们又加入了爱情诗歌的素材——理想骑士的形象，以及伦理方面的素材，至少是《圣经》和古典文献中的一些理念。

有时，作者会大规模地借用古典时代的素材。当然，在使用这些素材时，他们会加上中世纪特有的基督教内容。在维吉尔《埃涅阿斯纪》(*Aeneid*) 的12世纪改编版《埃涅阿斯传奇》(*Enéas*) 中，作者并没有允许狄多（Dido）女王在埃涅阿斯抛弃她并建立罗马之后变得冷酷无情（那样不符合基督教的理念)。在这个版本里，狄多并未像在维吉尔原作中那样发出诅咒，而是像基督徒一样，祝福她那无情的爱人及其城市中的人民，希望他们能够得到神赐的繁荣昌盛。

> 我曾是如此勇敢睿智，直到爱情蒙蔽我并让我陷入狂怒。倘若他（埃涅阿斯）从未来到我的土地上，我本应是那么幸运——那个特洛伊人背叛了我，为了对他的爱，我抛弃了自己的生命……在我将死之际，我将宽恕他的所为；以协议与和平之名，我亲吻了他床上的华裳。我宽恕你，埃涅阿斯阁下。(Cormier, 1973年，第86—87页）

在遭遇可怕道德困境的时刻，人们奋力挣扎向善的行为推动了次要情节和整个故事线的发展。

传奇文学很难概括。中世纪的作者们都会采用传奇文学特有的形式，但他们表现的主题就非常多样了。特洛伊传奇或古代主题与亚瑟王传奇（和不列颠相关的内容，圣杯传奇也是其中的一部分）是两个主要门类，还有一些以中世纪为背景的传奇文学作品。此外，两名法国诗人的作品［默恩的让（Jean de Meun）续写完成了洛里斯的纪尧姆（Guillaume de Lorris）的诗歌］《玫瑰传奇》（*Romance of the Rose*）也拥有重要的地位，这是一部包含大量讽喻内容的说教作品，在很多故事的主旨中掺杂了歧视妇女的内容。

传奇文学（roman）这个名称早在1150年时就有了，使用俗语是传奇文学作品的重要特点。法国人可能是开创者，但用其他地方语言的作品也很快出现了。用其他语言创作的小说，有的借用了法国传奇文学中的常见情节，比如特里斯坦与伊索尔德（Tristan and Isolde）的悲剧爱情故事和寻找圣杯的英雄故事，有的则根据本地传说创作出了全新的故事。创作新故事的一个例子是德意志的《尼伯龙根之歌》（*Nibelungenlied*），这部作品源于早期勃艮第贵族及其伙伴之间不寻常的故事，涉及爱情、妒忌与游荡冒险，在创作时又对原有的情节进行了改写。

早期的传奇文学作品大多采取诗歌形式，当然也有一些例外。每行八个音节的押韵诗最为常见，但这不是传奇文学作品使用的唯一体裁。在之后的岁月里，散文逐渐取代了诗歌的地位。比较明确的一点是，不管用的是诗歌还是散文形式，传奇文学都是用来读的，而不像其他俗语作品（可能寓言除外）那样可以唱出来。此外，这些辞藻华丽的小说往往在序言里就点明作者是谁，武功歌就不会这样，不过一些较短的诗歌也会说明作者的身份。

总而言之，可以说俗语文学在12世纪出现了爆发式的发展。当然，针对俗语文学的讨论还有许多未尽之处。比如，在日耳曼语族覆盖的欧洲北部地区，还出现了大量萨迦和诗歌。萨迦与传奇文学和武功歌都不同，但也跟它们一样，将过去的岁月呈现为英雄的年代。在大多数情况下，这些新兴诗歌散文流派的受众还是贵族，不过就社会阶层而言，萨迦的受众可能在一开始就更广，也包括富裕的农民。在法兰西，对前来寻求庇护的诗歌与传奇文学作者们，贵族宫室的主人往往青睐有加，让他们的作品获得歌唱或朗诵的机会，香槟伯爵与阿基坦公爵的作为就是很好的例子。在法兰西，由于上述作者们写下的诗歌和故事往往取材于已有的作品，因此那里的贵族文化和“大众”文化之间并没有清晰的界限。此外，有些歌手和说书人是真正意义上的街头表演艺人，他们将自己的杂耍技艺融入了拉丁欧洲那蓬勃发展的城市文化之中。无论这些艺术家是出身低微的平民，还是时运不济的贵族，他们都在贵族宫室文化和有产者及村民的文化之间搭起了一座桥梁。

建筑

中世纪宗教献身行为中颇为感人的一种转变，是越来越多的人前往罗马、坎特伯雷、科隆、孔波斯特拉（Compostela）和圣地朝圣，这也在上文提及的传奇文学中有所反映。其中最广为人知的故事便是寻找圣杯，这样的情节吸收了朝圣之旅的主题并将其发扬光大，甚至还与正当暴力行为联系到了一起。理想中的骑士秉承了骑士精神，在某种程度上就是十字军战士——他使用暴力是迫不得已的正当行为，他的征途便是朝圣之旅，走向圣地，也通向他永恒的救赎。

当时有数以千计的朝圣场所，信徒在那里能够瞻仰圣徒的遗骸，饮用据称有着神奇功效的圣水。其中一些朝圣场所不过是摆放在路边的十字架，也许还带有小雕像，以服务偶尔路过的旅人与邻近的村民。不过，一部分朝圣场所则在当地获得了重要地位，而且正好紧挨着主要道路，沿着这些道路，人们可以从大城市或已经很热闹的朝圣场所去往其他著名的朝圣地。随着时间的推移，位于主要朝圣路线之上的朝圣地将获得朝圣者的奉献，得到当地贵族的庇护，朝圣地的教堂将得到扩建或重修，容纳更多前来朝圣的虔信者。在距离圣地不远的地方，接纳朝圣者的旅舍也会发展起来。在更富有吸引力的国际性圣地附近可能会有多个旅舍，为使用不同语言的旅行者提供服务。匈牙利国王伊斯特万的主要贡献之一，便是建立了大量的朝圣者旅舍。

在当时建起的朝圣教堂中，后来只有少数保留了 11 世纪和 12 世纪时的形式或元素。当时的其他建筑物后来几乎都经过了改造。不过可以确定，旅舍和其他许多建筑形式都采用了与教堂相同的建筑风格。这种建筑风格吸收并发展了古罗马时代建筑的特征，因而被称为罗马式建筑（Romanesque）。

罗马式建筑以较大的石质结构和圆拱结构为特征。工程学研究表明，圆形拱顶在结构强度方面要逊于哥特式建筑的尖顶，因此和使用简单尖顶的建筑相比，罗马式建筑的墙体需要承受更大的重量。这就意味着罗马式建筑必须使用厚重的墙壁，窗户的数量也不能太多。确实，有些罗马式教堂犹如堡垒，在必要时可以善加利用。盎格鲁-诺曼风格的罗马式建筑模式，在诺曼征服之后成了一些英格兰建筑的共性，其中最为鲜明的例子便是达勒姆大教堂（Durham Cathedral）。在北方，这座大教堂向被征服的英格兰人展示权威，也是对苏格兰人的一种警告。有本流行的教科书说，“(英格兰的）诺曼大教堂向我们展示的，不过是因恐惧外界而发狂、挤成一团的可怜人，他们对杀戮与劫掠的恐惧铸成了这座建筑”，相比之下，盛期哥特式（High Gothic）建筑则“表现了自由世界中自由人的关系，对上帝的爱把他们联系在一起”。(Harvey，1961 年，第 44 页）这么说恐怕就过头了。

罗马式建筑的门也采用圆拱设计。一些著名罗马式教堂的门上方还有半圆形的浮雕装饰——楣饰（tympanum）。体现于楣饰上的场面都很生动，比如最后的审判、基督圣像或迦南的婚宴，除此之外，罗马式教堂的外部装饰就相对简单了。当然，只是“相对”简单，而且是跟盛期哥特式建筑相比。不过，在从烈日炎炎的托斯卡纳到罗马的朝圣之路上，也有一些风格较为繁复的意大利罗马式建筑，建筑正面有华丽的雕饰，雕饰多展现耶稣生平事迹，比如耶稣在第一个棕枝主日（Palm Sunday）荣入圣城耶路撒冷，这是朝圣者喜爱的场景，也常在十字军艺术作品中出现。

和哥特时期的雕塑相比，罗马式教堂外部和内部雕塑的线条较为平直，这也导致人们在进行比较时戴上了有色眼镜。传统说法是，罗马式雕塑缺乏表现力，庄严肃穆到了压抑的程度。

说到罗马式教堂的风格，人们的印象往往是呆板阴沉。此外，与盛期哥特式教堂相比，罗马式建筑较为低矮，只有少数圆形窗口，采光不好，这更加深了这样的印象。罗马式建筑的采光的确不好，在没有人工照明的情况下，大部分教堂内部都很暗，但高耸的哥特式教堂也好不到哪里去，即使安装大量窗户，教堂的采光依然不好，至少在中世纪晚期黄色玻璃取代彩色玻璃之前是这样。但很重要的一点是，当时已经有了人工照明的手段。教堂中有油灯，还有数量众多的枝形烛台（多为银质）。油灯和蜡烛那晃动的光照在金属质地的圣物（特别是圣物箱）上，也照亮墙壁。墙壁上往往装饰有叙事油画，绘有圣经和圣徒行传中的场景，需要用烛光或灯光照亮。这些杰出画作如今只剩下少数残片，学者们花费大量精力复原了部分内容，我们才得以管窥其中的奥妙。在各类游行活动与仪式祭典中，人们还会在教堂内添置大小蜡烛以补充室内光线，令圣殿沐浴在光辉之中，并通过投射出的光影来展现教堂内部一根根柱子与肋架拱顶的轮廓。烛光照亮教堂内部那些根据基督教故事和民间传说创作的艺术品，让前来敬拜的信徒目不暇接。赞美诗的歌声在圣殿那完美的回音结构中回荡，再加上气味浓郁的焚香，教堂中的礼拜者无疑会深感震撼。

当然，这不是说当时的人不愿意改进罗马式的设计与建筑结构，不愿意尝试新的建筑理念。建筑史学家们发现，在当时的一些罗马式建筑里，就已经有了后来兴起并流行的哥特风格的雏形。人们普遍认为，哥特风格走出孕育时期、成为独特的建筑风格，是在巴黎北部圣德尼修道院的教堂重修之时，重修工作是在 1140 年完成的。在这件事上，圣德尼修道院的院长叙热（Suger）功不可没。叙热认为当时的教堂太小、太狭窄，因此竭力促成教堂重修。幸运的是，他正处在大有可为的位置上。叙热是法王路易六世的顾问、路易七世的挚友，也是路易七世参加十字军远征时的摄政者，还是法国境内最重要的王室修道院的院长。修道院中存放着许多法国王权的象征物，其中就有王室军旗（oriflamme）。在圣德尼，修士们还负责写下王室与国家的官方历史。修会的教堂后来也成了王室墓地所在，至少男性成员去世后都会葬在这里。在叙热改建圣德尼的过程中，教堂实际上得到了重建。

当然，现在我们看到的圣德尼修道院教堂跟叙热改建的教堂是不同的，因为在他之后，教堂又经历了多次重修。因此，我们对于叙热改建的教堂的了解，主要依靠的是公认的 12 世纪建筑遗迹、叙热自己对修道院和藏品的描述，以及一代代艺术史和建筑史专家对这座教堂那详细却充满了个人想象的还原记录。此外，我们还应该记住，哥特风格出现后，又经过了许多发展。人们将哥特风格分为早期哥特式、盛期哥特式和晚期哥特式，但其实每个时期建筑的风格都颇为不同。这些术语该不该继续使用是应当存疑的。有的学者特别反对"盛期哥特式"这个暗示建筑风格已臻完善的名称，他们认为，那个时期建筑的风格可以用更恰当的词来描述，比如"辐射式"(rayonnant，意为"辐射而出")，因为 12 世纪晚期和 13 世纪的许多建筑都以辐射式玫瑰窗为特征。不过考虑到人们的习惯，我们在本书中还是会沿用传统的名称。

早期哥特风格并不以高耸的建筑和玫瑰花窗著称，那是 13 世纪时盛期哥特式建筑的特征。被称为"扇形拱顶"（fan vaulting）的华丽穹顶和朴素的黄色玻璃是晚期哥特式建筑的特征，并不是早期甚至盛期建筑的特征。但哥特式建筑还是有一些共性的，比如尖券（pointed arch）、复杂的交叉穹顶、较大的窗户。哥特式建筑的外墙雕刻非常精致，人物线条也比罗马式建筑雕刻上的更为流畅。在哥特式风格出现后，罗马式风格也没有消失，而是继续流行了一段时间。

12 世纪 90 年代，沙特尔大教堂开工，标志着盛期哥特时期的开始（不过，说该教堂是这一流派中纪念建筑的典范，其实是浪漫主义者的夸大)，当时的建筑师一边吸收并改进既有的建筑理念，一边提出新的理念。有些地方的建筑师非常强调建筑的高度，但高度本身并不是盛期哥特式建筑的特征［也就是说，我们称这种风格为盛期（High）哥特式，并不是因为那个时期的建筑都很高］。话虽如此，在现代人看来，哥特式建筑之高的确叹为观止，大教堂不仅内部挑高，还在外部加上塔楼和尖顶，进一步增加高度。这么高的建筑，要保持墙体稳固，单靠尖券是不够的。扶壁（buttressing）在哥特时期之前就已出现，但直到这个时期，飞扶壁（flying buttresses）才越来越多地出现在纪念建筑中，用于减少墙体承受的屋顶重量。

哥特式建筑高耸入云，其中还有许多艺术品，比如教堂圣所中那些用于礼拜仪式的华丽手抄本、彩色玻璃窗、镶嵌黄金与宝石的圣骨匣，许多圣所还建成缩小版哥特式教堂的样子。问题是，这一切的费用是谁承担的？在哥特式风格的诞生地法国，这个问题比较好回答。信徒的奉献是一部分，而由于许多采用新风格的宏伟建筑都是主教座堂，地处城镇，因此富人是主要的捐赠者。最重要的资金来源还是贵族与王室成员。对于自己地盘上的城镇和乡村教堂，贵族们往往会给予丰厚的捐赠。王室则青睐巴黎的教堂，当然其他一些城市教堂和一大批乡村修道院也是他们出资修建的。教堂兴建有赖于贵族和王室慷慨出资，一旦大批贵族和国王撤资去进行其他的事业（比如十字军远征），原本奔走在法国国内各地的施工队就会在规模上大幅缩水，甚至因为缺乏资金而彻底解散。

哥特式建筑风格传播到法国之外，在整个基督教世界中流行，其他地区也采取了类似的资金支持方式。不过，不同身份捐赠人的比例在不同地区有所不同。在意大利，帝国的权威遭到了削弱，城市居民只能靠自己。在许多城市中，建造这类纪念建筑时往往由出身较低的显贵说了算，尽管跟法国北部相比，意大利的贵族更倾向于在城镇里居住。在不怎么富裕的地方，当地的经济状况在一定程度上决定了哥特式建筑能拥有哪些建筑元素，尽管这还会受到其他因素的影响。在欧洲，许多哥特式教堂要么有玫瑰花窗却没有尖顶，要么有几个小型尖顶却没有玫瑰花窗。

无论建筑经费从何而来，哪怕是最小型的哥特式建筑也需要中世纪社群的大量资金投入。不管是主教座堂还是教区教堂，建筑计划中断都可能留下烂尾建筑，这些未完成的建筑很容易损坏。如果人们在停工五年、十年甚至半个世纪之后重新开工，就既得修复已经出现的损坏，又得满足捐赠者和赞助人的新要求，跟上新时代的潮流。时隔多年，尖顶还流行吗？当时存留至今的许多建筑是不对称的，正体现了它们不是一次建成的。因此我们会看到，本该有两座塔楼的地方只有一座，有两座塔楼的地方，塔楼的建筑风格又不同，该有楣饰的地方空空如也，同一个建筑上用了不同的石材，还有的建筑上突兀地出现了“外来”的风格或物件，那是因为有个捐赠者参加过十字军，他要求在建筑物中融入东方风格，凡此等等。尽管困难重重，但建造者们往往还是能够克服万难，完成工程（某些建筑物，例如科隆大教堂，直到 19 世纪才最终完工）。这些非同凡响的哥特式建筑见证了中世纪社会在 12 世纪漫长的文艺复兴历程中，体现于创造方面的非凡活力与巨大潜能。

第 10 章

政治势力及其环境（上）

主教叙任权之争对德意志产生了不可估量的影响。未来，德意志的土地上将出现强力的国王以及身兼国王与皇帝二职的统治者，但无论如何，他们都将在政治领域面临一个极端复杂的局面：意大利的困境似乎难以破局，新近与教廷之间的对抗又削弱了世俗统治者的实力，而在追求绝对政治权威与实力的君主们看来，最严重的问题恐怕是德意志那些可疑的贵族。可以说，主教叙任权之争让这些问题都恶化了。雪上加霜的是，德意志北部、东部和南部边界始终面临困境，斯堪的纳维亚人、波罗的海人、斯拉夫人和匈牙利人不时来犯，德意志的君主依然能够维系统治，就已经是了不起的成就了。

德意志之所以能够存续下来，部分要归功于国君们愿意妥协。贵族管理国家的特权得到了承认，但这只是一种安抚，他们并没有完全满意。此时的德意志逐渐陷入了地方主义的麻烦，政治上长期分裂。政府机构脱离了中央层面（王室／皇室）的控制，落入各个层级的地方王公手中，这些王公包括公爵、边境领主、伯爵，以及拥有伯爵头衔与权力的主教。

无论掌控一个地区的是王室还是地方领主，该地区的管理者通常都是被称为“仆官”（*ministeriales*）的人。这些人大多出身农奴，肩负着执行日常工作、应对特殊问题的使命。仆官可能会像其他国家中的小贵族一样管理城堡，也可能管理庄园。仆官的职能多种多样，有的负责法律事务，有的负责教授贵族子女礼仪的艺术，帮助他们学习书本知识，有的甚至承担了军事指挥官的职责，成为一名在法律上没有骑士地位但在实际上完全符合骑士身份的战士，指挥自由人出身的骑士们冲锋陷阵。在其他国家中，类似的职责主要由自由人承担，在德意志却出现了这种对农奴出身者的极度依赖，原因可能有两个。最重要的原因是在德意志，对产业免征赋税的做法十分普遍。德意志的自由人既然不受依附关系的束缚，也就不愿意委身承担那些法兰西或英格兰的自由人常做的工作了。

第二个原因是，德意志的上层社会内部不像其他欧洲国家那样具有依附关系，因此包括国王与高级神职人员在内的掌权者可以创造出几乎完全依附于自己的行政精英阶层。农奴出身的人群能很好地满足这一要求。当然，犹太人同样符合上述条件，但这牵扯到宗教方面的问题，教会还时常谴责犹太人居于高位的现象，因此即便是在比较开放、拥有大量犹太人口的欧洲南部地区，人们也很少雇用犹太人，因为这个问题太复杂了。

德意志内部的所有势力都拥有自己的仆官资源，王室、教会如此，地方贵族亦然。当然，这样的做法也会带来问题。虽然拥有骑士的权力，但农奴出身者一旦出了德意志，就得忍受他人的轻视，他们承担外交使命时往往被人看不起。不过，在德意志境内，他们期望自己能够获得远超同一阶级农业劳动者的尊重。他们还想在财产继承方面获得比农民更多的权力。他们也确实做到了。虽然经过了很长时间，但仆官阶层与非农奴出身的骑士阶层还是在中世纪末期实现了融合。毕竟，仆官阶层中还有像博朗的维尔纳（Werner of Bolland）这样的人，他控制着多达 17 座城堡，还有 1100 名全副武装的战士依附于他，可见仆官与骑士阶层的融合是必然的。

贵族们任用仆官，让他们担任管家和庄园总管，这固然提高了贵族治理的效率，也创造了忠诚度极高的行政机构，但并未在全德意志的层面上促成国家的统一。当然，这个国家内部那些比较松散的王公封邑联合体，其存在并非不可避免。王公和皇帝之间实力对比的平衡完全可能发生变化。在很大程度上，12 世纪德意志的政治史就是双方力量此消彼长的历史。最终，德意志王室还是没能像 12 世纪晚期和 13 世纪时的法国王室那样，获得决定性的长期优势。后来，还有许多人（或对或错地）将现代德意志国家建立过程中的不稳定性归咎于 12 世纪德意志王室的“失败”。

即便中央政府和地方势力之间在实力上取得了某种平衡，这种平衡往往也会被内战打破。1125 年，离结束主教叙任权之争的沃尔姆斯协定签订不过三年，皇帝亨利五世就在没有继承人的情况下撒手人寰。亨利原本指定了自己的外甥、士瓦本公爵施陶芬的腓特烈（Frederick of Staufen）作为继承人，但一些颇有影响力的教会人士和某些世俗贵族却希望确立通过选举决定君主人选的机制，当然也借此获得控制权。这些人选出了洛泰尔三世（Lothar III）。为此，施陶芬（即霍亨施陶芬）家族的候选人决定用战争捍卫自己的权利。后来，当洛泰尔三世希望通过世袭方式将头衔转给他人时，他已经失去了许多追随者的支持，其中一些人出于报复心，转去支持霍亨施陶芬家族，当时该家族里宣称具有继承王位资格的是康拉德三世（Conrad III）。此后就是持续多年、阴暗诡谲的派系斗争，以及围绕继承规则展开的冲突。直到一名强大的霍亨施陶芬家族出身的统治者——“红胡子”腓特烈一世（Frederick I Barbarossa，1152—1190 年在位）——崛起，一切才得以改变。

在经历了多年混乱之后，腓特烈一世这位新君认识到，有必要以全新的方式去思考王室政策。他任用王室仆官管理王家领地，在他无法完全掌控财政和司法权的地区，仆官们至少能够忠诚地代表国王的利益。腓特烈一世越来越依赖仆官，他利用这些人集结大批军队，使用这些军队入侵意大利、发起十字军运动，还赋予某些仆官高等贵族的地位。安魏勒的马克沃德（Markward of Anweiler）便是这些仆官中的一员，本书之后还会谈到他，不过在这里，他的例子就很值得一提。也许是因为他需要在德意志之外的地方向人们表明自己拥有自由身份，所以在 12 世纪末时，马克沃德在名义上脱离了农奴身份，被授予了公爵的位阶。没过多久，这名仆官就达到了生涯的巅峰。当“红胡子”腓特烈之子、皇帝亨利六世在 1197 年离世时，霍亨施陶芬家族所拥有的西西里被转到了马克沃德名下，马克沃德成为整个国家的摄政（具体参见第 13 章）。

尽管仆官加强了君权统治，但红胡子腓特烈仍感到有必要让贵族（至少是一些贵族）相信，他们自己的命运是和君主的成败拴在一起的。为此，腓特烈将贵族阶层中的精英成员提升为王公，开始在余下的贵族中建立分级从属关系，即通常所说的封建等级制度（feudal hierarchy）。然而从长远来看，他计划的一些方面导致了他绝不希望看到的结果，比如与王公阶层以及他总体战略规划有关的几种情况。

首先，与同时代其他地区的情况相比，德意志贵族王公们的权力无疑更大。从 1135 年到 1154 年，英格兰经历了一段“无法无天”的时期，当时，贵族阶层攫取了大片领地，甚至连国王名下的城镇也开始试探性地宣告独立。然而，1154 年，英格兰王室的权威重新确立，上述风气也受到了遏制，离心离德的趋势就此终结。法兰西王室的控制力则不断增强，小领主的权力不断受到削弱，而且，国王始终控制着不断发展的城镇。12 世纪末、13 世纪初，法国王室最终驯服了那些过分强大的封臣的残余势力。就像同时代的其他统治者一样，“红胡子”腓特烈幻想着在王室和贵族之间建立起一种伙伴关系（相比之下，他对控制城镇兴趣不大，也不那么关心德意志人在斯拉夫土地上殖民的进展），但德意志王室和贵族之间的力量对比，并不像在欧洲北部其他国家中那样对君主一方有利。

其次，德意志的国王依赖王公贵族，国王必须不惜一切代价，让王公贵族确信自己地位稳固。正因如此，当萨克森公爵“狮子”亨利没能响应帝国的军事征召令时，尽管腓特烈在 1180 年通过法律程序剥夺了他的封地，却并没有将封地归入王室名下。腓特烈不得不将这些土地转而分封给其他重要的大贵族。与之形成鲜明对比的是法王腓力二世·奥古斯都（Philip II Augustus）的做法（尽管那发生在几十年之后）。腓力二世从金雀花王朝领主那里没收了诺曼底、曼恩、安茹等领地后，立刻将它们并入了王室领地。腓力二世本人便因此拥有了诺曼底公爵、曼恩伯爵等头衔。

第三，也是最后一点，“红胡子”腓特烈始终将北意大利地区纳入战略考量，这就意味着他需要耗费资源，去对抗奋力捍卫自身自由的意大利公社联盟，与此同时，腓特烈还要对付教皇——对于德意志的国王兼皇帝，教皇始终很不信任。德意志国王与教皇之间的纷争十分复杂，其起源可以追溯到双方之间的一系列误解，以及腓特烈未曾兑现的承诺——腓特烈曾向多任教皇许诺，表示愿意支持他们在罗马建立起有效的统治，但腓特烈的承诺却落空了。此外，腓特烈还试图控制德意志的教士阶层，按照他对手的说法，这将损害教会的自由，这也加深了教皇方面的怀疑。随后，腓特烈又推动了一次分裂教会的活动，他选出了一名支持霍亨施陶芬家族的教皇，以对抗按教规选出的亚历山大三世（Alexander III，1159—1181 年在位）。教会的自由岌岌可危，冲突的种子已经埋下。在双方的军事对抗中，腓特烈遭受了多次失败，只有少数几次险胜，这样一来，腓特烈要巩固自己在德意志的统治就更困难了。皇帝腓特烈最终与教皇达成和解（1177 年），也与意大利诸城镇的叛军和解（1183 年），此时，“红胡子”腓特烈已经过早地衰老了。这位德意志的大救星只完成了一小部分的救赎工作。

1187 年，最后一个能让皇帝腓特烈及其政府保住基督教统治者尊严与荣耀的机会出现了。那一年，耶路撒冷落入了萨拉丁（Saladin）手中，整个基督教世界为之震惊。腓特烈接过了十字架，但第三次十字军运动（详见第 11 章）对他个人而言却是一场灾难。十字军横穿欧洲，走过贫瘠的小亚细亚，旅途极为艰难。1190 年 6 月 10 日，将近 70 岁的老战士腓特烈在率领军队前卫涉渡格克苏河（Gök Su）时溺水而死。腓特烈的名字在第三次十字军运动的民间神话里并没有什么地位，荣誉属于发起远征的英格兰国王——“狮心”理查（Richard the Lionhearted）。

*

“狮心”理查统治的王国，与“红胡子”腓特烈统治下的德意志帝国大为不同。“地方主义”这个词被用于归纳 12 世纪德意志的特点，表明德意志国君们虽然宣称自己取得了成就，但其实成就很有限；而“宪政主义”（constitutionalism）这个词，则是用来赞美英格兰政治体系的发展的。当然，“宪政主义”和“地方主义”这两个词都是人们事后提出的，体现了后见之明，但也存在用目的论解释历史的问题。在 19 世纪的自由化运动中，宪政政府赢得了赞誉，而且宪政似乎是与英格兰乃至不列颠帝国的国家稳定与国力增长共存的，因此，学者们就想从中世纪的历史中找出不列颠（更准确地说是英格兰）政治力量的源泉。难道当时就有一套凌驾于君主之上的基本法律吗？难道修改这样的法律需要经过整个政治民族的同意吗？这些观念从何而来？

在这些学者的想象里，在英格兰的历史上，宪政元素是逐渐稳步增加的。在他们看来，19 世纪时选民范围的扩大之所以可以实现，是因为 18 世纪时出现了政党政府制度，17 世纪时斯图亚特诸王受到了宪政约束，16 世纪初期时人们进行了议会改革，13 世纪时代议制度获得了发展，而这一切都要归功于 12 世纪时普通法（common law）的诞生。关于宪政的发展，他们得意地描绘了上述图景，然而在有洞察力的学者们看来，该理论从一开始就存在严重的缺陷。不过，那些描绘出这样一幅图景的人正确地看到，普通法的发明是 12 世纪君主们的重大成就。事实上，普通法产生的环境极为复杂，冲突不断。

尽管“忏悔者”爱德华在 1042 年从丹麦人手中收回了英格兰国

王的宝座，但这并不意味着英格兰本土的统治者从此便能永远控制这座岛屿。正如第 3 章中所述，爱德华本人虽然结了婚，却守贞禁欲，没有留下后嗣。此外，尽管韦塞克斯伯爵戈德温在帮助爱德华恢复王朝统治中出力甚大，但他的儿子兼继承人哈罗德·戈德温森（Harold Godwinson）却和国王成了仇敌。于是，由谁来继承“忏悔者”爱德华的王位成了关键问题。当时，还有一些斯堪的纳维亚人宣称自己有资格继承王位。哈罗德·戈德温森身在诺曼底，处境艰难，他承认，爱德华自己选择的继承人——诺曼底的威廉公爵（Duke William of Normandy）——应当在国王驾崩之后坐上王位。长期以来，关于这一承诺是不是在强迫之下做出的，人们争论不休，但哈罗德确实许下了上述诺言。

1066 年，爱德华撒手人寰，哈罗德·戈德温森夺取了王位。没过多久，他便向北进军，对抗来自斯堪的纳维亚的入侵。哈罗德取得了大捷，却顾不上庆祝，因为他收到情报，诺曼底的威廉公爵正准备从南方入侵。经过了超过 200 英里（约 322 公里）的急行军之后，哈罗德的军队在战场上与威廉的军队相遇了。双方展开了拉锯战，但威廉公爵赢得了黑斯廷斯战役（Battle of Hastings），继而成为英格兰的新统治者，他也将被人们以“征服者”威廉（William the Conqueror，1066—1087 年在位为英格兰国王）的名号铭记。

在黑斯廷斯战役和此后的地方叛乱（威廉的统治也遭遇了抗争）中，许许多多英格兰贵族命丧沙场，因此，诺曼征服者实际上取代了英格兰当地的盎格鲁-撒克逊和盎格鲁-丹麦统治阶层。与此同时，随着本地的盎格鲁-撒克逊教士逐渐退休或死去，诺曼人和其他来自欧洲大陆的人也逐渐取代了当地人，在教会中担任高级教士。比如，威廉的坎特伯雷大主教兰弗朗克（Lanfranc）就是意大利人，兰弗兰克以善写著称，在担任坎特伯雷大主教之前，他曾在诺曼底的贝克修道院（abbey of Bec）担任副院长。犹太人的到来也使英格兰更加国际化，他们大多是来自鲁昂的移民。定居在英格兰的犹太人哪怕在约一个世纪后的人口高峰时期，其人口也从未超过5000，但历史将会证明，尽管犹太人只占英格兰人口的一小部分，但他们对英国历史的影响是很大的。

在英格兰的教会和政府中，区区几千名诺曼人统治着至少200万名盎格鲁-撒克逊人和盎格鲁-丹麦人。他们之所以能够实现这样的统治，一方面是因为采用了精明的怀柔政策，另一方面则是因为一旦怀柔失败，他们就会用恐怖手段震慑大众。统治者会遵守英格兰的法律，不过，新国王也在实际上调整了法律的内容，因为他表明，法律在用到诺曼人身上时，是要受到限制的。国王引入了一项诺曼式的法律程序——比武审判（trial by combat），将其当作土地纠纷和直接重罪指控中的一种新的证明方式。通过引入谋杀罚金（murder fine）制度，他保护了手下的诺曼人，使其免遭报复。英格兰居民们知道，杀死一名诺曼人意味着整个群体受罚，因此所有人都会合力控制鲁莽行事的人，以维护既得利益。

威廉清楚，尽管他不停地强调自己继承王位的合法性，但他的统治仍然受到多方抵抗。他还意识到，本地地主在面对新国王和其他新到来的诺曼领主时，会试图隐瞒他们此前对盎格鲁-撒克逊和盎格鲁-丹麦领主的义务，至少也会对那些在他们看来不够公平的部分隐瞒不报。于是在1085年，威廉授权进行了一次系统的王室权利调查。可能是由于国王在1087年去世（其时他正在欧洲大陆的曼恩伯国镇压叛乱)，这次调查并未完成，尽管如此，这次调查仍是有史以来最详尽的中世纪封邑勘察，勘察结果也存留下来，就是我们所知的《土地调查清册》(*Domesday Book*)。有了这份报告，威廉及其继任者们就能比西欧其他君主都更多了解自己的王国了。

当威廉在1087年去世时，他的次子“红脸”威廉二世*（William II Rufus）继承了英格兰，长子罗伯特（Robert）则继承了诺曼底。这样的安排也许是因为威廉所继承的家业（诺曼底）必须由长子继承，而他自己通过继承以外途径获得的领地（英格兰）则可以传给他中意的继承人。不过，这种解释也引发了很多争议，特别是因为当时还没有发展出成熟的长子继承权（primogeniture）观念，也就是长子应当拥有最多权利的观念。

无论原因为何，“红脸”威廉都继承了其父所拥有的英格兰，并以不逊于前任的精力施行统治。在导致教廷分裂的主教叙任权斗争时期，“红脸”威廉并没有表明自己的立场。然而，继兰弗朗克之后成为坎特伯雷大主教的人，也就是在诺曼底的贝克修道院担任过副院长和院长的那位意大利神学家兼哲学家安瑟伦，却作为教皇乌尔班二世的代表支持了改革派的势力。“红脸”威廉与安瑟伦之间就谁有权决定教皇的合法性爆发了巨大的冲突，由于当时英王还牢牢控制着英格兰教会，反对国王的大主教最终遭到了流放。

在“红脸”威廉的兄长前去参加第一次十字军运动之后，“红脸”威廉接管了诺曼底公国，同时统治英格兰和诺曼底。罗伯特归来后试图收回诺曼底，而在无嗣的威廉于打猎时意外中箭而死后，罗伯特也

* 威廉二世实为三子，不过他的二哥理查（1056—约1075）早死。——译者注

燃起了成为英格兰国王的希望。然而，罗伯特的野心却被更小的弟弟亨利（Henry）挫败，威廉出事时，亨利正与他一起打猎，亨利迅速离开事故现场，夺取了王室财富并自己加冕为英格兰国王，是为亨利一世（1100—1035 年在位）。罗伯特和亨利之间爆发内战，亨利于 1106 年获得决定性优势，成了英格兰和诺曼底两地无可争议的统治者。

在亨利治下，英格兰岛内诺曼人与盎格鲁-撒克逊人、盎格鲁-丹麦人之间的种族界限逐渐模糊起来，政府体系也获得了一定的凝聚力。这个王国的财政管理体系越发成熟，国家还设立了财务署（exchequer）。财务署是中央机构，负责审查郡长的账目，对支出进行授权。此外，似乎当时英格兰政府还不时派出王室法庭代表到各地巡回视察、裁定判决，以此监管法律的执行情况。不过，教会的问题还是没有解决。“红脸”威廉死后，安瑟伦愉快地返回了英格兰。亨利一世贬损自己的兄长，以此树立自己的形象，把自己塑造为欢迎流亡大主教返回的国王和教会的保护者。但安瑟伦仍然和以往一样，不断地给国王制造麻烦。当英格兰本土出现主教叙任权纠纷时，安瑟伦明确了立场，表示希望亨利一世像欧洲大陆上的教皇希望皇帝做的那样，放弃任命权。这遭到了亨利的反对。于是，安瑟伦又一次踏上流亡之旅，这一次，他的努力终将迫使亨利屈服。

然而，在 1106 年胜利结束对罗伯特的战争之后，亨利面临的主要问题并不是经济、法制和宗教问题，而是王室继承问题。亨利的婚生子女有两个，一男一女。他女儿玛蒂尔达（Matilda）后来成为德意志皇帝亨利五世的寡妻，因此按照礼仪，人们根据她一生中所取得的最高地位，称她为玛蒂尔达皇后。玛蒂尔达的弟弟死后，英王曾两次安排英格兰贵族承诺接受玛蒂尔达为继承人。然而，1135 年亨利去世之后，这些贵族违背了愿意接受一名女性统治的誓言，转而拥立布卢瓦的斯蒂芬（Stephen of Blois），也就是“征服者”威廉的外孙、阿德拉（Adele）之子。这引发了另一场内战，这次交战双方变成了斯蒂芬和玛蒂尔达，玛蒂尔达此时已经嫁给了安茹伯爵若弗鲁瓦（Geoffroy）。

这场无政府状态下的内战从 1135 年一直持续到了 1153 年。在此时期的绝大部分时间里，英国王室在欧洲大陆的土地都掌握在玛蒂尔达手中，她偶尔也能更进一步，将权威扩展到英格兰本土。渐渐地，玛蒂尔达将主动权交到了其子（同样名为亨利）的手中。1153 年，双方达成协议，决定在斯蒂芬死后由亨利继承王位，是为亨利二世。次年，斯蒂芬去世，亨利二世（1154—1189 年在位）开始统治英格兰、诺曼底和曼恩，根据他从他父亲处获得的继承资格，他还拥有安茹伯国及其附庸领地。通过他的妻子——阿基坦的埃莉诺（Eleanor of Aquitaine），亨利还在名义上获得了普瓦图（Poitou）以及法国西南大部分地区的统治权。1154 年，安茹帝国（Angevin Empire）登上了历史舞台。

我们将英格兰政府的许多重大发展归功于亨利二世，其中最重要的一项是普通法的“发明”。此前的无政府状态或无法纪状态使国王不得不解决两个重要的问题：重建社会秩序，以及保证王位继承顺利。在两年时间里，亨利成功解除了绝大多数佣兵队的武装，这些部队曾在内战中兴盛一时。同时，他还下令摧毁了多达 2000 个未经王室允许便建造起来的小型筑垒设施，将它们全部夷为平地。

同时，国王也开始调查郡长滥用权力的情况和其他王室管理机构的问题。1164 年，亨利二世下令在各个省份中调查犯罪情况。哪些人受到了怀疑，其罪名又是什么？那些受到本地良民组成的大陪审团（grand juries）控告的人们，一旦被发现，就会受到拘留和拷问。即便这些受指控者最终被证明为无辜，他们也会因为身背恶名而不得不背井离乡。而倘若受指控者不能自证清白，王室的法官们——那些被外派听取大陪审团调查结果并监督审讯的巡回法官——就会庄严宣告，这些人不会再受到法律的保护。

在执行了上述措施之后，亨利二世又于1166年委任巡回法官进行了一系列调查，调查针对的是新近侵占（novel disseisins）土地所有者之土地的行为。在质询中，巡回法官会在法庭上询问地方陪审团，核实土地占有者是否有据信是“在不合乎法律、缺乏裁决的情况下”夺占自由人土地的行为。被法官裁定有罪的人将受到驱逐和罚款的处罚。12世纪70年代中期，政府又规定，任何被他人剥夺财产的自由人都可以从王室中书法庭（chancery）处获得令状（writ），对剥夺其财产者展开指控。巡回法官在赴各处审理新近侵占案件时，会参考地方陪审团的裁决。当然他们所能决定的仅仅是占有权（possessory），至于哪一方有更好的理由来获得产业的所有权（proprietary），则不是他们关注的问题。英格兰政府创造出针对新近侵占行为的令状和其他许多令状，都是为了运用司法手段预防或迅速结束暴力行为。

通过上述方式，英格兰逐渐建立起了本国的王室司法体系——普通法体系。普通法的原则和程序即便并非英格兰所独有，也数在英格兰发展得最为完备。普通法最重要的原则之一可以归结为“依法占有得祝福”（the beatitude of seisin）。和平占有产业是受祝福的，倘若当事人占有的产业遭到暴力强夺，就会得到相应的保护。针对抢夺者，王室法庭将向被害方提供新近侵占令状（writ of novel disseisin）作为反制措施。倘若有人提出指控，认为自己理当拥有另一个人长期和平占有的产业，那么诉讼就要从对占有者的产业所有权提出正式质疑开始，这样的案件一般通过比武审判解决。不过，12 世纪 70 年代末时，人们已经可以在民事纠纷或财产案件中选择用陪审团审判代替比武审判了。

于是，陪审团审判的方式就成了普通法的标准审理方式和原则。当然，在 12 世纪时，只有当人们被卷入民事诉讼时才可以诉诸陪审团——在许多情况下这是一种义务，而在另一些情况下则是自愿行为。这并不意味着一切民事行为都需要经过陪审团的审查。对于犯罪行为，虽然大陪审团逐渐成为控告罪犯的主体，但个人仍然可以提出直接指控。此外，在现实中，对被控犯了重罪的人进行的审判要么是比武审判（在指控由个人直接提出的情况下），要么是拷打审理（在指控由大陪审团提出的情况下）。

当时司法领域出现了这么多针对犯罪和暴力侵占财产行为的重大创新，原因之一是亨利二世的统治一直在经受考验。法国人对亨利的权势又嫉妒又憎恨，因此在欧洲大陆，英格兰人与法国人之间的每一次争端都会引发某种类型的军事对抗。亨利在法国的权势来自他的妻子，后者曾与法王路易七世结婚（后来离婚），这无助于消弭英法双方的矛盾。此外，亨利的不少臣属也不怎么忠心，其中就包括亨利的妻子和她与亨利所生的儿子们，这些人痛恨亨利的专横作风，甚至几度发起叛乱对抗他。最后，还有一批人数不多但影响力颇大的教会人士认为国王对教会的态度不佳，这多少有些出人意料。“红脸”威廉二世和亨利一世与圣安瑟伦之间产生了冲突，亨利二世的对手则是托马斯·贝克特（Thomas Becket）。

当时贝克特年纪尚轻，受过良好的教育，亨利二世在即位初期对贝克特颇为欣赏。显然，贝克特有苦修的思想倾向，但国王没有注意到。亨利任命贝克特为大法官，让贝克特协助自己巩固王室统治。当原来的坎特伯雷大主教于1162年去世时，亨利又说服当时甚至还没有成为神父的贝克特接手。于是，贝克特刚被按立为神父就成了大主教。

毫无疑问，亨利二世希望事情能够顺利进行下去。他希望与贝克特合作，在英格兰和教会中建立秩序，就像当年“征服者”威廉与兰弗朗克合作一样。但是，贝克特当上大主教后，行事与此前判若两人，不再是原来那个国王的密友大法官贝克特了。贝克特认为，自己既已成为大主教，就不应一味服从国王，而应该顺服上帝。摧毁了亨利与贝克特之间友谊的，则是“犯罪教士”这个很麻烦的问题。

当时，被控犯了重罪的教士会在教会法庭上接受审判，一旦被定罪，就由教会执行处罚。在征服英格兰后不久，“征服者”威廉便合法化（或者说承认）了这项特权。由于教会中并不执行极刑或其他见血的受刑方式，因此被认定有罪的教士往往会在较为宽松的教会监狱中服刑。对此，亨利希望他的官员们至少能参与教会审判，而他当然也希望那些被免去教会职务的教士能够接受和俗人一样的惩罚。然而，贝克特却将这样的举动和其他政教关系上的变化视为政府对教会自由的干涉。

在英格兰，主教的意见并不统一，但即便是支持亨利的人，也有一些是不赞同国王的做法的。亨利让手下官员指控贝克特在大法官任上收受贿赂。就像半个世纪之前的安瑟伦一样，贝克特不得不离开英格兰流亡海外。不过，他虽然成了法王路易七世的密友，却并未得到教皇的明确支持。此时教皇正全力与德皇“红胡子”腓特烈角力，因此更倾向于用和平磋商的方式解决英格兰的纠纷。

如上文所述，亨利二世有两个主要目标：巩固在各领地上的统治，保证继位过程顺利。尽管亨利二世在英格兰确立了普通法，影响深远，但他在巩固统治方面的成绩只能说是好坏参半。在王位继承方面，亨利二世最初的努力可以说是灾难性的。在贝克特流亡海外期间，国王决定加冕自己的长子为共治国王。法国的卡佩王朝从 987 年起就这么做了，在王位继承方面也没有遇到什么麻烦。但英格兰的情况就不同了，在英格兰，为国王加冕是坎特伯雷大主教独有的权力。而既然坎特伯雷大主教被流放在外，亨利就让约克大主教承担了这一工作。对此，贝克特强烈谴责，教皇也支持他。这样一来，原本为保证继承顺利而设计的加冕制度反而成了威胁，颇为重要的公众舆论可能因此倒向反对亨利一边，继位过程本身也会深受其害。后来，亨利在诺曼底与贝克特达成正式和解，危机解除，亨利允许自己曾经的好友重返英格兰的土地。

贝克特接受了回国的邀请，立刻着手对参加“非法”加冕活动者处以绝罚。亨利得知这一消息后，对大主教大发雷霆。亨利手下的四名王室骑士离开诺曼底，前往英格兰谋杀了贝克特，自认为执行了国王的意旨。人们对贝克特之死深感悲痛，对贝克特的哀悼持续了很长时间，这部分是因为欧洲高级知识分子圈子中的一些精英不仅了解贝克特，还对他十分敬佩，他们在贝克特死后继续传播关于他的记忆，宣扬贝克特崇拜，索尔兹伯里的约翰便是一例。贝克特在去世数年后便被列入圣品，他在坎特伯雷的坟墓成了英格兰的一个重要朝圣地点，亨利二世则不得不公开赎罪，承担贝克特谋杀事件的间接责任。对于导致贝克特流亡并最终殉道的犯罪教士等问题，英王也不得不做出策略性的让步。最讽刺的是，年轻的共治国王不仅不忠于亨利二世，发起叛乱，还先于自己的父亲离开了人世。1189 年，“狮心”理查登上了王位，继位过程还算顺利。这位新国王统治英格兰 10 年，但留在本土的时间还不到 6 个月。与其说他是伟大的管理者或立法者，不如说他是一位伟大的十字军将领。新国王长期不在国内，英格兰的政府却依然运作得很好，许多人认为，这正说明亨利二世在位时颇有成就。

*

“狮心”理查那么长时间不在英格兰，很大程度上要归咎于与他一同参加十字军的对手——法王腓力二世·奥古斯都。腓力二世与奥地利公爵共谋，在理查结束第三次十字军运动从圣地返回时将他囚禁，向英格兰索取赎金。腓力对于因十字军成功而自鸣得意的理查非常厌恶，也憎恨这样一个并非法兰西国王却能控制如此之多法国土地的人。

倘若要用一个词来描述法兰西王国或王国统治者的政治理念，那么“神圣君主制”（sacred monarchy）是比较恰当的。这种制度的世俗化表现形式就是威权主义（authoritarianism）。在此我们需要再一次指出，正如本书中所讨论的其他国家一样，启蒙时代和后来的历史学家用这个词来描述兴起的中世纪法兰西王国，是为了解释他们眼中自己所生活年代中政府与社会的特质。法兰西的旧制度（ancien régime）往往被形容为绝对主义（absolutist），这个词现在带上了 贬义，因为从近代早期开始，权力的运用就受到限制了。尽管如此，为了理解这种所谓的绝对主义，历史学家们还是刻意强调了绝对主义在中世纪的一些特点，比如认可统治者的神圣性和威权统治的合理性。

历史学家对于神圣性的关注并非全无道理。尽管封臣会因为封建理念之类的原因而向自己的领主效忠，但在多数情况下，人们依然认为之所以应当忠于国王，是因为国王具有特殊品质。在11世纪和12世纪初时尚未联系起来的一系列理念，在12世纪晚期到13世纪时融合成了一种成熟的意识形态。重复本身就具有说服力。每一位法兰西国王在加冕受膏时都使用据称来自天堂的圣油；每一位国王都拥有借由接触治愈瘰疬的能力，而他们也的确行了这样的奇迹；历任国王都参加了十字军远征，有些甚至参与了两次之多。

法王路易六世（1108—1137年在位）在其父腓力一世施行统治的最后岁月里逐渐接掌了王权，腓力一世在统治晚期因为与教廷之间关于重婚的纠纷而变得沮丧抑郁，难以正常履行国王的使命（参见第4章）。路易勉力保持对贵族的控制，将很大一部分权力赋予了大法官等高阶王室官员。然而，大法官艾蒂安·加兰德（Etienne Garlande）却趁机组织起自己的派系，成为国王的威胁。为此，路易将加兰德解职，转而求助于一名修士，这名修士便是后来圣德尼修道院的院长叙热，而他也成了路易六世的主要顾问。

叙热充满热情，也颇有能力，在他的辅佐下，驯服王室领地上贵族阶层的工作飞速进行。与此同时，叙热也和其他一些理论家一起，继续强调法兰西王权的半神圣特性，他们也越来越多地强调“甜美的法兰西”（sweet France）的特征，当时的《罗兰之歌》就总用这个短语。“甜美的法兰西”描述了法兰西这片土地的某种神圣特性和法兰西人民的特质，而人们也越来越关注这两个主题。鸢尾花（fleur-de-lys，俗称金百合）并非法国独有的象征物，但鸢尾花这个象征在法国王室宣传中的地位比在其他国家里更重要。据说，法兰西就像百合一样纯洁。

这种自吹自擂的宣传起了多大作用还很难说。有些人认为国王侵犯了自己的特权，对自己做惯了的事（包括强盗行为在内）横加干涉，这些人恐怕不会相信这种宣传。不过，路易六世统治法国将近 30 年，时间还是起了作用的。在王室领地上，城堡的堡主和其他男爵们逐渐适应了这个积极施加影响的政府。此后一代又一代成长起来的贵族们并不知道，在 11 世纪之初，王室的权威曾如此脆弱。

然而，在王室领地之外的那些大贵族封地上，情况就不同了。这些贵族尽管口头上宣称服从国王的最高权威，但哪怕在战场上和自己的主君兵戎相见，他们也不会感觉到良心不安。不过，即便是在这样的地方，似乎改变也正逐渐发生。首先，在其父路易六世去世的前一年，路易七世（1138—1180 年在位）与阿基坦的埃莉诺缔结了让他获益非凡的婚约。埃莉诺是法国西南部大片领地的继承人，因此这样的联姻似乎能使王室领地大幅扩张，让法国国王获得比大封建主们更强的军力。其次，路易七世后来让能干的叙热摄政，自己前去参加第二次十字军运动。第一次十字军运动并没有国王参与，因此路易七世参加远征大大增加了法国王室的国际威望。

路易七世与埃莉诺结婚、参加十字军远征，这两个决定在当时看来似乎能带来良好的前景，结果却并不如意。1147 年的那次十字军运动出现了问题，国王与王后之间的关系因此疏远了。1152 年，两人离婚。更糟糕的是，埃莉诺在两个月之后再婚，嫁给了英格兰的亨利，也就是后来的亨利二世（1154 年加冕为英王）。亨利原本就拥有英格兰、诺曼底、曼恩、安茹和图赖讷等领地，又通过与埃莉诺结婚获得了普瓦图和阿基坦，法国西部地区几乎都落入了他的手中。而另一个当时来看大有可为的决定——参加第二次十字军运动，也因为远征惨败而变得暗淡无光（具体参见第 11 章）。之后的法国国王们依然会保持参加十字军的传统。他们相信战争会带来收益，也认为即便十字军失败，发誓加入神圣的战争依然能够体现国王的尊严。然而，第二次远征那尤为凄凉的结局，还是让路易七世遭受了严重的打击。

离婚后，路易的大部分时间都用在了试图牵制亨利二世的安茹帝国上。正如我们所见，对于法国人来说幸运的是，亨利二世也有自己的问题要处理。埃莉诺及其与亨利所生的儿子们一个接着一个反抗亨利的统治，英王的国土陷入混乱。而英王与贝克特之间的斗争，以及随之而来的谋杀贝克特的事件，又增添了更多的麻烦。

路易七世在贝克特流亡法国时与之建立了非常友好的关系。1179 年，在贝克特被封圣之后没多久，身体状况不佳的法王甚至请求获得允许前往英格兰，在这位圣徒的墓前祈祷自己的儿子能够从大病中康复。他的请求获得了批准。那位当时年仅 13 岁的法国王子名为腓力，是路易七世的独子，其母是路易七世的第二任妻子。腓力出生时，多灾多难的法兰西对腓力寄予厚望，因为这预示着王位能够得到顺利继承。当老国王结束前往坎特伯雷的朝圣并返回时，他高兴地发现自己的儿子正在恢复健康，不久之后，他便按照卡佩王朝的习俗为腓力加冕，将其任命为共治国王。一年后，腓力在其父去世后进行了第二次加冕，完全执掌了权力。腓力也是法国最后一位在前任国王在世时就成为共治国王的继承人。这时，长子继位的原则已经在法兰西的国土上确立了。

和他的父亲一样，腓力二世·奥古斯都致力于在王室领地内建立牢固的统治，同时在可能的情况下扩张领地，而最重要的则是遏制安茹帝国在法国国内的势力。亨利二世死于1189年，“狮心”理查一世继任王位。理查和腓力都接过了十字架，准备参与1190年的第三次十字军运动。腓力利用这段时间强化管理机构，他仔细界定了领地官员执行官（baillis）的职责，这些官员需要在地方上体现王室的权威，监管包括监察官在内的下级官员，确保王室的权利都能得到维护。

在十字军的事务上，腓力二世并没有花费多少时间。事实上，他很快就返回了法国，名誉还因此受损。不过腓力觉得自己已经兑现了誓言。在接下来的岁月里，他通过执行相当严厉的财政政策增加了王国的收入，其中特别有效的手段包括获取有利可图的监护权力以及利用其他一些封建权力。腓力也找到了另一个目标，那就是犹太人。早在1182年，腓力就将数千名犹太人逐出了王室领地（这里大致是指法兰西岛地区）并夺取了他们的财产，因为腓力认为，这些犹太人不仅利用借贷手段剥削他封臣的钱财，还可能在私底下杀害基督教男童以重现基督受难的场景。1191年，腓力刚刚结束十字军征途返回法国，就亲自率军袭击了一个位于王室领地之外男爵封地上的犹太人居民点。对此，他的理由是这些犹太人杀死了他的一名下属并逃脱了惩罚。居民点中的所有犹太男人都被杀了，共计80人。然而，过了七年，1198年时，腓力在王室领地内犹太人定居点的问题上改变了心意，允许愿意返回的犹太人重归故里。许多犹太人返回了他们曾经居住的地方，不过直到腓力统治末期，他们的日子都不好过，法国人会定期征收高昂的税款，榨干他们的财富。

腓力二世绰号“奥古斯都”，因为他扩展了王室领地的范围。“狮心”理查在世时曾经与腓力进行军事对抗，面对这样的挑战，腓力最多也只能保住自己的领土，有时还得忍受一些暂时的羞辱。无嗣的理查于1199年去世，他的幼弟约翰成了英王。约翰取代了他侄子布列塔尼的亚瑟（Arthur of Brittany）的地位，亚瑟是约翰已故兄长的儿子。人们普遍认为，约翰是谋杀亚瑟的背后主谋*，而我们也将在此后的章节中看到，约翰在统治英国时遇到了不小的麻烦。1200年，约翰绑架了他属下一名封臣的未婚妻**并与其结婚，激怒了这名封臣。这对腓力而言是个机会。约翰的封臣很快便向腓力求助，请腓力主持正义。约翰拒绝接受审判，于是在1202年，他在法国的所有领地被宣布罚没。12年之后的1214年，英王约翰为挽回这场灾难所做的最大努力，也随着他在布汶战役（Battle of Bouvines）的失利而终告失败。这场战役巩固了此前腓力二世一系列强制执行领地没收的成功战役（1204年）的成果。法王将卢瓦尔河以北所有曾属于安茹帝国的土地都纳为王室领地（其中最重要的是诺曼底），从而在诸多大封建主的角力中获得了决定性优势。

那么，法王对于卢瓦尔河以南的地区是否有所谋划呢？1202年罚没约翰王领地的判决，适用于所有他位于法国的领地（也许阿基坦除外，因为直到约翰之母埃莉诺在1204年去世之前，约翰本人都

---

* 亚瑟之父为布列塔尼公爵若弗鲁瓦，后者在埃莉诺与亨利二世儿子中的排行在“狮心”理查之后，在约翰之前。亚瑟曾为了布列塔尼的继承而与约翰对抗，被俘后失踪，传言是在约翰授意下被谋杀了。——译者注

** 此人即昂古莱姆的伊莎贝拉（Isabella of Angoulême），其时她已与吕西尼昂的于格九世（Hugh IX of Lusignan）订婚。——译者注

只是在名义上拥有这一地区)。1204 年之后，腓力并不希望在军事上过度扩张，而他夺取领地的扫尾行动也仅仅持续到 1206 年前后。不过很显然，当 1208 年教皇英诺森三世宣布，将针对迦他利派异端(Cathar heretics)及其位于法国南部的支持者进行阿尔比十字军运动(Albigensian Crusade)时，一个真正意义上的机会来临了(参见第 13 章)。腓力鼓励十字军的活动，但他并没有领导军队，也没有提供太多物质和经济方面的支持。他做出这样的决定，也许是基于战略考虑，也可能与他担心过度扩张有关。无论原因为何，在 1214 年的布汶战役结束后，法兰西王国(指北方)都享受了相当长的和平时期。这位精明的老国王一直活到了 1223 年。有些人试图将这位不太热心的十字军国王列入圣品，可想而知，教会对此有所保留。

第 11 章

政治势力及其环境（下）

在 12 世纪的绝大多数时间里，欧洲北部的强权要么互相征战，要么便像德意志一样陷入与教皇对抗的旋涡。在欧洲南部，无论是西面还是东面，各路势力需要常年对抗的敌人都是伊斯兰教势力。在伊比利亚国家和十字军国家的政治生活里，充满了基督徒与穆斯林之间的斗争。在这些国家中，很少有事物没有受到上述斗争的影响。相比之下，在地中海中部地区，尽管正如西西里国王意识到的，伊斯兰教势力需要在军事上严肃对待，但两种文明相遇时，暴力冲突并不多，在意大利本土还有许多更重要的政治问题。接下来，本书讨论的内容将从地中海西部开始，从那里向东延伸。

葡萄牙与西班牙

852 年，一位名为伊萨克（Isaac）的苦修隐士眼见其他基督徒接受了穆斯林征服西班牙的现状，离开自己父母的信仰，改信了伊斯兰教，对此他极为不满。于是，伊萨克离开他在乡下的居所，出现在科尔多瓦（Cordoba）街头。在这座西班牙伊斯兰教势力控制的华丽都城之中，伊萨克公开斥责穆罕默德为假先知，而这是要用极刑惩罚的大罪。在当局看来，也许伊萨克并未意识到自己的行为将招致何种后果，若他知道，他肯定会停止愚行，回到自己的家乡。事实上，伊萨克对将会发生什么十分清楚，但他并未停步。不久之后，他便被处以极刑。

一开始，基督教高层对伊萨克的牺牲没什么反应，但后来，其他基督徒也开始效仿伊萨克。在保守的基督徒看来，这些人与其说是殉道，不如说是自杀，他们的行为是违背上帝旨意的罪行。859 年时，这样的殉道 / 自杀行为已经达到了 44 例，最后一例是一个名为欧洛日（Eulogius）的神父，他曾在自己的作品中赞扬这些献身者。这 44 人的勇气终于触动了西班牙的其他基督徒，一部分批评者甚至改变了立场。在科尔多瓦殉道者刚刚出现时，伊比利亚半岛上改信伊斯兰教的基督徒数量并没有马上下降；事实上，从短期来看基督徒的反抗甚至有所减少，因为那些不够坚定的基督教信徒们宁可放弃信仰，也不想忍受当局日益严酷的压迫——当局对他们的先知在公众场合遭到诋毁非常不满。

换句话说，关于科尔多瓦殉道者的记忆需要经过一段时间，才能在普通的基督徒中发挥作用。然而，在殉道事件之后，伊比利亚半岛上基督教和伊斯兰教两大信仰之间的紧张气氛就显露了出来，而且未曾缓和。纵观历史，从欧洛日之死一直到 1492 年，西班牙政治领域的首要问题始终和伊斯兰政治势力相关。不过直到 11 世纪，位于伊比利亚半岛最北方的那些未被征服的基督教小王国才真正开始反击，这一系列反击将促成基督教势力重新控制整个伊比利亚。

这场再征服运动（Reconquista，又译“收复失地运动”）也经历了高潮期和低潮期。虽然西班牙基督徒对自己在政治和社会生活中低人一等非常不满，但有充分证据表明，在穆斯林入侵之后的头三个世纪，即“伊斯兰治下的和平”（pax islamica）时期，一些基督徒和基督徒团体其实在经济上获利不少。而且，尽管在伊斯兰教势力统治的地方，基督徒和犹太人低人一等，但从许多方面看，他们的日子还是比较好过的，毕竟各个群体都有自由践行其信仰的权利。

这一时期开启的创造性交流，将使大量古希腊语作品借由犹太人与穆斯林的翻译、摘抄与注释，最终被翻译为拉丁语。和所有的主流宗教一样，伊斯兰教内部也有各式各样的派别，不同文化之间的交流也时断时续。在西班牙，各个伊斯兰小王国（taifas，泰法）各自为政的分裂时期一直持续到 11 世纪 90 年代，当时在不同文化间有许多成果丰硕的交流。北非的阿尔摩拉维德王朝（Almoravids）试图扭转基督徒在再征服运动中取得的初期胜利，成功地在半岛取得了霸主地位，但上述交流几乎没有受到影响。但是，12 世纪中期，阿尔摩哈德王朝（Almohads）——这批柏柏尔人通常戒律严格——在西班牙取代了阿尔摩拉维德王朝，引入了严苛的监察手段，将其用于压迫其他宗教的信徒和伊斯兰教其他派别的人群。在阿尔摩哈德王朝统治时期，最伟大的犹太思想家之一、医师兼哲学家迈蒙尼德逃离了西班牙。

收复失地的战争逐渐发展出了一些特征，比如，交战双方会派出突袭部队烧杀抢掠，奴役战俘。当伊斯兰的哈里发政权（caliphate）分裂为一个个小王国（泰法）时，整个地区似乎都成了上述活动的目标，至少在基督徒一方看来，这些小王国脆弱可欺的表象带来了不同于以往的诱惑力。在每个这样的小王国中，都有一批具有战略地位的城市和堡垒，这些关键据点便成了基督教军队的主要目标。因此，围城作战成了这一时期双方较量中时常可见的战争图景，即便到了柏柏尔人王朝重新统一伊斯兰教势力的时期，围城作战也没有消失。

虽然当时双方也在海上交战，海盗活动和私掠行为也不少，但基督徒尝试收复失地时，还是循着罗马时代的旧路。这些旧路上的节点往往有城堡守护，基督徒若能够夺回这些堡垒，便能将其作为进一步扩张的基地。穆斯林征服者们还建造了新的城堡，用高耸厚实、形似城堡的围墙加固他们夺取的城市，保卫他们的征服成果。这种独特的景色使这片土地获得了“卡斯提尔”之名（Castile 源于 Castle-land，即“遍布城堡的土地”）。

双方进行的小规模突袭和全面进攻都没能让征服者的同信仰群体改变定居地。一直到 12 世纪，基督教军队在赢得胜利、夺取土地之后，通常的做法都还是建立起权力机构，统治原本就在当地定居的基督徒、穆斯林和犹太人。在一些地方，穆斯林人口占多数，因为此前要么有大批基督徒改信伊斯兰教，要么有一批又一批隶属于伊斯兰教不同派别的移民前来。后来，基督教军队获胜后，可能会驱逐大批穆斯林居民，但这只是“可能”而已。13 世纪时，阿拉贡征服巴伦西亚，基督们控制了一个拥有绝佳灌溉系统的地区，但他们还需要伊斯兰农民的专业技术与劳动力，才能有效利用这片土地。可想而知，让穆斯林继续留在这一地区，统治者往往需要考虑发生叛乱的风险，而叛乱也的确时有发生。

参与基督教再征服运动的军队各式各样。无论是保卫拥有城墙的市镇，还是进行野战，城市民兵都扮演了非常重要的角色。和北欧的情况不同，在西班牙，骑士在城镇中和乡村里都很常见。双方交战的前线并非滴水不漏，战线本身也会不时发生变动，因此出身高贵的征服者们有时也会对乡村人口施以牢固的控制。在其他时期，乡民的生活就会轻松一些，他们甚至有机会出售自己的军事服务以获得骑士地位。在12世纪的西班牙，出身农民与获得骑士封号并不矛盾。而且，在穆斯林所抛弃或穆斯林居民遭到驱逐的地区，基督教君主们会鼓励基督徒移民前往定居。在这样的地方，新来者只要承诺提供军事服务，往往便能获得完全的自由之身。卡斯提尔可不是奴隶的土地。

还有一些更专业化的军队参与了再征服运动。前往东方的十字军远征催生出了军事修会，形成了圣殿骑士团、医院骑士团、条顿骑士等团体，而在伊比利亚，也出现了守独身的修士骑士与军士，他们发誓甘于贫穷，服务于卡拉特拉瓦骑士团（Order of Calatrava，于1164年得到教皇的承认）和圣地亚哥骑士团（Order of Santiago，1170年建立）。事实上，他们也不得不甘于贫穷，因为西班牙的国王们无论对国际性军事修会有多关注，通常都不太愿意把原本可以用于收复失地的资金投到圣地中去。正如12世纪一首作于伊比利亚或其边境地区的歌曲中所唱的那样，当收复失地的使命到来时，西班牙本土就是圣地。

不过，那些前往圣地的十字军也在再征服运动中扮演了重要的角色。1147年，预定前往巴勒斯坦的十字军参与了围攻并夺取里斯本（Lisbon）的战斗。后来，这支军队又为多次胜利做出了贡献。不过，12世纪中期阿尔摩哈德王朝介入半岛局势后，上述战果中的一部分又得而复失。事实上，在夺取里斯本之后的半个世纪时间里，每当葡萄牙的军队（无论是否有十字军的支持）取得重大进展，穆斯林一方便会发动反击，夺回一部分领土。1189 年，参加第三次十字军运动的十字军又一次介入伊比利亚半岛的局势，取得了重大成功；然而不到两年，阿尔摩哈德王朝的军队便收复了失地。

基督徒这边面临的一个问题是，基督教君主们不愿意放弃内部纷争。葡萄牙的统治者总试图将其所在的地区变成一个独立国家，在从伊斯兰教势力手中收复土地的同时，摆脱信仰基督教的邻居们的控制（在 12 世纪过了三分之一以后，葡萄牙确实获得了独立）。葡萄牙和其他基督教王国之间进行战争的频率之高，丝毫不逊于与阿尔摩哈德王朝的对抗。正因为这样，葡萄牙的再征服运动虽然在 13 世纪 20 年代到 30 年代取得了很多胜利，却一直到 13 世纪中期才完成。

葡萄牙在收复失地的过程中经历了反复，整个伊比利亚半岛的再征服运动也一样。军队因此受挫，暴力也升级了。在此期间，双方都有人展现出了超凡的勇气，也出现了关于穆斯林和基督徒骑士精神的传说，但参战者的恶行也是惊人的。人们对野蛮的行径习以为常。双方都将奴役俘虏当成例行的处置手段。一个人能够获得多大的威望，取决于他能俘虏多少对方的战士，而这些俘虏要么沦为奴隶，要么在付出金钱之后被赎回。如果战俘既不能当奴隶，又不能被用于勒索赎金，那么军队领袖展示勇气的办法便是砍下俘虏的头颅或割下他们的头皮，将这些战利品带回基地，或者在撤退离开敌人领地之前将敌人首级挂在杆头展示。在袭击港口城市的过程中，士兵们更是犯下了强奸等令人发指的暴行。

对整个半岛而言，两股势力的关键交锋是 1212 年的纳瓦斯德托洛萨（Las Navas de Tolosa）之战。卡斯提尔的阿方索八世（Alfonso VIII，生卒年 1155—1214）成了这场大战的胜利者，控制着西班牙中部和南部的阿尔摩哈德王朝统治者们则在接下来的时间里遭遇了一系列屈辱的军事失败。在这场战斗之前，基督徒已经做好了最坏的准备——他们的整个冒险计划可能因为一场失败而土崩瓦解。阿方索竭尽所能，组织起一支庞大的军队，其中不仅有他的卡斯提尔臣属，还加入了来自阿拉贡和法国的部队。据可靠估计，阿方索集结了多达6万人，这支军队是中世纪天主教徒组织起来的最大规模的军队之一，甚至可能是其中之最。不过，给这样一支军队提供薪饷也就成了繁重的任务。卡斯提尔的教会承诺捐出年收入的一半作为支持。而通常施加于教会的十字军税，即为了支持军队前往地中海东部进行十字军运动而征收的税款，不过是教士阶层十分之一的岁入而已。

阿方索赢得的胜利挫败了阿尔摩哈德王朝的大反击，沉重打击了伊比利亚的穆斯林势力，有助于基督徒发起攻势，比如，此后基督教势力在葡萄牙的推进便站稳了脚跟。在此后的40年时间里，基督徒在半岛的南部和东部接连取得胜利，尽管这些胜利不能和纳瓦斯德托洛萨之战相提并论，但所有这些战果就像阿拉贡-加泰罗尼亚人在1238年征服巴伦西亚时取得的成就一样，揭示出基督徒所控制的政治版图正稳步扩张。尽管伊斯兰教势力发起过一些动乱，其军队也发动过一些反击，但到了1252年，基督徒已经基本完成了在西班牙的收复失地活动。只有伊比利亚半岛最南端那个小小的穆斯林势力附属国格拉纳达（Granada）还独立于基督教控制之外，这里曾多次成为穆斯林势力反击的跳板。尽管这样的反击气势惊人，让基督徒一时受了挫折，但是在13世纪中叶之后，收复失地活动就再也没有遇到任何真正意义上的挑战。

意大利

人们往往将教会自由视为战斗口号，这一口号集合起教会人士与信徒，号召他们保卫教会，抵御敌人进犯。城市自由则是意大利城市共和国的口号。捍卫城市特权的人说到自由，最先想到的便是意大利北部相对于帝国和教皇的政治独立。

教皇对城市独立理念的敌视根深蒂固，对罗马想要独立尤为不满。有时，教皇国强有力的官僚政府似乎能有效遏制意大利中部的城市独立趋势。但另一些时候，遭到抑制的城市寡头会重新抬头，威胁社会的安定，当教廷在德意志皇帝的威胁下逃离罗马时更是如此。意大利中部城镇对统治者持这种事不关己的态度，被教廷官员们视同叛逆。

相比之下，在12世纪的绝大多数时间里，南意大利和西西里都受稳定而充满活力的中央政府控制（这些地区隶属于西西里王国），而这样的政府并不会把独立的特权授予城镇。不过，在墨西拿这样的城市中，人们也开始追求某种程度的城市自治。对此，西西里王国的政府仅仅在少数情况下表现出模糊的态度，而在通常情况下，上述要求都遭到了严厉拒绝。因此，意大利城市追求自由，真正取得胜利的舞台在北部。

即便在意大利北部，独立也只是相对的。12世纪时，那里的许多公社（北意大利城邦）都有本地的世俗和教会领主，帝国一方则试图在这些地区恢复控制权，特别是在“红胡子”腓特烈在位期间。在这些公社中，政治是外交和公开战争的混合体。公社开战，依靠的是城市民兵、雇佣军和公债收入。这些战事至少能阻止地方领主与帝国势力的进一步扩张，甚至还能限制他们的权力。有位历史学家说：“在意大利公社中，最早的著名俗语诗歌是一些洋溢着爱国热情的诗句段落，这些诗句为伦巴第的自由辩护，抵挡来自德意志、霍亨施陶芬家族和帝国的侵犯。”（Jones，1997 年，第 457 页）这样的爱国情绪多少限制了城邦的自治，因为在面临危机时，城邦的领袖知道各个城邦需要一致行动。几个意大利城邦群体结为联盟，比如 1167 年、1185 年和 1195 年的伦巴第联盟（Lombard League），以及 1198 年的托斯卡纳联盟（Tuscan League）。在这样的联盟中，城邦通常不会交出主权，而是自愿在特定的领域内协调对外政策，以抵御卷土重来的帝国势力对自治的威胁。

帝国施加的短期压力促成了反帝国联盟的形成，帝国长期虚弱则使城邦有机会扩张自己的领地。当法兰西的王权在 11 世纪末和 12 世纪初衰落下去时，在诺曼底和安茹这样的独立封地中也出现过类似情况。不过在意大利，帝国的权威从未像法兰西王权那样得到稳步恢复，也没能像欧洲中部的匈牙利国王那样，在混乱之后重新恢复其治下的统一。北意大利也没有一个城邦联合体能吞并其他城邦的领地，在自己名下建立统一的国家。12 世纪时，佛罗伦萨和米兰都建立起了真正意义上的区域性政权，这样的政权能够主宰一些较小的公社及其内陆腹地，将这些地区并入国家机器，但这两个小国都不够强大，无法成为整个北意大利毫无争议的霸主。

北意大利之所以具有举足轻重的地位，主要还是因其不断增长的经济实力，而经济领域的强大又改变了城市及其附近地区的社会组织架构，这一问题我们将在第 12 章中详细讨论。包括北意大利、半岛南部地区和附属岛屿在内的整个意大利仍是重要的商品转运站，整个中世纪世界的货物（包括奴隶），无论是来自基督教地区、拜占庭人的帝国，还是来自伊斯兰教势力的控制范围，都在这里转运和交换。当时的意大利是个巨大的商业中心。

科西嘉岛和撒丁岛等地的经济发展仰赖与北意大利城市之间的联系。这两个当时的重要奴隶贸易中转站被拖入了热那亚和比萨争夺西地中海霸主地位的政治旋涡。（1195 年，比萨在这场竞争中落败。）西西里岛的情况则不同。在这里，某几任国王的声誉颇为奇特，尤其是罗杰二世。罗杰被外人视为暴君，对穆斯林较为温和，但在他作为伯爵（1105—1130 年）和国王（1130—1154 年）统治的时期，以及继承其王位的威廉一世（1154—1166 年在位）和威廉二世（1166—1189 年在位）统治期间，西西里王国的政治和经济实力达到了中世纪时期的巅峰。谷物是西西里王国的主要出口产品，但该国也生产和消费丝绸、优质羊毛纺织品等大量不同种类的特殊商品。不过，出口商品的运输主要掌握在北意大利的船主手中，这也预示了未来的走向。

像西班牙的君主们一样，西西里的国王们并非狭义上的十字军支持者。他们并没有亲自领兵前往圣地，但也留下了好名声，因为他们成功挑战了伊斯兰教势力，始终保护海上航线，使其免遭抬头的穆斯林和拜占庭势力攻击。此外，为了实现其商业与政治目标，西西里的统治者还派兵袭击了位于北非的穆斯林据点。他们作为基督教战士国王的名声无可辩驳。尽管如此，基督徒在圣地面临的局势却不断恶化。当地的十字军国家如果想生存下去，就需要某些势力的介入。假如西西里无法提供帮助，那么其他西方势力就必须施以援手。

十字军运动与十字军国家

12 世纪的西方地图通常将耶路撒冷绘制为世界中心，天主教机构则将这座城市的形象转变为圣地，按照它们的描述，在耶路撒冷，连绵不绝的信徒队伍赞颂着上帝，弥撒与颂歌永不停歇。从世俗意义上说，耶路撒冷也是“耶路撒冷王国”这个拉丁国家的首都。耶路撒冷王国的第一任统治者布永的戈弗雷拒绝了国王的头衔（他更愿意认耶稣为王），谦卑地自称圣墓守护者，他的兄弟布洛涅的鲍德温则在 1100 年接受了耶路撒冷国王的称号。鲍德温一世（Baldwin I，1100—1118 年在位）在确立十字军各国的政治安排方面起了作用。十字军国家包括耶路撒冷王国、安条克公国，以及埃德萨、的黎波里两个伯国，其中的黎波里伯国是 1109 年才建立的。

在政治环境和土地分配方面，十字军国家经过漫长的早期探索，接受并最终采纳了欧洲西北部的典型管理模式与政治架构——封地、封臣、效忠关系、以骑士为基础的军事体系等。考虑到十字军国家统治阶层的故乡，这并不奇怪。尽管十字军运动的成果是多国共同努力取得的，但法国人占据了主导地位，因此法语也成了绝大多数上层人士的通用语言。在十字军于 1099 年征服耶路撒冷之后，统治阶层中的人被分散到了十字军国家的各个城堡之中。在敌对环境中的城堡建设活动，则成了这些定居下来的十字军战士们取得的重大技术成就。

第一次十字军运动结束了，一批又一批的欧洲人紧接着前往圣地。这些人主要是朝圣者，但其中也包括了一些士兵。除非打算死在圣地，这些造访者中只会有一小部分定居在十字军国家之中。好在十字军国家的政府已经开始行动，有人负责测量“纯”法兰克人村庄和法兰克人与其他民族混居点等十字军定居处的地形。尽管如此，毫无疑问欧洲定居者的绝对数量依然很有限，在国家面临穆斯林势力齐心协力试图收复失地的反击之时，这样的人口并不足以胜任保卫圣地诸国的任务。

在圣地，十字军成员犹如星星点点的礁石，分布在东方基督徒和穆斯林农民与城镇居民组成的汪洋大海之中。许多当地基督徒是拜占庭人，天主教基督徒和他们在教义上有许多分歧，比如对于信经中该不该有“和子”(filioque)，双方就存在争议。不过，天主教和科普替教派（Copts）等其他宗派之间的分歧要大得多。在天主教徒看来，科普替人往好里说是分裂教会的，往坏里说就是异端，因为他们拒绝接受451年迦克墩会议（Council of Chalcedon）确立的关于耶稣基督本质的主流观点。来自黎巴嫩山区的马龙派（Maronites）是个例外，这一宗派的基督徒较为严格地遵循了迦克墩信经的教诲，他们在经由天主教十字军与罗马恢复联系之后，与罗马建立了颇有成效的联盟，还最终承认了教皇的首脑地位和“圣礼联合”(sacramental union) 说。

不过，在经历了一开始的热情阶段之后，大多数东方基督徒对十字军远征和十字军人员的态度就越来越带有敌意了。拜占庭的教会人士认为自己受到了背叛：对方原本同意承认己方对各个圣所的控制权，却没有真正兑现诺言。其他东方基督徒则大多秉持不同于迦克墩决议的信条，视天主教徒为真信仰的敌人，只有少数例外。此外，居住在临近十字军国家的穆斯林领土上的基督徒，在战争时期也境况危险，他们不时被怀疑协助十字军，但事实往往并非如此。因为被怀疑表里不一、阴谋叛乱，所以这些基督徒时常遭受逼迫。对这些人而言，十字军活动恐怕很难说是祝福。

十字军诸国像西方那些较大的王国一样面临继承危机，这削弱了其通力合作的能力。不过边境另一边的穆斯林国家也是如此，这种情况一直持续到12世纪40年代，之后纷争有所缓和，但一直到12世纪80年代后才平息下来。正是由于穆斯林国家内乱，似乎处于迅速衰落阶段、正走向自我毁灭的十字军诸国才能存续下去。从1100年到12世纪末，不算其他国家中的继位纷争，光是耶路撒冷王国就先后出现了10任统治者，外加一名短暂管理国家之后便遭到刺杀的摄政，蒙费拉的康拉德（Conrad of Montferrat，1190—1192年在位）。

上述国王中的两位，即鲍德温一世和吕西尼昂的居伊（Guy of Lusignan，1186—1187年在位），都曾因在战斗中败北而被穆斯林俘获，在支付赎金后才获得释放。鲍德温一世在位18年，其中7年都致力于通过武力控制其他基督教领主。他的继承者鲍德温二世（1118—1131年在位）则不得不应付自己女儿安条克的爱丽丝（Alice of Antioch）发起的叛乱。爱丽丝在1129年时试图和一名穆斯林领袖赞吉（Zangī）结盟以获取更多利益。鲍德温二世没有留下男性后嗣就去世了，许多十字军男爵共同邀请了一名曾经的朝圣者、来自西方的强大的安茹伯爵富尔克（Fulk of Anjou）来担任国王。富尔克接受了邀请，娶了鲍德温的另一个女儿梅利桑德（Melisende）。然而，富尔克接受王位的举动激怒了另一些男爵，也惹恼了安条克的爱丽丝。因此，富尔克（1131—1143年在位）至少需要扑灭两起叛乱才能安坐王位。富尔克的儿子兼继任者鲍德温三世（1143—1162年在位）登基时还是少年，他不得不与其母梅利桑德争夺王国的控制权。梅利桑德狂妄专权，俨然王国的共治统治者；为此，鲍德温三世在1150年到1152年间的一系列军事对抗中与其母兵戎相见。

在之后的五位国王中，鲍德温四世（1174—1185 年在位）患有麻风病，尽管颇有勇气，却在其统治的最后几年里因病几乎无法理政。他在担架上指挥军队，进行了他的最后一场战斗。他的外甥鲍德温五世继位时年仅 6 岁，7 岁时便离世了，而且可能死于他人之手。十字军国家还面临许许多多的问题，很多要归咎于十字军自身，比如，当拜占庭人提出给予帮助时，十字军的态度前后矛盾，往往带有敌意。在第一次十字军远征中，拜占庭人没能在安条克支持十字军（参见第 7 章），此后，他们就再也没能获得普遍信任；而对于重新提供支持，拜占庭皇帝要求的价码是履行那次十字军远征前夕双方达成的领土让步协议。这就是症结所在。尽管如此，拜占庭人后来还是数次至少间接介入当地事务，支持十字军。双方若能继续结盟，本可以对基督徒的事业有所助益。

十字军诸国的脆弱之处在 1144 年显露出来。那一年，赞吉——安条克的爱丽丝的潜在盟友——征服了埃德萨伯国。埃德萨的陷落引发了再次进行十字军远征的呼声，克莱尔沃的伯尔纳等人也为此积极布道。在这次远征的准备阶段，犹太人大体上逃脱了像第一次十字军远征前那样遭到屠戮的厄运。伯尔纳亲自介入，阻止了激进反犹主义，而在布道中传播反犹情绪的正是他的一个门徒。

在 1147—1149 年进行的第二次十字军运动中，基督徒派往圣地的军队包括一支由康拉德三世率领的德意志军和一支由路易七世率领的法军。这次远征徒劳无功。1148 年 7 月，十字军围攻大马士革（Damascus），这一消息令定居在圣地的男爵们失望万分。这一围城举动之所以引起不满，是因为尽管大马士革处于穆斯林的控制之下，但自 1139 年起该城就已是耶路撒冷方面的盟友，还协助后者对抗赞吉及其子努尔丁（Nūral-Dīn）不断增长的势力。（赞吉本人在 1146 年遭到谋杀。）十字军没能攻下大马士革，打了败仗，这批十字军战士将失败归咎于当地贵族的变节行为，这次远征之后，大马士革于 1154 年向努尔丁投降，形势更严峻了。

第二次十字军远征失败造成的严重沮丧情绪几乎难以用语言描述。克莱尔沃的伯尔纳曾怀着极大的热情为这次远征布道，为军事修会的骑士团祝福。现在，伯尔纳却陷入了近乎自怨自艾的境地。他相信，基督教世界之所以遭受如此惩罚，一定是因为人们严重地冒犯了上帝。修士伯尔纳坦然接受了他人的咒骂，认为这苦难是属灵的恩赐。

*

十字军远征将大批军人暂时派往东方，而日常的问题，还要交给各地王公属下的军队（我们知道这些王公并非总能采取一致行动）和医院骑士团、圣殿骑士团及（于 1190 年成立的）条顿骑士团等军事修会组织去解决。医院骑士团为圣地提供资金和兵源，其欧洲分部遍布各处，从英格兰、法兰西、德意志，到弗里斯兰（Frisia）等低地国家，再到西班牙和斯拉夫人居住的地区（一直到 1169 年，医院骑士团都还在布拉格活动），都可以看到医院骑士团。而像圣殿骑士团这样的组织，则利用各分部在欧洲与近东之间传递信息，促进资金交换，服务于向骑士团求助的人和机构。

为了实现其军事方面的职能，医院骑士团占据了一批具有战略价值的城堡并配置了相关人员。圣殿骑士团也是如此。尽管这两个骑士团之间龃龉不断，敌意日渐加深，但在保卫城堡、进行其他类型的军事远征活动时，两个骑士团的成员都勇敢地执行了任务。为此，骑士团也付出了沉重的代价。在 1153 年的阿斯卡隆（Ascalon）之战中，40 名圣殿骑士突破了敌军的防御，却遭到包围，奋战之下只有 1 人幸存。穆斯林斩下了死去骑士们的头颅，将他们遭到肢解的尸体挂在被围的阿斯卡隆城墙上示众。虽然之后十字军攻下了阿斯卡隆，但 12 世纪中期，骑士团在圣地的处境日益艰难，他们还会遭遇更多毁灭性的挫败，其损失远甚于圣殿骑士们这次浴血阿斯卡隆的结局。

1154 年春，大马士革向努尔丁投降，这一事件是叙利亚穆斯林势力向统一方向迈进的重要里程碑，但问题并没有完全解决。基督徒在某些地方的进攻成效显著，在阿马尔里克一世（Amalric I，1162—1174 年在位）国王在位早期尤其如此。穆斯林需要反击基督徒的攻势。不过，努尔丁的目标不是取得军事上的均势地位，他的野心更大。当时统治埃及的法蒂玛王朝（Fatimid dynasty）由一个穆斯林支派建立。那时的埃及国力不振，而且像屈服于努尔丁之前的大马士革一样，愿意和十字军国家结盟对抗他们共同的穆斯林敌人。1168 年，一个奇怪的状况出现了：天主教势力决定单方面撕毁与法蒂玛王朝的盟约并入侵埃及。毫无疑问，这样的决定在很大程度上源于军事修会与世俗王公们对彼此的怀疑与敌意。

努尔丁介入了局势。他派遣副官萨拉丁前往埃及。出身库尔德人（Kurd）的萨拉丁颇有天资，他从父亲处继承了阿尤布（Ayyubid）的称呼 *。萨拉丁的任务是与法蒂玛势力联手抵抗十字军入侵。1168—1169 年，努尔丁挫败了基督徒的攻势。1169 年，萨拉丁作为埃及事

---

* 萨拉丁全名为安–纳西尔·萨拉赫丁·优素福·伊本·阿尤布（An-Nasir Salah ad-Din Yusuf ibn Ayyub），其中“伊本”意为某人之子，此处即阿尤布之子。——译者注

实上的军事领袖，又一次击退了拜占庭人针对尼罗河口的达米埃塔港（Damietta）的进攻。不过，法蒂玛王朝并没有因为这次成功的防御作战得到拯救，王朝在1171年被推翻了。与此同时，萨拉丁则继续着他在战场上的胜利。1174年，诺曼人进犯，试图夺取亚历山大里亚，他们也被击退了。

1174年，努尔丁去世。和十字军诸国有关的事务依然需要萨拉丁去处理，但他关注的重点已经转向了巩固自己在叙利亚和埃及的权势。为此，他需要填补因努尔丁去世而在叙利亚产生的权力真空，迎击对新生的阿尤布王朝心怀不满的穆斯林统治者。在十多年的时间里，萨拉丁不知疲倦地向着这个目标努力并取得了成功，在那之后，他才重新将注意力集中到了十字军诸国上。倘若他能取得胜利，就不仅能够获得荣耀，还能在穆斯林势力控制的近东地区巩固阿尤布王朝的统治。

在1187年7月4日的哈廷（Hāttīn）之战中，萨拉丁让一支多达2万人的基督徒军队几乎全军覆没。在此之后，似乎再没有什么能阻止他的进攻了。7月10日，萨拉丁的军队又夺取了阿卡（Acre）。1187年10月2日，人们无法想象的事发生了：世界的中心——耶路撒冷城——也落入了这位征服者手中。港口城市提尔（Tyre）坚守成功，继续为天主教势力所控制，但毁灭的气息对基督教一方而言是真真切切的，他们有大批战俘遭到处决，剩下的遭到奴役，运气好的则在支付赎金之后被赎回。

乞求援助的消息不断传到西方，该做的事就只有一件了。年迈的皇帝“红胡子”腓特烈接过了十字架。英格兰的国王亨利二世此时已年过五十，但他也愿意参加。法兰西的腓力·奥古斯都当时不过二十出头，作为参战的国王中的年轻人，他理当表现出朝气蓬勃的领导力。亨利二世于1189年去世，他时年三十多岁的儿子“狮心”理查最终完成了英格兰一方的出征准备工作。各地（英格兰的约克很有代表性）又出现了屠杀犹太人的事。这一次，再也没有像圣伯尔纳那样的身处高位之人来防止此类惨剧发生了。

在基督徒眼里，第三次十字军运动即便未竟全功，也堪称一场不可思议的胜利。这次远征成了萨拉丁的耻辱。正如我们在第10章中所看到的，经由陆路行进的德意志军队在战果上不及西边邻国的军队。单是“红胡子”腓特烈丧命半路的结局就够糟糕的了。德意志队伍大多在半路上解体，仅有数百名骑士真正完成了前往圣地的旅途。德意志人的失败显而易见，但另两位西方国王在此后获得了一连串惊人的胜利。

理查与腓力在1190年7月出发。这两位国王间可没什么情分。也许伤害法王腓力最深的，是理查抛弃腓力同父异母的姐姐*并另觅未婚妻的举动。无论如何，在远征的路上，这两名统治者似乎都在尽力避免和对方待在一起，他们甚至达成了协议，在不同时刻抵达休息点，还要分头离开以免相遇。在路上，理查解决了一些宿怨，塞浦路斯人曾以不名誉的方式打击了理查饱受风浪之苦的舰队，理查也为此还以颜色。因此，首先踏上圣地的是腓力及其军队。

1191年4月，法王开始率军围攻港口城市阿卡，他们有一支意大利舰队相助，6月，理查的援军也抵达了。这支十字军成功完成了两项任务，先是在7月攻取了阿卡，后又阻止了萨拉丁为该城解围的尝试。此后，腓力返回国内，对此理查很是高兴。理查巴不得成为整个

* 此人即法兰西的艾丽（Alys of France）。——译者注

舞台上的唯一主角。（返回国内的腓力与理查的弟弟约翰结成了同盟。尽管腓力曾经发誓尊重每个十字军军人领地的完整性，但他仍不遗余力地寻找借口侵吞理查在欧洲大陆上的土地。）

萨拉丁在哈廷之战取胜后，处决了200名圣殿骑士和医院骑士，作为报复，理查在攻占阿卡之后也进行了屠杀。在此之后，这位英格兰国王向萨拉丁的军队发起了一次又一次规模有限的直接攻击，屡屡获胜。理查没有攻打耶路撒冷，在战术上也避免发生大规模对抗，对此，他的顾问和盟友们并不总能认同，不过在1192年9月那场结束本次十字军远征的谈判中，天主教一方也确实拿回了相当一部分沿海地区的领地。萨拉丁最后的岁月被笼罩在阴郁的气氛之中（他死于1193年3月4日），但毫无疑问，他作为伊斯兰世界英雄的名声流传了下来：直至今日，开罗人都喜欢表现萨拉丁砍倒十字军士兵情景的糖果。而“狮心”理查这个穆斯林眼中的恶魔，则被穆斯林母亲们用来吓唬淘气的孩子，好让他们规矩一点。

第三次十字军运动还有两个重要的后续事件，其一是1190年条顿骑士团的成立，其二是英王理查在返回英格兰途中的遭遇。从名字就可以看出，条顿骑士和说日耳曼语的人有莫大的关系。虽然国际化程度不及医院骑士团和圣殿骑士团，但条顿骑士团也成了典型的国际性军事修会。条顿骑士团的分部远达西班牙，其制度也允许女性在自愿的条件下加入并成为修女。像很多12世纪的新兴修会一样，条顿骑士们以圣母马利亚作为守护圣徒。1199年，条顿骑士团获得了教皇英诺森三世的认可。

起初，建立条顿骑士团或许只是为了组建一个福利组织，以照顾第三次十字军运动中的日耳曼伤病人员，在此次十字军远征之后的小规模冲突中，条顿骑士团采取的军事行动也相当有限。然而，此后条顿骑士团从医院骑士团那里借鉴了关于福利保障的条款，又从圣殿骑士团那里借鉴了关于军事活动的内容，由此骑士团的两大功能——福利与军事（welfare and warfare）——便得以体现。不过，和医院骑士团的情况不同，管理医院后来就不是条顿骑士团的核心职能了。

至于英王理查，他的功绩成了传奇故事的素材，重新点燃了西方世界对于十字军的热情。不过，理查本人和腓力·奥古斯都的对立依然没有解决。理查知道自己返回本国的路程肯定会相当艰难。他不愿意借道法国，生怕给腓力任何绑架自己的机会，但法王让自己的德意志盟友扣留了理查，直到 1194 年 2 月，理查才得到释放。理查获释的条件是与其国王地位相称的高达 10 万英镑的赎金，这笔钱相当于英王好几年的岁入。

从 1194 年 3 月返回自己的领地到 1199 年身亡的这段时间里，理查在小规模战斗中屡次击败腓力的军队并羞辱对方，从中获得了巨大的满足。当初，腓力在理查的弟弟约翰的默许下，趁理查离开本土夺取了许多领地，现在这些领地几乎都被理查夺回了，而理查的战果还不止于此。在 1194 年的弗雷特瓦勒之战（Battle of Fréteval）中，理查击败腓力，还夺取了后者的档案和财宝。法军在混乱中撤退，经过埃普特河（Epte）时，腓力全身湿透，理查幸灾乐祸。为了保护收复的领地，理查建造了极为壮观的城堡。英王似乎所向披靡，却在 1199 年 4 月 6 日因为中箭受伤引发感染而去世了。令法王大感轻松的是，他很快发现，理查的弟弟兼继任者约翰是个非常容易击败的对象（参见第 13 章和第 15 章）。

第三部分

13 世纪的欧洲

在前文中，我们将1050—1250年这段时期宽泛地定义为“12世纪文艺复兴”时期，因此，第二部分涉及的许多问题也是13世纪时的重要问题。不过，13世纪的历史也有自己的特点。13世纪也许不像20世纪初一本美国天主教课本里说的那样，是“最伟大的世纪”，但在13世纪，一大批典范式人物涌现出来，他们的成就也被早期的几代学者视为中世纪的代表。这一时期获得了诸多称号，比如“大教堂的时代”“圣路易的时代”“托马斯·阿奎那的时代”，甚至还有“大融合的时代”。

在探讨有关13世纪的内容时，我们会先研究当时的社会结构，审视相关的物质和制度基础。之后，我们将深入具体的核心主题：教会持续进行的改革、学术文化的传播、各大王国的政治形态、艺术和文学领域的进展，以及基督教世界与东正教和伊斯兰教世界的政治冲突。在本章的最后，我们将想象在13世纪的欧洲生活和死亡会是什么样子。

第 12 章

社会结构

分析 13 世纪初的中世纪社会没有定规，也没有简单的方法。接下来，我们将关注人们的职业、财富和法律地位。至于人们的宗教背景、年龄、性别、语言、种族成分和健康状况，我们也会予以注意。这些因素都有助于确定个人或群体在社会中所处的位置。这样得到的图景看起来是静态的，但事实并非如此。1290 年时，英格兰的犹太人即将遭到驱逐，此时英格兰的犹太女性面临的状况，与她们在 1200 年时面对的是大不一样的。在法国，成为一名公社社员（communard），即城镇组织的宣誓成员，在 13 世纪之初是革命性的，但在 13 世纪末，公社社员身份就只是法律惯例了。在 13 世纪初，对麻风病患者的限制还没有后来那么严格。类似的变化还有许多。本章粗略勾画出的景象只能描绘出上述改变的背景，至于改变的具体细节，我们将在后续章节里从其他角度讨论。

*

13 世纪初，人们从事的主要职业仍是农业方面的。不过，劳动者与土地之间的关系已经非常多样了。部分农民在自有地上劳作，他们对田产拥有完全的自主权。冰岛、丹麦和斯堪的纳维亚半岛南部地区的乡村居民大多如此，居住在阿尔卑斯山脉、比利牛斯山脉一带的山民，以及地中海部分岛屿的居民亦然。通常，这样的土地所有形式和农场的分布也有关联，在自有地上劳作的农民通常住在独立农庄（farmstead）或小村庄（hamlet）里，不住在村镇（village）中。

在被有的人称为欧洲核心区的地方（英格兰的大部分地区、法兰西、神圣罗马帝国、匈牙利和波兰），村镇是主要的聚居形式。在这些地方，多数人要么自由租赁土地，要么在领主奴役之下任其压榨。在这两种情况下，乡民们都拥有受古老习俗认可的固定土地使用权。这样的土地使用形式看起来没有什么变化空间，土地市场却很活跃。佃农通常会将手中的部分地产转租出去，乡村居民中常见的财产拆分的继承方式也说明地产分割常常发生。上述情况的后果之一，是有些继承人宁可放弃田产，改拿现金，出卖自己劳动力，去城镇或离家乡较远的地区居住，那是些正在经历大规模政治变革的地方，比如地处基督教世界边缘的西班牙与波罗的海地区。边境之地处于穆斯林和其他非基督教势力的暴力威胁之下，但对敢冒风险在这些地区基督教领主开拓的土地上劳作的人来说，收获也是巨大的。

属于王公贵族和教士阶层的土地，其面积有大有小，特征也多种多样，既有南意大利的大型庄园，也有分散在英格兰和法兰西各处的小面积地产。如果一片广大区域中有分散的地产，人们通常就会通过交换和购买来将持有的土地连成一片。神职人员们在这方面既是最失败的，又是最成功的。失败之处在于，由于教规的限制，他们很难将赠予教会的土地让渡出去；成功之处在于，一旦教士们获得许可交换或出售边远地产，对进一步转让土地的限制就成了保护，让他们可以稳定持有经过合并连成一体的大片地产。

领主们在经营地产时，会雇用法律规定必须做工的人和自由出卖自己劳动力的人。在13世纪的历史进程中，很多地区乡村自由劳动者的比例迅速增加，这种现象在法国北部比在英格兰更显著。原因之一是许多领主看到了自由人雇工的优势：这些人不是被迫做事的，没那么多抱怨，工作效率也高。还有一个原因，就是13世纪的通货膨胀率虽然极少失控，但一直在稳步上升。封建主收入的很大一部分来自固定地租，而固定地租在13世纪的进程中是逐步贬值的。因此，将乡民义务劳动之类较不值钱的财产折价售出便是较为合理的做法，乡民也渴望买断自己的劳动义务，以便摆脱上述活动对他们地位的影响。各地的经济情况和法律体系不同，因此农奴解放的进程也不尽相同。

在各个地区，农业的专门化程度都非常高。《小男孩布鲁》（*Little Boy Blue*）这样的儿歌把畜牧业和农业描述得十分简单，但事实上，养猪、养牛、养羊、养鹅都需要从师傅那里学习非常多专门知识。把在森林里散养了一季的猪群赶到一起是非常危险的，这些猪还没驯化好，赶猪人若要安然无恙地做成这件事，就必须很懂行。对那些按季节迁移放牧的牧民而言，掌握从比利牛斯山脉的草场一直延伸到数百公里之外朗格多克平原的迁徙路径，也是很困难的任务。想有效开发沼泽地，光知道排水和筑堤技术的皮毛是不够的。培育橄榄树和榨取宝贵橄榄油的方法需要从上一代人那里学习。种葡萄和谷物的，则需要处理植物病虫害、作物轮种、贮存等多方面问题。从现在的角度看，他们用的方法比较粗糙。他们无法像现在的农民一样向作物喷洒农药，但他们知道如何辨认各种疾病的早期迹象，并赶在疾病扩散前拔除受感染的作物。

饲养家畜和从事家务劳动也需要大量知识。牧人能辨认出常见疾病的初期症状，并无情地将病畜杀死以防疾病扩散。他们善于使用偏方治疗胃中毒这种食草动物的常见疾病：他们将恶心的混合物和大量动物尿液灌入中毒动物的口中，让动物吐出导致中毒的有害植物。而织布、酿酒、挤奶、养蜂、制皂等通常由妇女承担的家务，也有许许多多的窍门可循。

当然，乡民拥有这样的知识，并不会使统治阶层对他们高看一眼。农民的形象依旧是负面的。居高位者承认农民的存在很有必要，否则他们自己就得在田间劳作了；农民们则常常幻想有一个教士和贵族都得犁地的世界。教会精英在写作中有时也会承认，乡民更有可能进天堂，因为上帝爱穷苦人。不过，在领主阶层眼里，除了一些处女之外（如果那些描写贵族情欲的诗歌能相信的话），下层乡民可以说都是渣滓。

当然，并非每个乡民都是穷人，他们也不是都在受苦。在乡村社会中，也有生活不错的农民，有些人还能通过担任领主土地上的村镇长官或监督人来获得额外的收入。他们有各式各样的头衔——管家、林地管理员、围篱管理员等等，他们中间也分等级。管家是总管，在社区事务中权力较大，相比之下，林地管理员和围篱管理员说起话来就没什么分量了。在13世纪，需要保存书面记录的时候越来越多，这样的需求意味着管家掌控着文字的力量，他们要么亲力亲为，要么安排受过一些训练的书记员记录。上至管家，下至最低级的管理人员，所有负责监督的职位都是人们渴望获得的。因此，很多家庭都想把这样的职位一代代传下去，只有那些类似工作被视为义务或奴役象征的地区除外。

乡村地区不仅有务农的人，还有手工业者。手工业者需要材料，不得不依赖在乡村社会中最受轻视的一群人：硝皮子的、挖沙子的、凿石头的，还有采矿和烧木炭的。想想最后一种人的工作吧。那时候的森林阴森可怕，可不是现代英格兰的那种修剪整齐的林地，也不是如今瑞士一些地方的那种林间小路都标记得清清楚楚的森林。1200 年时，森林的面积还很大，其中还居住着狼和野猪，在英格兰以外的地方，森林里甚至还有熊。不过，这样的森林中也散布着一些规模很小、内部通婚的林地居民点。居民点里浓烟不断，因为居民们需要制作用于冶炼矿石的木炭。如果一个贵族在和狩猎队一起穿越森林时路过这样的地方，看见被烟熏黑的居民，以及他们周围的"硫黄与火"，他恐怕就会联想起地狱的恶魔。

手工业者的地位比这些人高得多，当然在精英阶层看来，手工业者的身份也不过如此。铁匠等手工业者和在农业生产中受雇工作的人有不少共同点。皮匠可能也会自己养牲畜，牲畜群是他们的原料来源。木匠的工作有季节性，不像铁匠的工作那样专门化，因此木匠会兼职种地，或是受雇于人，或是自己当小农场主。乡村玻璃工人的工作也不多，就是偶尔给地方上的修道院和教区教堂装装玻璃，除非他们加入巡回作坊，去为欧洲各地兴建的大教堂和宫殿做玻璃。

磨坊主比较特殊，他们既是手工业者，又从事农业，还是商人。磨坊主通常受雇于人。水力磨坊和从 12 世纪 70 年代开始出现的风力磨坊都是资本密集型设施。大体而言，领主们会支付这类设施的制造费用，然后雇用或任命祖上也管理磨坊的人来碾磨谷物、维护设备。此外，磨坊主们有时也会作为中间人来帮助乡村居民出售多余的谷物。（这些农民自己食用的谷物大多是在家里自己磨的，这必然引起领主的强烈不满，他们宣称自己的磨坊拥有垄断权，自己也有权抽取碾磨成品的一部分作为投资水力磨坊的回报。）渐渐地，在民间传说里，磨坊主成了狡猾的商人，这是因为磨坊主常扮演中间人的角色，有机会——事实上也经常——欺诈农民。

在社群中，与管家同样身处高位的是村长或镇长（mayor）和堂区司铎。有的村长或镇长也是农奴阶层出身。村长或镇长对社群负有责任，长老也会协助村长或镇长。村长或镇长会协调村镇中的经济活动，比如税款的缴纳，也会制止粗暴无礼的行为。村长或镇长往往打着当地领主的旗号行事，但事实上，拥有村镇的领主或教会组织并不怎么关心村长或镇长的工作，只要能收到税款和习俗规定的罚金就行。

堂区司铎同样出身乡村，他们有关于天主教信仰的基本知识，懂一点拉丁语，足够在做弥撒时用。堂区司铎接受教育，可能是在当地的修道院学校中，也可能是通过修士的一对一教学，还可能是通过跟着前任司铎当学徒。在故事中，司铎往往被取笑为好色之徒，但事实上，他们与超自然力量之间的特殊联系意味着他们能够（像一些狡猾的本地人一样）获得一定程度的尊重。此外，他们毕竟是拥有职位的人，无论他们受的教育多么有限，都意味着他们是居民群体的天然发言人，能够在居民同地方当局的口头协商中发挥作用，在13世纪，他们也越来越多地参与到书面协商中。

*

城镇中的专门职业就更多了，而且至少在市政当局眼中，不同职业之间是有严格的等级划分的。和贵金属打交道的人地位最高，能在城市游行队伍中占个好位置。地位仅次于他们的是跟其他金属打交道的人。裁缝和布料商人的社会地位略低一些。至于面包师、屠夫和鱼贩等跟食物打交道的人，他们的地位还要低。

行会是典型的城镇劳动者组织，行会由生产者或商人组成，一般认为在城市里对特定产品有垄断权。之所以说“一般认为”，是因为即便是在最规范的市镇经济体系中，也会有黑市。手工业行会的人数不多，成员包括：1）师傅，即行会的正式成员，享有行会中所有的特权；2）熟练工，这些人在成为师傅的路上，不过他们还需要通过种种方法操练自己的专门技能，有的方法还相当费钱；3）学徒，他们是刚刚入门的年轻人或青少年。产品通常是在手工业者家中制造出来的，因此，在教授秘传知识（例如如何处理贵金属）和获得师傅身份这两个方面，家庭纽带常常扮演重要的角色。有的行会的成员都是男性，一些城镇中也有女性行会，而男女都收的行会比女性行会要多一些。随着时间的推移，行会出现了两种发展趋势。行会中的女性领导者数量原本就十分有限，此后又有所减少；而原本男女皆可参加的行会，也逐渐倾向于将女性排除在外。当然，犹太人即便从事有行会组织的手工业或商业，一般情况下也无法获得行会成员的身份。

和行会相对应、功能上也有所重叠的属灵或信仰群体被泛称为“兄弟会”（confraternity）。兄弟会也可以像行会一样按职业吸纳成员。不过在兄弟会组织随处可见的意大利，有的兄弟会的成员彼此是邻居，有的在同一教区，也有的信奉同一宗派。兄弟会的成员会聚集在一起祈祷。他们也会合伙出钱，在本地教会或市政建筑上捐一扇窗或一面壁画，以纪念他们的兄弟会成员身份。在市镇当局举办的运动竞赛中，这些人会列队出席，出资支持他们的队伍。在公共宴会上，兄弟会成员们一起宴饮。他们的政治目标也相同。在理想状态下，他们彼此关照，如果有成员去世，其他人就会照顾逝者留下的孤儿，监管其土地产业的处置情况，给逝者一个体面的葬礼。

城镇是商业与服务业的中心。一些商业领域以男人为主，女人则在另一些领域居于支配地位，英语中的“卖鱼妇”(fishwife)、“酿酒女”(brewster)和“啤酒馆老板娘”(alewife)等词就体现了这一点。许多参与贸易活动的商人同时也是手工业者，有的还是女性。还有些商人专门从事谷物、丝绸、香料、葡萄酒、羊毛、油等商品的买卖，有时他们还把生意做到国外，而不仅限于当地。说起国际贸易，人们往往会联想到法国香槟的交易会、佛兰德的城镇、北意大利的城市，以及墨西拿、马赛、巴塞罗那、吕贝克（Lübeck）和伦敦等地的大型港口。

当时或可称为经济服务部门的机构里有多种多样的职务，但规模不一定大。即便是在大城镇，即便将负责治安的守卫计入，市政管理人员的数量也十分有限。1200年时，意大利和地中海沿岸的许多地方，以及欧洲北部的一些地方（比如巴黎和伦敦），其人口已经大大超过了2万或3万这样的城市人口标准。这样的城市由城市理事会（council）管理。理事会往往只有12人［用来称呼理事会成员的词有不少，包括“执政官”(consul)、“审议员”(juror)和“参事”(alderman)］，在理事会名义成员较多的情况下，握有实权的执行委会规模也很小。一个城镇的机构，要是有几名书记员、几个征税官，外加一名常设律师，还能有两打骑马的和一些步行巡逻的城镇治安官，就堪称规模庞大了。

在前面的章节中，我们提到了城镇自治的问题。北意大利的城镇享有近乎绝对的自治权，但这种自治权不时受到德意志皇帝的挑战，因为德意志皇帝认为城镇本来就属于自己，想重新控制城镇资源。在北意大利以外的地方，城镇仍受世俗诸侯或教会领袖的控制，自治权有限。至少到1200年为止，佛兰德的伯爵们都在政治上控制着那些欣欣向荣、让居高位者与平民一起富裕起来的纺织业城市，无论在法理还是事实上都没有让步。法兰西和英格兰的国王赋予城镇有限的政治自治权和财政特权，但值得注意的是，他们一直小心提防，不愿意让巴黎或伦敦这样的城市获得完全自治权，毕竟那里有重要的府邸或行政机构。

然而，传统的历史学家依然会谈及北意大利以外的公社运动。他们认为，在12世纪，暴力冲突在莱茵兰、法国北部和西部地区的许多城镇时有发生，城镇居民对抗他们认为不法的行为，反抗领主限制商业自由的做法。对于一些贬低他们工作、几乎将他们视作农奴的法律条款，城镇居民也十分不满。法国南部与阿拉贡也有类似的公社运动，只是影响范围没那么大。

近年来学者们的研究让这幅图景充实了起来。有些学者认为，对抗公社内的不法行为和宣誓结盟都是乡村和平运动的副产品或补充形式。他们也提出，不应把世俗领主的行为看得过于简单。领主都不愿意放弃合法的权威，但他们也意识到情况发生了变化，自己需要做出创造性的回应。那些让人联想起乡村农奴制度的赋税和义务可以每年一次性付清，也可以用一笔象征服从于领主的年税代替，这样一来，城镇管理和财务安排实际上就由城镇居民掌控了。城镇居民的军事义务也会得到清楚的界定（他们将在何处服役？什么时候？在什么情况下？能获得怎样的报酬？），在和平时期也可以用其他方式替代。

在大多数情况下，新的措施都能和平落实，但也会有人们不肯妥协的时候，暴力活动亦随之而来。要知道，意大利之外的一些公社是通过革命建立起来的，而公社这种社会结构本身就有触发革命的潜质。在 13 世纪的几场城市暴动中，批评者是将“公社”和“阴谋集团”这两个词等同起来的。不过,13 世纪末时，在意大利以外的地区，公社社员的含义已经有所改变，从反抗世俗或教会领主统治的城镇居民变成了拥有完全公民权的人。

在其他地方，公社运动没能在充满暴力与创造性的阶段取得太大成功。英格兰的公社运动就没有什么声势，而在一些边远地区，公社运动从未发展起来，因为在这些地方建立的城镇从一开始就得到了许多特权，在财政和行政上都比较自由。一些乡村联合起来，模仿城市公社或与城市公社并行发展，结为乡村公社。但人们建立乡村公社，与其说是为了获得真正的自治，不如说是想在大贵族召开的会议上多争取一点发言权。此外，许多领主建立的新“移民点”还太弱小，那里的居民无法像科隆等大城市的居民那样向领主提出要求。这样的新居民点有时被称为“设防城镇”（bastide，基督教控制区域内部殖民活动开始之后，在基督教世界核心地区建立起来的小型城镇）。

在巴塞罗那、伦敦、巴黎、巴勒莫、克拉科夫等正成为或已成为首都的城市中，为王公贵族而非本市利益服务的行政人员越来越多，但旁人是不会看到大批官僚出现的情形的。律师和经过正式学徒训练的公证人（公证人在意大利尤为常见）地位越来越高。法学院重新发现了古罗马时代的判例，在此基础上，人们发展出了意大利式或执政官式的市政府架构，这种架构传播到法国南部地区后，公证人在起草与认证文件方面的作用就更大了，但公证制度普及到欧洲大陆北部还要再过数十年。

在大贵族统治机构中，许多律师和行政人员都是神职人员。随着时间的推移，世俗人士在行政人员中所占的比例有所上升，但迟至13世纪中期，世俗法庭里一些最重要的法官仍是神职人员。当然，不管教廷是在罗马还是在流亡，几乎所有接受教皇行政机构雇用的官员都是教会的一部分。教廷的官僚机构以现代标准看规模很小，但在中世纪已经是相当庞大的了，而且其规模还在迅速扩大，也难怪人们会众口一词地抱怨和教廷打交道时遇到的麻烦，也认定只有通过贿赂才能让信息快速上达。

1200年前后，教廷到底有多少事务要处理，学者们也说不好。但教皇必须和十字军国家、所有欧洲天主教王国和主要诸侯国的统治者保持联系。他还得和伊斯兰国家的统治者及拜占庭皇帝谈判。教皇需要给几百名大主教和主教写信，还要跟几千所修道院和各式各样的机构与个人通信，其中就包括军事修会，以及波罗的海边境地区那些对改信基督教犹疑不定的异教王公。13世纪末，政治局面有所改变，但教廷需要处理的事务应该还是那么多。我们能够知道的是，当时教廷每年需要发出约5万封书信。

如我们所知，在13世纪早期，部分大城市和一些小城市拥有自己的大学。年代太早，我们很难确定当时大学里教师和学生的人数，不过有证据表明，当时大学里的师生数量，特别是学生的数量，增长速度超过了相应城市提供新的廉价宜居房的速度。学生们获得了相当于神职人员的地位，城镇教士和准教士阶层的人口也因此不断膨胀。不过，这些年龄不过13岁或稍大一些的年轻人总是吵吵闹闹，给市政府的治安人员添了许多麻烦，引发了无休止的司法争端。

13世纪的城镇不管有多大，都会有相当一部分居民从事农业生产。这些人的工作除了我们现在所说的种菜，还包括种植葡萄、开发沼泽地等更宽泛意义上的农业工作。马莱区（Marais）在司法上归巴黎管辖，曾是重要的乡村资源开发区域。参与开发资源的人并不都能获得城市的公民权，因为公民权（或者说自由人地位）和财富密切相关，往往需要购买，至少一开始是如此，买到公民权后就可以往下传了。穷人无论如何都买不起公民权，因此无法享受城镇生活给较富裕人群带来的许多好处，比如免交特定种类（带有歧视意味）的税收，以及在市集中自由参与商业活动。

家庭用人从来都不算公民，他们也无法获得城市生活的全部好处。这些人通常来自乡村，为从有产阶级到贵族的重要城市家庭提供服务，也在城市的教会机构里工作。对世俗人群来说，有一屋子仆人是荣耀的象征。主人给仆人提供食宿和一定程度的庇护与支持，比如为要结婚的女仆准备嫁妆。但仆人也可能受到人身伤害或性侵犯。世俗家庭里的仆人数量很难估算，但有不完整的数据表明，在一个教会机构工作的仆役人数可能超过那里神父、修士和修女数量的总和。

要满足精英城市居民的个人需要，光靠用人是不够的，还需要一些有专门技术的人。富人可以找医生看病，不过很多时候，他们也会像其他病人一样尝试替代疗法和医病仪式。富裕阶层的女性分娩时会找产婆。中层或底层家庭的女性如果能付得起钱，也能请到产婆。穷得请不起产婆的孕妇则会找女性亲戚在自己分娩时帮忙，当然，她们也希望能从神殿、符咒或滋补品中获得帮助。

欧洲南部的许多人会请乳母，这在北意大利的城镇中尤其常见。乳母通常住在城郊地区，在那里养孩子，她们将获得一笔报酬，托管孩子的家庭会定期派代表上门访问。13 世纪的资料显示，当时意大利北部的人常常雇用乳母，但在欧洲其他地区，特别是北欧，乳母就很罕见了，至于为什么会有这种地区差异，人们还没有给出满意的答案。北方人和南方人都爱自己的孩子，似乎都认为自己的做法是对的。两种原则彼此相争。亲生母亲的母乳给婴儿带来的好处，是不是能抵消城市恶劣环境带来的影响？这个问题还需要更多研究才能解答。

死亡和出生一样，都需要专门的服务。一些妇女或是出于自愿，或是为了微薄的收入，组成了一个特殊社会团体。这些人会洗净尸体，盖上裹尸布（极少的时候会使用香料防腐），预备下葬。她们或其他妇女还会在葬礼上担任职业哭丧人，哭丧人在拉丁欧洲特别常见，这种做法在后来的一些文献里受到了嘲笑。逝者的家庭成员会向修士或修女支付（或捐赠）钱财，请她们为逝者祈祷。丧葬费用被出身精英阶层的教会评论家视为不体面的收入，但这笔费用一定会支付。获取服务往往意味着大笔现金支出。

刚才提到的这些人在中世纪的城市社会中都有很不错的地位，当然也有人会滥用权力，比如有的神父就会索取高额葬礼费。在城市中还有一群人，他们是被精英视为社会败类的，这群人包括乞丐、小偷、销赃者、外来短工和妓女。

在中世纪，人们对贫穷和疾病怀着同样复杂的心态。很少有人想要生病。不过，生病意味着什么呢？一方面，义人和不义的人都有可能患病。《圣经》中的约伯是个道德完善的义人，却患上了可怕的疾病。因此我们似乎可以推出，一个人的道德状况和健康状况没有太大关系。另一方面，《圣经》也提到，上帝会用疾病惩罚犯罪的人，用瘟疫惩罚犯罪的民族——比如埃及。举个例子，中世纪时，麻风病患者会得到同情，让人联想起基督受难。中世纪的解经家认为，《圣经》中的拉撒路就是个麻风病患者，他在死后安居天堂，躺在亚伯拉罕的怀里（《圣经·路加福音》16:19—31）。但是，亚伦的姐姐米利暗得麻风病确是上帝的惩罚，因为米利暗擅自质疑摩西的领导权（《圣经·民数记》第 12 章）。这种观念很大程度上导致麻风病患者受到社会排斥，在 13 世纪的进程中，越来越多的麻风病患者被隔离在健康人群之外，只能在几千所麻风病院中度过余生。

人们对贫穷的态度也是矛盾的。修士颂扬贫穷，他们颂扬的往往是富人勇敢抛弃财富的那种自甘贫穷的生活。不过，教会人士总体而言也会提到受祝福的穷人，而不会暗示他们贫穷是不是出于自愿。当然，当时也有一些穷人是后人所说的那种“不值得同情的穷人”。辛苦做工、竭尽全力才能勉强维持生活的穷人值得同情，但还有些穷人并非宗教人员，也不工作，他们每日靠乞讨过活，喝酒麻痹自己，出卖身体，讨来的钱不够时就去偷，这种人就是不值得同情的穷人，是边缘人。在大城镇中，这类人往往也是来自乡村或更偏远地区的新移民。13 世纪 30 年代，身居巴黎的不列颠人因总是制造麻烦而臭名远扬。在巴黎本地人看来，这些人往往说着可笑的凯尔特语或糟糕的法语。在中世纪的意大利，每个大城市里似乎都有英格兰妓女。至少根据医学理论，妓女并不是好的抚养者。而正是在 13 世纪早期的这些年里，遭到遗弃的儿童（其中有些无疑是妓女的子女，另一些则是受强暴的女仆生下的孩子）让教皇英诺森三世等教会人士受到了触动。在教会的支持下，意大利建起了育婴院。

*

不得不说，社会本不该如此复杂。德意志居然有仆官这样的人，他们身为农奴，却拥有骑士般的势力与权威！那些军事修会的成员呢？他们到底算骑士还是修士？商人买卖货物，不去亲手劳作，他们做的能算真正的工作吗？更糟糕的是那些放债的——他们中有不少是犹太人。这些人被控剥削穷人，利用诚实做工的人敛财，他们甚至出售时间这种上帝的恩赐，这是万万不可的。基督说过，借给人就不要指望偿还（《圣经·路加福音》6:35），但不信基督的人往往在基督教王公贵族的纵容下违背上述教诲。对于这些问题，护教者们给出了一些回答（也许基督的吩咐只适用于基督徒之间的借贷行为），但当时的世界的确相当混乱。

事情应该简单些才对。按理说，基督教世界只需要三个阶层：祈祷之人、战斗之人、亲手做工之人。商人及其贸易活动，市场与其中发出刺耳叫卖声的小贩，在街上四处玩耍、伺机扒窃的孩童，唱着下流小调的卖艺人，这一切在教会保守派人士看来，都属于城市生活丑陋的一面，而他们是向往只有三个阶层的理想基督教社会的。保守之人承认此前的12世纪充满了伟大的创造，但城镇发展除外。在他们看来，城镇发展带来了满身罪孽的边缘人群，还有基于不义之财的金钱经济。克莱尔沃的伯尔纳谴责那些用金钱交易玷污了自己的基督徒，说他们简直像犹太人一样。然而，对于数百年来发生的复杂变化，辱骂可算不上什么有效的回应。

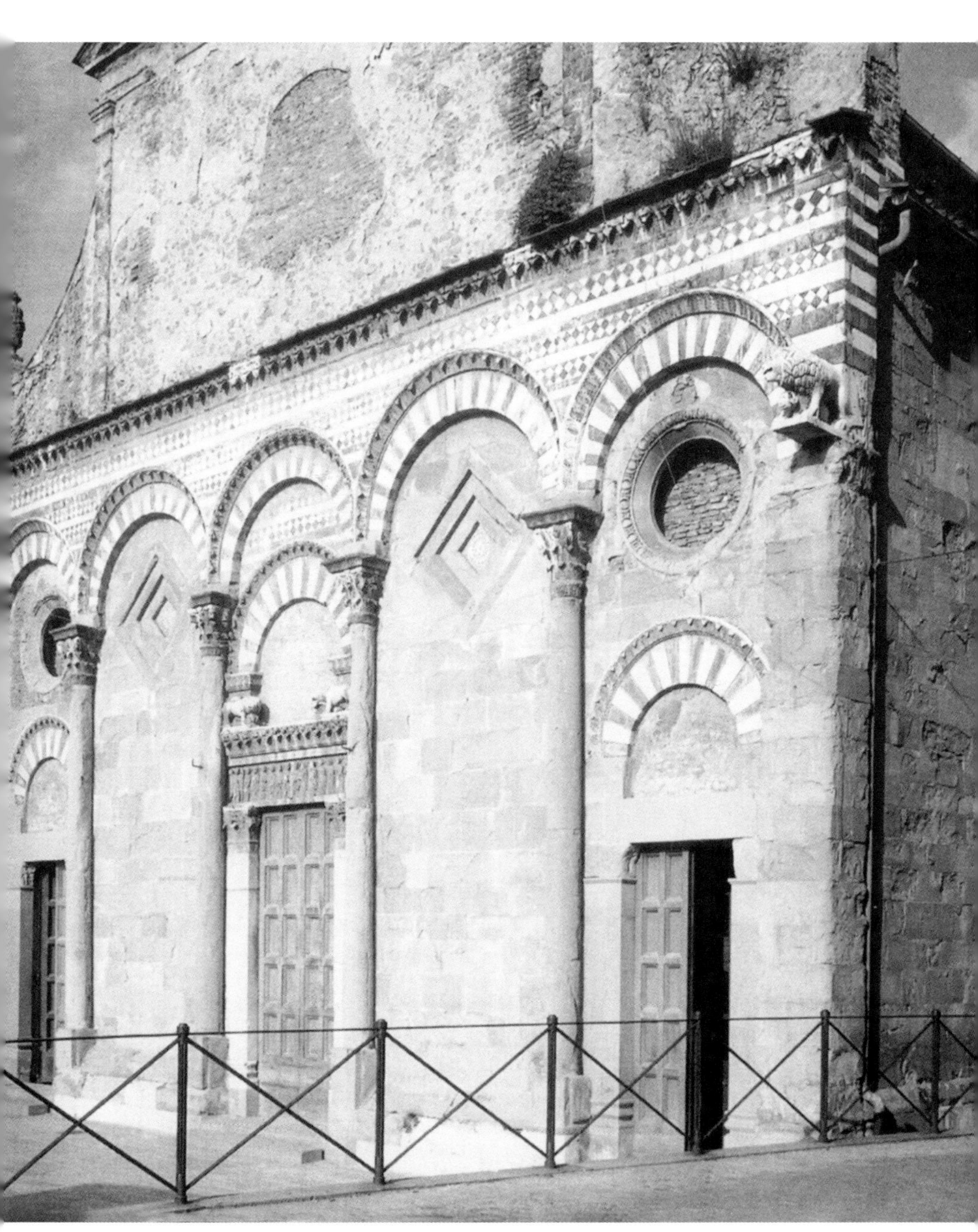

1. 圣巴多罗买教堂的正面，位于意大利皮斯托亚潘塔诺（照片来源：© Scala）

2. 法国穆瓦萨克圣皮埃尔修道院教堂南门的楣饰，表现末日审判的场景（照片来源：© Scala）

3. 法国欧坦圣拉撒路大教堂楣饰，表现基督将受诅咒之人和得救之人分别开来的场景（照片来源：© Corbis）

4. 英国达勒姆大教堂外观（照片来源：© Scala）

5. 法国维兹莱圣玛德莱娜修道院教堂正面的雕塑（照片来源：© Ludovic Maisant/Corbis）

6. 西班牙卡斯提尔圣米连修道院正面（照片来源：©A.I.S.A.）

7. 维兹莱圣玛德莱娜教堂内部（照片来源：© Scala）

8. 法国沙特尔圣母大教堂的玫瑰花窗（照片来源：© Corbis）

9. 缩微哥特教堂形状的圣骨匣（藏于意大利佩鲁贾国家美术馆。照片来源：© Scala）

10. 法国巴黎圣母院大教堂的飞扶壁（照片来源：© Scala）

11. 法国布尔日圣艾蒂安大教堂外观（照片来源：© Scala）

12. 以耶路撒冷为中心的地图，1250 年左右，出自一本诗篇集（Ms.Add.2861, fol.9，藏于伦敦不列颠图书馆。照片来源：© AKG London）

13. 叙利亚骑士堡外观（照片来源：© AKG London）

14. 法国巴黎圣礼拜堂内部（照片来源：© Scala）

15. 布尔日大教堂西面正门（照片来源：© AKG London/Eric Lessing）

16. 西班牙布尔戈斯大教堂外部（照片来源：© Scala）

17. 英国伦敦威斯敏斯特修道院西侧。塔楼是 18 世纪另建的（照片来源：© AKG London/Robert O'Dea）

18. 比利时图尔奈圣母大教堂外部（照片来源：© Hutchison Library/Bernard Regent）

19. 英国韦尔斯大教堂的扇形拱顶（照片来源：© Scala）

20.《圣母与圣婴》，乔瓦尼·皮萨诺作（照片来源：© Scala）

21. 表现亚伯拉罕与三位天使的插画，出自《圣路易诗篇集》，1253 年（藏于法国国家图书馆。照片来源：© The Bridgeman Art Library）

22. 哥特风格抄本的小插画，表现修士唱诗的场景（藏于意大利佛罗伦萨圣十字教堂。照片来源：© Scala）

23. 表现所罗门王的插画，出自被称为“兵工厂版《圣经》”的哥特风格抄本（Ms.5211, fol.307，藏于巴黎兵工厂博物馆 / 法国国家图书馆）

24. 耶稣受难像（藏于巴塞罗那加泰罗尼亚艺术博物馆。照片来源：© Scala）

25. 一份哥特风格抄本中的不雅页边图（Ms.24, fol.25v，藏于纽约皮尔庞特图书馆。照片来源：© Scala）

第 13 章

教皇英诺森三世与第四次拉特兰会议

英诺森三世的任期——1198 年到 1216 年——是教廷历史中的决定性阶段，可以说，这段历史对西方教会和社会都产生了重大影响。即便英诺森的任期内没有发生 1215 年第四次拉特兰会议这一给他增光添彩的重大事件，这一时期也依然很重要，但第四次拉特兰会议极大改变了教会生活，也认可了这些改变，更将会议决议应用到世俗领域，产生了深远的影响。在本章中，我们将首先讲述这场会议的背景，包括英诺森任期内的总体情况，以及这位教皇所要处理的政治、宗教问题。在此之后，我们将审视第四次拉特兰会议及其影响。

英诺森三世的任期

罗萨里奥·代·塞尼（Lothario dei Segni）在 1198 年坐上了教皇的圣座，成为英诺森三世（Innocent III），时年 37 岁。作为一个颇有影响力的意大利贵族世系后裔，他自然被寄予厚望，人们期许他会在教会或世俗统治机构中登上重要的位置。罗萨里奥受的是极好的教育，他先是在罗马的一所修道院中学习，然后赴巴黎的学院深造，研究神学。他的法律知识也很丰富，尽管近来有人提出，他也许并不算教会法专家。在教会中，罗萨里奥升迁得很快，1190 年就当上了枢机主教，当时他还不到 30 岁。

在尚为枢机主教的时候，罗萨里奥出版了他最有名的著作《论人类的悲惨境况》(*On the Misery of the Human Condition*)，又名《论轻看世界》(*On the Contempt of the World*)。按照中世纪的标准，这本书非常畅销。以下摘录的书中经典段落就展示了那个时代的人的品味。

> 人出于尘土，以及那比尘土更污秽的肮脏精子。人是在肉体的欲望、情欲的烈火、放荡的恶臭中成胎的。出生后，人要劳作，会经历恐惧，将忍受痛苦，而最可悲的是他必须面对死亡。人的恶冒犯了上帝，侵害了邻人，最终伤害了自己。他用可耻的行为毁坏自己的名声，玷污自己的人格，违背自己的良心。他满心虚荣，以至于忽视了那最重要、最不可少、最有用的。因此，他注定遭受那带来永恒痛苦的地狱之火，成为饥饿虫子的食物。他的结局，便是成为一团永远散发恶臭的腐败秽物。(*Two Views of Man*，1966 年，第 3—4 页)

罗萨里奥对人类命运的看法相当悲观，在事业上却很积极，在他看来，他从事的是服侍上帝的美好工作。他一当上教皇，就致力于解决危害教会的纷争。皇帝亨利六世早逝，把霍亨施陶芬世系拥有的德意志统治权留给了继承人腓特烈二世，而腓特烈当时还是孩童。在亨利的寡妻、西西里国王罗杰二世（1130—1154 年在位）的女儿康斯坦丝（Constance）的请求下，英诺森将这名当时还不到 4 岁的男孩置于自己的保护之下。罗杰死后，王位由儿子威廉一世（1154—1166 年在位）继承，威廉一世死后，王位由他的儿子威廉二世（1166—1189 年在位）继承。正如我们在第 11 章中看到的，这三代国王将西西里王国的政治势力推上了顶峰。不过，西西里王国也面临一个问题：威廉二世并没有留下合法的男性继承人。因此，威廉二世死后，他的姑姑康斯坦丝便成了最有资格继承西西里王位的人。而威廉二世留下的一个名为坦克雷德的私生子却篡夺王位达五年之久，并在那些忠于他的贵族的支持下，试图阻止康斯坦丝夺回西西里。直到 1194 年坦克雷德死后，康斯坦丝的丈夫才得以伸张她的权利，接过了西西里国王的头衔。于是，在教皇保护下的年轻的腓特烈不仅仅是德意志的继承人，在他的母亲于 1198 年去世后，腓特烈也成了西西里王国（包括意大利南部和西西里本岛）的统治者。如果腓特烈成为皇帝，他也将在名义上统治北意大利。

英诺森三世利用了局势，加强了教皇对于圣彼得教产（patrimony of St Peter）的控制。“圣彼得教产”是一片位于意大利中部的宽阔地带，教廷对该地区的所有权颇受质疑。此外，英诺森三世还与那些反对腓特烈这个孩童登基成为西西里国王的人们进行了斗争，这牵扯了他的精力，而西西里王国也在多年间经历了一波未平一波又起的内战，并因为派系纠纷而走向衰落。不过，教皇协助腓特烈登上西西里王位，最终还是得到了回报。

在德意志，英诺森面对的局势同样复杂。虽然腓特烈是亨利六世的儿子，但德意志的国王是选出来的，一个小孩，哪怕家世显赫，也没有理由选他当国王。“邦国啊，你的王若是孩童，你就有祸了！”

（《圣经・传道书》10:16）这话在中世纪颇受重视。1198年，德意志举行了一次有争议的选举，候选人是两名成年男性。英诺森支持不伦瑞克的奥托（Otto of Brunswick）而非士瓦本的腓力（Philip of Swabia），部分是因为奥托承诺在当选后承认教廷声称在意大利拥有的土地。此后德意志经历了多年内乱，腓力常常占上风。然而腓力在1208年遇刺，此时看似地位稳固的奥托违背了起初给英诺森的承诺，也就是说，他不再愿意将意大利中部地区的土地及其管辖权交给教皇了。对此，英诺森的反应是对奥托处以绝罚，并组织对奥托不满的德意志领主举行另一次选举，将自己保护下的腓特烈选为德意志的国王。尽管腓特烈迅速进入德意志境内并几乎始终保持着对奥托的军事压力，但直到多年以后，他对王位的宣称才真正成了现实。事实上，德意志的局面出现决定性的发展趋势要等到13世纪20年代，而此时教皇英诺森三世早已去世，不过，英诺森支持的候选人确实成了最终的胜利者，是为腓特烈二世。

英诺森三世始终关注西西里、意大利和德意志的局势，但他还要处理其他棘手的问题，这些问题都需要用激进手段解决。12世纪的历次十字军远征结果有好有坏，但大体上都不成功。1187年耶路撒冷的陷落无疑是一次沉重的打击。“狮心”理查参加的第三次十字军运动（1189—1192）固然在稳定局势方面取得了长足进步，但耶路撒冷城依旧为穆斯林所掌握，十字军国家也还是十分脆弱。

当选为教皇后，英诺森几乎马上批准了一次新的十字军远征。这次远征的准备工作在1202年结束。第四次十字军远征的目标是埃及，12世纪，十字军国家的军队就试图征服这里，却以失败收场。运载这批十字军的船只合同由威尼斯获得。然而，当包括佛兰德伯爵鲍德温九世（Baldwin IX）在内的十字军战士抵达威尼斯时，他们却付不起500艘船的钱。威尼斯一方的谈判者说服他们中的许多人去攻打扎拉。扎拉是位于亚得里亚海的港口城市，在此前的两个世纪，扎拉在拜占庭、匈牙利和威尼斯之间多次易手。当时，一名声称自己有资格坐上拜占庭皇位的花花公子阿历克赛和十字军的领导人见了面。这个阿历克赛是被废皇帝的儿子，也是当时拜占庭皇帝（也叫阿历克赛）的侄子*。阿历克赛激动地提出了自己理应获得拜占庭宝座的论据，表示愿意接受教廷对希腊教会的控制。阿历克赛催促与会将领帮助他夺取皇位，作为回报，这些十字军军人将在远征埃及时获得拜占庭帝国的支持。一些十字军将领既不愿意替威尼斯人进攻扎拉，也不愿意将阿历克赛扶上皇位。事实上，十字军中的部分人士已经获得了继续向东的资金，还进行了一次规模远远小于预期的针对穆斯林的远征活动。这些人中就有蒙福尔的西蒙（Simon de Montfort），他在英诺森的另一个计划中也扮演了重要的角色。

教皇得知攻击扎拉的计划后，发出了一封信，试图制止这一行为，但信件抵达得太晚，已经无法阻止攻势启动了。于是，1202年秋，大多数十字军成员在教皇特使的批准下围攻并夺取了扎拉。次年7月，他们抵达君士坦丁堡城郊，和威尼斯盟军一起攻城。面对混乱的局面，被许多人指责为懦夫的拜占庭皇帝阿历克赛三世逃走了。小阿历克赛的父亲、被废黜并被刺瞎双目的前任皇帝得以重新掌权，重登皇位的皇帝也开始与十字军谈判，希望后者对拜占庭国都停止攻击。当小阿历克赛的一部分拉丁盟友追击阿历克赛三世并开始平定大片希

---

* 文中的皇子阿历克赛是伊萨克二世·安格鲁斯（Issac II Angelos）之子。伊萨克二世被其兄阿历克赛三世·安格鲁斯（Alexius III Angelos）废黜。——译者注

腊领土时，小阿历克赛自己进入君士坦丁堡，穿上了皇室紫袍，成为阿历克赛四世——这是他的拉丁随从要求的。达成目的后，城外的军队才离开了。

阿历克赛四世的统治期很短，在他登基仅仅几个月之后，便出现了针对他的暴乱与反叛活动。成群结队的希腊人杀死拉丁人，在城中做生意的穆斯林则受到了西方人的迫害，拉丁人引燃了一场可怕的大火，吞没了城中大片区域。希腊人和拉丁人都将愤怒的矛头指向了阿历克赛四世。资料中关于他纵情声色的传闻也许有失偏颇，但毫无疑问的是，他起初与拉丁人公开结盟，又让希腊教会在名义上臣服于教廷权威，这些都遭人憎恨。而阿历克赛和拉丁人之间也没什么情分。身上的紫袍使他失去了理智，他对待盟友的态度也越发轻蔑。此外，由于阿历克赛四世不能或不愿提供保护，拉丁人也开始担心自己的性命安全，因此，他们召回了前去平定乡村地区的军队。

最终，城中的本土分子发动了一场政变，新皇帝被杀。在城外的营地中，十字军战士们只能眼睁睁地看着他们获得军事与经济支持的希望彻底破灭，而在此之前，这种希望便已经因为阿历克赛的态度转变而变得难以企及。他们决定自己接管局面。1204 年 4 月 9 日，在拉丁式的告解和弥撒仪式之后，十字军开始攻城。在他们为此进行的前哨战和攻城战中，灾难接连发生。大自然似乎也在和他们作对，逆风使海上支援成了几乎不可能完成的任务。在被迫停止攻势数天之久后，他们又继续攻城，原因并不清楚。不过毫无疑问的是，此时教士们向拉丁同盟军宣扬了战争的正义性：十字军和威尼斯人遭到了背叛，饱受袭扰之苦，有许多人被杀死；那些希腊人仇视他们，也不忠于罗马；上帝正在考验的这支神圣的军队，而他们必须迎接这场考验。

4月12日，十字军在极其不利的情况下展开了攻势，他们攻破了城墙，打开了城门，在街道上造成可怕的混乱。夜幕降临之际，战局依旧胶着。当天下午的残忍巷战之后，大火延烧到城中各处，到处都是血肉之躯被烧着的气味，以及被火烧后建筑垮塌的声音。原本可以挽救拜占庭的大批希腊军队此时决定放弃这座都城。破晓时，十字军和威尼斯人成了这座冒着浓烟的大城的主人。他们展开了报复：各式各样的战利品——圣骨匣、圣徒遗物、浮雕工艺品、珠宝、装饰品、珍贵的圣像——很快被胜利者带回了拉丁西方世界，放进了城堡和教堂。胜利者们选举佛兰德的鲍德温九世为皇帝，还在君士坦丁堡和他们能够控制的希腊地区（爱琴海地区和小亚细亚）把拉丁式的权威强加给希腊人民和希腊教会。面对自己规划的这场十字军远征的结果，教皇十分气馁，只得认为这是上帝的旨意。东西方的教会似乎可以借此联合起来，而人们也希望以君士坦丁堡为中心的拉丁帝国能够成为基地，为十字军位于圣地的各个定居点提供支持。

*

此时，在法国南部和意大利北部的心脏地带出现了混乱，其程度不亚于德意志和西西里的继承危机，也堪比第四次十字军运动的奇特历程。造成混乱的是异端。为何异端教派在欧洲南部特别是朗格多克如此兴盛（至少在历任教皇看来如此）？这个问题还没有满意的答案。有人说，也许是因为朗格多克的主教管区过于庞大，难以有效管理，因而宗教领域的异议者团体更有可能发展起来。也许在这样一个长期处于无政府状态的地区中，贵族会把曾在政治争斗中支持自己的人推上教会领袖的位置，却不管那些人是否重视遏制宗教异议势力。

可以确定的是，12 世纪时，朗格多克及附近地区有不少基督教团体声称自己对信仰的理解更正确。这些团体所相信的并不完全相同。卑微派（Humiliati）等团体坚持认为俭朴生活是最好的，而且哪怕是平信徒，也应当去传播关于爱的福音。但卑微派成员也愿意生活在接受捐赠建立的兄弟会团体中，这样的团体遵循修道院的模式，有一些制度约束，卑微派的做法和天主教的并没有太多不同。另一些人则希望取缔一切世俗财产，对于制度化的生活哪怕不十分抵触，至少也毫不关心。他们也要求获得传教的自由，不管他们是否得到了有形教会的按立。这些人往往被称为瓦勒度派（Waldensians），该派得名于他们中最虔诚的一员——瓦勒度（Waldes）。瓦勒度原本是富商，后来成了“里昂的穷人”（Poor Man of Lyons）。瓦勒度派并没有与正统教会决裂。虽然在 12 世纪时，教会针对平信徒布道发表了总括性的谴责声明，但英诺森三世还是允许一些地方、一些群体中的平信徒布道。这些群体包括被恢复名誉的卑微派信徒（无论他们是平信徒还是受过按立的），以及保持正统信仰的瓦勒度派信徒。只有顽固拒绝接受修士权威的瓦勒度派信徒被视为异端，他们不仅反抗教会的权威，还越来越多地否定天主教的圣礼体系和关于赎罪的神学理论（包括炼狱）。

在英诺森看来，比拒不悔改的瓦勒度派信徒更可怕的，是迦他利派信徒，因为这些人和有形教会的分歧是更深层次的。近期大多数研究成果都强调迦他利派内部也存在不同的观点，但不管我们选出哪些观点来分析，迦他利派的观点都是为正统教会所不容的。迦他利派的信念包括摒弃《旧约》，他们实际上否认了关于上帝合一性的传统观点，转而支持二元论。他们认为，《旧约》中的上帝是可见的受造世界的上帝，这个世界是邪恶的，因此《旧约》中的上帝也是邪恶的。和这个上帝对立的，是《新约》中的上帝，这个上帝是个灵，没有被受造物玷污。耶稣是这个好上帝的某种体现，因此不可能有肉身。耶稣的肉身只是表象，因而他绝不可能受难或死去。这样的主张动摇了天主教正统救赎神学的根基，其中包含基督替人赎罪的核心论点：耶稣受死，赎了我们的罪。此外，让迦他利派在天主教徒眼中罪加一等的是，迦他利派通过有组织的传道者团体讲授他们那离经叛道的学说，看起来就像是与天主教教会抗衡的迦他利派教会。

在性的问题上，迦他利派和天主教之间的相似之处都只是表面上的。双方都提倡守贞，也都有发誓守独身的人——在迦他利派中叫“完人”，在天主教会中则是修士、修女和神父。然而，迦他利唾弃性欲，不仅是因为他们在肉体欲望中感受到了某些邪恶的成分，还是因为他们憎恨繁衍，在他们看来，生养后代意味着将灵魂困在下一代人的肉身之中。而天主教的神学家们即便认为守贞比婚姻中的性行为更理想，他们也还是主张婚姻有其正当性，那就是繁衍后代（有人说这是婚姻中性行为的唯一正当理由）。上帝在《圣经·创世记》中吩咐“要生养众多、遍满地面”，在迦他利派信徒眼中，这恰恰说明了《旧约》中的上帝是多么邪恶。

英诺森三世愿意让教会与正统瓦勒度派和解，允许平信徒在主教许可的情况下传道，部分原因在于正统瓦勒度派认为迦他利派的神学令人厌恶，因而迫切希望传道反对迦他利派，并以天主教徒的清贫生活为典范，劝堕落者脱离异端。为此，教皇借由主教层级的许可，批准了瓦勒度派的俗人传道活动。基于同样的原因，英诺森鼓励圣多明我（St Dominic）传播天主教正统教义，也推动圣方济各（St Francis）向城镇信众布道。

多明我（生卒年 1170—1221）是卡斯提尔人，从 1206 年起就在朗格多克省的迦他利派异端中传道，但收效不大。此后，多明我突发奇想，决定建立一个由传教士组成的修会，即宣道士弟兄修会（Order of Friars Preachers），其主要职责是与异端斗争，向信徒传授天主教信仰的本质内容。从一开始，他就坚持修会招募的新成员必须接受高水平的知识培训，以此对抗异端人士对《圣经》的非正统解读。同时，多明我还要求自己的追随者们发誓甘于贫困，他认为清贫生活本身就是示范。异端批评教士阶层在这个穷人极多、少数富人和大量穷人之间极端不平等的世界里，还过着奢靡的生活，而宣道士弟兄修会的清贫生活本身就是对这种批评的回答。尽管英诺森非常欣赏多明我的努力，但直到下一任教皇时，教会才正式批准了这个新兴修会——我们更熟悉的名称是“多明我会”，取自其创始人。

英诺森还见证了圣方济各（生卒年 1182—1226）所创立的运动，1210 年，教皇批准了圣方济各管理的机构，此时这股传道力量已经可以与多明我会相提并论了。这个传道团甘于贫困，传扬正统福音，顺从教会（这是教皇承认其努力合法性的先决条件），成了 13 世纪早期基督教传福音的突击队。该传道团被称为小兄弟修会（Order of Friars Minor）或方济各会（Franciscans），成员也因简朴的装束而被称为灰衣修士（Grey Friars）。在一开始，方济各会的管理比多明我会松散一些。他们的修会宅院也被称为修道院（convent），但只不过是一些用于中途歇脚的休息点，这是因为早期的方济各会士和云游的托钵修士差不多。他们在世界上很活跃，积极向城镇居民传道，传道的对象包括商人、掮客、工匠、普通劳工和妓女。方济各会士毫不留情地抨击贪婪敛财、自我放纵的行为，并且身体力行，为生活在城市的平信徒树立了富有自我牺牲精神的俭朴生活的榜样。同时，他们也传播爱与宽恕的福音，在这方面方济各会的创立者可谓无出其右者。在方济各在世时和他过世后的一段时间里，有些人援引 12 世纪卡拉布里亚神秘主义者费奥尼的约雅斤（Joachim of Fiore，卒于 1202 年）的预言，认为方济各的出现是新时期（dispensation）——圣灵时期——到来的预兆之一，甚至是最重要的预兆。有人认为，方济各临终前，身体上奇迹般地出现了圣痕（stigmata），即耶稣受难的标记，这让一些人对上述非正统的思想坚信不疑。

中世纪时期的真实的圣方济各，不应当与 19 世纪人们对他的美化幻想混淆起来。19 世纪的人将他描绘成一个浪漫的传奇人物，一个孤身抵抗旧习的英雄，一个情感充沛、时常不顾礼俗的人，一个始终保持童心的人，一个敬畏并热爱自然的人。当然，方济各的生活里有一些戏剧性的时刻，这也能解释为何浪漫主义者对他特别感兴趣。年轻时，方济各多次以士兵身份前往战场，不过在最后一次参战时，他改变了心意，抛弃了奢华生活——他是意大利富商之子，生活一向奢侈。他还不顾父亲的反对，脱去一切衣物，以此象征自己与俗世脱离关系。方济各将自然视为上帝的创造并深为热爱，这种感情在他那著名的赞美诗《太阳颂歌》（*Canticle of the Sun*）中显露无遗。此外，方济各向小鸟布道、让恶狼平静下来等故事也体现了他对大自然的特殊感情。以上种种都契合了浪漫主义者自己对与自然合一的向往。

方济各从不放纵自己，虽然反抗父亲，却始终服从教会的权威。他十分确信，自己是上帝拣选的，要做有形教会的柱石。举例而言，虽然他个人持反对战争的观点，认同爱的福音，但他并没有像一些评注者希望的那样，成为十字军的反对者。并没有真实可信的论述证明方济各谴责战争，不过，可能他确实更愿意采用劝化的方式，至少相信劝化比暴力更有效，正如一段有名的事迹所示。1129年，方济各随同一支十字军远征，当时他在埃及越过了基督徒与穆斯林军队间的界限。方济各被穆斯林哨兵俘获，哨兵认为这个衣着破烂的人是基督徒一方派来商量投降的使者，便将方济各带到了苏丹面前。然而，方济各没有与苏丹谈判，而是提出要从火中走过，以经过烈火而不受伤来证明基督教信仰的优越性。穆斯林此时才意识到自己面对的人并非使节，于是，他们在一番犹豫之后，决定将这个看似癫狂的人送回基督教军队的营地。

迦他利派教条严苛，却吸引了很多人；方济各会尖锐地批评他们的传道对象，却获得了许多人的支持。这两种情况都很难解释。不过可以确定的是，双方都吸引了许多人，比如，许多城镇商人就既愿意保护迦他利派远离迫害，又资助方济各会的活动。历史学家对一些信众群体研究得很多，尤其是女性群体。有学者提出，与天主教相比，迦他利派能给妇女更多的机遇（至少在方济各会与多明我会运动兴起之前是这样），因此加入迦他利派活动的女性要远远多于男性。这样的看法仍有争议，而支持方与反对方都有很好的理由。

方济各会和多明我会的情形则不大明确。无疑有大量女性被福音运动吸引，形成了由修女组成的第二修会组织，但这些修女很快就会发现，她们不可能扮演修士们所扮演的角色。尽管英诺森三世对方济各的密友之一、方济各第二修会嘉勒苦行会（Poor Clares）的创立者圣嘉勒（St Clare）有过承诺，但继任的教皇们不允许这些姐妹像她们的男性同胞一样过贫穷的生活。修女不得像托钵修士一样云游四方，不能公开向异端信徒布道，甚至不能向身份普通的有罪城镇居民传道。尽管有上述限制，但仍有大量女性加入修会。那些希望参与福音运动但不愿彻底成为修士和修女的人则形成了第三修会，即世俗追随者的组织。

在时机合适时，这场福音运动带来的复兴本可以让迦他利派和其他异端教派的信徒重归正道，教皇却看到了一块绊脚石：在主教和传教士努力让异端俯首听命之时，许多世俗王公贵族却只是说说空话，拒绝提供任何实质性的帮助。最令教皇不满的是图卢兹伯爵雷蒙六世(Raymond VI)，他也是朗格多克境内最强大的男爵*。雷蒙的情况很简单。他始终坚持正统教会的观点，但不希望自己领地上的社会生活受到干扰。雷蒙似乎也没有把迦他利派当作严重的问题。许多迦他利派信徒至少看起来都是好人，他们是无害的素食主义者，经常禁食。事实上，在朗格多克，"好人"(拉丁语 boni homines，法语 bons hommes，再加上相应的阴性词"好女人"）常被用来形容迦他利派信徒。在许多家庭中，部分人是迦他利派信徒，部分人是天主教徒。倘若强迫人们批判自己的血亲和所爱之人，并借由伯爵的威望和权势要求他们屈从于主教的谴责、罚款乃至监禁等惩罚，无疑是非常危险的。这样的做法将动摇伯爵本人在广大地区的统治基础，毕竟伯爵的领地广阔，

---

* 如前文所述，本书中的男爵（baron）类似于身为贵族的封建土地主，伯爵（count）则是一个头衔（title）。在中世纪，男爵和伯爵属于不同类型的概念，并无中国所谓"公侯伯子男"的上下之别。特此说明。——译者注

从西边的大西洋海岸一直向东延伸到罗讷河以东的地方。

英诺森三世是个非常有耐心的人。他会采取劝诱、协商、怂恿的方法，但他不会忘记自己最终的目的：让大批心怀不满、受到异端影响的基督徒重归天主教正统信仰的怀抱，并保护那些笃信正统之人，使之免受拒绝归信的异端的迫害。而对于这些目标，雷蒙六世似乎总是漠不关心。这样的冷漠态度令教皇及其使节们十分恼火。

这种失望的感受随着时间的推移越发深刻。1208 年，雷蒙六世很不喜欢的一名教皇特使遭到暗杀，英诺森相对温和的态度也就到此为止了。教皇指责雷蒙是这起谋杀事件的幕后黑手，雷蒙则始终否认。教皇对雷蒙处以绝罚，相当于罢免了他，还鼓励忠诚的正统基督徒讨伐雷蒙。教皇许诺，讨伐得胜者将分得伯爵的土地作为物质奖励，并得到属灵方面的奖赏，就是获得和前往圣地的军事朝圣者一样的特权。这批十字军被称为阿尔比十字军（Albigensian Crusade），因小城阿尔比（Albi）而得名。这座城市距离图卢兹不远，是人们眼中迦他利派及其支持者势力尤为强大的地方。这是一场针对基督徒的神圣战争，而且是教皇特意授权对基督教异端展开的征伐，而不像 1204 年那场针对希腊人的战争那样，是在事后才被说成上帝旨意的意外事件。在不久之前，基督教军队曾在教廷的命令下作战，以推行其在西西里的政策，尤其突出的是针对安魏勒的马克沃德的军事活动——马克沃德接受亨利六世的任命，成了这个海岛王国的摄政。上述针对西西里的军事活动带有十字军的意味，但人们还是可以主张当时并没有真正意义上直接针对基督徒的十字军活动。而现在，既然有了阿尔比十字军，就再也不能说没有针对基督徒的十字军活动了。

这场战争持续了 20 年之久，战争的走向对法国君主制度的发展产生了深远影响，因为这批十字军的大部分成员都来自法国北部。虽然那是英诺森去世很久之后才发生的事，但最终教廷获得了胜利，实施了有助于消灭迦他利派的传教和镇压措施。尽管如此，并非所有人都相信用十字军来对付基督教异端是件好事。后来的一些教皇也用十字军征讨异端，却没有像英诺森三世那样自我反省，他们受到了许多批评。

并非所有学者都认为英诺森三世是中世纪最伟大的教皇。有人很不满地说，英诺森三世不过是最忙的教皇罢了。英诺森得处理德意志、意大利和西西里出现的棘手问题，要面对第四次十字军运动的奇特结局，还要控制福音运动、对抗异端教派。这还不够，此时英诺森又要面对艰难的政治斗争，与英法两国的君主对抗。在这两场对抗中，教皇展现了他特有的耐心，而在耐心不管用的时候，他也愿意诉诸激进的解决方案。

法国的问题相对简单。1193 年距英诺森三世成为教皇尚有数年之久，这一年，法王腓力二世 · 奥古斯都迎娶了丹麦国王的妹妹英厄堡（Ingeborg）。然而，几乎从婚礼开始，腓力就十分排斥英厄堡。腓力二世和与他同名的国王腓力一世一样，不肯接受自己的妻子。为腓力二世辩护的人指控英厄堡使用巫术影响国王的性能力，但这样的指控在法律上毫无意义。教廷的调解人很难允许国王抛弃这样一个出身名门的妻子，何况她看起来如此柔弱——她在公开场合用很不流利的法语可怜巴巴地控诉自己遭受的不公正待遇。教廷试图让这对夫妇和解，但腓力毫无和解的打算。在腓力和他手下的一些教会顾问看来，这场婚礼并未完成，婚姻也毫无效力（在这方面，证据随着时间的推移而越来越多）。服从法王的主教们确认婚礼无效。于是，腓力另娶了一个妻子，这位来自巴伐利亚的贵族女子为法王生了两个孩子。

时任教皇和1198年继任的英诺森三世不断要求国王与他另娶的妻子断绝关系，与英厄堡重归于好。教廷的所有要求都遭到了法王的拒绝，最终，英诺森决定采用强硬手段。1200年，他对法兰西王国下了教廷禁令，暂停那里所有的教会服务。像其他国王一样，腓力在收到禁令后得面对许多困难。其中一个困难的后果是他料想不到的，但也预示了很多可能性。就在同一年，1200年，英王约翰诱拐了他手下一名法国封臣的未婚妻。当时，约翰也是诺曼底公爵，还控制着法国西部的大多数领地。如果这名法国封臣自己的反抗失败，诉诸法律，将约翰的所作所为上告于腓力二世，那么法王的位置就非常有利了——腓力将有机会审判自己最重要的政治对手，倘若约翰拒绝受审，腓力还可以宣布没收约翰的领地。

教廷的禁令使腓力·奥古斯都成了一个失去神圣性的国王，至少在他的敌人，以及那些承认教皇拥有惩戒国王权力的人（无论他们是否与腓力为敌）看来是如此。腓力因此疏远了多少国人，我们不得而知，但无论政治代价如何，腓力似乎都不打算抛下自己的巴伐利亚妻子。直到她于1201年7月去世，腓力才最终屈服，教皇也因此承认了这段重婚婚姻留下的子女。腓力与英厄堡的婚姻被宣布继续有效，腓力没能从教皇那里获得合法的分居许可。英厄堡继续留在法兰西，扮演着奇怪而孤独的角色。不过，她的行为堪称英勇，而法国人也以一种冷淡的尊重态度对待她，直到她于1236年去世，而此时，腓力二世已经过世13年了。

1202年，不再受禁令所困的腓力·奥古斯都真正实现了自己的复仇。英王约翰的封臣控告约翰诱拐自己的未婚妻，约翰却没能现身法王的法庭应诉。于是，法兰西王家法庭宣判没收约翰在法国的地产，将其并入法国王室领地。1204年结束之前，法王已经（自认为合法地）征服了诺曼底及附近卢瓦尔河以北的土地，将其并入王室领地。不用说也知道，约翰情绪低落，他属下的男爵们也是如此，他们为英王威望扫地、失去欧洲大陆上的祖产而哀伤不已。人们认为，约翰应该在某个时刻做些什么，不过具体在什么时候做些什么，则没人能说清。而此时，约翰又被卷入了一场麻烦的纠葛，这次他的对手变成了教皇。

1205年，英诺森三世遇到了棘手的状况。一个来自坎特伯雷的使团抵达罗马，报告说坎特伯雷基督教会修道院的副院长已经按程序被选举为坎特伯雷大主教，接任去世主教的职务；然而另一个代表团很快也抵达了教廷，他们报告的情况完全不同。在坎特伯雷确实举行了一次选举，但这次选举有违律法，当地的基督教分会没有首先向英王约翰请求允许，这是因为成员们知道，约翰中意的是他们不愿意推荐的候选人。因此，约翰威胁这些教会人士，逼他们举行第二次选举。这些人屈服了，他们选出国王的朋友诺里奇（Norwich）主教来担任大主教一职。现在，轮到教皇确认这第二次选举的结果了。

对此，英诺森表现出毫不动摇的意志。第一次选举毫无疑问是非法的，但第二次选举也一样。教会自由意味着教会有权自由举行选举。约翰王的威胁既违背了教会法规，又违背了他自己在加冕时的誓言。此外，主教（在此事上指诺里奇主教）换教区是需要得到教皇许可的。主教与教区的关系类似于婚姻关系，这种关系除了基督的代理人——教皇——之外，无人可以解除。因此，英诺森宣布之前的两场选举都是无效的，并使用教规赋予他的正当权利，将坎特伯雷大主教的任命权收回自己手中。一名在教廷任职的英格兰人斯蒂芬·兰顿（Stephen Langton）被选为这一职务的继任者并送往英格兰。兰顿是一名学者，也是一位神学家，他曾在巴黎求学，而当时英诺森也在那里。

英诺森的行为不管怎么解释，在约翰看来都一样。约翰将兰顿的任命视为对自己的故意侮辱，是在他丢掉诺曼底后落井下石。为了报复教皇，约翰拒绝兰顿入境，夺走了属于坎特伯雷大主教的财产，然后放逐了那些胆敢公开反对自己的主教和其他教会人士。

对约翰的所作所为，英诺森用他此前对付腓力·奥古斯都的办法应对：他给英格兰下了教廷禁令。从 1208 年到 1214 年，这个国家的教会服务活动被停止了。在此期间，双方的协商并未中断，英诺森却逐渐失去了耐心。1211 年，局势有了转变。威尔士人在这一年发起了反抗英格兰人的叛乱，约翰王召集军队镇压叛乱，却得知自己手下的许多男爵也走向了反叛之路。这些男爵认为约翰王独断专行，因而心怀不满。教廷禁令仍在执行，这激怒了男爵们，也让他们有了借口去反抗失去神圣性的国王。英格兰得承受在欧洲大陆失去大片领土的后果，英诺森还暗示他可能会批准法国入侵英格兰，约翰面临的局面愈发严峻，毕竟教皇在法国南部动过武。为了英格兰，约翰不能再犹豫下去了。

约翰屈服了。一些为约翰辩护的现代人认为这在政治上是明智之举。不过约翰之所以陷入这样的困境，是因为他一开始不肯妥协，那可不怎么明智。此时，英王承认斯蒂芬·兰顿是合法的坎特伯雷大主教，也允许那些被迫流亡海外的高级教会人士官复原职、取回原有的地产，他还补偿了教会在这场纠纷中蒙受的损失，许诺每年向教廷支付 2000 马克作为贡赋。最后，英王还将英格兰王国献给了教皇，然后再从教皇处获得这片土地作为封地。由此，英诺森三世成了约翰的封建领主。

当然，上述举动的明智性毋庸置疑。英诺森得到了所有在他看来应得的东西，约翰则平息了教皇的不满，教皇不再支持任何入侵约翰属下英格兰土地的行动，还在实际上积极保护自己名下的这位新封臣。而且，约翰至少让属下叛变少了一个理由，因为他不再是不神圣的君主了。约翰在成功镇压威尔士人的叛乱之后，向外透露自己有意攻打法国，重新得回英国王室的诺曼先人统治过的土地。在疾风骤雨般的外交活动之后，约翰说服了僭称德意志皇帝的不伦瑞克的奥托，奥托同意，若英国人发动攻击，德意志方面将成为攻击法兰西的第二条战线。若进行所有这些准备，约翰王必须把一举一动都公开，因为英格兰的男爵们需要确认他们君主在真心实意地备战，也必须被说服为计划中的军事活动提供所需的税金，即所谓兵役免除税（scutage）。

然而，1214 年针对法国发起的这场两面进攻成了灾难。腓力·奥古斯都在当年 7 月 14 日的布汶战役中摧毁了不伦瑞克的奥托的德意志军队；而登陆法国后在普瓦图扎营的约翰得知这一消息后，就决定采取慎重避战的策略。约翰率军撤回英格兰，但很快陷入了愤怒贵族叛乱的旋涡，大主教斯蒂芬·兰顿也加入了反叛。关于这场交锋的长期后果，本书将在其他章节中阐述（参见第 15 章）。此时，英诺森三世对于禁令效果的欣慰之情已经烟消云散，因为他的新封臣约翰遭遇了叛乱，英诺森自己的朋友斯蒂芬·兰顿还站在叛乱者一边。一切都很混乱。暂时平息了叛乱的条约就是我们所知的《大宪章》（Magna Carta，1215 年 6 月 19 日）。英诺森对《大宪章》非常反感，因为它在未获教皇授权的情况下限制了一名受膏国王的权力，而且这位国王还是教皇的封臣。兰顿被召回了罗马。

第四次拉特兰会议

当斯蒂芬·兰顿被召回罗马时，这座城市正忙于准备自325年尼西亚会议（Council of Nicea）以来规模最大的一次集会。届时，超过400位主教将莅临罗马，同时到场的还会有800名其他教会人士，以及数不胜数的世俗显贵。幕后的准备工作非常多，因为英诺森希望这场会议的事项能够在两周多的时间里迅速有效地完成（会议时间为1215年的11月11日至11月30日），事项包括让与会人士听取并批准已经秘密达成的决议，并将这些决议正式发布为70条教规或法令。这些教规中，有些与基督教的教义有关，有些涉及教会的组织方式，还有一些涉及惩戒，但还有许多在会议上讨论的议题是在这几个宽泛类别之外的，比如关于圣地情况、朗格多克局势以及充满争议的德意志皇帝选举的内容。

会议开幕时，代表们只拿到了关于部分议题的报告。英诺森在1213年时发布过关于第五次十字军远征的公告，此时代表们得知了准备工作的最新进展。至于朗格多克，代表们获知了当地的军事与宗教局势。1215年时，十字军运动和朗格多克局势似乎都充满了希望。雷蒙六世参加了这次会议并寻求和解，但此时掌握着一切有利条件的是蒙福尔的西蒙——阿尔比十字军的统帅。西蒙成了异端活动地区实际上的统治者，他的代理人们则试图为他获取成为新任图卢兹伯爵的合法证明（这并不意味着雷蒙六世有可能认为这一任命合法）。至于德意志的局势，在腓特烈二世和不伦瑞克的奥托的代表们（奥托前不久才在布汶被法国人击败）分别发言陈述之后，达成决议的希望似乎依旧渺茫。

11月20日，众人第二次开会，教皇发布了一系列严正声明，宣布雷蒙六世被废，《大宪章》无效，所有反抗英王约翰的叛乱者都被处以绝罚，这意味着在《大宪章》上起了作用的大主教兰顿被暂停了职务。腓特烈二世被确认为德意志国王。教廷还针对十字军发布了重要的法令，其中包括三年内禁止任何比武活动。

当然，最郑重的是那些关乎天主教信仰的本质、道成肉身、三位一体、马利亚卒世童贞、洗礼和圣餐变质说（transubstantiation）的声明。圣餐变质说认为，祝圣过的酒和饼将变成耶稣基督真实的血与肉。让异端去信他们愿意相信的吧，真正的基督徒理当肯定上述教义，承认罗马天主教会的教权，与会者还宣布，罗马天主教会之外别无拯救。

身在巴黎时，英诺森曾与人热烈讨论天主教的本质，这样的讨论有时会和学院老师“唱诗者”彼得（Master Peter the Chanter）圈子里有知识的改革派人士产生联系。事实上，英诺森在担任枢机主教时，还写过一本关于弥撒奥秘的专著，这证明了这个圈子对他思想的影响。当时还十分年轻的斯蒂芬·兰顿也在这个圈子里。“唱诗者”彼得周围的改革派人士多年来一直激烈批判教会内部发展起来的一些行事方法，比如在教会许可下采用酷刑神判（ordeal）* 等民间取证手段的做法。

---

* 受指控者经历酷刑，包括将手放入滚烫的水中取出物品（例如石头）、赤脚走过火焰、用烙铁烫身体某个部位等等，并由神职人员检验受指控之人是否因上帝意志而伤口愈合/不受伤害，具体的判断方式与名称在不同年代和地区有所不同。——译者注

在这些完全由知识分子组成的圈子里，辩论总是十分激烈。倘若有人提到神判，改革者便会争辩说，得到承认的《圣经》经文是禁止使用这样的审判程序的。人不可试探上帝，也不该认为自己竟能迫使上帝通过施行神迹来下判决（《圣经·申命记》6:16）。保守派则会反驳，若是如此，为何上帝又会允许尚为孩童的大卫去对抗歌利亚、以决斗断是非（《圣经·撒母耳记上》第 17 章）呢？改革派的回应是，那是神的选择，不是人的选择，而且，众所周知，他们自己那个时代的神判断讼也会出错。有的人在经历神判之后被以谋杀罪处死，据说被杀的人却在不久之后回家，原来只是去朝圣或去远方经商了。不会犯错的上帝怎么会做出如此离谱的宣判呢？保守派又一次给出了答案：上帝的道路是隐藏的，被定罪的人一定做过什么错事，使他注定遭受极刑，否则上帝不会允许他被判为有罪。反之亦然，倘若看似有罪的人能够脱身，那必是因为上帝能够了解隐秘之处发生的事情，知道这些人真心悔悟，因此公开宽恕了他们。

上述争议本来会一直留在学术界内部，但第四次拉特会议使这样的讨论对整个社会都产生了影响。这一次，改革派获得了胜利：神父再也不许主持酷刑神判了。于是，酷刑与神圣之间的关系被一举切断。不过，这样的决定对世俗司法而言冲击太大了。王公贵族们拒绝执行这一法令。只有丹麦立即执行，英格兰也在几年后放弃了酷刑神判的做法。其他国家的动作要慢得多，直到 13 世纪晚期，欧洲部分地区的人还在用酷刑断讼，这种做法在一些地方得到了当地神职人员的认可，在另一些地方则不然。不过，酷刑神判终究不再是官方审判程序了。

除了上述内容之外，第四次拉特兰会议还针对许多其他事务发布了法令。这些法令加强了主教对本笃会修道院的控制，禁止成立新修会（这一禁令很快便被人们绕开了），还设计了孤立犹太人的方法，比如要求他们穿上与众不同的衣服。关于犹太人的法令很快得到了修改，因为教廷担心与众不同的犹太人可能成为容易辨认的目标，遭到那些准备加入第五次十字军运动的鲁莽军人的迫害。此外，这次会议规范了绝罚的程序，以及展示、敬奉圣徒遗物的方法，还阐明了关于宽宥赦罪权（indulgence）的神学理论及炼狱说，炼狱说认为炼狱中的灵魂需要先得到惩戒（净化），方可获得进入天堂的许可。

法令还规定信徒应当举行圣餐仪式，在每年复活节时向神父私下告解。法令还重申了教会关于合法婚姻的训诫，确认了神职人员对平信徒的义务，明确了神职人员的理想特质：在性方面保持纯洁，不醉酒，不过度涉入俗事，以免影响治愈人们灵魂的要务。当然，倘若神职人员或平信徒偏离正道犯了罪，那么根据会议法令，只要他们"真心悔改"，就能回到选民团体之中，他们若"信从真道，行上帝所喜悦的事，就能获得永恒救赎的奖赏"。

英诺森三世的遗产

像关于神判断讼的裁定一样，第四次拉特兰会议发布的许多教规都经历了波折。德意志是个极端的例子，它执行会议法令的动作特别慢。这个国家先是经历了一场内战，而后国王兼皇帝腓特烈二世又与英诺森的继任者发生了冲突，这使教廷几乎无法对阿尔卑斯山以北的教会进行管理。但即便在德意志，时势也有利于拉特兰会议，因为会议颁布的法令已经被纳入了教会法规。因此，在较为和平的岁月里，这些规条应用到教会机构和个人身上就成了常规。当然，这一切的效果好坏，取决于各位主教和地方宗教会议的参与者能否保持警醒，也取决于当地神父是否有执行力，修士、修女和兄弟会成员是否热心。倒退的情况依然可能出现，也确实出现了。教会内部还有批判性的改革声音，人们仍然会尝试更新信仰生活和机构内的生活。不过没有人能够否认，第四次拉特兰会议阐释了天主教信仰的本质及架构，是继古典时代晚期的基督教大公会议之后最重要的会议，而它是英诺森三世一手缔造的。

然而，英诺森三世认为自己的工作还没有结束。第四次拉特兰会议结束时，他只有 55 岁或 56 岁。英诺森立刻开始着手宣传会议的成果，通过阐释来调整会议的决议，处理英格兰混乱局面等棘手问题，直到他突发急病，于 1216 年 7 月去世。英诺森三世撒手人寰时，教廷的权威和实力达到了中世纪时期的巅峰。至于他的继任者们是否能够维持这样的状态，就有待观察了。

第 14 章

学问

1200 年时，西方人已经可以接触到许多非基督教哲学家作品的拉丁文译稿了。亚里士多德的著作仍然最受欢迎，但阿拉伯和犹太学者针对亚里士多德作品撰写的注释在译成拉丁文后，也得到了广泛传播，这些注释作品令人激动，也充满挑战。若没有正统基督教阐释的辅助，阅读这些作品肯定是个挑战，而哲学学者和神学家的阐释到底符不符合正统，也不是总能确定。在这段时间前后，有一些宗教法令禁止在巴黎大学中讲授亚里士多德的自然哲学和形而上学，因为保守派担心有人会用自作聪明的解经方法来玷污基督教的教义。不过在 1240 年前后，这些制定于 13 世纪初的禁令就已经无人执行了——或许这些禁令从未得到有效执行。当时，巴黎大学和其他一些大学的教师已经开始在课堂上讲解亚里士多德的自然哲学和形而上学，但讲得更多的还是亚里士多德的逻辑学和伦理学。

两位供职于不同机构的学者的探究，在众多早期阐释者中很有代表性。第一位是奥弗涅的威廉（William of Auvergne）。威廉在巴黎大学任教，他的作品涉及逻辑学，也探讨是否可以通过哲学思辨确定真理，也就是说，他想出一系列原则，用这些原则来判断逻辑连贯命题的真理性。我们可以举例：如果人和 / 或蠢人不再存在，那么一个人永远也不能成为蠢人，这句话有多少真实性？一个在哲学上可以证明、在现实中没有所指的陈述有多少真值？什么能够保证，当符合（亚里士多德式）逻辑的论证程序被恰当应用于真命题上时（要么被启示为真，要么不证自明），能够产生真实的陈述？威廉在哲学生涯中总是思考这些问题，提出了经过深思熟虑（却未必都有说服力）的论点。

奥弗涅的威廉的正统地位无人质疑，1228 年，他被提拔为巴黎主教，从中便可以看出教会的态度。威廉的主教任期一直持续到 1249 年他去世为止。在这段岁月里，尽管主教职务带来了繁重的日常职责，但威廉依旧怀着牧者之心试图改造妓女，他也成了法王的亲密政治顾问，当国王于 1248 年离开本国去参加十字军远征时，威廉在摄政会议中和其他同僚一起为国王的代理人们建言献策。

另一位有代表性的学者是罗伯特 · 格罗斯泰特（Robert Grosseteste）。他是英格兰人，支持方济各会，曾在牛津大学和巴黎大学学习，在从 13 世纪 20 年代中期到 1235 年的这段时间里任教于牛津大学。格罗斯泰特也研究逻辑和真理确定性的问题，他的方法可能比奥弗涅的威廉的更具远见。不过，批评者们提出，格罗斯泰特的思想很有趣，也有启发性，但说服力不足。和奥弗涅的威廉一样，格罗斯泰特在结束大学任教生涯后成了一名行动积极的主教，他在林肯教区担任这一职务，直到 1253 年去世为止。他在生命的最后这段时间里一心促成犹太人改信。

换言之，这些神学家和哲学家具有出世的哲思，但也积极行动，在俗务方面颇有权势。关于中世纪的学者，有一个非常重要的问题还没有答案：这些学者在职业生涯早期的神学和哲学立场，是如何影响甚至塑造他们后来在教会乃至国家中的实际管理工作的？有一件事可以确定。第四次拉特兰会议颁布了许多教会法令，人们还是很担心异端和异见者的影响，而此时，许多学院出身的人在教会中取得了高位，这说明在那个时期，还是可以既研究基督教之外的哲学资料，又保持正统的名声的。正因为如此，对亚里士多德及其后古典时代的阐释者的研究才能在13世纪顶住保守派的压力，一直继续下去。有些保守派人士认为，学院出身者的升迁和整个教会生活的腐败不无关系。

在神学领域，保守派最不想看到的，恐怕是热衷于亚里士多德的同辈经院哲学家提出条理分明的命题，来反对基督教教义了。虽然那些看似在进行这种工作的学者并没有走到这一步，但批评者猜想，亚里士多德主义者正倡导“双重真理”论。而实际上，信仰基督教的亚里士多德主义者的观点是：仅凭理性得出的结论若看上去与神圣（启示）真理相悖，就应当摒弃，或者至少需要重新斟酌，直到找到调和该结论与启示真理的方法。然而，对也好，错也好，保守派一直盯着布拉班特的西格尔（Siger of Brabant）和达契亚的博埃蒂乌斯（Boetius of Dacia）等人不放，说他们包容甚至捍卫双重真理说。这两人和托马斯·阿奎那与波拿文都拉（Bonaventure，详见后文）是同代人。

经院哲学巅峰时期的哲学巨擘

1241至1247年间，罗杰·培根（Roger Bacon）在巴黎任教。培根的手稿显示，他很熟悉亚里士多德关于科学和形而上学的论述，对被冠以“秘密中的秘密”（Secret of Secrets）之名大量传播的文献也颇有了解。《秘密中的秘密》是托名亚里士多德的作品集，据称是这位哲学家向其学生亚历山大大帝传授知识的记录。培根相当于为这部作品做了翻译 / 注释。更重要的是，他应当也十分熟悉阿维森纳（Avicenna）、阿维斯布朗（Avicebron）和阿威罗伊（Averroës）的作品，这几位（以上是他们的拉丁名字）是中世纪时著名的亚里士多德阐释者。

阿维森纳或称伊本 · 西纳（Ibn Sina），他是生活在 11 世纪的波斯穆斯林，他的观点主要是通过犹太学者的翻译和注释被传播到西方世界的。在中世纪的知识遗产中，阿维森纳的作品在数量和重要性两方面都超过了几乎所有其他人的作品。阿维森纳的医药学著作就已经出类拔萃了，而他对于我们在此主要探讨的欧洲知识界而言，还是位至关重要的人物，因为他试图将亚里士多德和新柏拉图主义的观点与伊斯兰教的启示调和起来。阿维森纳的尝试让其他一神论传统中的学者们想到，自己也能做类似的事。与此同时，对于那些在 12 世纪和 13 世纪困扰着基督教经院哲学学术圈的特定争论，阿维森纳也做出了自己的贡献。举例来说，安瑟伦提出上帝存在的本体论证明之后，他的批评者们回应说，这样的证明无论用在什么东西上，都可以推出无法想象出比其更大事物的完美的某物必然存在的结论。安瑟伦的回应是，“存在”是神的必然属性，而其他实体没有这种必然属性，因此上述批评不成立。安瑟伦的说法，其实阿维森纳在反对亚里士多德理论时已经用更严谨的词句表达过了，阿维森纳提出，对除了神以外的所有实体而言，“存在”都是偶然属性，但“存在”是神的必然属性，否则神便不成其为神，而那是荒谬的。安瑟伦当时是否知道阿维森纳的论证尚有争论，但安瑟伦的观点确实可以追溯到阿维森纳那里。

阿维斯布朗又称所罗门 · 伊本 · 伽比罗（Solomon Ibn Gabirol），

他是生活在11世纪西班牙的犹太注释学者。他以写作杰出的希伯来文诗歌著称，但也用阿拉伯文撰写关于形而上学的著作。他用阿拉伯文写成的哲学著作没有什么犹太色彩，因此一些西方的基督教学者误以为阿维斯布朗是穆斯林，但他的一些观点让奥弗涅的威廉等人以为他是基督徒。阿维斯布朗主要的形而上学论著在12世纪时被翻译成拉丁文，是为《生命泉》(*Fons vitae*)。和阿维斯布朗关系最大、在西方造成深远影响的形而上学学说涉及质料和形式间的关系。在阿维斯布朗看来，形式是上帝意志的流溢，但形式需要通过质料来达致完全。也就是说，上帝是完满的，形式和质料共存于上帝之中，而因为形式寻求质料，产生了一系列运动，所以那永恒不变的上帝之中就出现了变化。这个命题从表面上看自相矛盾，但根据基督教（和犹太教）神学，上帝是一切，而且在这个不断变动的世界中无所不在，那么就会出现这个谜题：上帝永恒不变，他里面却充满了变化。

第三位重要的非基督教思想家是阿威罗伊，即伊本·鲁世德（Ibn Rushd)。他生活于12世纪，在很大程度上塑造了中世纪的基督教思想。他也来自西班牙。阿威罗伊是穆斯林，极为钦慕亚里士多德。

> 在我看来，此人（亚里士多德）是大自然设计出的楷模，他向我们展示了人类最终能达到的完美境界……亚里士多德的教导是至高的真理，因为他的头脑是人类头脑所能达到的极限。因此，我们可以说，神将他创造出来，赐给我们，是为了让我们了解所有应该了解的事。让我们赞颂神，因为他让此人如此完美，远超过众人，并让他如此靠近人类所能达到的最高境界。(Knowles，1962年，第200页)

伊斯兰教的保守派和基督教的保守派一样，对亚里士多德可能造成的影响颇为担忧，阿威罗伊和他们抗争，公开为阿维森纳等人的著作发声，哪怕自己并不同意阿维森纳这位前辈的一些哲学观点。不过，就连一些努力调和亚里士多德哲学和正统伊斯兰教的人（他们会谨慎地排除亚里士多德思想的一些关键原则，阿维森纳就是这样），也觉得阿威罗伊对亚里士多德崇拜得过头了。

阿威罗伊提出的一个命题在西方影响深远：因与果之间的联系是必然的，而不只是一种惯常性。保守的伊斯兰神学家认为处处可见神的工作，万事万物都与神的作为和意志有直接联系。如果神让相似的原因之后出现相似的结果，那是出于神自由的选择。因和果之间并没有必然的联系，否则最为自由的神就受到了限制，不再自由了。只要神愿意，他就可以打破因果之间的惯常联系。这样的观点让阿威罗伊等哲学家很不安，因为他们认为，理性世界在哲学上是说得通的，在理性世界中，因果联系不只是习惯的产物，还是神意志的表现。那么，这种观点是否意味着神受到了某种限制呢？也许并非如此，但反对者还是认为这些人设想了一位受限制的神。信仰基督教的阿威罗伊主义者也受到类似指控，说他们用亚里士多德限制了上帝的自由。

即便罗杰·培根没能接触到上述种种著作和理念，他也能够成为13世纪经院哲学思想的先驱。培根对什么都有兴趣：预言和占星（他明确提出这与巫术不同）、炼金术、光学、数学，以及神学、哲学与自然科学，通通在他的涉猎范围之内。培根很长寿，他生于1213年前后，去世时已经是1291年。他晚年的一些作品为占星辩护，呼吁进行特别是神学方面的教育改革，这给他招来了不少麻烦，也让他受到方济各会朋友们的批评。不过，培根那种充满童心和创造力的思维方式，倒成了13世纪经院哲学的典型特征。

在神学领域，培根对人们集中研究伦巴都《四部语录》的做法提出了异议，这样的研究将《圣经》排除在外，而伦巴都的主要神学观念都出自《圣经》。事实上，培根还进一步鼓励与他同为注释者的人们去直接研究《圣经》文本，就是原始的希伯来文和希腊文经文。12世纪时基督教和犹太教在《圣经》文本方面的碰撞至少让人们明白了，若想准确理解上帝的启示，了解《圣经》原文使用的语言是必不可少的。培根言行一致，还为这两种语言写了语法书。

培根对待辩证法的态度尤为矛盾。尽管培根自己就是一名辩证学家，但就像许多同行一样，他感到这一经院哲学方法的精华有时无法满足自己性格中的新柏拉图主义神秘倾向，也没法实现当时他发扬实验方法的雄心。当然，培根对实验的理解以及他为自己观点辩护的方式，与近代早期实验方法倡导者的都不同，后者的观念到现在都还是主流。培根认为，经验（或实验）是为演绎真理服务的，其主要作用在于确认经演绎得出的真理。

培根那些基于基督教的哲学思考都以道德生活为目的。当然他也承认，最高水准的道德生活要么存在于《圣经》里，要么存在于古典时代的过去之中。遵循道德要求而生活的智慧或内在的启示直接来自上帝，他是启示的原则（illuminating principle）或主动理智（agent intellect）。而培根的哲学思考只是对上帝所做直接干预的补充。

与培根同时代的方济各会士奥多·里戈（Odo Rigaud）在能力方面不亚于培根，有时比他还条理分明。奥多于1240至1245年间在巴黎大学修习神学，此后便在那里任教。1248年，他被选举为鲁昂大主教，此后一直担任这一职务，直到于1275年去世。他的大主教生涯成就卓著，他却很低调。终其一生，奥多都在公开场合真诚地保持着方济各式的谦卑态度，哪怕这位鲁昂大主教后来成了法王路易九世的密友，在诺曼底和法兰西的宫廷中都占据了一席之地，还在教会顶层的圈子里颇有地位。

奥多和像他一样的神学家们在某种程度上可以说是科学神学（scientific theology）的支持者。他们想尽可能将基督教信仰建立在哲学基础上，同时也相信，基督教信仰中有一部分核心内容完全是上帝的启示，只能凭信心接受。奥多采用的方法，是将公理（dignitates）和准则（suppositiones）区分开来，前者是对数门学科甚至所有学科都适用的原则，后者则是适用于某一门特定学科的原则。

奥多等思想家认为，系统神学涉及两类公理。第一类公理是被普遍接受的合乎理性的真理，这类真理是不证自明的。这些真理未必来源于启示（《圣经》）真理，但一定不会与启示真理矛盾。系统神学中的第二类公理是信条。这类公理从理性角度看并非不证自明，但它们得到了神的认可，是由《圣经》确认的。对所有第一类和第二类公理进行系统化演绎（或者运用辩证逻辑进行推导），就能得出经过论证的真理，而这些真理就是这门学科的原理。将这种方法应用于神学，就意味着天主教中一些原本因没有《圣经》经文支持而缺乏根据的教义（比如关于炼狱的理论），现在成了能从公理命题推出的内容，被纳入了各部分内容都有系统联系的统一的神学体系，也就是说，这些教义变得更可信了。

罗杰·培根支持方济各会，奥多·里戈则是方济各会中的教师。方济各会的弟兄们（fratres）都过着清贫的生活，方济各会成员的哲学与神学著作有时也涉及和清贫相关的问题，似乎也褒扬可称为兄弟会式的独特生活方式。大学教师中的在俗教士们对这些托钵修士怀有很大的不满，他们的不满既关乎知识和理论，又关乎事业。在知识方面，托钵修士们提倡清贫，无异于在暗中批评世俗生活方式，此外，一些世俗人士认为托钵修士"假冒为善"，一边赞美清贫和谦卑，一边过着越来越不清贫、不谦卑的生活。此外，能进入巴黎大学最高导师层的人很少，修士的数量却在快速增长。修会早期成员的真诚态度深深地打动了法国的统治者们，卡斯提尔的布朗什（Blanche of Castile，1226 年至 1234 年前后在法国摄政）和她儿子路易九世（即圣路易）的虔诚态度便是受这些修士深刻影响的。在获得王室的庇护之后，修士对现有的庇护和晋升体系造成了巨大的威胁。

因此，世俗人士试图限制修士们的教学权。一些批评者甚至颇为放肆地谴责多明我会和方济各会，嘲笑国王与它们的联系，以及这些修会表现虔诚的方式。圣阿穆尔的纪尧姆（Guillaume de Saint-Amour）是批评者中最敢说的，他表示一切都十分滑稽：路易九世放弃了包括华丽服饰在内的王室风范，以托钵修士的方式生活，而他视为顾问和密友的人却很有可能受到异端思想的影响，相信阿西西（Assisi）的方济各开启了一个新的属灵纪元。

巴黎大学中世俗人士与修会的斗争是注定之事。托钵修士有时会受到暴力活动的困扰，王室则会保护它们。王室的愤怒临到了圣阿穆尔的纪尧姆身上。在王室的要求下，此人的作品受到了教廷的审查和谴责。纪尧姆自己则被放逐，不得返回法兰西王国。1256 年，巴黎大学设立了两个教授席位，一个属于多明我会，一个属于方济各会。这两个教席的首任教授是中世纪盛期时的另外两位经院哲学大家，托马斯·阿奎那和波拿文都拉。

托马斯·阿奎那于1224年在意大利出生，小小年纪就开始在隶属于本笃会的卡西诺山（Monte Cassino）大修道院接受教育，进入修道院时可能只有5岁。托马斯之所以能够在如此有名望的修道院中享受教育特权，也许是因为他的贵族关系网络。他出身贵族，而大多数贵族世家都希望每代人里至少能有一名具有影响力的教士。因此，托马斯便被送上了这样一条道路：他将向着神职人员的方向迈进，成为在俗教士。

在年近二十时，托马斯却被多明我会的工作和生活方式吸引了。和早期的方济各会一样，早期的多明我会成员在教会内部没有任何升迁的机会。这两个修会一开始都是服务性的组织，其甘于清贫的誓言则意味着，任何贵族世系都不可能通过贵族亲戚来对修会施压。我们之前提过，13世纪晚期，这一点将有所变化；不过，在13世纪40年代，当托马斯表达加入修会的意向时，情况基本上还是那样。

想到托马斯可能成为贫穷的布道者，托马斯的家庭成员被激怒了，他们限制他的行动（事实上将他囚禁了起来），希望借此令他回心转意，但没有成功。20岁时，这位才华横溢的年轻人正式加入了多明我会，开始了持续一生的布道生涯，他当时大概也预见到了这样的生活。正如我们所见，多明我会希望他们的布道者在保卫基督教神学体系方面有所贡献，而实现贡献的方式就是驳斥对《圣经》和权威传统的异端解读。为了达到这一目的，多明我会在其修道院中发展出了集中式的教义研究系统。托马斯·阿奎那又赴巴黎和科隆继续学业。在科隆，他的导师是大阿尔伯特，大阿尔伯特是一位充满创造力、博学多识的亚里士多德作品的注释者，无愧于伟大的声名，托马斯在他的影响下走上了相同的道路。

1252年，托马斯返回巴黎。当时，托钵修士和在俗教士之间冲突不断，直到王室强硬实施一系列介入措施之后，斗争才告结束。这场斗争的结果是修会在1256年获得了大学中的席位。作为代理导师或讲席教授，阿奎那得以继续他此前的工作并撰写新著，竭力为基督教教义及衍生出来的道德命令建立牢固的理性根基，这都是在亚里士多德的基础上进行的。阿奎那对亚里士多德并不盲从，对这位非基督教哲学家的伦理学思想进行了扬弃。不过，阿奎那在为基督教信仰做哲学辩护时，用的工具都取自亚里士多德的著作和日益增多的相关注释。

在16世纪的人看来，托马斯·阿奎那撰写的总论很好地总结了主流的传统罗马天主教教义，也提供了大量材料，可用于反驳宗教改革运动中新教徒提出的教义。也许正因如此，人们往往夸大了托马斯在他自己时代的重要性。托马斯主义（Thomism）——托马斯所代表的知识结构和论证方式——事实上并非中世纪哲学与神学的核心和终点。在他自己的时代中，托马斯常常遭人批评，他的一些论证也不够有说服力。托马斯尽了力，但任何人都不可能为某些教义提供具有绝对连贯性的哲学解释。举个例子，圣餐变质说认为，弥撒中祝圣过的酒和饼将变成耶稣基督真实的血与肉。根据教义，这种变化是会发生的；但变化究竟怎么发生，无论托马斯如何竭力解释，都只能是个谜。

1277年，阿奎那去世才3年，他的一些哲学观点便遭到了保守派批评者的指责。14世纪时，又有许多人向多明我会神学体系发起全面进攻（参见第21章）。尽管如此，托马斯的理论体系还是非常重要的，否则就不会有那么多大神学家、大哲学家花那么多时间来攻击托马斯主义了。尽管遭到了声讨，但阿奎那的理论在中世纪晚期仍然很有影响力，后来还催生出一批又一批自称新托马斯主义者（neo-Thomists）的人。

多明我会最为重要的作品是《驳异大全》(*Summa contra Gentiles*) 和《神学大全》(*Summa theologiae*)。这两本著作的首要目的是为基督教教义提供全面的辩护依据，其次则是提供上帝存在的证明，并就上帝与堕落人类之间的关系进行哲学讨论。托马斯非常欣赏迈蒙尼德，托马斯在诉诸观察或感官知觉领域的证据时会使用演绎推理，就是受了迈蒙尼德开创性作品的影响（其影响可能比托马斯自己意识到的还多）。举例来说，一个物体若要运动，就一定要有外力推动，而推动这个物体的外力本身也得先被推动才行。这样倒推下去，无穷无尽，除非有个第一推动者，而这个推动者的运动是不需要外力推动的。这个不需要外力推动的推动者就是上帝。

像很多同时代的人一样，托马斯喜欢使用类比论证，也认为类比论证在认识论方面是有道理的。在这方面，托马斯既像亚里士多德，又像奥古斯丁，也许更像奥古斯丁。奥古斯丁见到自然界中三个一组的事物，就会感到诗意般的欣喜，因为他认为这是三位一体的体现。而在托马斯这样的经院哲学家们手中，类比法与直接观察和演绎相结合，就能产生很有说服力的论述，阐明政治和社会生活——特别是法律——的性质，以及上帝的本质。

不过，倘若认为托马斯·阿奎那相信基督教信仰及其伦理内涵就算离开了启示也立得住，那就错了。像迈蒙尼德一样，托马斯认为有些事是无法证明的，只能凭信心接受。托马斯·阿奎那确立了（或者说试图确立）一系列经过理性论证的无可辩驳的原则，这些原则足以支撑基督教信仰体系中的很大一部分内容，甚至可以说，需要视为启示而凭信心接受下来的内容已经大大减少了，因此不信基督的人也比较容易接受。

不过，从非信徒的角度看，这样的做法也有不利的一面，因为这样一来，信徒们就可以说不愿接受基督教的人是不理性的了。12 世纪和 13 世纪的经院哲学革命中，有许多内容都造成这样一种印象，就是某些人——特别是犹太人——会故意拒绝理性的引导，他们天生就是不理性的，这种观念发展到极端，就是对犹太人彻底非人化的刻板印象。事实上，如果犹太人受洗后就能成为真正的基督徒，那么说犹太人具有某种“天性”（不变的特点）的论点恐怕就站不住脚了。对于基督教教义中涉及犹太人的内容，托马斯并没有做出多少贡献，他自己大概也不会接受所谓犹太人天生缺乏理性的观点；然而，托马斯的工作却可能被相信这种论点的基督徒拿去刻意改造利用。

当时，巴黎大学的另一个修会教席是波拿文都拉的。波拿文都拉是医生之子，也是意大利人。1227 年，年仅 10 岁的波拿文都拉身患重病，他的朋友和家人为此非常担忧。从康复后一直到成年，波拿文都拉都认为自己的康复要归功于方济各会的创立者圣方济各。波拿文都拉全心投入这位圣徒的事业，他的信仰也从未动摇。后来，他成了方济各会的会长，主持搜集所有关于圣方济各生平的文本资料和口头见证，为方济各编写官方传记。此外，他还在暂时阻止修会分裂上起了非常重要的作用。当时修会中出现了两种声音，保守的一派认为修会没能严格遵守圣方济各最初的原则，放弃了朴素的生活，另一派则认为可以适当妥协，修士可以出任教会职务，建立永久性的修道院，并想出既能持有财产又能在理论上遵守清贫誓言的方法。与此同时，波拿文都拉还与世俗人士进行了激烈的论辩，后者认为，整个托钵修会组织对清贫的强调过于极端，有违正统教义的精神。

波拿文都拉曾师从奥多·里戈，像托马斯·阿奎那一样，波拿文都拉的大部分创造性工作都是在离开巴黎之后完成的。另一个和托马斯的相似之处是波拿文都拉职业生涯的终点——波拿文都拉去了意大利，在那里努力从事修会成员的教育工作，而没有在大学里担任教职。因此，将这两人的职业生涯和现代学者的路线等同起来无疑是错误的，因为这两个人从根本上说是属于修会而非大学的。不过，在巴黎大学任教的经历可能也增强了他们理念的影响力，尽管托马斯的作品和他自己的课堂教学并无太多重合之处，而波拿文都拉的作品虽然和课堂教学有关，却不是在他在巴黎时写在羊皮纸上的。两位伟人在同一年（1274 年）去世。

波拿文都拉是形而上学家，也是神秘主义者。他的形而上学思想以三个概念为基础，即流溢说、范本说和完满成全说。流溢指的是受造物从造物主而出的过程。他主张上帝自由创造说（free creation），即神在选择创造形式时是完全自由的。从他反对什么的角度来说可能会更清楚。波拿文都拉反对创造“必然流溢”说，即认为受造物会自然而然地发展出来或出现的观点。在波拿文都拉看来，这就像是在否认上帝的绝对自由，无异于限制上帝、否认上帝的一种属性。会被必然流溢限制的上帝也就不是真正的上帝了。因此在波拿文都拉看来，必然流溢说是无神论的。14 世纪时，方济各会秉持的更激进的神学理念进一步发挥了这种观点，并攻击所有试图用所谓“亚里士多德式约束”（Aristotelian constraints）来限制上帝作为的理论。波拿文都拉的追随者们认为自己捍卫了上帝的全能性。

波拿文都拉的范本说认为，一切被造物都是对上帝的效仿，上帝是一切造物的范本。在这方面，波拿文都拉的思想更接近柏拉图（他的见解与柏拉图的理念型相论颇有相通之处）而非亚里士多德。波拿文都拉主张，神圣范本说源于《约翰福音》的序言，也沿袭了奥古斯丁的看法，这些范本存在于上帝永恒的道（Word）中："道成了肉身，住在我们中间。"换言之，肉身的神圣范本便在道中。

形而上学的本质论和救赎历史都在完满成全中得到成就，那时，受造之物将回到造物主那里。不准确地说，这就像旅程中的几个阶段。波拿文都拉的神秘主义倾向就在此显露出来了。在人的一生中，这种归回造物主那里的过程，始于人对创造者力量与伟大的认识与颂赞。受造之人试图更多了解上帝，他研习《圣经》与教义，学习基督徒的伦理规范。到了受造之人无法更进一步时，造物主便会用圣灵光照他，和他在灵里联合（spiritual union）、和好（reconciliation），由此达致完满成全。

总结

那些将 12 世纪学术成果发扬光大、建造盛期经院哲学体系的人可不是象牙塔里的知识分子。他们都当过教师，但正如我们所看到的，奥弗涅的威廉和罗伯特·格罗斯泰特都在教会中身居高位，当了主教，威廉还在法国王室政府中扮演了重要的政治角色。奥多·里戈成了大主教，在世俗法庭中担任法官，还参加了十字军远征。奥多还和他从前的学生波拿文都拉一起试图消除东西方基督教会之间的分歧。托马斯·阿奎那和波拿文都拉在批评者面前捍卫了托钵修会甘于贫穷的信念，甚至在还担任教职时，就被卷入了最高级别的国家权力斗争。布拉班特公爵夫人还找到托马斯，向他询问该如何对待犹太人。虽然托马斯并没有给出什么特殊的建议，但这件事本身足可说明，当时的人认为，这位伟大的哲学家兼神学家是可以对“现实生活”提出重要见解的。伟大的神秘主义者波拿文都拉去世时是枢机主教，那是教会当中除教皇之外地位最高的官职。在下一章里，我们将讲述“现实世界”中发生的事，但不会把学术界的事丢到一边，因为在下一章里，我们还会看到这些哲学家与神学家的身影。

第 15 章

北方诸王国

13 世纪，英法两国的历史以各种各样的方式纠缠在一起。两国的贵族都说法语。英格兰的男爵们在法兰西有封邑，尽管在 1202 年之后，他们只能如此宣称。两国的政府模式和法律体系也颇有相似之处，这部分是因为法兰西在 13 世纪初期征服的一些地区此前深受英格兰的影响，部分是因为历任法王并不排斥通过选择性模仿来改善自己的行政机构。当然，英法之间的仇恨也是根深蒂固的。在 13 世纪中期两国关系最好的时候，这种仇恨有所减弱，但到了 13 世纪末，仇恨又加深了，还成了之后几个世纪里英法关系的基调。

法兰西

巴黎成为法兰西首都的原因可以追溯到 1194 年。当时，法王腓力二世·奥古斯都在战场上败给了英王“狮心”理查，他辎重车中的档案也一并落入后者手中。此后，法王决定将大多数档案与重要信件都存放在一个固定的地方。他很自然地选择了巴黎，因为巴黎是法王领地中最大的城市，那时已是重要甚至最重要的王室驻地。巴黎的学院为王室提供了经过培训的行政人员。这座城市交通便利，往北几公里就是王室的圣德尼修道院。圣德尼修道院的哥特式风格在欧洲树立了新的建筑标准，修道院中的书记员们则书写了主流法国史。此外，巴黎还有城墙保护。诚然，这些城墙需要扩建，因为这座城市正飞速发展，但城墙至少能提供一些心理安慰，毕竟此时的法兰西在其他方面还只是一个脆弱的小王国。

10 年之后的 1204 年，在吞并诺曼底和卢瓦尔河以北原属于金雀花王朝的领地后，法兰西王国的国势改变了。之后的又一个 10 年中，以腓力·奥古斯都在布汶的胜利为标志，法国人巩固了吞并活动的成果。在腓力的儿子兼继承者法王路易八世（1223—1226 年在位）的努力下，先前仅仅控制北方一隅的法兰西扩张为一个纵贯南北的大国。在他短暂的统治时期内，路易八世将卡佩王朝的势力向西延伸到了卢瓦尔河以南；而他在位的最后一年中，法国人甚至控制了朗格多克省的大部分地区。在朗格多克，法王获得了蒙福尔的阿莫里（Amaury de Montfort）放弃的权利。阿莫里的父亲蒙福尔的西蒙是阿尔比十字军的领袖，当时已经去世。尽管西蒙曾经在当地取得胜利，其地位直到不久前的第四次拉特兰会议时都还算稳固（参见第 13 章），但在那之后，他接连遭遇挫折，主要是因为朗格多克当地的居民发起了游击式抗争。事实上，似乎图卢兹的雷蒙七世正与这些游击战士们联手，打算挽回他时运不济的父亲*蒙受的损失。

不过，雷蒙七世并未成功。法国王室终于意识到局势危急，出手

---

* 这里指图卢兹伯爵雷蒙六世。——译者注

干预，将大部分军事资源投入征服南方的活动。在这个饱受战争蹂躏的地区，1226 年打起来的那场仗体现了王室兵力的绝对优势。双方战斗次数并不多，在阿维尼翁之战等少数几次战斗中，王室一方都大获全胜。南方精英——贵族和城市上层居民——看到败局已定，决定与王室和谈，争取有利条件。在这场战役中去世的年轻国王没能亲眼看到正式的和解，即 1229 年签订的莫城–巴黎条约（Treaty of Meaux-Paris），但他取得的胜利保证了和谈结果对卡佩王朝有利。根据条约，南方的大部分沿海地区都被直接划入王室领地。雷蒙七世获得了一个面积缩水但依然庞大的图卢兹伯国，但他不得不同意让自己的女儿兼继承人嫁给卡佩家族的幼子，以此保证卡佩王室对这片领地的继承。雷蒙于 1249 年去世后，除波尔多以北的加斯科涅（即依旧处于英格兰人控制下的金雀花王朝残余领地）外，整个现代法国的南部地区都落入了法兰西王室之手。

这样的成就是惊人的，因为当路易八世于 1226 年去世时，他的继承人路易九世年仅 12 岁，由其母卡斯提尔的布朗什摄政。布朗什以她的所作所为证明，她是一个不屈不挠的战略家，在外交领域也很精明，某些人试图将她赶下摄政之位的尝试遭到挫败，阻挠她自由掌权的努力也徒劳无功。布朗什的儿子在 13 世纪 30 年代掌权，他在韧性、政治智慧和虔诚方面都不输给母亲。

腓力·奥古斯都留下了君主独断政体框架的遗产，而法兰西仍在经历变革的阵痛。击退了王国内部的敌对势力之后，这对母子面临的最主要问题是如何将组成王国的那些差异甚大的地区整合在一起。这些地区包括诺曼底、曼恩、安茹、图赖讷、普瓦图和朗格多克，而朗格多克是最特别的一个。事实上，朗格多克几乎可以视为另一个国家，当地人因为遭到征服而充满敌对情绪，那里仍有很多秘密信奉异端的人，他们和支持者一直在等待报复的机会。另外，南方人说普罗旺斯语（Provençal），那是另一种语言。南方人的文化爱好也跟北方人不同，他们可不喜欢比武竞赛。跟北方的城市或乡村地区相比，在朗格多克的沿海城市中，犹太人的地位要高得多，有些犹太人甚至能在当地王公贵族的行政机构中获得一官半职，虽然这样的人不多，但已足以让北方征服者嫌恶了。当地宫室的习俗据称源于古老的帝国，许多行政人员和律师又都在教授罗马法的大学（比如博洛尼亚大学和蒙彼利埃大学）里受过教育，这种说法因此更加流行。当时，公证人体系和执政官形式的政府架构也是南部地区的独有特色。

经过谨慎的考量，王室采用了一些原则来管理封邑。王室要么直接控制被征服的地区，要么至少派遣家族中的幼子治理。王室始终把持着被征服地区的主要行政职位，在这些地方担任要职的不是大贵族，而是小贵族、骑士和自由民。这些人的薪水非常高，但不得与他们管理的区域有任何经济和土地方面的利益牵连。

王室一边委任外来人员施行严密控制，一边对地方精英做出了重要让步，承诺尊重当地的做事方法、法律习俗和制度。不过，随着巴黎的行事方法开始成为通行标准，地方上的许多治理方法越来越不受欢迎，甚至被完全摒弃了。王室原本没有这层意思，不过也欣然接受了这样的结果。此外，地方上忠诚、有才干的人逐渐获得了在中央政府和地方高等机构里任职的机会，被征服地区的精英也因此成了卡佩王朝统治下的既得利益者。在这个过程中，王室始终强调自己是统一的法兰西的象征。在 13 世纪中期，朗格多克人在前往北方时，兴许还会说自己是“去法国”，但到了 13 世纪末，人们就已经习惯于说自己的祖国（patria）是法兰西了，这多少受了行政机构日常用语的影响。

三项政策强调了王冠及头戴王冠者［他们开始被称为“基督教陛下”（Most Christian）］的神圣性。第一项涉及一系列针对犹太人的攻击计划。这些计划将严格控制借贷和典当行业，限制犹太人的产品和服务，减少其进入基督徒市场的机会。这样做的目的在于将犹太人的生活方式变成一种羞辱，诱导犹太人改信基督教。上述活动取得了一定的成效，但没能达到预期效果。14 世纪初，人们用了另一个办法——驱逐，这同样可以被解释为强调祖国神圣性和纯洁性的行为（参见第 21 章）。

第二项政策是针对异端的，问题更多，毕竟没有多少基督徒会积极保护犹太人。阿尔比十字军之后，异端转入地下，而他们的支持者行事也越发谨慎。尽管如此，政府中的每个人都知道，依然有大批异端分子存在，而他们也依然拥有势力强大而行事隐秘的盟友。教会在授权对异端及其支持者进行调查方面起到了主导作用，王室则在多数情况下给予全面支持。与 15 世纪末西班牙王室的类似组织不同，法国的异端裁判所（Inquisition）不是个统一机构，而是各地审判庭的集合。审判由当地主教主持，在 13 世纪 30 年代之后则主要由多明我会教士主持。

从 13 世纪中期开始，异端裁判所就有了使用酷刑的合法权力，但裁判官很谨慎，很少使用酷刑，经常用来引导人坦白的严酷手段只有囚禁（囚犯戴着镣铐，饮食只有面包和水）。自 13 世纪中期起，裁判官们还有权将悔改之后故态复萌的人和顽固不化的异端分子交给世俗政府，在公开场合处以火刑。火刑的场面无疑十分骇人，为的是起到震慑作用。但在被定罪的人中，被处以火刑的人比例并不高，数量也不大，中世纪裁判官的残暴程度远不及文艺复兴时期他们的西班牙同行。当时的异端裁判官更倾向于使用其他的惩罚方式，比如囚禁、罚款、公开羞辱和长期苦修，或是多种方法并用。为了让受审人开口，囚禁的手段可能很严酷；罚款往往会让人倾家荡产；遭受公开羞辱的人必须佩戴特殊标记，表示他们曾经是异端分子；长期苦修则常以朝圣之旅的方式进行。

在异端裁判官们看来，只有在根除异端之后，法国南方和北方才能和睦相处。毫无疑问，这些裁判官是遭人怨恨的，还有被刺杀的危险。有时，国王也会怀疑裁判官越权，怀疑他们在南方挑起了憎恨，危害到本已取得的脆弱的政治平衡，导致分裂。1259 年，英法双方最终达成协议，停止了 1202 年英王约翰领地被没收后燃起的战火。在 1259 年之前，英格兰入侵法兰西、导致南方叛乱的可能性始终存在。尽管存在上述种种忧惧，法国王室还是始终坚定地支持正统基督教和相关制度。结果，英格兰的举动并未产生什么效果，南部也没有发生大规模叛乱。

地方势力瓦解、分裂势头减弱也与王室的第三项政策有关，那就是他们一心要发起去往东地中海地区的十字军远征。关于 13 世纪十字军远征的历史，我们将在第 18 章中详细讲述。在此值得一提的是，路易九世是用基督教理想统治者的标准来评判自己的。也就是说，理想的基督教统治者应该劝导犹太人改信基督教，支持根除异端的活动，为基督而战。大多数法国南部人都信仰正统基督教，十字军活动依然能激发他们的热情。以往的十字军远征固然失败过，但一个意志坚定的君主依然可以鼓舞人心，获得人民对另一场远征的支持。

在历次十字军运动中，路易九世的两次远征（分别在1248—1254年和1270年）大概是计划得最周全、资金最充裕的了。但这两次远征虽然在十字军成员看来不无亮点，但总体上是失败的。在第一次远征中，国王的军队曾于1249年在尼罗河河口取得了一场大胜，但没过几个月，1250年春季时，军队在进入埃及腹地后就被敌人彻底击溃了，路易自己也沦为阶下囚。几周后，路易支付赎金并获释，之后前往圣地，凭借远少于出征之初的资源尽力帮助当地人增强十字军国家的防御。在他的最后一次十字军远征中，国王在率军围攻突尼斯时去世。远征军克服了法王死后的一些不确定性因素，取得了一定程度的胜利，但还是无法阻止圣地局势恶化。

十字军活动有助于激发人们对法兰西"祖国"的忠诚，不仅仅是因为它让人民产生了对法国王室领导的自豪感。毕竟，这些远征的结局胜负参半，很有可能使原本因展现领导力而声名鹊起的王室失去光彩。然而，国王在第一次远征中战败被俘，突出了他性格的一些方面，这些性格特质使他在1254年返回法国后改变了统治方式，直到他于1270年去世为止，路易九世的统治都可以说是一种苦修。

在去参加十字军远征前，路易九世任命了一些听命于他本人的监察员，其中许多人都是方济各会的修士。这些监察员的使命是听取人们对政府的抱怨。在这些搜集来的信息的基础上，路易和在他离开法国时摄政的母亲（她担任此职直到自己于1252年去世）一起对王室的行政机构进行了大量的调整。远征归来之后，路易重新设立监察体系，使之成为行政管理中的常规项目。大量相关记录留存至今，我们得以感受监察体系对整个法国社会产生的影响。男女老少不论穷富都要接受巡回监察员的问询。他们会讲起自己或他人受到的虐待、骚扰、勒索，也会谈论有法不依、收受贿赂的行为。监察员的偏见完全可以从记录中看出。他们倾向于相信穷人而非富人，比起男人们说的话，他们更相信妇女——特别是寡妇——的话，他们也愿意听取儿童（特别是孤儿）的故事，对成人则有较多的怀疑。政府采取严厉措施打击渎职、受贿和不称职的行为，将大笔财富还给民众，因为国王及其顾问认为这些财富是在不合理的情况下被纳入王室金库的，理应物归原主。在路易九世执政的最后 16 年里，他的子民（犹太人和异端信徒除外）开始将他视为圣徒，连朗格多克都风平浪静。

路易九世于 1270 年辞世之后，法国统治者的素质产生了一定的波动。他的儿子兼继承人“大胆者”腓力三世（Philip III the Bold，1270—1285 年在位）和孙子“美男子”腓力四世（Philip IV the Fair，1285—1314 年在位）是两位完全不同的国王。不过，这两个人都清醒地认识到，法兰西的君主政体已经在他们之前的圣徒路易九世治下达到了很高的高度。腓力三世多少有些懒散，为人十分随和，他的父亲热衷于监督政府运作，他却喜欢打猎和结交朋友，也因此不像路易九世那样受人关注。不过，腓力三世曾在 1270 年时随父亲参加十字军远征，在非常不利的情况下表现得可圈可点。

自始至终，“大胆者”腓力都是教会忠诚的儿子。在他看来，全力支持裁判所的活动和教廷的其他政策，与提升法兰西王国的尊严与荣耀之间并无冲突。在某种程度上，这样的态度使腓力过多注意对外政策，从而降低了他统治的成效。13 世纪五六十年代，腓力的叔叔、已故国王的弟弟安茹的查理在教皇的支持下率军出征，取代霍亨施陶芬家族统治意大利和西西里。13 世纪末时，查理将请求腓力三世协助自己在地中海地区的政治行动。上述这些进展，以及（特别是）腓力之子对既有政策的抛弃，我们将在本书之后的章节中详细讨论（参见第 18 章）。

英格兰

“狮心”理查被德意志人释放，返回英格兰，这时他发现自己的兄弟约翰正和腓力·奥古斯都一起密谋对付自己。英王对敌人向来冷酷无情——在圣地时他就下令处死俘虏——却没法对自己的兄弟怀恨，约翰轻松脱身。1199 年理查无嗣而死，约翰继承了英格兰的王位。关于约翰继位时的外界环境，本书中已经有所描述，而约翰在位时期复杂多变的情况，包括他统治末期的内战，我们在讨论法兰西和教廷历史时也多有关注。1215 年 6 月，约翰和男爵们以一纸协议暂时停止了对抗，这份协议就是我们所知的《大宪章》。也许在开始的时候，“大宪章”这个名字只表示协议文本很长，但在接下来的几个世纪里，人们很容易认为，《大宪章》之“大”，在于它是庄严昭示了英格兰人自由的伟大文献。

约翰并不喜欢《大宪章》，在他之上的教皇英诺森三世也是如此。英王看到了从麻烦中脱身的机会，马上宣布宪章无效，并集结军队，想夺回军事和政治领域的主动权。毕竟英王的反对者们不是铁板一块。发起叛乱的男爵们确实憎恨国王，但除此之外他们就很难达成一致了。还有许多男爵要么保持中立，要么干脆支持国王推翻《大宪章》中最具羞辱性的内容。假如约翰没有在 1216 年因为一场痢疾而死，假如同年继英诺森三世之后担任教皇的洪诺留三世（Honorius III）也跟前任一样毫不妥协，那么《大宪章》恐怕就不会对英格兰乃至整个世界的历史产生如此深远的影响了。

约翰的死令不少人如释重负。这样一来，对叛乱有所保留的男爵们就可以宣称，约翰王年幼的儿子、将要继承王位的亨利三世没有受到父亲恶行的玷污。包括一名教廷代表在内的一个三人组以新国王之名摄政，摄政者们谨慎地驱逐了寡居的王太后，因为许多人认为，约翰王的麻烦都是从 1200 年诱拐她开始的，而且她本人也不怎么明智。

法国人——不是腓力・奥古斯都，而是他的儿子路易王子——则梦想着在教皇禁令生效期间借教廷之名征服英格兰。当英诺森三世和英王约翰做出妥协时，法国人显然有些失望。不过，后来约翰拒绝承认《大宪章》的效力，英国内战再起，有些人向路易王子请求援助，路易也的确入侵了英格兰。英格兰的摄政们迅速做出反应，尝试和内斗的英格兰派系达成妥协，挫败了法国人的图谋，入侵者为保留面子，只得妥协撤军。1217 年初的英格兰还是危机四伏。

这一年（1217 年），摄政们重新颁布了《大宪章》，不过他们剔除了其中最冒犯保王派系的章节，以安抚比较好说话的叛乱者。他们还颁布了《森林宪章》（Charter of the Forest），以调整许多男爵反对的严峻的森林律法。数年之后的 1225 年，在一些附加的调整之后，《大宪章》再次得到确认。这一版的《大宪章》成了官方正式版本，13 世纪末时，它已被收入法律书籍，有如英格兰王国的第一法令或基本法。

《大宪章》承诺保障教会自由，这体现了斯蒂芬・兰顿的影响力。约翰死后，兰顿官复原职，继续担任坎特伯雷大主教。《大宪章》约束滥用权力的行为，比如，倘若国王用特权迫使男爵的女继承人嫁给他选中的人（哪怕此人的地位低于这位女继承人），就是滥用权力。《大宪章》还规范了国王应该如何从救济和监护等事业中获得封建收入，甚至还规定了偿付金的永久定额，这就确保了封臣们的负担会因通货膨胀而逐渐减轻。另外，《大宪章》也规定了一些特定群体拥有的特权，伦敦城拥有的权力就是一例。即便是那些在1225年版《大宪章》得到确认之前曾经执行、后来又遭到取消的条款，也成了良法。一条后来被删去的条款规定“未经王国民众的讨论同意，不得征收兵役免除税或援助金”（第12条），该条款后来成了正当税收的基本原则。不过，《大宪章》影响最深远的贡献在于坚持即便是国王也要受普通法约束。

《大宪章》的语言令人难忘，却比较含糊，其精确含义令许多注释者困惑（尽管屡经校订，但这部宪章毕竟只是一份在叛乱中用四天时间起草而成的条约）。《大宪章》的各个章节都确认了一件事，那就是“任何自由人，未经同等级者依法审理或经国法审判，皆不得被逮捕、监禁、剥夺财产、剥夺法律保护、流放或施以任何形式的损害，也不得被我等（国王）迫害或派人迫害”（第39条）。下一条则指出，“我等不得向任何人出售、拒绝或延搁其理应享有的权利或公正之裁判”（第40条）。不久之后，一本非常重要的英格兰法律书——通常认为是亨利·德·布雷克顿（Henry de Bracton）所作——将用一句庄重的话总结上述原则：“国王须立于万众之上，却在上帝与法律之下，因为国王由法而立。”

即便在依其本意做狭义解读的情况下，这些原则也还是崇高的。举例而言，不出卖公正，不代表走司法程序不需要支付费用，条文的意思是收费表不会被随意改动。某些令状确实是免费的，例如关乎性命的令状，就可以免费提供给那些有证据证明自己遭遇司法不公、生命因仇恨和怨愤而受到威胁的人。

约翰的继承人亨利三世年幼继位，在位时间很长，从 1216 年一直到 1272 年，也经历了许多变故。亨利的虔诚程度可以与欧洲大陆上的路易九世相比。亨利对犹太人采取激进政策，表明自己是具有神圣性的国王。亨利相信犹太人将基督教男童钉死在十字架上的故事，严厉镇压那些被认定犯下上述罪行的人。他还致力于让犹太人改信基督教，方法是向犹太群体征很高的税，使他们陷入贫困。和法兰西的情况一样，在英格兰，类似政策的成效有限。1290 年，亨利三世之子爱德华一世采用了更激进的手段，将犹太人逐出英格兰。

亨利三世在位时，始终生活在《大宪章》的阴影下。人们若对国王的举动不满，就会引用《大宪章》中的条款来指控他。正因如此，亨利三世大体上都真心实意地努力遵守宪章中的律条，只是偶有退步。话虽如此，他的统治在政治上并不算成功，一些最有意义的进步要么未曾得到亨利的推动，要么遭到了他的反对。有两个重大的进步需要在此提及，即陪审制度的发展和议会制度的产生。

陪审制度的发展过程相对简单，但比较特别。1215 年 11 月，第四次拉特兰会议颁布了一条禁令，禁止神父参与酷刑神判。然而，许多世俗法庭都将酷刑神判视为在刑事案件中获得证据的常规手段，因此，在能找到愿意为被告和水刑、火刑、烙铁、炙石等刑罚祝福的神父的地方，人们普遍反对这一教廷禁令。至少在一段时间内，这样的神父似乎不难找到。然而，英格兰的摄政者们知道，他们需要得到教廷的持续支持，才能在约翰离世、法国入侵未遂的局面下重建强大的政府。

因此，巡回法官们尽量不对被控重罪者采用酷刑神判的手段。问题是对多数案件而言，（大体上）并没有其他审讯手法可供大陪审团针对受到控诉者使用。对于直接指控，证明清白的方式是比武审判，但这本身也算是一种神判，而且这种手段更难因教会谴责而消失。另外，被告也不能与代表国王的整个大陪审团比武。而在民法领域，陪审团已经是常规手段，用于审理依法占有财产方面的争议。同时，当事人对财产权益（而不仅仅是占有）争端的解决方式，自12世纪70年代起便从原有的比武审判变成了陪审团裁决。最后，刑法领域本身就有大陪审团制度，巡回法官们不需要太多想象力，就能想到用陪审团来代替酷刑神判。

法官们知道上述做法是一种创新。现在囚犯们可以选择，他们不是非得接受陪审团裁定不可。许多人宁可留在监狱里，哪怕审讯者使用酷刑逼迫他们接受这种新的证明手段。有些人面对折磨的气概可以用英勇来形容，他们有的在酷刑牢房中（prison forte et dure）以面包和清水果腹，有的胸口被压着重物受刑（peine forte et dure），并因此死去。选择这条路的人死后是不会被定罪的，他们的财产不能被没收，他们家人的继承权也不会遭到剥夺。当然，绝大多数人选择依靠陪审团来审理他们所谓的罪案，从那以后，陪审团审理便成了普通法程序中的重要步骤。

另一个重大发展是议会的出现，亨利三世在其中所起的作用是有争议的。在统治初期，这位国王想要夺回其父曾经拥有的法国西部领地，多次支持法国境内的叛乱活动，花费很多却屡遭失败。最终，亨利不得不和男爵们商谈以获取金钱支持。商谈以贵族会议或贵族及教会人士联席会议的方式进行。在这样的会议中，国王的代表会提出税收方案，男爵们往往也会抛出自己的方案，包括颇有象征意义的内容，比如国王索取支持时，需要以确认《大宪章》的内容为代价。按照不太严格的标准，人们可以将上述会议称为“议会”（parliament，这个词源于法语“parler”，即“谈话”），因为在这些会议上，人们进行了严肃的谈话。

不过，为何国王不能依靠自己的收入过活呢？为何他要浪费如此之多的金钱在他妻子的普罗旺斯亲戚和他母亲二婚的大量子女及其奉迎者身上，还让这些人加官晋爵？那些人得到了“普瓦图野人”（Poitevins）这个不大准确的蔑称。为何国王要挥霍巨款翻修威斯敏斯特修道院，不惜重金推动对“忏悔者”爱德华的崇拜？男爵们在13世纪50年代末提出的一个问题也许是最严肃的：为何亨利愿意承诺拿出一笔钱，供一支军队前往意大利和西西里，扫清与教皇敌对的霍亨施陶芬家族势力？

要回答最后一个问题，就得提到亨利对教廷的忠诚，以及他对路易九世的敌意，后者声名显赫，俨然最圣明、最虔诚的基督教统治者，无疑让同样虔信的英王感到了威胁。此外，教廷还承诺，倘若英格兰能出兵扫清霍亨施陶芬家族在西西里的势力，亨利的次子就能得到西西里王国的王冠。英格兰的男爵们不同意。取回法兰西领地的尝试屡屡受挫，国王又如此挥霍，因此男爵们在会议中提出了自己的要求。1258年，他们表示希望施行改革并监督政府，作为回报，他们愿意支持国王在西西里的冒险。此外，这些男爵还要求定期举行扩大会议，让各郡和各自治市镇的代表都可以与会，整个国家的代表共同体（我们可以称其为议会）将一起对税收进行核准。

国王反对者的领袖是一名男爵，名为蒙福尔的小西蒙（Simon de Montfort the Younger），他是朗格多克征服者的同名幼子。西蒙多年来一直在谴责亨利的政策，反对后者索取国家补贴的要求。国王一度同意了男爵们的改革计划，在这短暂的欣喜中，一个长久以来一直存在的问题也得到了解决。亨利最终决定结束与法国之间的战争。1258 年，双方签订了和平条款，即《巴黎条约》，其内容在 1259 年得到了两国的正式批准。

男爵们终究没有批准为国王的西西里冒险行动提供资金，教皇改向路易九世的兄弟安茹的查理求助。英格兰的局势越来越糟。1261 年，教皇允许亨利收回誓言，不再保证继续实施男爵们提出的改革方案，贵族将普瓦图人和普罗旺斯外戚集团完全清除出政府的希望彻底破灭，他们也无法阻止国王对民众课以重税。蒙福尔的西蒙和同盟的男爵在 1263 年表明了态度，全面叛乱的阴影再度笼罩英格兰。有人尝试在最后一刻挽回局面，却以失败告终。双方请求路易九世介入仲裁。男爵们认为法王的仲裁权有限，只能在两派争论的焦点上帮助弄清情况，使双方达成妥协，但法王不这么看。在 1264 年的《亚眠协定》（Mise of Amiens）中，法王斥责男爵们竟敢限制受膏国王的权威。《亚眠协定》只是勉强承认了《大宪章》具有一定的法律效力。

内战随之而来。在这场内战中，英格兰的犹太人受到了巨大的伤害。一些反对国王的男爵和他们的支持者们视犹太人为王室走狗，因为犹太人向包括男爵在内的人放贷，他们从中获得的利润往往落入国王之手。内战后，男爵们占了上风，但优势没有保持太久，不过在此期间召开了两次议会，确定了改革措施。蒙福尔的西蒙的同盟没能支撑太久，1265 年 8 月，由亨利三世长子爱德华王子率领的保王派军队在伊夫舍姆（Evesham）决定性地击败了男爵联军。此后男爵一方又进行了一些游击战，许多犹太人沦为不肯投降的男爵攻击的对象。

蒙福尔的西蒙在伊夫舍姆战役中阵亡，不过男爵们提出的一些改革理念留存了下来。我们从文献中得知，就连农民也知道男爵改革，知道改革对他们大有好处，能减轻他们受到的压迫。蒙福尔的西蒙死后，民间兴起了对他的崇拜。王室虽然诋毁蒙福尔的西蒙，却也乐意利用议会来发布法规，解释普通法，在各郡和自治市镇的代表们（即《大宪章》第12条中的“王国民众”）面前讨论征税事宜。渐渐地，人们接受了一个规则并将其视为良法：在议会以外，不得对普通法进行任何修改，也不得开征任何税。爱德华一世继位后，曾在13世纪末（1297年）试图越过议会征税，但强硬如他，最终也被迫收手，还得额外认可《大宪章》的内容。

完善的“议会”（parliament）体制并不是在男爵们占上风的时期产生的，但称各郡和各自治市镇的代表为“民众”（the commons）是从那时开始的。话虽如此，这些“民众”对议会而言并非不可或缺，被召集起来的代表们也不是什么普通百姓。在英格兰，代表各郡的骑士和代表各自治市镇的骑士和市民或许没有贵族地位，但都属于富裕的精英阶层。他们在议会制度中的角色比较模糊。当时还没有相关的官僚组织，14世纪时才开始有了一些常驻机构，而议会制度发展起来，形成真正的“下院”（House of Commons），就要等到15世纪了。

在这一时期，议会处理的一些问题是由国王和大议事会中的领主和贵族们讨论决定的。13世纪晚期时，大议事会的成员还不太固定。国王可以将任何人叫来共事。像所有王室议事会一样［例如阿拉贡议会（Cortes of Aragon）、巴黎高等法院（Parlement of Paris）、卡斯提尔议会（Cortes of Castile）］，英格兰的议会本质上是国王的高等法庭。在这样的法庭上，民众对司法事务是没有发言权的。

尽管如此，由于国王作为法律的象征，有权不受普通法约束，向个别请愿者施以慈悲、宽恕或救济，因此民众代表自然也会向国王请愿。国王通常回应的是私人的请愿，但有时民众代表也会为了涉及更大范围内公众的事请愿。国王和大议事会的领主们会回应请愿，他们固然可以拒绝，但倘若请愿得到批准，请愿内容便会成为法令、法律陈述，甚至还会成为修正或澄清普通法的法律。正如前文所说，人们渐渐开始觉得，只有议会才有权修改普通法。

哪怕没有民众代表请愿，也可以颁布法令。绝大多数法令似乎都是国王与领主们讨论协商后颁布的。比如，在 13 世纪 70 年代，爱德华一世发起了从私人手中收回王室权利的运动。他要求相关权利（比如控制地方上王室宫廷收入的权利）的持有者出示爱德华一世或之前国王的特许状或授权令。显然，很多人是没有特许状的。这些人称，自己的特权是在诺曼征服或之后的时期经口头授予获得的（在多数情况下这确实是事实），既然他们长期以来都是这些权利的善意持有者，就不应要求他们出示更多证据。我们完全可以感受到这些人的不满。

借由 1290 年颁布的《特权责问法令》（Statute of Quo Warranto），国王和特权持有者们达成了妥协。在该法令颁布之前，通行的法律原则是“时间不制约国王”，也就是说，无论个人持有特权的时间有多长，只要这一特权原本属于王室，那么王室就有权收回，除非特权持有者出示决定性的证据，证明王室让渡了这一权利。即使个人长期持有某项特权，这项特权也是应当归国王所有的。1290 年的这项法令则规定，在 1189 年“狮心”理查加冕前就持有特权并能证明自己善意持有的个人可以继续保有正当权利。用法律术语说，1189 年成了法律追忆期限（limit of legal memory）。新法令并没有违背“时间不制约国王”的原则，只是说适用新法令的时期始于 1189 年。在那之前——“很久以前”——的时期则不受新法令约束。

关于议会，最重要的一点也许是议会成了国王陈述对内对外重要政策的宣讲台。议会召开时，教士们用冗长的布道开场，诉诸天命，暗示国王的正当性。国王和下属在台前幕后共商国是，国王和“民众”在这种庄严的政治活动中走到了一起，顺利的话，就能增强国家的政治凝聚力，也让民众愿意履行自己纳税的义务。当然谈判并不总能获得成功。与会者可能提出尖锐而严厉的批评，这种批评通常针对国王的手下，不针对国王本人。召开类似会议总得冒这样的风险。

但会还是得开。打仗需要钱，爱德华一世又有太多的仗要打。1270 年，还是王子的爱德华便参加了十字军远征。爱德华抵达了地中海东部地区，在那之前不久，爱德华仰慕的路易九世在突尼斯去世。在返回故土之前，爱德华额外花费了一些时间，试图挽救脆弱的十字军前哨据点。1272 年，爱德华在回国路上得知了父亲的死讯，但在加斯科涅被许多事务耽搁了，直到 1274 年才在威斯敏斯特修道院完成加冕礼。当时的记录者称爱德华于 1272 年即位，没有按之前通行的做法从加冕时间开始算。研究宪政的历史学家认为，此举意味着无论加冕礼有多重要，长子继位的王朝原则都终于得到了确立。1290 年，长子继位的制度被写入了法律。法国也出现了类似情况。路易九世于 1270 年去世时，他的儿子腓力就在身边。腓力直到 1271 年才返回法国，在兰斯加冕，但当时的记录者计算腓力在位时间时，是从他父亲去世那年而非腓力加冕那年开始算的。

爱德华王子参加十字军活动的大部分费用都由教会负担。但爱德华成为国王后，战争开销就得从需要议会批准的税收里出了。登基之后，爱德华的第一个挑战来自威尔士。威尔士亲王卢埃林·阿普·格鲁菲斯（Llewelyn ap Gruffudd）拒绝向新任英格兰国王宣誓效忠。这成了爱德华征服威尔士的借口与合法理由，但英格兰对威尔士动武的深层原因是两个族裔间的仇恨，以及英格兰边境领主们对突袭和伏击活动的无奈。威尔士地形险要。在从1277年到1284年的这7年里，爱德华花费了大量时间来迫使威尔士屈服，建造了一批在欧洲北部最坚固也最昂贵的城堡，以确保威尔士始终臣服于英格兰。1284年，爱德华颁布《威尔士法》(Statute of Wales）以庆祝征服胜利，将威尔士并入了英格兰，爱德华的长子则成为新任威尔士亲王。

爱德华与苏格兰的关系更为复杂。1290年，苏格兰出现了继承争议。长期以来，英格兰历任国王都宣称对苏格兰具有宗主权，有时苏格兰国王也对英格兰国王毕恭毕敬（尽管不那么情愿）。1290年的局面使爱德华成了继承纠纷的仲裁人，爱德华于1292年决定支持一个名为约翰·巴利奥尔（John Balliol）的贵族出任国王，但巴利奥尔为了保证自己的威望，在此后否认了英格兰的宗主权。1294—1297年英法交战时，巴利奥尔拒绝响应向英格兰提供军事支持的号召（关于这场战争，详见第20章），甚至转而和法国结盟。于是，爱德华入侵了苏格兰。

爱德华彻底击垮了巴利奥尔的军队，让他在公众面前威信扫地，然后在苏格兰建立了直接统治。爱德华将苏格兰人加冕用的斯昆石（Stone of Scone）带回威斯敏斯特修道院，这块意义非凡的石头在那里被放置了700年之久。爱德华虽然击败了一名政治上的对手及其贵族支持者，却没能击败一个民族。当然苏格兰人也不算是“一个民族”与其称苏格兰南部的居民为“苏格兰人”，不如说他们是“盎格鲁-苏格兰人”，因为从诺曼人征服英格兰的时候起，就有大量盎格鲁-诺曼贵族和英格兰平民在当地定居，他们的定居也得到苏格兰国王们的大力支持。而苏格兰的高地人（Highlanders）虽然在内部有部族之争，却都看不起英格兰人和盎格鲁–苏格兰人。

苏格兰叛乱四起，一些叛乱的领导者并非大贵族，而是出身低微的人，比如在1305年遭到处决的“勇敢的心”威廉·华莱士（William Wallace），此时爱德华终于意识到自己误判了局势。1297年，一支英格兰军队在斯特林桥战役（Battle of Stirling Bridge）中几乎全军覆没，爱德华的愤怒也达到了顶峰。英王决心彻底扑灭叛乱，发动反击，在福尔柯克之战（Battle of Falkirk，1298年）中击败了苏格兰人。败北的苏格兰人继续反抗，领导苏格兰的使命最终传给了贵族布鲁斯（Bruce）家族，这一家族将继续这场他们眼中的独立战争。和同为凯尔特国家的威尔士相比，苏格兰的土地更广，尽管爱德华有充分的决心将其吞并，却缺乏合适的时机。因此，英格兰议会没有出台《苏格兰法》来昭示对这个地区的统治权。

第 16 章

波罗的海和中欧

在极北之地（指的是斯堪的纳维亚），人们都自由地生活着。在当地居民归信基督、维京人的劫掠活动受到遏制后的两个世纪里，奴隶制在这片土地上逐渐绝迹，这里的人也几乎不知道农奴制这回事。原因之一是这里的人一直都有宗族自由的观念，认为宗族由自由农民组成，他们据说是伟大维京勇士们的后裔。另一个原因是当地没有需要农奴劳作的定居点。斯堪的纳维亚的土地上零星点缀着小村落和独立的农庄，没有较大的村庄。最后，当地人口密度较低，人们受到威胁时，可以逃往附近覆盖着积雪、森林密布的荒野之地，因此奴役当地人是很难的。14 世纪早期，地处欧洲大陆且人口密度较大的丹麦经历了持续数十年的农业危机，那时，当地才出现了依附农。

尽管如此，斯堪的纳维亚并非人人平等的世外桃源。那里有手握强权的勇士、提供服务的贵族和颇有势力的教会组织。在斯堪的纳维亚的国王们看来，贵族是个麻烦，因为贵族们试图把控王位继承事宜，甚至声称自己有权选举国王，还希望参与治理。根本问题在于当地除了选举之外，并没有什么固定的继承原则。这意味着在挪威、瑞典和丹麦，国王若想提名继位者、提前完成继承程序或建立长子继承规则，就必须对抗王室家族内部其他声称自己有权继承王位的人，那些人往往能获得不同贵族派系的支持。

正因如此，教会在王室的统治中起到了越发重要的作用。12世纪时，教会的势力尚弱，但经过一段时间后，教会的力量壮大了。瑞典人对基督教化的抵制是最激烈的，因为乌普萨拉的异教神庙具有重要的象征意义和宗教意义，神庙的贵族保护者们威望很高，也从神庙收入和神庙周边“和平区域”内的商业活动中获得了可观的利益。瑞典王室正式接受基督教之后，又花了几十年时间来削弱这些贵族的势力，至于究竟是怎么削弱的，我们尚没有足够的资料。一种观点认为，当地人与基督徒商人日益紧密的商业联系带来了上述变化，基督徒商人即便不反对和异教徒有贸易往来，也仍会怀疑对方进行人祭活动，从而更倾向于和其他基督徒做生意。

12世纪晚期及整个13世纪期间，斯堪的纳维亚的教会与王室紧密合作，稳固了王室的统治，维持了长期的和平状态，教会组织得以繁荣发展。在教会领导地位得到确立、世俗统治者执掌大权（特别是同一位统治者长期执政）的地方，经济的增长、领土的扩张都获得了极好的条件，国家也很快稳定下来。上述情况无疑出现在了挪威和丹麦，瑞典则不完全符合这些特征。

挪威的情况值得注意。12、13世纪之交，挪威换了几任国王，在位时间都不长，而在此后近一个世纪的时间里，只有3任国王统治过挪威，分别是哈康四世（Haakon IV，1217—1263年在位）、“修法者”马格努斯六世（Magnus VI Law Mender ，1263—1280年在位）和埃里克二世（Eric II，1280—1299年在位）。只有稳定的王朝统治才能让贵族们看到，将自己的命运与王室联系在一起是对他们有好处的。许多望族的首领都和王室的巡回宫廷建立了联系，而这样的巡行活动则是王室权势的极佳象征。与此同时，教会也开始积聚大量财富并获得人心，在教会的支持下，君主们建立起精细复杂的地方行政体系，设立行政、司法及财政区划，任命约70名专员管理。地方上的议事会（things）得以保留，被收编为合作行政管理机构。由此看来，王室是不需要依赖贵族来施行统治的。马格努斯六世之所以被称为"修法者"，是因为他和他手下的顾问发布了许多条例和法令，用以规范行政体系的运作、各机构间的关系和机构与臣民的关系。

挪威建立了强大的行政机构，贵族势力也受到控制，因而在外交和商业领域获得了巨大优势。就管辖权而言，挪威始终保持着对冰岛和北海诸岛的控制。挪威的鳕鱼干出口到波罗的海各个地区。挪威最大的城镇是卑尔根（Bergen），其巅峰时期人口可能多达一万（虽然这个数字可能有所夸大），该地崛起为挪威西海岸的重要集散地。此外，卑尔根在某种意义上成了挪威的王都。挪威王室依然四处巡回，但国王到访卑尔根的次数增多，停留时间也较长。不过，挪威南部沿海地区在贸易领域活跃起来后，奥斯陆（Oslo）也崭露头角，成为能与卑尔根一较短长的挪威行政中心。

从资料看，12世纪60年代时，出现了第一个由波罗的海和北海地区商人及商业城镇组成的松散同盟，称为汉萨同盟（Hanse）。卑尔根将成为汉萨同盟商人们的重要联络点和定居点，但挪威王国与同盟的关系并不平顺。在汉萨同盟中居于领导地位的是欧洲大陆上的德意志城市吕贝克，这座城市才是汉萨同盟的灵魂，也因而被挪威国王视为眼中钉。挪威人多次尝试通过外交和武力手段控制吕贝克，以对抗该城领导下对挪威实施的惩罚性谷物禁运。吕贝克的立场是对抗一切约束汉萨同盟商人、企图削减其贸易特权的举动。禁运谷物便是吕贝克人的一种斗争手段。由于挪威王国的转口贸易大多由挪威以外的人操控，因此禁运是向挪威施压的有效方式。

13 世纪初的丹麦和邻国挪威颇为相似，它也终于克服了此前遗留下来的内乱问题。12 世纪时，丹麦人经历了可怕的内乱，但丹麦的恢复力是惊人的，这在很大程度上要归功于好几任隆德（Lund）大主教的努力。这些人既是高级神职人员，又是战士，他们竭尽所能，与王室一同营造出了适合基督教传播的环境。宣扬基督教的范围不仅限于丹麦国内。12 世纪时，丹麦与欧洲大陆相连的边境地区生活着许多异教徒。丹麦人和德意志人有时分头行动，有时联手打击，促使这些异教徒改信。最终，丹麦人在波罗的海建立起了一个小小的帝国，其范围一度远及爱沙尼亚（Estonia）。丹麦人在 1219 年征服了爱沙尼亚，并以十字军理念为名进行了一系列活动，在一定程度上平息了当地的动乱。

德意志历任皇帝都不太关注波罗的海地区，这是丹麦繁荣的原因之一。丹麦的繁荣也和德意志内部动荡不安的形势有关。13 世纪早期的继位纠纷和后来与教廷的尖锐冲突（见下文）使德皇希望得到丹麦人的帮助，德皇愿意做出重大让步（包括领土方面的妥协）以换取丹麦人的支持或中立。但波罗的海地区的德意志贵族们持反对意见，他们不愿受丹麦人的专制统治，因而对丹麦人发起了抵抗。

13 世纪早期，丹麦王国得到了很好的治理，取得了波罗的海东岸的大片土地，其内政水平很高，连第四次拉特兰会议颁布的法令（包括禁止使用酷刑神判的内容）都得到了迅速而平稳的执行。然而，这样一个国家在1240年陷入了混乱。在丹麦国王们宣称领有的德意志土地上，德意志贵族的权力越来越大，他们还通过武力、联姻等方式将手伸到了丹麦本土，开始无视王室权威。丹麦贵族们看到了摆脱国王独断统治的机会。他们像英格兰的贵族一样，要求国王签订一份保证他们自由的大宪章，即1282年宪章（haandfæstning）。这份文件在实际上限制了国王的专断权力，并确认丹麦宫廷会（Danehof，类似于英格兰议会）是制定政策的讨论场所。

相比之下，瑞典王室是最不成功的。其王室衰弱的状况类似于德意志。不过即便在这一时期，瑞典仍在扩张领土。城镇和岛屿［例如哥特兰岛上的维斯比（Visby）］上的商人们和贵族领导了受商业利益驱使的类十字军活动，他们成功侵入芬兰南部，也渗入罗斯（Rus，中世纪时期的俄罗斯），但不太成功。瑞典的教会在地方上扎下了根，鼓励人们奉献，并通过一系列创新的建设活动（包括修筑森林道路）为教会在国内外的扩张争取支持。然而，这一切都没能使王室免于13世纪上半叶的继承纠纷，王室在这些纠葛中渐渐衰弱下去。

直到1248年伯爵比耶（Birger）摄政之后，瑞典才出现了恢复稳定的希望。1250年，在一场宫廷政变中，比耶成功地将自己12岁的儿子推上了王位，是为瓦尔德马一世（Valdemar I）。比耶推行的统治只能用无情来形容，他滥用大刑和重税镇压异议者，他们的财产几乎全被充公。1266年比耶去世之后，瓦尔德马独力施行统治，直到1275年被他的弟弟、下一任国王“谷仓锁”马格努斯一世*（Magnus I Ladulås，1275—1290年在位）推翻。双方的斗争过程实在荒诞。

* 马格努斯一世，亦有资料称其为“马格努斯三世”。——译者注

瓦尔德马倾心于他妻子的妹妹*，还和她生了个孩子。这种乱伦关系违背了当时的道德准则与教会律条，而且，他的妻妹是相当于见习修女的圣职人员。也就是说，她虽然尚未正式宣誓为修女，但已经是教会的女儿，受教会的保护。于是，瓦尔德马前往罗马朝圣，希望教皇能赦免他的罪。瓦尔德马在罗马受到了很大的压力，身负乱伦的罪污，最终屈服，同意了与教廷和解的条件。

正如我们所知，在消灭异教信仰的活动中，瑞典是行动最慢的国家之一。众所周知，教廷在主教叙任权之争中取得胜利后，瑞典和挪威在接受教会人士保持独身之类的改革理念方面同样相当迟缓，也不像丹麦那样迅速执行第四次拉特兰会议颁布的法令，对意在进一步改革教会的第一次里昂会议（First Council of Lyons，召开于 1245 年）也反应很慢。1274 年，第二次里昂会议召开，教皇格列高利十世看到了加强教廷在瑞典的领导力的机会。就像 13 世纪初英诺森三世对英格兰的约翰王所做的那样，格列高利迫使瓦尔德马接受了教廷凌驾于他王国之上的权威，后者承诺每年向罗马缴纳税款作为臣服的象征。

消息传到瑞典，人们纷纷报之以嘲讽。此外，13 世纪中期比耶伯爵的独断统治招致了怨恨，最终，一批男爵结盟反对国王，斗争结果是瓦尔德马遭到推翻，他弟弟被推上王位并成为马格努斯一世。为了夺回王位，瓦尔德马勉力战斗，却在战场上遭遇败绩，不得不逃往挪威；在那里，他继续以阴谋和佯攻尝试夺回大权，直到 1302 年去世为止。虽然兄长一直在进行恼人的阴谋活动，但马格努斯出人意料地建立起了稳固的统治。为此，马格努斯不得不听取挑剔的贵族们的

---

* 瓦尔德马的妻子为丹麦的索菲亚（Sofia of Denmark），丹麦国王埃里克四世之女。其妹妹为丹麦的于特（Jutta）。——译者注

意见，与他们合作。人们通常认为，成熟的王室议事会——实现这种合作的机制——是在马格努斯治下出现的。马格努斯还改进了行政管理体系，这无疑是受了挪威的影响。他相关工作的成就体现在他的绰号上："Ladulås"的意思是"谷仓锁"，在马格努斯统治的盛期，农民们可以安居乐业，不必担心受到掠夺。[*]对于受益群体而言不幸的是，马格努斯去世时留下的继承人年仅 10 岁，他的成就也遭到了破坏。14 世纪初的一系列问题严重削弱了瑞典君主国，跟比耶伯爵当年面对的局面相比，问题只多不少。

*

"东进"（Drang nach Osten）或"刺入东方"（Thrust to the East）一语在传统上形容德意志人和其他西方人在中世纪盛期向欧洲中部和东部迁移的活动。"刺入"也可译为"推进"，突出了这场运动的暴力面，尽管在这个过程中只是偶有暴力事件出现。大体而言，上述扩张是从传教开始的，当时的传教对象是波罗的海与斯拉夫土地上的人民，一些传教活动也相当平和。然而，当地人崇尚英雄，将肆意展示财富视为力量的体现，对早期传教士谦卑的公众形象往往并不感冒。因此，传教士为了吸引更多人（特别是统治者），改变了做法，开始向当地人炫耀自己的社会是多么富有。

这种新做法确实获得了关注，使一些人改信基督教，但也招致了嫉妒。语言障碍加剧了基督徒和非基督徒之间的冲突。让情况更加复

* 马格努斯立法保护自耕农，禁止贵族和主教在旅行中随意要求他们提供食宿，自耕农从此可以"锁紧谷仓"（lock the barns），他因此得名"Ladulås"，即"谷仓锁"。——译者注

杂的是，一些已经改信基督教的斯拉夫人是德意志传教士的盟友，但他们对传统上是斯拉夫人对手的异教徒没有什么感情。此外，传教活动往往和贸易密不可分，而随之而来的便是外来人群的定居。一开始，这些外人只是暂时居留，但后来他们就把逗留的地方变成了永久定居点。

冲突爆发之后，双方的自卫举动往往使局面雪上加霜。12 世纪，基督徒这一方受到了十字军理念的影响，当地人也逐渐被前来此地永久定居的外人赶出，这时，“东进”带来的毁灭性冲突就越来越多了。进入 13 世纪后，那些在冲突后建立起来的封邑逐渐以“军事国家”或“骑士团国”的名称为世人所知。

“骑士团国”这一术语源于两个表现突出的（于 1237 年合并的）骑士修会，即条顿骑士团和圣剑兄弟骑士团（Order of the Sword Brothers）。骑士团将利沃尼亚（Livonia）和普鲁士征服之后，接管了波罗的海沿岸的大片土地。尽管丹麦人和波兰人曾征服波罗的海沿岸地区，但他们已力量衰弱，这也是骑士团国能接管这片区域的部分原因。军事修会建造的庞大砖石城堡是他们统治地位的象征。波罗的海人大为惊叹，因为他们当时尚未掌握用砖块和灰浆建造的技艺。当然，这些骑士团没能在所有的地方都建立起骑士团国式的统治。受到匈牙利国王安德拉什（Andrew）* 的鼓励，条顿骑士们从 1211 年起便开始在特兰西瓦尼亚建立分会，后来又试图在那里建国，却因此在 1225 年遭到了安德拉什的武力驱逐。医院骑士们则在捷克的土地上为德意志人殖民斯拉夫村庄的活动提供了帮助，差不多在同一时期，他们也

* 这里指匈牙利王安德拉什二世（1205—1235 年在位）。——译者注

在西里西亚（Silesia）和波美拉尼亚（Pomerania）进行了同样的尝试。医院骑士们没有遭到驱逐，因为他们并未尝试攫取地方上的行政管理大权。

人们常说，“东进”在军事和商业方面扩张得最成功的阶段，是王公贵族、城镇精英、教会人士和商人一起推动的，但德意志的皇帝们也不是对向东扩张没兴趣。有时，皇帝会利用自己巨大的影响力来消弭派系不和。他们担心在波罗的海东部的军事行动会招惹波兰或罗斯诸公国等外部势力，引它们对帝国发动反击。当然，跟意大利公社问题，还有与教廷的麻烦关系相比，波罗的海东部地区的问题就没有那么严重了。

受教皇英诺森三世保护的腓特烈二世就面临这样的情况。腓特烈自1198年起便是霍亨施陶芬家族在西西里的国王，还在1220年成了神圣罗马帝国皇帝，他在中世纪历史和现代欧洲人的想象中占据了独一无二的地位，被称为“世界奇迹”（Stupor Mundi）。他兴趣广泛，研究猎鹰，钻研自然科学，也深究政治理论，但就像大多数德意志皇帝一样，腓特烈不得不优先处理棘手的意大利管理问题，至于个人爱好，只能在忙碌公务的间歇追求了。

本来，德意志应该是皇帝的权力基础所在，但出于“红胡子”腓特烈在12世纪的政治改革等原因，此时德意志本土已经呈现出分权的状态。腓特烈二世统治期间帝国与教廷的新冲突加剧了分裂。英诺森三世在1216年去世之后，腓特烈二世不得不独自与不伦瑞克的奥托兵戎相见，争夺王位。腓特烈二世胜利了，却产生了别的后果。对于德意志帝王兼任西西里国王（因而统治着南意大利和西西里岛）的情况，后来的几任教皇颇为不满。他们认为教皇国的领土受到了南北两个方向上的威胁，每当腓特烈不同意教廷政策或公开提出反对，教皇就会认为这是对教会自由的威胁，也是皇帝属灵败坏的证据。教廷方面的宣传人员甚至用“毒蛇之种”来形容腓特烈及其家系。

腓特烈想通过亲自参加十字军远征来减少教廷方面的指责，但就连在这件事上，他都很难说服教会人士和贵族相信自己的好意。他许诺参加远征，却多次推迟出发，而当他终于兑现诺言时，却激怒了欧洲与圣地地区许多位高权重的领袖。1229 年，在公然抨击了前线十字军采取的战略战术后，腓特烈通过谈判使耶路撒冷回到了基督徒手中。为此，他不得不和穆斯林达成妥协，同意开放前往圣地的路线，限制在当地建设防御设施的行为。

与此同时，腓特烈通过联姻获得了耶路撒冷国王的称号。在进行十字军远征期间，他在这个国家中以近乎专制独裁的方式施行统治，有时甚至用冷淡和轻蔑的态度对待十字军男爵。此后针对腓特烈的舆论攻击声称，倘若有基督徒胆敢违背他为收复耶路撒冷而签订的条约或无视他的权威，腓特烈是不抗拒和穆斯林结盟来对付这些人的。

腓特烈终止远征返回本土，是因为有许多自恃得到教廷支持的人试图推翻他在欧洲的统治。也正因为如此，尽管腓特烈和教会之间有过短暂的停战与和解，但双方的对立总体上是愈演愈烈的。13 世纪 40 年代，教皇和皇帝间的冲突爆发了。腓特烈似乎有攻打罗马、生擒教皇英诺森四世的打算，教皇则在匆忙间将教廷搬到了里昂，继而转移到法国的边境，这样他才能靠附近的法国军队来保护自己。在 1245 年的第一次里昂会议上，教皇授权教会发起新的十字军远征，由法王路易九世领导，这也有感谢路易在帝国和教廷斗争中站在教廷这一边的意思。同时，教皇也颁布诏令，庄严宣布革除皇帝腓特烈二世的头衔。

腓特烈竭尽外交手段应对，却徒劳无功。法王也许会对教皇的作为感到遗憾，但毕竟教皇的支持对十字军远征至关重要，而且路易自己也不认同腓特烈这些年来的做法。在德意志，忠于教廷的教会人士选出一个人来与腓特烈争夺王位，像从前一样，这种争夺对帝国境内的和平不利。当腓特烈于1250年去世时，局面并未得到明显改善，因为他的继任者们都决心维护自己的继承权。教廷像对待腓特烈那样反对其后嗣的统治，特别是不希望其中任何一人像腓特烈那样掌握德意志和西西里两顶王冠。从13世纪50年代到60年代，接连几任教皇和多个贵族同盟试图将不同的人扶上德意志皇帝的宝座，其中包括卡斯提尔的阿方索十世（Alfonso X），他有一半德意志血统，母亲是士瓦本的贝阿特丽策（Beatrice of Swabia）。

德意志内部斗争激烈，边境地区又出现了混乱，面临外敌的威胁。12世纪时，波兰的君权逐渐衰落，但以克拉科夫为首都的小波兰（Little Poland）公国在13世纪的前几十年中走上了惊人的复兴道路。然而，这场复兴因为一股新势力的抵达而遭到了阻碍。这股势力不仅摧毁了波兰人的力量，还打垮了欧洲中部的好几个天主教政权，以及东边的东正教和异教国家——蒙古人来了。后来的天主教徒称蒙古人为“上帝之鞭”（scourge of God）。

在1238年蒙古人大举入侵欧洲之前，断断续续的小规模袭击已经进行了15年之久。欧洲人感到一个强大的帝国正在崛起，但直到13世纪中期，欧洲人和蒙古人的外交接触有所增加之后，欧洲人才知道这个帝国的疆域有多广大。蒙古帝国将成为有史以来国土连续面积最大的国家，其巅峰时期的版图包括中国、波斯、亚欧草原和大多数罗斯公国所在的地区，以及大片近东土地和欧洲东部及中部的一大块地区。

然而，蒙古人在 1238 年发动入侵时，没人料到蒙古帝国会如此强大。强盛的基辅罗斯公国和北方的弗拉基米尔公国是对抗入侵的主要力量。这两个东正教据点的东面都有敌对的异教和穆斯林势力，后者也成了对抗蒙古人时的缓冲区。东正教公国和天主教国家的关系不怎么样，但德意志人万万想不到，一支来自中亚地区的异教徒军队竟能迅速击败他们的穆斯林和异教徒对手，击垮东正教大军，打败波兰和匈牙利的军队。

从 1238 年到 1241 年，一系列惊人的战役使不可思议的情况成了现实。蒙古人多少尝到了败绩，经历了一系列小规模挫败，但罗斯的大部分地区已在蒙古军队的铁蹄下屈服，唯一例外是最北面的诺夫哥罗德公国，其官方名称为“伟大的诺夫哥罗德”（Lord Novgorod the Great）。德意志、波兰和匈牙利的军队全军覆没。蒙古入侵的兵锋深入匈牙利，甚至一度触及奥地利公国的维也纳外围地区。1241 年，蒙古人停止进攻，因为大汗去世，统帅们被召回蒙古，协助选出大汗的继任者。为了强调自己的统治性地位，蒙古人留下了强大的军队随时待命，并在克罗地亚境内与亚得里亚海沿海地区发动了一系列残酷无情的劫掠。

蒙古人为什么会获胜？假如蒙古人后来决定继续征战，攻击中欧甚至西欧诸国，他们还会获胜吗？对此有许多猜想。当然，蒙古人并非不可战胜。他们在 13 世纪的前 40 年里遭遇过大大小小的失败，但每一次似乎都能卷土重来。蒙古人的复合弓让他们占了上风，但他们的对手也很快认识到了这一技术的实用性——这也是蒙古人在建立霸权时如此依赖闪电战的原因之一。此外，这些蒙古人手段狠辣，屡屡撕毁休战协定，无视安全通行的协议，还大行杀戮，比如屠杀大量男丁。问题是，他们这么做固然可以在短期内取得成效，引起敌人的恐慌，但也会让敌方在抵抗时更加坚决。得知体面的投降也无法保全自己的生命后，许多军队决定宁可抵抗到死，也不投降。

据说，蒙古人不大可能征服中欧和西欧，还有一些因素：中世纪的欧洲有许多带有城墙的坚固城，中西欧地区的地形对骑兵不利（不像草原那样适合骑兵穿行），13 世纪时欧洲西部的人口数量太大，很难征服。不过，针对这些理由，我们都能找到有力的反证。蒙古人征服了中国，而中国的地形同样不利于习惯草原和高原环境的军队行进，可能比中西欧更甚。所以，蒙古人进军欧洲中西部的话会发生些什么，我们不得而知。但我们能知道的是，当时的欧洲人——无论是西欧还是东欧——都认为末日将至，圣经中的复仇者歌革和玛各（Gog and Magog）已经被释放出来了（《圣经·启示录》20:7—8》）："那一千年完了，撒旦必从监牢里被释放，出来要迷惑地上四方的列国，就是歌革和玛各，叫他们聚集争战。他们的人数多如海沙。"

对诺夫哥罗德以外的罗斯诸公国而言，蒙古入侵产生的直接政治后果不啻一场灾难。而蒙古军队后来的那些间歇性袭击，虽说规模和持续时间都不比 1238—1241 年，但还是对其他地区产生了重要影响。在长达数十年的时间里，波兰人都不得不一边提防蒙古人袭击，一边努力阻止利沃尼亚和普鲁士的骑士团国进犯，还要警惕天主教德意志人和说德语的犹太人的定居活动——德意志和波兰的边界不断变动，越来越多这样的人在西里西亚和其他边境城镇定居，构成了对波兰的威胁。局势变幻莫测，波兰贵族们从中获益，也蒙受了损失。

波兰贵族之所以能够获益，是因为那里没有强力的中央政府，不仅小波兰公国如此，以华沙为主要城市的大波兰公国亦然。两国统治者也曾试图改变这种困难局面。13 世纪早期，小波兰公国崛起，虽然最终未能建立起稳定的国家，但大波兰的王公们在 13 世纪的后半段也加以效法，只是建立强大国家的努力总因内斗而遭遇挫折。举例来说，13 世纪末（1295 年），在教会的命令下，波兰人试图将来自大波兰的本土贵族立为国王，但新王即位不久就遭到了刺杀（1296 年）。

在波兰，贵族阶层拥有自由，可以控制农民等地位较低的社会群体。可以说教会也是如此。虽然波兰的政治和地理都陷入了分裂，但 13 世纪的波兰教会仍保持着统一。教会也能在很大程度上控制依附于自己的农村居民。虽然农奴制在当时的西方社会中已不是主流，但它在波兰地区的地位还是难以撼动。

贵族和教会阶层利用庄园获取了大量财富，各种时尚风格也发展起来。13 世纪，在波兰境内那些不受军事问题侵扰的安全地区，哥特式建筑逐渐取代了罗马式建筑。当时已四分五裂的波兰面临着许多军事问题，这就是中央政府力量薄弱的消极面。波兰成了入侵者的猎物，入侵者在大片土地上劫掠，削弱当地的生产力（尽管有时生产力还能得到恢复），波兰付出了惨痛代价。另外，波兰局势不稳，贵族阶层并不总能团结一致。一个领主的衰弱往往意味着另一个领主的机会。1291 年，波希米亚国王瓦茨拉夫二世（Wenceslas II）入侵小波兰，并在 13 世纪 90 年代末控制了大波兰，直到那时，波兰才获得了某种意义上的统一，安宁与繁荣才有机会在广大地区实现。然而，1300 年时，波兰的农民仍处于被奴役的地位。

跟波兰不同，匈牙利在13世纪的前三分之一时间里似乎正重新步入稳定状态。诚然，贵族和教会都对王室提出了苛刻的要求，这两个阶层的特权也在一系列公告中得到了承认，其中特别值得一提的是1222年的《金玺诏书》(Golden Bull)，其内容堪比英格兰的《大宪章》。在这些年里，许多原先属于王室的财产也被转手了。由此看来，尽管王室与教会、贵族暂时达成了妥协，但王室的权威和势力被削弱了，远不能和神话般的伊什特万一世统治时期的权威相比。不过，在安德拉什王（Andrew，1205—1235年在位）和贝拉四世（Bela IV，1235—1270年在位）统治期间，匈牙利获得了极大的尊重。安德拉什是第五次十字军远征的领导人之一，这次远征取得了一些成果。匈牙利王室的公主们则获得了圣洁的美名。此外，托钵修会活动在匈牙利的土地上迅速扩展开来，托钵修士成了壮大教会、推动信仰改革的使徒。这样的匈牙利被视为神圣的天主教国家。

然而，在贝拉四世统治期间，蒙古人来了，带着恐怖、混乱与灾祸。一支又一支的王国军队被击败，几千平方公里的土地遭到蹂躏。蒙古人大肆屠杀，将俘虏带回东方为奴，匈牙利的人口大大减少。匈牙利经济的基础陷入混乱，国王则逃往偏远地区，等待大难降临。

幸运的是，大难并未临到。如前所述，大汗去世，贝拉四世算是交了好运。贝拉四世眼见国家遭受严重破坏，但至少蒙古人离开了这片土地。匈牙利人一心保卫国家，在那之后四处兴建城堡。于是，没有天然屏障的地区有了人工屏障，村庄得到重建，空无一人的定居点又聚集了大批居民和牲畜。匈牙利招揽了不同族群的西方人，让他们定居在新建或重建的居民点中。

种种努力使这个破败的国家迅速得到重建，但一切皆有代价。所有重建活动都必须建立在团结和某种程度中央集权的基础上，狭隘的地方和阶级利益都要给这种集权体制让路。教会经过异教徒敌人的毁灭性打击后得以幸存，因而教会人士比世俗贵族更认同这一观点。世俗贵族在与国王合作时无法获得平等的待遇，双方开始分道扬镳。13世纪60年代，贝拉四世和儿子伊什特万起了冲突（后者以伊什特万五世的身份在1270年至1272年间统治匈牙利），一些贵族利用王室内部的种种矛盾向国王发起了反抗。

从贝拉去世的1270年开始到13世纪末，贵族和国王一直在角力。当王室占上风时，匈牙利便能在国际舞台上大放异彩。就拿1278年来说，当时匈牙利人站在德意志王公一边，挫败了波希米亚的奥托卡（Ottokar of Bohemia）夺取德意志王位的图谋。但有些时候，匈牙利的政坛完全是闹剧。信仰异教的库曼人（Cumans）逃脱了蒙古人的掌控，长期以来都试图从他们的马扎尔亲戚那里获得好处。库曼人始终对天主教抱有疑虑，而即便匈牙利王室将一支库曼军队提拔为王室禁卫，也很难说服库曼人和信仰天主教的匈牙利人去尊重彼此。有时，库曼人甚至不愿意照着“文明人”（基督徒）的规矩生活。拉斯洛四世（Ladislas IV，1272—1290年在位）是伊什特万五世和一位库曼公主之子，却死于库曼刺客之手。此后又出现了争夺王位的斗争，局面一片混乱。

在中欧，除了波兰和匈牙利，波希米亚也有成为大国的潜力，那么波希米亚的情况是不是有所不同？是，也不是。由于波希米亚曾支持“红胡子”腓特烈的斗争，因此在12世纪中期，统治波希米亚的普热米斯尔王朝（Premyslides）的王家地位得到了帝国方面的承认。在接下来的100年时间里，波希米亚稳定得让邻国嫉妒。波希米亚理论上是帝国的一部分，实际上却是独立的王国，拥有得到皇帝认可的固定疆界，只需要在名义上对帝国的权威表示服从。在选举德意志国王时，波希米亚国王的意见也会被考虑在内。

在这一阶段，波希米亚不断扩张，取得新的领土，有时通过谈判，有时通过联姻，有时则靠赤裸裸的暴力征服。波希米亚的经济也在发展。布拉格（Prague）成了欧洲的大城市。虽然布拉格在中世纪晚期和近代早期经历了经济衰退和混乱，发展得比较曲折，但 13 世纪的布拉格是个富庶而壮观的国际化大都市，在中欧地区首屈一指。布拉格在中世纪中期还只是新开垦地中一个小村庄的居民点（“布拉格”的含义近似于“被烧过的地方”），这样的命运已经相当不错了。波希米亚的城镇居民点增多，波希米亚国王从税款和银矿中获得了大量财富，成为天主教欧洲世界中最富有的统治者之一。国王的权势越来越大，也越来越多地主张自己的权利，这就意味着波希米亚贵族自由行事的空间越来越小。这种情况在奥托卡二世（1253—1278 年在位）时期特别突出。贵族们因国王的权势而暂时退缩，但他们复仇的机会在 13 世纪 70 年代来了。

这个机会就是德意志国王选举。腓特烈二世在 1250 年去世后，帝国内乱不断。1254 年之后，霍亨施陶芬家族中就没有人能作为候选人参加德意志国王的选举了。于是在 1257 年，英王的弟弟康沃尔的理查（Richard of Cornwall）和卡斯提尔的阿方索十世以候选人身份加入了一场颇有争议的选举。这段被称为“大空位”时期（Interregnum）的年月冲突不断，但经验表明，只要政治斗争没有恶化到长期内战的地步，经济发展就不至于受阻，只不过中央政权或未来的中央政权能从中得到的好处少了。无论是新城镇带来的税收、向东扩张获得的收益，还是法兰克福集市取代香槟集市后带来的大笔生意，都没能给中央政府带去多少利益。

大空位时期，波希米亚的奥托卡国王看到了成为德意志国王的希望。然而，1273 年时最后选出的是哈布斯堡（Habsburg）家族的鲁道夫，大空位时期就此结束。候选人奥托卡大受挫折，决定拿起武器，为争夺德意志的王冠而战。在接下来的战争中，德意志王公的同盟并不稳固（奥托卡会说这是背叛），他们游移不定，波希米亚的贵族阶层则完全站在了自己国王的对立面。这场继承战争在德意志与波希米亚两地都演化为内战。1278 年，奥托卡自己在战斗中阵亡。原本以稳定著称的波希米亚陷入了政治混乱。不过，波兰的混乱程度更甚，所以后来登基的波希米亚国王瓦茨拉夫二世才有机会夺取波兰的控制权。由此看来，波希米亚人似乎并不寄希望于同德意志和平共生，而是想要建立一个大斯拉夫的（天主教）国家。

在德意志人这边，反讽的是，王公们组织起来击败奥托卡的同盟反而促进了国家的统一与集权，让人感到哈布斯堡的鲁道夫可以积聚实力，最终收回王公贵族们的特权。的确如此。鲁道夫后来将大片从奥托卡手中收复或夺取的土地归入哈布斯堡家族名下，态度坚决。1291 年鲁道夫去世时，王公贵族们试图展开行动，遏制新贵哈布斯堡家族发展的势头。鲁道夫的继任者拿骚的阿道夫（Adolf of Nassau）并非哈布斯堡家族成员，却用其他方法来压制那些将自己推上王位的王公们。于是，在之后的选举中，王公们恢复了对哈布斯堡家族的忠诚，推举鲁道夫之子奥地利的阿尔布雷希特（Albert of Austria），但前提是阿尔布雷希特必须承诺，自己不会挑战王公们的地位和特权。

*

13 世纪波罗的海和中欧地区的历史不仅仅是王公、贵族、国王、皇帝的兴衰史，但这些兴衰变迁对这段历史产生了极大影响，不容忽视。更重要的是，这些变迁使农奴制度（事实上是一种奴役体制）得以存续，也令基督教政权在面对蒙古入侵时无力反抗。面对入侵，基督教世界没能自救。救了基督教世界的是蒙古人——当然，是以一种奇特的方式。倘若大汗没有在 1241 年去世，蒙古军队没有停下大举进军的步伐，这些位于欧洲心脏地带的村庄和城镇会有怎样的命运？我们只能猜测。

第 17 章

哥特世界

13 世纪欧洲的文化艺术是无法在几十页篇幅内说尽的。因此，我们在本章中选取哥特世界一些较受关注且相关研究丰富的方面，从视觉艺术、传奇文学和贵族家庭日常生活三个角度来展现哥特世界的风貌。

视觉艺术

盛期哥特式风格在 13 世纪颇为流行，13 世纪末时，哥特式风格已成为欧洲建筑的主流。当然，游历过法兰西岛（哥特式建筑诞生地）或临近地区的朝圣者有机会领略整个基督教世界中最壮观的哥特式建筑。贵族出身的游客还能获准进入巴黎的圣礼拜堂（Sainte-Chapelle，于 1248 年建成并被奉献给上帝）这座王室专属的教会建筑。圣礼拜堂的柱子很细，因此从内向外看时，仿佛整个建筑都是由绚丽的彩窗构成的。这座礼拜堂是为收藏耶稣受难的遗物（包括耶稣所戴荆冠的残片）而建的，这些遗物据称归法国王室所有。圣礼拜堂是哥特式建筑的明珠，成了众多建筑的模仿对象。

出身不够高贵的朝圣者只能远远地欣赏圣礼拜堂。如果他们对大型纪念性建筑有兴趣，就可以在附近看看，那里有数不胜数的新建或改建教堂，这些建筑高耸入云，仿佛可以直达天堂（许多教堂在高度上都大大超过王室的礼拜堂），而且都有尖券、飞扶壁和高耸的塔楼，众多的彩色玻璃窗镶嵌在墙上，其中包括至少一扇玫瑰花窗，而窗格与外立面的装饰也分外精致。

欣赏过壮观的大教堂和修道院教堂之后（这些建筑外面总是搭着脚手架，因为工期往往达数十年之久），有兴致的朝圣客还有许多小教堂可以参观。到了这个时代，每个村庄至少都有一座教堂。乡村教堂通常用石头建造，往往会用到哥特式的建筑结构或装饰风格。小教堂可能没有塔楼，能显出哥特式工艺的也许只是一个楣饰或一扇彩窗，但小教堂使用的尖券、外部扶壁和雕饰都指明了它和那些大教堂之间的亲缘关系。

使用法语的地区有如此多盛期哥特式建筑的杰作，在其他许多地区也有可以与之匹敌的建筑，比如建于13世纪20年代的西班牙托莱多（Toledo）和布尔戈斯（Burgos）大教堂，以及建于13世纪50年代的莱昂（Léon）大教堂。此外，在法兰西—德意志边境地区和莱茵河谷区域，也有许多造型优美的建筑（或未完成建筑），例如特里尔的圣母教堂（Liebfrauenkirche）、斯特拉斯堡（Strasbourg）大教堂、图尔奈（Tournai）大教堂和科隆大教堂。圣母教堂的建造时间在1235年前后，斯特拉斯堡大教堂的正厅修建于同一时期，图尔奈大教堂的唱诗楼要过好些年才能完工，而科隆大教堂虽然在1248年时就已美轮美奂，但全部完工则在很久以后了。

哥特式建筑流行，但各地区的建筑特色还是得到了保留。举例而言，在英格兰，于13世纪中期建造的威斯敏斯特修道院是盛期哥特式风格建筑的极佳代表。威斯敏斯特修道院一方面延续了英格兰建筑史学家所说的“早期英式哥特风格”（early English Gothic），突出地区特色，另一方面体现了之后的建筑风格，即史学家们所谓“装饰哥特风格”（Decorated Gothic）。总体来说，和欧洲大陆的情况不同，花饰窗格在英格兰不太受欢迎，使用率也不高，因此玫瑰花窗（以花饰窗格环绕的窗户）并不多见。13世纪50—70年代的早期的装饰哥特风格建筑，其外观依然以严肃的格子窗或直线条外立面为主，这一点在13世纪70年代的建筑上特别突出。直到13世纪末之后，才在晚期装饰哥特风格建筑上出现了运用曲线的花饰窗格［用术语说，是火焰（flamboyant）哥特式］。虽然火焰哥特式风格应该是起源于英格兰的，但这一风格在德意志的建筑中更常见。

和其他的地区性风格一样，英式哥特建筑还有一些明显甚至独有的特点，比如从墙体和柱子顶端延伸出的精细装饰性线条，以及纹章盾饰。纹章往往使用色彩鲜明的复杂抽象图样和动物形象来象征贵族的家系传承，常被用于装饰建筑与盾牌，13世纪时，其使用范围已遍及整个欧洲。但正如英格兰的情况所示，纹章元素和其他艺术形式的结合方式在不同地区是不同的。

哥特式建筑的一些最精妙发展源自拱形结构的演化。建筑史学家有一套复杂得吓人的术语来给拱形结构分类［比如居间拱肋（tierceron）、枝肋（lierne）、网状拱顶（net）、扇形拱顶（fan）等］，而且随着时间的推移，拱形结构发展得越发复杂精细。各式各样的拱形结构使大教堂在实际或观感上更加宏伟。

人们认为，盛期哥特式建筑外立面上的雕饰和独立雕像是自然主义风格的。建筑物上呈现的人、动物和植物是立体的，复现了大自然中的景象，工匠在石料上雕刻出逼真的纹理。这些装饰物各部分的比例也是符合真实情况的。如果有些部分被拉伸或压缩了，那就是为了突出具有象征意义的信息。事实上，无论是雕像的摆放，还是刻意改变自然比例以造成变形的手法，都和复杂的雕塑图像学有关。哥特时期，在建筑外立面上表现事件场景的情况越来越多。人们常说，这些外墙作品的丰富内涵，丝毫不逊于经院哲学精湛的思辨成果。

以上是哥特世界的大致情况。不过我们必须再次强调，各地的差异（为了方便，我们会使用民族流派或地方流派这样的粗略称呼）还是很明显。解释这些差异并不容易。为什么德意志许多雕刻作品表现的形象个头都比较大？跟其他地方的作品相比，德意志雕塑中的人（特别是女人）的形象总是比较丰满，显得生活不怎么清苦。德意志人似乎比较欣赏丰满的女性形象，这从表现圣母（特别是圣母和圣子同时出现时）的雕塑中就能看出，有些学者主张，这是因为德意志雕刻流派更偏重于情感，较少受到教条约束。但这样的看法无从证实，也回避了问题：偏重于情感、不受教条约束的，到底为什么是德意志人，而不是意大利人？

意大利有自己的哥特式流派。可以想见，意大利式哥特风格的特点与雕刻家喜欢在作品中融合古典时期元素有关。虽然古典时期的遗迹就在那里，可供中世纪的意大利人参考模仿，但雕刻家和其他艺术家并不都会选用古典元素。皇帝腓特烈二世喜爱古典艺术，我们或许以为艺术家们在皇帝的影响下会更多借鉴这一时期的手法，但 13 世纪的意大利艺术家对古典风格并不像文艺复兴时期的人那样热情。在意大利流行的是哥特式的自然主义风格，在法兰西也能见到类似风格。意大利人喜欢把女性雕像雕成胯部偏斜的姿势，所形成的身体曲线带来了一种戏剧化（在某些人看来有些情色意味）的效果。13 世纪时，锡耶纳（Siena）是意大利雕刻技法的中心，尼古拉·皮萨诺和乔瓦尼·皮萨诺（Nicola and Giovanni Pisano）这对父子雕刻家就住在那里。

在绘画领域，哥特风格大约出现于 13 世纪初。这类画作的常见载体包括玻璃、织物（许多祭坛布的图案是画上去的，不是绣上去的）、墙体（壁画）、大小木板（小的木板画常放在祭坛上）、羊皮纸手抄本。像其他视觉艺术形式一样，同一流派中的艺术品具有共性，但同时也有地域、时代特征，不同地区艺术家喜欢用的材料也不同（画在木板上的祭坛画在德意志很常见，在其他地方则不然）。

引人注目的手抄本绘画或手抄本插画几乎在所有地区都能见到。插画往往有类似于哥特式建筑结构的边框，画的周围常饰有葡萄藤（vines）和树叶。事实上，小插画之所以叫“vignette”，就是因为艺术家喜欢在小插画的周围画上许多枝叶来装饰。

边框内的图画有不同风格，就像雕塑有不同风格一样。13 世纪有两个大趋势：其一，古典风格的影响力越来越大（经意大利和西西里传播到德意志）；其二，以精致人像著称的拜占庭式绘画技法得到了广泛传播，特别是在 1204 年十字军征服君士坦丁堡并建立拉丁帝国之后。由于传统上的接触与早期的几次十字军远征，西方的法兰克艺术家们很早以前就接触过拜占庭艺术品。十字军洗劫了君士坦丁堡，占领这座拜占庭都城直到 1261 年，拜占庭艺术风格不仅传到了圣地，更传播到整个西方。制作于13世纪中期的“兵工厂版《圣经》”（Arsenal Bible，藏于法国的兵工厂博物馆）就是个很好的例子。一些权威学者认为书中插画绘于十字军活动的重要港口阿卡。

许多艺术史学家都注意到，法国人似乎热衷于把具有建筑风格外框的小插图绘制得很华丽，色调则以红色与蓝色为主。有些学者还认为，一些法国哥特式绘画作品中出现了夸大化（近乎情感化）的自然主义风格。常见的形象是身体扭曲的人——受难的基督。在西班牙的着色雕刻作品（包括木雕和石雕）和绘画作品中，十字架上的耶稣这一血腥骇人的形象也相当常见。

许多带有插图的手抄本也配有页边图（visual marginalia），页边图该如何解读往往有争议。页边图通常描绘乡村场景，至少图中的野兔等动物能让人联想起乡村生活中的玩闹和狩猎场景，但也有些页边图颇为不雅。如果页边图能和旁边的文字内容对应起来，那么解读就会比较容易。那样的话，页边图就是对文字的说明，传统上，学者也更看重文字。这样的看法也许过于刻板，但至少有据可循。

如果没有与页边图明显对应的文字，那么要找出二者的关系（假设二者有关系）就难了。一些图描绘的是猿猴等有象征意义的动物和杂耍艺人之类的社会边缘人，这类不雅页边图和祷文放在同一页，是要表达什么意思吗？是在说沉迷于恶行、生性懒惰、贪图享受的人从不祷告，还是说他们需要祷告？如果需要祷告的话，谁来祷告？是手抄本的阅读者/赞助人还是其他人？也许这样的页边图只是表现了阅读者心目中的社会等级。也许，不雅页边图是要通过展现世俗享乐的愚行来反衬祷告的重要性。当然，也许画这样的页边图只是为了取乐。

传奇文学

13 世纪，传奇文学依旧流行。12 世纪的大部分传奇文学都是用诗歌形式写成的，而到了 13 世纪，散文形式的传奇文学越来越多。事实上，从那时起，散文就成了中世纪小说的主流形式，直到中世纪结束都占据着主导地位。

传奇文学的核心内容是一系列行为准则，这些准则最早是与战争规矩和骑士精神联系在一起的。但 13 世纪时，骑士精神已经成了一套更精细的礼仪规范和社交姿态，其内核仍是骑士的勇武（prouesse），即他的战斗能力和勇敢精神，这被视为可以继承的美德，因此，一个人的出身（世系、门第）非常重要。在 13 世纪的传奇文学作品中，即便阴谋诡计和外界环境使一名骑士身陷贫穷，不得不依附于他人，乃至湮没了自己的贵族出身，随着情节的推进，他身上真正的骑士精神也必定会放出光彩。

不过，在现实生活中，贵族身份是可以买来的。13 世纪末时，已经出现了政府将贵族身份正式授予平民的做法，就连法兰西这片人们眼中骑士精神的诞生地也不例外。我们之前提过，在基督教世界的其他地方，还有一些奇特的现象，比如西班牙出现了农民骑士，德意志则出现了仆官。相比之下，传奇文学作品构建的是一个社会井然有序、不会出现混乱错位的世界，在这个世界中，即便一名骑士因为不公正的待遇而陷于卑下的境地，时间也终将纠正这样的情况。

就像传奇文学中描写的那样，骑士精神这种价值理念包括用仁慈宽厚的态度对待孤儿和寡妇，保护修士、修女、老人和弱者，防止他们受到战争的侵害。模范骑士是“值得信赖的人”（prud’homme），他勇猛却有节制，了解并践行最高（基督教）的道德标准，其道德水准完全可以和模范修士相提并论。然而我们知道，传奇文学作品中简化过的社会分层与真实生活相去甚远，同样，在实际的战场上也很难找到那种理想的基督教战士。战争是残酷的，许多无辜的人惨遭屠戮。此外，虽然在军队中声望最高的是骑士，但当时的军队里也有许多出身低微的人，受雇作战的士兵——有骑手也有步兵——承担了很大比例的战斗任务。

在传奇文学中，骑士对领主的全然忠诚之心（loyauté）是他冒险的驱动力，他愿意去为领主完成过程极其痛苦的困难任务。在此过程中，骑士不可避免地会受到爱情的困扰，有时还会被卷入和领主夫人的情感纠葛。骑士要有风度（courtoisie），就得在对（自己不可占有的）领主夫人的仰慕和自己的欲望之间把握好分寸。骑士的男子气概和性能力在有节制的情况下是值得称许的，但在传奇故事的核心部分，往往会有一位没能战胜自己肉体冲动的骑士，给故事加上悲剧色彩。《特里斯坦与伊索尔德》（*Tristan and Isolde*）的主人公特里斯坦充满勇气，在各个领域都值得嘉许，却与领主马可（Mark）王的妻子燃起了爱火。这个传奇故事的法语版本说特里斯坦的名字源于 triste（法语的“哀伤”），但其实这个名字源于凯尔特语。

我们可以用三部典型传奇文学作品的情节来阐发上述观点。第一个例子是《恶魔罗贝尔》（*Robert the Devil*）。这个故事最早出现在 12 世纪晚期，存世的版本超过 100 个，其中仅法语版本就有 50 个。故事中名为罗贝尔的骑士是诺曼底公爵与公爵夫人之子。公爵夫人结婚后，好几年都没能怀孕。她在绝望中召唤恶魔寻求帮助，发誓只要魔鬼能够让她怀孕，她便愿意将自己的孩子奉献给地下世界的统治者。

于是公爵夫人有了孩子，就是罗贝尔。长大后的罗贝尔非常强壮，也非常邪恶。但他感觉到了自己的异样，试图寻找自己堕落的原因。他的母亲坦白了一切，于是，罗贝尔出发远征，为自己和母亲赎罪。罗贝尔是位真正的骑士，却在罗马皇帝的宫廷中扮演愚蠢仆役的角色。尽管他尽力扮演小丑，以此隐藏自己的骑士精神，但依然有许多冒险际遇降临到了他的身上，迫使他在战斗中展现自己的勇猛，在拯救、保护柔弱妇女的过程中表现出自己与生俱来的骑士精神。最终，罗贝尔克服了诅咒，摆脱了恶魔的掌控。

第二个例子是《丹麦王子哈夫洛克》(*Havelock the Dane*)，这个故事有一个篇幅较长的中古英语版本存世。有证据表明，像许多广为流传的中世纪晚期传奇故事一样，早在12世纪，这个传奇故事就有了一些较短的版本，而到了13世纪，仍有一些所谓次要版本在盎格鲁-诺曼文化圈中传播。在完整版的故事里，父亲被杀的哈夫洛克失去了属于他的国家。哈夫洛克被带到英格兰，后来成了一名英格兰领主家里的厨房仆役（这个情节很符合现实）。英格兰的公主戈尔德伯恩[(Goldeborn，在法语版本中叫阿尔让蒂耶(Argentille)]有一个邪恶的监护人，此人希望羞辱公主并贬低其身份。于是，这名监护人强迫公主嫁给身为厨房仆役的哈夫洛克。其实哈夫洛克出身高贵，英语版本说他肩膀上有一块王室胎记，法语版本说他能吹响巨大的号角。英武的骑士哈夫洛克最终为戈尔德伯恩赢回了英格兰，也夺回了丹麦（毕竟哈夫洛克是丹麦人）。最终，这对夫妻成了国王和王后，一起英明地治理国家，经过了漫长的统治时期后寿终正寝。

最后一个例子是《风度翩翩的骑士》(*Knight of Courtesy*)，即《遭噬之心传奇》(*Legend of the Eaten Heart*)。故事讲的是不正当情感的代价。

故事中的骑士原本拥有美好的生活，享受着欢歌笑语、筵席盛会、比武竞技。他被描绘成在几乎所有方面都令人钦慕的模范，还为他的女士进行了许多奇妙的冒险，有的版本说他杀死了著名的巨龙。但故事也暗示，骑士和女主人公的关系并不正当。有的版本说，骑士与女主人公的关系被她的丈夫发现了，在有的版本中，女主人公尚未出嫁，是她的父亲发现了她与骑士的不当关系。有个情节是骑士被复仇的丈夫 / 父亲所杀，心脏也被挖出。骑士曾将心献给他所爱的女主人公，此时，复仇者却下令将他的心脏做成食物，给误入歧途的女主人公吃。女主人公发现自己误食了爱人的心脏，悲愤自尽（有的版本说她绝食而死，也有的说她当了修女）。这是个好故事，应该不断地讲（de quoi on doie faire conter），也确实在数百年间被无数次讲述。

文化世界：贵族的家庭生活

本章标题“哥特世界”在广义上也应该包括农民和所谓的下层社会。这些人也会造访圣地，可能是地方上的小教堂，也可能是宏伟的主教座堂和修道院教堂。他们喜欢的故事情节，有的跟上流社会文学中的故事情节很像，有的取材于后者，也有的成为后者的灵感来源，这些故事也深受贵族们喜爱。不过，确实存在着一种贵族式的生活方式，将哥特世界中的出身高贵之人与低阶层的居民区分开来。这种生活方式在某种程度上是13世纪时整个欧洲的贵族阶层所共有的，但也有地区差异。在此，我们将重现贵族生活的一些方面，不过我们会避开法兰西岛这个传统核心区域，为的是既找出不同区域贵族生活的共性，又感知地区之间的差异。波兰会是个很好的例子。

在第16章中，我们讨论了“东进”和蒙古人侵动荡背景下波兰贵族的崛起。波兰王室权威受到削弱，贵族们得以随心所欲地剥削当地农民，当地形成了相当落后的农奴制度。贵族盘剥农民，掠夺城镇财富（许多财富得自波罗的海东部的贸易，可用于供养军队），因而可以随意追赶潮流，当然，他们也会挥霍过度，上流社会中的许多人都背上了沉重的债务。

在13世纪的波兰，哥特式建筑取代了12世纪末占主流的罗马式建筑，而主要借助贵族捐赠建造起来的哥特式建筑则成了贵族表现自我的重要方式。在某种程度上，将哥特式风格传播到波兰的，是波兰贵族庇护下的熙笃会机构。不过，在旁人看来，特别是在见惯了西欧修道院的人看来，波兰的许多哥特式修道院是很奇怪的，原因之一是波兰的建筑物常用砖块而非石块建造。

在波兰，虽然王室还在虚张声势，但贵族们其实已经基本不受国家控制，贵族们权势很大，生活极尽铺张奢侈。在禁食日中，他们在公众面前表现出虔诚的态度，以及对教会、圣物和圣徒的尊重。在节庆的日子里，他们就纵欲享受，肆意浪费。波兰贵族与丹麦贵族多有来往，也跟西欧贵族通婚，由此，西欧贵族喜爱的食物也上了波兰贵族的餐桌。按照一位历史学家的总结，弗洛里安（Florian）日（每年的5月4日，弗洛里安是克拉科夫市的守护圣徒）等节日的“花费惊人，即便是穷人，也可以指望王室、富有市民和贵族向他们发放一笔慷慨的救济金”（Dembinska，1999年，第72页）。当然，这样的馈赠让下层民众再次意识到自己是依附于上层人士的，也可能在他们心中激起对后者的怨恨。

在13世纪的波兰，葡萄酒被视为上好的贵族饮料。尽管如此，除了少量用于圣餐的葡萄酒外，人们是不能直接获得这种饮料的，因为当地环境不适合生产葡萄酒，但波兰人可以进口葡萄酒。这种奢侈品被装在酒桶里，从西欧或匈牙利运来，在巩固友情、加强联系的宴会（特别是男性贵族的宴会）上扮演了重要角色。这种放纵的宴饮成了一种惯例，在中世纪晚期和近代早期的波兰贵族文化中越来越常见，特别是在加强型葡萄酒出现之后。

流传至今的波兰菜谱大多是在 13 世纪之后的手抄本中发现的，但称许多菜谱为传统菜谱也不为过。无论如何，我们至少可以借助这些菜谱，来想象当年波兰贵族们在盛宴上炫耀的情景。许多菜谱都借鉴了西欧贵族厨房中的做法，只换掉了一些波兰没有的原料（比如用果醋或花醋代替酸葡萄汁）。

盛大宴会（比如 6 月 24 日施洗约翰诞生日 / 仲夏日的宴会）上可能会有鱼冻，“只有最富裕的贵族和商人才有机会食用”（Dembinska，1999 年，第 166 页）。做鱼时，剔除鱼肉后会留下一些边边角角的部分，比如鱼头、鱼鳍、鱼尾、鱼皮、鱼骨，这些部位通常胶质丰富。鱼冻的做法是熬煮大量这类边角部位，直到汤汁凝固。一场大型宴会上的鱼冻需要消耗数以百计的鱼，厨师调味时会用到各式各样的药草和香料，有的常见，有的则是舶来品。煮鱼（最好是油性鱼）时加的醋里可能混有不同的调味料，不过薰衣草（薄荷科的芳香植物）是人们最喜欢用的。

风味醋的选择是有讲究的。风味醋会影响鱼的味道，此外，鱼冻该和什么一起吃，怎么摆盘，都要视风味醋的种类而定。如果用薰衣草风味醋，那么就在餐前和餐后上糖渍薰衣草，用带有漂亮紫色花朵的薰衣草枝条来装饰其他菜肴。如果没有薰衣草，那就用苹果醋煮鱼，拿苹果片佐餐，用带有苹果花的小枝装饰。

加在鱼冻里的调味料还包括月桂叶等传统香草，以及洋葱和大蒜，如果能拿到来自东方的稀有香料，厨师也会用上。在蒙古入侵之前，东方的香料是从君士坦丁堡经基辅运到波兰的。厨师会将煮过的鱼肉切碎，混入味道较淡的凝固汤汁中，再加上盐、蜂蜜和稀有香料调味，让整道菜显得更上档次、更有分量。成品被置于浅盘中，放在地窖的阴凉处定型，然后切成精致的形状，有时还雕成贵族纹章的样子——波兰的纹章是很讲究的。厨师摆盘时会用一些色泽明亮的装饰物，比如切开的水煮蛋。有的鱼冻本身色泽金黄（有时是因为烹调过程中加入了藏红花），厨师就会把水煮蛋切成两半，去掉蛋黄，在其中填入金黄色的鱼冻做装饰。

这种鱼冻只是贵族的餐桌上的一道菜而已。在欢宴日上（人们在这一天中可以无限制地吃肉），贵族们也会享用烤肉（有的直接烤，有的先腌入味之后再烤），还要抹上当地水果（比如温柏）制成的酱料，当然，葡萄酒和新出炉的美味面包管够。一场下午 5 点开始的晚宴可能持续数小时之久，因为宴会也是社交场合，而最讲究的宴会上还会有娱乐活动。

有时，娱乐活动安排在宴会开始前。西里西亚的亨利四世（Henry IV）亲王酷爱经典的骑士消遣活动——比武大赛。其他的王公贵族则有不同的消遣方式。主人可能会邀列席的宾客来听瓦尔滕鲁斯·罗布斯图斯（Walterus Robustus）和海尔贡达（Helgunda）不伦之恋的故事，再配上点音乐，当然还有美酒。如果主人家比较虔诚，讲的就可能是某个波兰圣徒的生平故事。许多圣徒都出自贵族之家，特别是 13 世纪的波兰女圣徒，因此，讲圣徒故事往往就相当于讲家族历史。

最后，宴会上有赠送礼物的环节，这是波兰贵族和所有中世纪贵族的诸多共同点之一。赠送礼物能体现并促进精英群体内部、精英群体之间、精英群体及其下属之间的团结。从贵族赏给穷人的食物，到贵族互相赠送的昂贵衣饰，在哥特世界中传递的礼物实在有很多。波兰贵族徜徉于各式各样的社交空间，在比武大赛中，在欢乐的宴会上，听着下流小调和伤感小曲，享受打开礼物包装的欢乐气氛，他们得以暂时忘却蒙古人和圣剑兄弟会的威胁，忘记那些身份低微、满心怨恨的农民，忘记自己不断增长的负债。新酿的红葡萄酒则让一切显得更加美好。

第 18 章

南欧

正如我们在关于哥特世界的讨论中所见到的那样（参见第 17 章），欧洲北部和南部有许多共同点。不过在地中海沿岸地区，和伊斯兰教势力的对抗使当地天主教徒的生活有所不同。即便是在那些伊斯兰教势力逐渐退出的地区中，长年以来双方之间的较量依旧影响了政治、社会和经济等领域的发展。在圣地等伊斯兰教势力日益壮大的地区，基督徒领袖与伊斯兰教势力谈判及对抗的成败影响着人们日常生活的方方面面。

伊比利亚

1252 年时，卡斯提尔的再征服活动多少已经完成，此时，只有格拉纳达这个位于伊比利亚最南端的穆斯林君主国还没有被基督徒征服。这一时期，基督徒在伊比利亚半岛上控制的地区进入了经济稳步发展的阶段，这在很大程度上要归功于当地人对从穆斯林手中取回的土地的开发。基督教统治者的一部分收益来自从前献给穆斯林王公的财富。但是，在新近收复的地区中还有其他刺激经济发展的诱因，比如将曾用于战争的资源投入获利更多的产业，包括牧羊业和农业，人们开始生产用于贸易的产品，建造商船、渔船，也为自卫和私掠活动造船。

在卡斯提尔，“智者”阿方索十世（Alfonso X the Wise，1252—1284 年在位）在位期间，文化作品极为丰富。经历了漫长的过程之后，卡斯提尔本地方言逐渐取代了拉丁语，只有在学术领域和宗教精英的生活中例外。（同一时期，佛兰德语在佛兰德地区得到了广泛使用，情况类似。）人们创作了大量卡斯蒂利亚语作品，其中最有名的大概是献给圣母马利亚的《颂歌集》（Cantigas），其内容包括抒情诗和歌曲。此外，在卡斯提尔还产生了两部篇幅可观的法律文献，一部是王室颁布的习惯法法典《王家法令》（Fuero Real），另一部是《七章法典》（Siete Partidas）。《七章法典》与其说是法典，不如说是理想社会的蓝图，它深受罗马法规则和律条的影响，也借鉴其他法律和非法律文献的法理与道德内容，有时干脆照搬。

13 世纪中期至晚期，葡萄牙也进入了新的历史阶段，这一时期的葡萄牙经济繁荣，文化兴盛。当然，葡萄牙与强大邻国卡斯提尔间的关系一直以来都造成许多政治问题，在这一时期也不例外。13 世纪时，两国发生了一系列领土纠纷，双边关系在 13 世纪 40 年代后期变得十分紧张，在之后的 20 年里也没能改善。此外，葡萄牙和教廷之间也产生了争议，这威胁着王国的稳定。人们试着消弭争端，却往往使问题变得更加复杂。结果，一直到 13 世纪末，葡萄牙和卡斯提尔的领土纠纷都没有解决，教廷还至少两次用教会禁令惩戒葡萄牙，以责罚（在教廷看来）犯下重婚与乱伦罪行的葡萄牙统治者阿方索三世

（Alfonso III，1245—1279 年掌权）。直到 1279 年阿方索三世去世之后，葡萄牙与教廷之间的不和才多少得到了缓解。

葡萄牙虽然面临非常严重的政治问题，但在经济领域依然大步向前。葡萄牙在与卡斯提尔接壤的地区修建城堡，耗费了一部分资源，但这些城堡给这些一度盗匪横行的地区带来了和平稳定，从前，穆斯林和基督徒两股势力斗争不断，葡萄牙和卡斯提尔两个国家间也常有冲突，这些地区屡经战火，人口也因此大大减少。面对这样的情况，葡萄牙王室出资支持了大规模的移民和重新安置活动，鼓励人们移居上述地区，当地的农业生产因而大有改善，小城镇也扎根发展。科英布拉（Coimbra）和里斯本等既有的城镇中心则进入了人口大幅增长的阶段。13 世纪末，葡萄牙全国的人口已经接近 100 万。

当然，一个国家的国内秩序是否良好，并不仅仅取决于驻防区的多寡。像欧洲的其他君主国一样，当葡萄牙得到良好治理时，其国王也会获得民众支持。1254 年，城镇居民的代表就已经和贵族及教士阶层一起出席葡萄牙议会了。法王路易九世针对行政腐败设立了严厉的监察制度，葡萄牙国王似乎也加以模仿，于 1258 年建立了一个针对权力滥用的监察体系。有时，这样的做法会产生意外后果，一些王室无法完全控制的强大臣属会采取报复行动。有时，监察活动会受到操控，为的是美化国王的形象。教廷认为，葡萄牙国王在被控重婚、乱伦并与教廷发生激烈冲突时，采取的就是这样的美化策略。尽管如此，根除腐败的运动还是有助于在葡萄牙国内逐渐形成可靠的行政机关。

里斯本和科英布拉角逐着葡萄牙全国行政中心的地位，也为成为大学选址地而互不相让。葡萄牙的大学于 13 世纪晚期在里斯本建立，在此后几十年的时间里，在里斯本和科英布拉两座城市之间来回迁址。尽管如此，葡萄牙的学术还是相当繁荣。《七章法典》就是在13世纪被翻译成葡萄牙语的作品之一，而这部法律文献的引进，也是王室支持下文化成就的一部分。

葡萄牙既然在地理上被阻隔在有利可图的地中海贸易区之外，便将眼光投向了大西洋。13世纪期间，渔民和海商步步前行，不断航向大洋深处。葡萄牙人对大西洋的探索起初并没有在殖民方面取得成果，直到14世纪后期，葡萄牙人才探索了加那利群岛（Canary Islands）和亚速尔群岛（Azores）并在当地建立定居点。但13世纪时葡萄牙海军的建立是上述开拓的先决条件，不过海军统帅一职往往由热那亚人担任。另外，尽管葡萄牙与撒哈拉以南的非洲建立了接触，获得了直通非洲获取黄金和奴隶的贸易线路，但直到15世纪，上述贸易才会成为葡萄牙经济的重要组成部分。话虽如此，葡萄牙人早在13世纪时便将十字军的进取精神融入了面向大海的探险，这为日后他们沿非洲西海岸的探险活动打下了基础。葡萄牙经济体系在13世纪时向大洋倾斜，葡萄牙人开始在北大西洋地区寻找新的渔场，直到15世纪，巴斯克和葡萄牙的渔民们才享受到这一活动的全部成果——此时他们已经可以捕捞来自纽芬兰（Newfoundland）海域的鳕鱼了。

卡斯提尔的另一个邻居是同样引人注目的阿拉贡王国，这个王国是在同样引人注目的“征服者”海梅一世（James I the Conqueror，1213—1276年在位）手中兴旺起来的。不过，在年幼的海梅登基之初，阿拉贡的局势并不乐观，当时摄政团体内部的派系倾轧可以说是家常便饭，阿拉贡人和加泰罗尼亚人之间的冲突也尤为激烈。此外，尽管在1212年的纳瓦斯德托洛萨之战中，基督徒取得了大胜，将再征服事业推进了一大步，但是在伊比利亚半岛的东部地区，他们依然需要进行大量努力以竟全功。最后，阿拉贡的统治者们虽然都是正统基督教徒，却对朗格多克的守卫者持同情态度，还支持他们对抗来自北方的阿尔比十字军。在比利牛斯山脉以北的地区，阿拉贡王室主张自己拥有大片土地，但这些地区遭到了法国人的侵犯。最让他们心怀愤恨的是，海梅的前任国王*、纳瓦斯德托洛萨之战中的英雄，竟在1213年对抗入侵朗格多克的法国十字军时战死了。

海梅因自传《事迹之书》（*Book of Deeds*）而扬名，他极为虔诚，一心要给自己的王国带来荣耀。海梅也是精明的领袖，他认识到了议会的价值——他可以利用这个场合，争取人们对大规模远征活动的支持。不过在议会中，他也要注意限制由贵族和/或城镇人士提出的难缠要求：这些人希望获得自治待遇。海梅很会用制衡的手段，也取得了很多成效，原因之一是他只在确定议题能得到多数人支持的情况下召集议会。海梅在议会上提出议题时会表现得很迫切，仿佛这些议题需要马上得到热情的回应，这样一来，人们就无暇顾及其他有争议的问题了。

海梅还是个年轻人时便有了征服者的名声，受到拥护和敬畏，这也对他的王国有利。当时，巴利阿里群岛（Balearic Islands）——包括马略卡岛（Majorca）、梅诺卡岛（Minorca）和伊维萨岛（Ibiza）——依然是穆斯林控制下的要塞岛屿，穆斯林军队可以从那里出发，攻击基督徒的航运线，也攻击沿海地区基督徒控制的城镇。13世纪30年代初，海梅集结了一支在力量上居于绝对优势地位的军队，精心策划

* 此人即阿拉贡的佩德罗二世（Peter II）。——译者注

了一场战役，攻入并占领了巴利阿里群岛。不久之后（1236 年），在议会的支持下，他开始了征服巴伦西亚的活动，于 1245 年取得了成功。不过在之后的岁月里，当地的穆斯林（被称为“穆德哈尔”*）还会发起数次叛乱来挑战基督徒统治者的权威。

巴伦西亚是块宝地，拥有完善的灌溉系统。当地农耕方式颇为复杂，穆德哈尔在人口数量上远远超过基督徒，因此，海梅不得不依赖自己新近收服的穆德哈尔臣民来开发那里的土地。尽管基督徒控制了巴伦西亚，但根据当地穆斯林领主们签订的有条件投降协议，穆德哈尔农民正式获得了合法地位。双方达成的暂时妥协还是遭到了破坏，但破坏妥协的不是宗教方面的对立。宗教上的隔阂确实带来了紧张的气氛，该如何处理基督徒男性和穆斯林（以及犹太）女性发生关系的事也很棘手。然而，屡禁不止的大小叛乱才是真正的大患。穆德哈尔的叛乱一次又一次遭到镇压，后果之一是基督徒定居者逐渐接管了巴伦西亚的农业，尽管在很长一段时间里，当地的非基督徒人口仍然占有举足轻重的地位。

作为曾经的征服者，海梅慷慨而颇有风度地将武力攻取的穆尔西亚（Murcia）交给了卡斯提尔。这样的行为固然符合理想中的基督教统治者标准（海梅被视为典范），但也给阿拉贡王室带来了负面影响。阿拉贡的族群矛盾很严重，海梅只能暂时加以控制。举例来说，征服巴利阿里群岛后，基督教联军中的阿拉贡人、加泰罗尼亚人和法国南部人在分配战利品的问题上发生了冲突。而成功征服穆尔西亚并将其转交给卡斯提尔的举动，则激怒了军队中许多非卡斯提尔出身的十字

---

* 穆德哈尔（Mudéjar），指在西班牙再征服活动的过程中，被允许居留在西班牙土地上的穆斯林。——译者注

军军人。

在海梅攻打巴利阿里群岛的军队中，有许多来自法国南部的军人［奥克西坦尼人（Occitanians）和普罗旺斯人］，这是因为海梅在朗格多克省拥有大片土地。1229年，阿尔比十字军活动以法国王室和北方势力彻底获胜告终。此后，法国政府再次开始在朗格多克地区传播天主教正统教义。尽管当地人时有暴动，外来势力（除了阿拉贡，还有英格兰）也摆出干涉的姿态，但法国王室还是成功实现并加强了对南方的控制，甚至一度激发起当地人的一点点忠诚之心，而这得归功于路易九世。

此后，海梅也开始寻求与法兰西和解。1258年，海梅和路易九世的代表们经过讨论，最终签订了《科尔贝条约》（Treaty of Corbeil）。双方代表都是十字军战士，都很虔诚，对基督教统治者的理想形象抱有类似的看法。条约规定，两国以比利牛斯山为界，海梅放弃比利牛斯山以北的土地，只有蒙彼利埃这个海梅家族的发祥地例外，该地仍受阿拉贡控制。作为回报，法国人放弃了在加泰罗尼亚的权利，据称，法国王室在这一西班牙边境地区的权利是从查理曼那里继承来的。

尽管他在位期间功绩颇丰，但海梅一世统治期的末尾出现了不大和谐的声音，他的稳固地位也因此动摇了。当时，海梅坚持根据老式的继承法则，将土地（特别是他在位期间征服的那些地区）分配给诸多子女，这引起了人们的不满。阿拉贡国内的族群矛盾让局面雪上加霜，连国家的完整都受到了威胁。举例来说，马略卡就在1276年得到了自治的地位，但在伊比利亚半岛上王国的其他部分仍能密切参与地中海事务。阿拉贡的许多贸易活动都要仰赖地中海地区的势力，阿拉贡的海军活跃于地中海地区，主要任务是对抗来自北非的穆斯林袭击者。然而没人能想到，在1276年“征服者”海梅去世之后，地中海地区的政治角逐将在此后数十年乃至数百年时间里完全占据阿拉贡人的生活。要了解这段历史，我们就要将目光投向地中海中部及东部地区那复杂动荡的政治历程。

从西西里岛到黎凡特

霍亨施陶芬家族出身的德意志皇帝腓特烈二世在位期间，北意大利分裂成了两半，支持腓特烈的派系和支持教廷的派系斗争不断。支持腓特烈的被称为“吉伯林派”，该派得名于霍亨施陶芬家族城堡“魏布林根”(Waiblingen) 的意大利语音译。支持教会的派别则被称为“归尔甫派”(Guelphs)，这个名称源于德语“韦尔夫”(Welf)，那是巴伐利亚诸公爵的家族名称，也是其麾下士兵作战时的口号。将势力简单分为两派，远不能触及北意大利复杂政治局势的本质。当地有大批海盗出没，这些人不忠于任何统治者，只考虑自己的利益。而在特定的状况下，吉伯林派的人可能变成归尔甫派，归尔甫派的人也可能变成吉伯林派。但丁（Dante）用意大利语写就的《神曲》(*Divine Comedy*) 是有史以来最伟大的作品之一，其部分章节可以解读为对那个年代政治冲突的评论。但丁还写了一些意在提出规则建议的作品，比如用拉丁文写成的《论世界帝国》(*De Monarchia*)。在这些作品中，但丁明确表现出对重大政治问题的关心，还提出了解决办法，在他看来，只有恢复一个强力的帝国政府，意大利的乱局才能得到根治。

当然，我们有必要重申，无论政治斗争有多么激烈，无论人们对某个政治派系有多么忠诚，当时人们的生活并不是时时处处都按着政治标签来的。将《神曲》解读为政治评论固然可行，但这种做法无异于将内涵丰富的深刻诗篇变为平庸乏味的政论文章，并不值得提倡。同样，尽管暴力活动和派系斗争在意大利的城市中轮番上演，几乎成为城市生活的常态（不过没有过多影响经济发展），但 13 世纪时，托钵修会（特别是方济各会）也拓展到各个城镇，修士们四处关怀穷人，纠正信仰错误，试图改变妓女和犹太人并使其归信基督，他们发起的无异于一场宗教复兴。早在 1233 年时就有了类似的活动，而当时托钵修士还没有在传福音方面获得主导地位。这一年，"大哈利路亚"（Great Alleluia）运动席卷了波河（Po）下游地区，当时人们参与的盛况堪比 18 世纪初虔信派在德意志的迅速发展和 19 世纪美洲的新教大觉醒。

与北方相比，南意大利和西西里岛的政局较为稳定。腓特烈二世在西西里岛上花费了许多时间，也起用一批有能力的行政官员来处理政府事务。这些人供职的管理机构相当稳定高效。

教会面临的主要政治挑战在于如何控制腓特烈，如何诱导他按照教皇眼中模范基督徒皇帝的行事方式来行动。然而，"世界奇迹"腓特烈并不愿意被任何人掌控，哪怕那人是教皇。在认识到教会永远不可能通过和平（或外交）手段诱导腓特烈按教会的心意调整政策后，教皇英诺森四世决定将腓特烈赶下政治舞台。尽管腓特烈在 1245 年遭到正式废黜，但他依旧很有权势，与反对者们争斗不休，（在许多教会人士看来）继续威胁着教会的自由。

1250 年，腓特烈去世，教廷趁机重新分配权力，将德意志、北意大利、南意大利和西西里的资源分散开来，使其不至于像以前一样集中在一个人手里。教会人士希望看到的是，霍亨施陶芬家族出身的统治者不再有机会控制以上任何一处领地。在教廷看来，如果霍亨施陶芬家族能控制任何一处，那么他们总有一天会主张自己在上述所有地区的权利，而那将是个灾难。

腓特烈二世的后代显然不愿将继承权拱手相让，因此，后来几任教皇支持一些霍亨施陶芬家族之外的人去夺取德意志的宝座，德意志的王位在理论上是依靠选举获得的，因此这种做法并没有在法理上威胁到腓特烈子孙们的继承权。西西里的情况则不同，腓特烈经由血统传承取得了西西里王国的控制权，所以王位也理当经由血统继续传递下去。对此，教皇们需要的不是一个愿意站出来参加选举的候选人，而是一名信念坚定的战士，由他来彻底摧毁霍亨施陶芬家族对最后一处领地的宣称权。

教会想尽办法寻找这样一名战士，在经历了多次失败后，教会终于找到了安茹的查理，也就是法王路易九世的弟弟。从自己的兄长那里，查理仅仅得到了不太情愿的援助；路易更希望用政治协定来解决问题，但看起来不太可能。查理很富有，他拥有法国境内两处大封地安茹和曼恩的收入，在娶了普罗旺斯的贝亚特丽斯（Beatrice of Provence）后，又控制了普罗旺斯伯国的岁入。查理也有自己的野心。

查理和霍亨施陶芬家族进行了一系列军事对抗，在较量的高潮，即1266年的贝内文托（Benevento）之战和1268年的塔利亚科佐（Tagliacozzo）之战中，查理彻底击溃了后者的军队。最后两名霍亨施陶芬家族的后人也在这一系列的事件中被杀死，其中一人死于战斗［腓特烈的私生子曼弗雷德（Manfred），1266年］，另一人则在审判后处决［康拉丁（Conradin），腓特烈的孙子，1268 年］。但曼弗雷德的女儿康斯坦丝幸存下来，因此，霍亨施陶芬家族仍有可能提出权利主张。康斯坦丝嫁给了阿拉贡国王“征服者”海梅一世的儿子佩德罗（Peter），佩德罗在其父于 1276 年去世后登上了阿拉贡的王位。对于自 1266 年起成为西西里国王的安茹的查理而言，他需要是时间，足够长的时间，长到人们忘记霍亨施陶芬家族掌权的年代，长到德意志、意大利和西西里境内居民对这个家族的忠诚之心逐渐消逝。

局面曾一度有利于查理，但他的统治方式让最忠诚的臣属也灰心丧气。查理很少花时间在安茹和曼恩，这两个地区的管理方式和其他王室直属的省份并无不同，唯一的区别是查理而非国王获得了这两个伯国的收入。查理的野心在地中海。当怀疑有人会对他的统治不利时，查理是十分残暴的。13 世纪 50 年代和 60 年代，查理在对付他在普罗旺斯地区最大的城市马塞时，逼迫当地的整个港口与市政府向他卑躬屈膝。他也对西西里和南意大利进行了索求无度的经济压榨，引起了普遍不满，而此时占领西西里的安茹军队与地方居民的关系也变得极度紧张，一触即发。雪上加霜的是，教廷显然也不满查理的一些行为，特别是他收集头衔的癖好——查理获得了罗马元老院成员、阿尔巴尼亚领主、突尼斯宗主、耶路撒冷国王等一系列称号。

在上述的种种称号之中，有些更像是用来炫耀的空名，并没有多少实质意义。从耶路撒冷国王的诸多宣称者之一那里，查理买来了这个已近覆灭的王国的领袖称号，从而成为名义上（尚存在争议）的耶路撒冷国王。罗马元老院成员这个称号则给查理和教廷的关系造成了问题，于是，查理明智地将其放弃了。阿尔巴尼亚领主的称号使查理在亚得里亚海地区获得了一定的影响力，当然，倘若当地的海上强权威尼斯认为自己的利益受到威胁，也是会采取行动的。

查理对突尼斯的宗主权则源于他兄长的最后一次十字军远征（1270年）。那场十字军远征源于误解：法国人认为，如果用大规模的十字军来威胁，突尼斯的贝伊就会改信基督。倘若能让突尼斯屈服，基督徒便能在北非获得稳固的落脚点，从那里向穆斯林控制的地区发起远征。然而，贝伊并没有改信。在路易死于围城期间所患的疾病之后，查理才抵达军中，说服军队的指挥官们（包括他的侄子、法国的新国王）放弃围城，将深受瘟疫之苦的军队带回法兰西。突尼斯的贝伊也做出了妥协，表示愿意向查理正式宣誓服从，以促使法军尽快撤围。这在短期内给查理和地中海地区的基督徒带来了好处，让他们在突尼斯享有一定的商业优势和宗教特权。

尽管查理名下的一些权利和头衔流于形式，时效不长，还有争议，但他是意志坚定的统治者，控制着普罗旺斯、南意大利和西西里，还极为富有，这让人感到，有朝一日，他或许能将这些空头衔变成现实中的统治权。查理认为自己可以通过挽救在希腊的法国军队来实现上述目标。1204年，十字军征服君士坦丁堡，后来，法兰克人——具体说是法国王室的幼支——成了拜占庭帝国的统治者。但他们在当地的统治并不稳固，因为许多省份中都有敌对的希腊军队，而米海尔·巴列奥略（Michael Paleologus）也在1261年收复了被大大削弱的拜占庭帝国的剩余部分。

查理开始在中地中海的舞台上积极活动时，希腊人夺回他们的帝国已经差不多十年了。不过，希腊人依然担心西方世界会发起反攻，而此时，已经财源枯竭的拜占庭人还要面对安纳托利亚（Anatolia）穆斯林势力的进攻，后者正不断攻打当地的拜占庭前哨据点。在希腊人看来，防止拉丁势力卷土重来的一个办法是消除教廷的疑虑。希腊人表示，尽管希腊军队将拜占庭从信仰天主教的法国人那里夺了过来，但米海尔·巴列奥略仍然愿意在1204—1261年努力的基础上保留（或重建）东西方教会之间的联系。

许多希腊教士激烈反对拜占庭皇帝的做法，有时米海尔·巴列奥略不得不迫使他们闭嘴。此时，伊斯兰教势力似乎很快就要将十字军诸国彻底摧毁了。那样一来，伊斯兰教势力的全部攻势就会落到拜占庭头上，而这个帝国的实力已经大不如前。因此，减少来自西方基督教世界（罗马天主教势力）在军事方面的敌意，对拜占庭帝国的存续无疑非常必要。希腊人所能指望的最多也就是拉丁人减少敌意，但这总好过什么变化都没有，因为希腊人是承担不起两线作战的后果的。不过，为了拜占庭帝国的生存而与教廷结盟，这样的代价是不是太高了？有些希腊人始终公开抗议，态度激烈，而他们终将为此付出代价。

几任教皇觉得米海尔·巴列奥略的提议值得考虑，因此，安茹的查理无法得到教廷的全力支持去入侵希腊、重建拉丁帝国。1274年时，对查理来说希望变得更加渺茫。这一年，米海尔·巴列奥略皇帝派出希腊教士代表前去参加第二次里昂会议。希腊代表受命在此次会议上接受东西方教会联合的条款。尽管如此，1274年之后发生的事还是让查理看到了征服希腊的希望。希腊宗教人士和普罗大众对教会联合的不满越发强烈。皇帝使用了严酷的镇压手段，比如割掉影响东西教会合并进程的异议者的舌头，罗马教廷却越发怀疑希腊皇帝到底有没有决心和能力促成教会联合。

教廷逐渐站到了查理这边，查理终于可以秘密准备入侵拜占庭帝国了。查理给自己的入侵找了道德上和法律上的借口。从道义上来讲，他入侵希腊是为了替 1261 年被逐出君士坦丁堡的法国人复仇；从法理上说，巴列奥略没能执行第二次里昂会议的决定，法国人也算师出有名。不过，查理的准备活动没能保密。在地中海地区的政治、军事和航海圈子里，有一个庞大的间谍网络。米海尔·巴列奥略一边向圣座派来的使者们表达自己诚挚的愿望，一边尝试利用间谍和密探来动摇西西里王国的统治。

西西里人一直忍受查理在西西里索求无度的统治，又看到预备入侵希腊的安茹军队在当地的行为，他们的愤怒情绪达到了临界点。其他在地中海地区有商业利益的势力（比如阿拉贡的商人们）也不满安茹家族的傲慢做派与蛮横干涉。此外，根据使节的记录和间谍的报告，阿拉贡的政局应该很快会有变化，到时阿拉贡王后康斯坦丝将主张自己在西西里的权利。法兰西的国王对叔叔安茹的查理全力支持，对阿拉贡人的动向有所怀疑，怀疑他们可能在做军事准备。大多数历史学家都认定，时人相信阿拉贡人迟早要介入西西里事务。

阿拉贡人的介入比预想中来得更快。1282 年 3 月 30 日，复活节后的第一个星期一，巴勒莫人起义，史称“西西里晚祷”（Sicilian Vespers）。暴动的导火索是一名安茹士兵侮辱当地妇女，晚祷的钟声则成了号召当地人抵抗安茹占领军的信号。大批安茹士兵被杀，查理的军队不得不一边对付这些反叛分子，一边在西西里的其他城市勉强维持秩序，将叛乱限制在岛上。这一事件让教廷意识到，此时只能暂时放弃在希腊地区重建拉丁霸权的打算，暂时搁置合并东西方教会的计划。米海尔·巴列奥略在 1282 年去世，因此并不知道这些预料之外的事件导致的结果。

这时，阿拉贡人介入了。他们号称是为了西西里人民，也打着阿拉贡王国的霍亨施陶芬家族继承权的旗号。于是，此时的查理不得不一边应对组织混乱但斗争坚决的起义者，一边抵挡阿拉贡王国强大的海军和陆军。教皇公开谴责阿拉贡的行动，法王也怒不可遏，向教皇施加压力，要求将阿拉贡的国王开除出教并加以废黜，然后用法王的幼子取而代之。法国人开始在法国北部地区进行准备工作，召集起一支用于入侵阿拉贡的军队，准备用一场十字军远征来攻伐这个位于伊比利亚的基督教国家。

与此同时，也有人在努力避免流血冲突。有人提议，让阿拉贡的国王佩德罗三世和安茹的查理来场一对一的格斗，最终却因弄错日期而沦为闹剧（也许是故意的）。在法兰西，无法阻止战争的情况尤其令王储愤怒。此时的法国王储便是未来的“美男子”腓力四世（Philip IV the Fair），他是反对战争的。圣路易在世时，腓力的父亲（后来的腓力三世）迎娶了阿拉贡的公主*，这象征路易和“征服者”海梅一世之间紧张关系已成过去。腓力非常怀念他来自阿拉贡的母亲，不喜欢他的继母。腓力的继母是布拉班特人，她和她的随从们都支持战争。不过，当时还是男孩的腓力尚能从他祖母的态度中得到安慰，他的祖母、圣路易的遗孀并不喜欢安茹的查理，也反对与阿拉贡开战。

上述情况非常重要，因为在1285年时，法国人在海上和陆上的军事行动都遭到了挫败。法王在率军从比利牛斯山撤退的路上去世，腓力登上王位。新国王腓力四世一直不喜欢教廷操控法国对外政策的行为，这种态度将在13世纪晚期及此后的岁月里对教廷和法兰西间

---

* 此人即阿拉贡的伊莎贝拉（Isabella of Aragon），海梅一世之女。——译者注

的关系产生深远的影响。法国针对阿拉贡的远征失败后，欧洲大陆的势力对比回到了战前状态，双方展开了漫长的谈判，以期各方都能保全面子（最终，“美男子”腓力的弟弟还是放弃了对阿拉贡王位的诉求）。在某种程度上，因为1285年有许多利益相关的当事人死去，所以极为紧张的关系也得到了缓和。在这一年去世的除了死于战争的法王，还有阿拉贡国王佩德罗三世和教皇马丁四世（Martin IV，他授权法国开战），就连安茹的查理自己也在同一年撒手人寰。

十字军诸国的崩溃

十字军活动本身不具驱动力，因此必然是与欧洲政治的发展交织在一起的。能否发动十字军远征，取决于能否说服人们将原本用于本土的资源用到战争和海外移民上。不得不承认，维持人们对大小战役的热情容易，在海外建立定居点就难了。人们可能会争论大规模十字军（passagia generalia）和小规模十字军（passagia particularia）孰优孰劣，可能会讨论十字军远征中军事指挥应当统一还是分散，探讨军事修会应当享有多大程度的自主权。但最终，在多次十字军远征中，天主教势力还是将大批人员和物资送到了黎凡特地区。历次十字军远征固然通过巨大的金钱花费刺激了南欧部分地区（特别是意大利）的经济发展，但北方地区的大量财富被抽走并用到了其他地方。当时的人肯定都能看出这一点，北方人却依旧踊跃参加十字军远征。

然而，成千上万参与远征的人没有定居在圣地，没有鼓励女人们留下，没有在那里建设大型城市、修造大教堂和大学，也没有组织起来改变非天主教人口的信仰。这是为什么？我们固然可以说，十字军诸国别无选择，只能集中精力进行战争，将全部资源用于防御敌人，但这并不是全部原因。倘若当时有更多的欧洲移民前往圣地，十字军国家就能有足够的人力来一边抵挡穆斯林势力的反击，一边继续扩张。他们的穆斯林对手常常起内讧，十字军利用这一点多少保护了自己的国家，但十字军国家没能继续建立起常见于 13 世纪西方王国的成熟行政体系，圣地国家中不同人口间的悬殊比例也从未得到改善。话虽如此，倘若 30 万名德意志人能在“东进”时期定居在斯拉夫人的土地上，为何就没有那么多基督徒在圣地定居呢？何况按照基督徒们自己的神学理论，十字军国家占据的土地是救主耶稣从死里复生的地方。

针对 13 世纪的十字军远征活动，特别是本书尚未论及的远征（例如最终征服君士坦丁堡的第四次十字军远征），我们可以做一简短总结。在第四次拉特兰会议上，英诺森三世为下一次远征的准备工作寻求帮助，希望获取更多支持。这次远征就是第五次十字军远征，通常认为这次远征始于 1217 年，终于 1221 年。这批十字军由匈牙利国王和奥地利公爵统领，向埃及发动进攻。1219 年，在长达一年的围城之后，十字军攻陷了尼罗河口的达米埃塔，他们虽然取得了胜利，实力却遭到了削弱，因此这些军人决定等援军抵达之后再向内陆进发。在表面上，这是个明智的决定——前提是他们真能等到大批援军。然而在现实中，这段等待的时间给了敌人喘息的机会，让他们建立起内陆地区溯尼罗河而上的防御体系。十字军开拔之后，人们发现即便有 1220 年至 1221 年抵达的援军相助，他们也无法攻破当地军队的防御。而倘若此时撤退，十字军就可能彻底崩溃，指挥官要面临全军覆没的风险。最终，十字军和埃及军队商议后决定投降，这保全了军队，但代价是将达米埃塔交还给穆斯林势力控制。

一些历史学家会继续给1221年之后的十字军远征编号，但他们的标准并不统一，还是用十字军领导者的名字来给远征命名比较方便。从1228年到1240年，有数次十字军运动，主要领导者分别为德皇腓特烈二世、香槟伯爵蒂博（Thibaut）和康沃尔伯爵理查。正如我们在第16章中看到的，腓特烈率领的1228年远征固然使耶路撒冷重新回到了十字军的手中，但这一成就是靠签订外交协议而非武力取得的。参加十字军的男爵们并不喜欢这个协议，原因有二：其一，协议并未限制穆斯林出入他们自己的神圣场所；其二，协议禁止人们重修当地的工事，十字军无法在当地实行有效的军事控制。

蒂博和理查的十字军远征分别开始于1239年和1240年，他们麾下各有一支规模不小的军队，两人主要利用穆斯林统治者内部的不和，靠军队给圣地带来了某种程度上的稳定。不过，两人都无法重建耶路撒冷的防御体系，也未能在东方留下规模足够大的军队来改善圣地国家的处境。事实上，当蒂博和理查班师返回欧洲时，当地的局面已经开始恶化。1244年，信仰伊斯兰教的土耳其军队重新征服耶路撒冷，以超越萨拉丁之后所有穆斯林势力的高效表现横扫整个圣地，对基督徒而言，这不啻一场新的灾难。

上述种种状况促使路易九世介入黎凡特的局势。1249年，史上规模最大的十字军之一入侵埃及并夺取了达米埃塔，然而，次年春季十字军进入内陆之后发生的事则令人沮丧，而且几乎与第五次十字军远征如出一辙。唯一的不同在于，这支十字军被敌人彻底击溃，包括法兰西国王在内的大批人员也成了俘虏。为了赎回这些人，法国不得不支付大笔赎金，将达米埃塔还给穆斯林势力。尽管如此，路易却没有像之前的十字军领袖们那样，在远征的高潮结束之后便立即返回欧洲。路易获释后立即乘船前往圣地，送去了从欧洲带来的金钱，用于重修仍在十字军控制下的驻军地点，比如凯撒里亚（Caesarea）。1254年，路易离开圣地，之后出资在当地建立了一支长期性的武装力量。从路易的行动中，我们可以明显看出，当时的西方人已经意识到了十字军国家在人口比例方面的严重问题。

最后一场大规模的十字军活动是入侵突尼斯，我们在讨论安茹的查理的地中海政策时有所涉及。这场远征在1270年取得了一定的的胜利，查理迫使突尼斯承认自己名下领地的贸易霸权，后来，当穆斯林和基督徒在地中海地区发生小规模冲突时，突尼斯也多少保持了中立。然而，十字军在圣地徒劳无功，这些成果也就失去了意义。路易九世去世后，安茹的查理掌控了局势，后来成为英王爱德华一世的王子抵达了突尼斯。爱德华决定乘船前往东方，但他手中的兵力有限，饱受瘟疫之苦的法军也已经启程回国，因此这支英格兰十字军没能发挥太大的作用。爱德华一世毕生都希望能够率领一支大军夺回圣地，但发生在英格兰的事让他无暇他顾。

不可避免的事（当然，或许做历史研究时不该说这么绝对的话）最终还是发生了。1291年，埃及的穆斯林势力马穆鲁克王朝（Mamelukes）征服了最后一个十字军据点——大型港口阿卡。在阿卡，所有条顿骑士团成员都在保卫城市的战斗中奋战至死。取得胜利的穆斯林军队则发起了复仇，屠杀城中所有被怀疑同情法兰克人的人，连犹太人也未能幸免。此后，胜利者们大大巩固了阿卡的城防工事，他们用海沙填埋了被毁的建筑，在旧城的废墟上建造了一座新城。阿卡成了要塞。此时，还受基督徒掌控的只剩下塞浦路斯等一部分地中海岛屿，其他所有地方都在穆斯林势力的控制之下。对拜占庭帝国——或者说这个帝国的残余——来说，大难临头只是时间问题了。而这个帝国居然能在历史舞台上坚持那么久，实在叫人惊叹。

第四部分

14 世纪早期的基督教世界

第 19 章

饥荒与瘟疫

从 13 世纪晚期开始，欧洲的经济就出现了严重问题。人口增长是放缓了，但人口的增幅还是超过了农业生产的增幅。因此，1300 年时欧洲大部分人的经济状况恐怕还不如 1250 年或 1200 年时。此外，通货膨胀导致上层阶级财富缩水，普通人（尤其是西方的农民）因而受到了更多压榨。通胀使上层人士能以更高的价格出售其土地上出产的剩余物资获利，也让他们蒙受了损失，因为他们有很大一部分收入来自很久之前就固定下来的地租和债务收入。为了弥补定额地租带来的实际收入下降，社会精英们尽力让自己的农产品和商品充斥于市场，也更加严格地保护自己的经济特权，迫使农民依附于自己，要求农民履行大量经济义务，而在农民看来，精英们要他们承担的义务要么已经失效，要么从不存在，要么就是他们多年来一直想要摆脱的。

当农民无法拒绝其统治者的要求时，为了应付这些新增加的索求，他们不得不背上债务。由于手中的现金极其有限，他们只能想方设法利用其耕种的农场，在违背常识的情况下去做一些成功概率很低的事情，比如在最多也只能说是部分可用的土地上耕作。此外，农民也会在迫不得已的情况下盗猎和偷窃。但他们的债务负担还是不断增长，上层阶级在要求他们履行经济义务时也不肯放松。乡间地区（我们指的是西部）简直成了火药桶，一触即发。农民要么造反，要么就得接受新的农奴制度，在这种制度下，他们的地位恐怕会比东欧的农奴还低。

城市生活的情况要复杂一些，但许多地区（尤其是佛兰德）也陷入了长期的经济衰退。经济衰退的部分原因在于人们改变了品味，贸易商路也发生了变化。佛兰德纺织业不仅仰赖佛兰德和法国北部提供的原料，还需要来自英格兰的羊毛。14 世纪时，由于英法两国之间的战争，佛兰德时常遭到禁运，禁运切断了来自英格兰的羊毛供应。对佛兰德的禁运刺激了英格兰当地的纺织业发展，也对佛兰德的经济造成了毁灭性的影响。另外，即便佛兰德还能生产纺织品，这些产品也可能因为战争的缘故而在很长时间内无法运送出去。

尽管如此，中心城市里的大家族还是能创造出大量财富，因为战争对城镇经济有弊也有利。一个城市被毁，商业活动被迫中断，生产减少，往往意味着另一个城市的机会。有时，城镇会结成联盟，保护城镇（及其贸易区域）的经济利益。在 14 世纪的第二个十年中，尽管局面十分复杂，但大体上所有城镇地区都经历了负面的大转变。

饥荒

1315 年春，饥荒降临欧洲北部，这是千年来最大的灾难。灾难是由春雨带来的，雨下个不停，从春季到夏季，再到深秋。在那之后，是中世纪历史上天气最恶劣的冬天（关于天气的记录来自当时的编年史作者，以及对树木年轮的研究)。1316年的情形更糟，雨连着下了150天。这种灾害性天气一直持续到1322年，夏季往往雨水不断，冬季的天气总是十分恶劣，而经历这样的一年之后，下一年的夏季要么同样潮湿异常，要么便走向另一个极端，出现反常的干旱情况。

恶劣天气的直接后果是农产品的生产危机，随之而来的是役用畜类和肉用畜类的短缺。雪上加霜的是，在不列颠群岛、德意志北部、斯堪的纳维亚、法国北部和佛兰德爆发了一系列冲突，还伴有海盗活动，这导致了旷日持久的分配危机。小麦、大麦、燕麦、黑麦，所有重要谷物的生产都陷入了困境，连葡萄和其他作物都受了影响。一些统计学材料表明，这一轮灾难性天气让欧洲北部一些地区的粮食产量减少了约三分之一。1315至1322年期间的气候导致了一场生态灾难，在那之前，欧洲北部的人口正处于中世纪时期的顶峰，我们可以由此推断，农作物收成减少三分之一，意味着欧洲北部将有3000万名居民面临营养不良的危险。

粮食总体产量减少了约三分之一，但不同类型谷物受天气影响的程度是不同的。有的作物较能耐受湿润的土壤，但不大适应干燥环境，另一些则正好相反。此外，各个地区的情况也有差别。尽管如此，几乎所有地区都出现了危机。极端天气出现，人类耕作也受到了影响（土壤不管是被雨水浸透，还是干硬如砖石，都非常不利于耕作)，粮食产量因此大幅下降，各个地区的下降幅度从12%到100%不等。在某些地区，农民在种植季节之初播下了100蒲式耳*的种子，但最终收获的还不及原先播下的多。

* 100蒲式耳约为3524升。——译者注

在大饥荒开始的那些年里，连绵不断的阴雨天也对葡萄产量造成了毁灭性打击。葡萄要么在葡萄藤上烂掉，要么因为环境湿度过高而染上霜霉病。统计学证据表明，饥荒期间葡萄产量比正常年份下降了约 80%。用染病、发育不良的葡萄酿出的酒不但量少，而且品质糟糕，当时的人多有抱怨，这也记录在大量文献中。

关于其他种类水果和作物生产情况的证据，以及根据现代农业状况对这类天气可能产生的影响的推测，都表明当时农产品收获量大幅减少了。在诺曼底和德文郡（Devonshire）这样的地方，农民通常会喝营养丰富的苹果酒。但如果苹果收成少得可怜，人们不得用烂苹果酿酒的话，那么可想而知，当地人的健康状况会受到多大影响。在一连串的灾害之外，我们还得加上天气对工业原料作物的影响，人们在农场和庄园种植这类作物，然后卖给制造业者，比如，他们出售亚麻用于编织亚麻布，也出售靛蓝，那是纺织业中蓝色染料的原料。

天气也极大影响了牲畜的数量。有的人说，农民很少吃肉，也很少食用其他动物产品。17 或 18 世纪的那些只能种植单一作物的农民或许是这样，但 14 世纪早期的农民并非如此。14 世纪早期的农民也会养羊、养牛，用牛羊奶来做奶酪。当农民不再需要牛或牛不再产奶时，他们还能用牛皮赚一笔钱。羊毛能制成纺织品，这又是一笔收入。许多农民自家养了公牛，也有的是几家共用，有的学者认为当时没有这种事，但这在欧洲大陆的许多文献中是有据可查的。公牛能拉车、犁地，老得动不了的牛还能成为农民的盘中餐。

此外，马匹也得到了广泛使用。人们会用马犁地，用马运送工具和农产品，也会骑马。在正常情况下，人们是不会吃马肉的。农民和庄园管理者会精心盘算，决定每种役畜保留多少，但他们不会只留一种，因为担心役畜染病。在欧洲北部的每一个村庄、每一座庄园中，人们通常都养着不同种类的牲畜。

当时的农民吃鱼很多。鱼塘——用于蓄养鲤鱼的人造池塘——在欧洲北部简直无处不在，虽然鱼塘的出产主要供应给贵族，但有的农民也会吃鱼塘里养的鱼。磨坊的蓄水池中也可以养鱼，当时的英格兰有近 1 万个水磨，法国和德意志则各有约 4 万个类似的设施。在河流的河口处，人们每年都能捕获大量鳗鱼。近岸渔场中还有规模庞大的鱼群可供渔村居民捕捞，其中有许多沙丁鱼和鲱鱼。

农民和庄园管理者会养兔子，农民在笼子里养，庄园里则有类似于公园的养兔场，往往是庄园中圈起来的一片荒地。人们还养蜂，以获得蜂蜜和蜂蜡。鸽子要么养在阁楼的鸽舍里，要么养在大庄园里的独立建筑物中，大人物庄园里的大型鸽舍能容纳超过 1000 只鸽子。但最常见的还是猪。各处的人都养猪，一个基督徒所需的几乎全部生活用品都可以从猪身上来：猪皮可以制成皮革制品，猪身上的脂肪可以做肥皂和廉价蜡烛，猪油能用于烹饪和生产，猪鬃可以做刷子，当然，还有食物——火腿、熏肉、肋条肉、烤肉、猪肚和猪肉肠。

恶劣天气导致大量家畜死亡，捕鱼也受到了很大影响。在饥荒年代晚期的干旱年份里，淡水鱼和生活在河口的鱼大量死亡，英格兰东盎格利亚（East Anglia）等地的渔获数量大大减少，而东盎格利亚沼泽中的鱼一度是当地人的重要生活来源。恶劣天气给海岸地区的捕鱼作业造成了极大困难，人们的收获也非常有限。潮湿加剧了家养蜜蜂受寄生虫侵袭的状况，虽然养蜂人认识到了潮湿气候对蜜蜂养殖的不利影响，进而为人工蜂房增加了像野生蜂房一样的遮蔽所，但情况也没能改善。此外，根据现代养蜂的经验，严酷的冬季也会减小蜂群的规模，削弱其生产蜂蜡、蜂蜜的能力，而蜜蜂数量减少也不利于来年春季水果作物的授粉。不过，上述这些关于鱼类、蜜蜂和其他小型动物及副产品的问题，恐怕都不及大型家畜受到的影响后果严重。

这也是农民有必要蓄养多个种类动物的原因。在饥荒年代的大多数时间里，马和猪似乎都没有受到大面积疾病传播的影响，至少在头几年里是这样，但绵羊和牛就没有那么幸运了。因此，马的存在缓解了公牛大量死亡所带来的驮兽短缺问题。而因为猪得到了广泛的养殖且用途广泛，所以牛羊疾病导致的负面影响也有所减轻。

无论如何，从统计学的证据看，恶劣天气对农业生产的影响都是巨大的。许多畜群受疾病影响，牲畜数量减少了 90% 甚至更多，而造成这一后果的罪魁祸首包括牛瘟（rinderpest）和极度潮湿天气下的肝吸虫感染（绵羊受的影响最大）。在此之后，炭疽热（anthrax，根据留存至今的描述判断得出）通过皮肤表面的溃疡广为传播，导致大批牛羊死亡。在历史记载中，人们往往把“畜瘟”（murrain）当作这些瘟疫的统称，畜瘟意味着大规模死亡。在人口密集的地区，特别是城镇地区，染上瘟疫的人死亡率高达 10%，但因疫病而死的动物要多得多，对动物而言，大饥荒也是大畜瘟，或者说，是大规模的死亡侵袭。

城镇和村庄中的居民是如何应对这些灾害的？可想而知，他们会使用替代品，粮食、羊肉、牛肉产量越来越少，他们饮食中猪肉的比例就越来越高；公牛少了，他们就用马来犁地和运货。吃猪肉多了，猪群的规模就急剧减小。有个地方的人不得不杀掉一群猪中的 95%，以弥补作物歉收、牛羊死于疾病带来的食物短缺。人们越来越依赖马来劳作，马往往会劳累过度，而且，在这场饥荒的晚期，似乎也有部分疾病侵袭了马群，结果，健康（但未必健壮的）马匹的价格飙升，那些在 1315 年之前不得不被廉价出售的老马，此时也身价陡增。

庄园里幸存的牲畜和逃过瘟疫的野生动物成了窃贼和偷猎者的目标。鹿肉通常是贵族的食物，但在欧洲北部的一些森林村庄中，要么出于习俗，要么因为享有特权，农民也能吃到大量鹿肉。但习俗和特权一方面让他们有机会吃鹿肉，一方面也施加了限制，贵族有时允许平民狩猎，但也限制狩猎行为。在 1315—1322 年的情况下，拥有特权的村民们尝试超过限额捕猎，没有狩猎特权又迫切需要食物的村民则开始了盗猎。当然，盗猎活动也招致了报复，加剧了村庄社会中的对立，对立双方是领主及其代理人（往往也是村民），以及在饥饿中挣扎的家庭。

富人们从贸易和地产中获得的收入往往会受到很大影响，但他们不必忍饥挨饿。在城镇中，富人们花大价钱买食物；在乡村里，他们能从庄园的可怜出产中留下足够自己吃的部分。穷人只能用奇奇怪怪的东西果腹，生活艰难。大量贫民处于极度饥饿的状态，对疾病的抵抗力很弱。穷人的死亡率极高，但有时城镇中的富人也会染病。食品价格限制等善意举措要么完全无效，要么促使持有食品者囤积居奇，等待价格控制取消（或者拖延到类似政策不再得到严格执行）。在伦敦、巴黎等大城市和佛兰德的大型纺织业中心里，人们想办法从南欧进口了一些谷物，以王室或市政府的名义将其分发下去，这确实使情况有所改善，但并未彻底缓解城镇贫民面临的生存压力。据说出现了人吃人的情况，这说明城镇和一些乡村地区的社会纽带失去了效力。

所有相关资料都表明，当时的人认为这场饥荒是上帝降下的，为要惩罚犯下深重罪孽的世人。因此，面对作物歉收、死亡和瘟疫，他们虔诚悔过。各处的人都祷告、游行，以期好天气重现，基督教世界恢复元气。此外，当时也兴起了一些不那么令人愉快的社会运动，这些运动往往针对特定的群体，比如犹太人和麻风病患者，有人认为这些人是“遭到污染”的，对他们存在的容忍引发了上帝的怒火（参见第20章）。最终，布道者们断定，人们的悔罪努力获得了成效，上帝减轻了惩罚——不过是在经过7年的可怕岁月之后。

瘟疫

然而，一代人之后，上帝的怒火似乎又临到了。这一次的灾难比大饥荒严重得多，影响范围也远远超出欧洲北部地区。灾难波及基督教世界的每个角落，也在伊斯兰教势力控制的地区肆虐。这场灾难就是黑死病（Black Death）。这种重创欧洲的疾病究竟是什么，历史学家尚有争议，但他们都认为当时发生的是一场瘟疫。

引起这场瘟疫的鼠疫菌（Yersenia pestis）是一种通过跳蚤传播的病原体。这种疫病原本是亚洲特有的，却在中世纪时期两度通过船上老鼠身上的跳蚤传播到了亚欧大陆的西部地区和北非地区。第一次瘟疫爆发于6世纪，当时统治罗马帝国的是查士丁尼，第二次瘟疫则在1347年爆发。

鼠疫菌生存在跳蚤身上，跳蚤喜欢寄生在老鼠身上，如果宿主死于疾病，跳蚤便会寻找另一个温血动物当宿主，比如人类和猫（在当今的美洲则是土拨鼠）。跳蚤靠吸宿主的血为生，宿主也被感染。这类瘟疫有三种表现形式：腺鼠疫（bubonic）、肺鼠疫（pneumonic）和败血症（septicaemic）。腺鼠疫患者会出现淋巴结肿大的情况，主要是腋下和腹股沟的淋巴结，但其他部位的淋巴结也会肿大。引起疼痛的脓肿就是炎性淋巴腺肿（buboes），因此这种疾病被称为腺鼠疫。脓肿溃烂时，脓水会发出恶臭。这种疾病的死亡率很高，但从抗生素出现前的现代医疗经验判断，我们有理由相信，当时染上腺鼠疫的人中，有许多人最终康复了。

肺鼠疫和败血症这两个变种的致死率要高得多。顾名思义，肺鼠疫患者会出现肺炎症状，他们有肺部积液，在咳嗽或打喷嚏时可能将这种液体传播到空气中，传染健康人。鼠疫败血症的症状则是皮肤颜色变深，这是因为病原体产生的毒素感染了血液［“败血症”（septicaemia）的意思就是血液中毒］。这场瘟疫之所以被称作“黑死病”，就是因为败血症患者的皮肤会变黑，一些腺鼠疫患者的脓肿呈深色。

针对鼠疫的灵丹妙药直到20世纪才出现，在那之前，人们对鼠疫束手无策。人们很快发现，倘若能从拥挤不堪的城市中将人口疏散到乡村，便能减少感染的可能性。于是，在这场瘟疫于1347年到1351年第一次席卷欧洲之后，富人和中产阶级在瘟疫反复爆发的间歇期中抓住了机会，设法自保。人们尝试用草药来治疗黑死病，但没有效果。缓解症状的办法包括戳破脓肿、手工放血和用水蛭吸血。然而，由于人们对黑死病的病原学几乎一无所知，因此他们没能采取有效手段消灭老鼠等携带跳蚤的宿主生物。

1347年将瘟疫带到意大利的似乎是一艘来自黑海的船。瘟疫从意大利沿商路扩散到法国，又在1348年传到了英格兰。瘟疫也蔓延到了西班牙，可能是从意大利和法国传去的，也可能从北非传去，也可能两路并进。在北欧，黑死病进入波罗的海地区，深入斯堪的纳维亚半岛和欧洲大陆部分。1351年，连俄罗斯的土地上都出现了这种疫病的踪影。格陵兰也未能幸免，因为该岛和挪威有贸易往来。

奇怪的是，佛兰德和波兰的部分地区没有受到第一波黑死病的侵袭。不过，当瘟疫在14世纪60年代及之后卷土重来时，这些地区就没有那么幸运了。从1348年到1485年，黑死病在英格兰有过31次大规模爆发，一直到17世纪，局部疫情都时有出现。到1630年为止，瘟疫造访威尼斯多达21次。到1500年为止，佛罗伦萨人经历了20次瘟疫爆发。到1596年为止，巴黎人经历了22次瘟疫爆发。事实上，在欧洲，从1347年到1782年，每年都有一些地区成为瘟疫肆虐之处。不过，受影响地区的范围在稳步缩小，可能是因为病菌逐渐变得不那么致命，也可能是因为欧洲人的免疫力提高了。

如果在黑死病爆发之前的1346年，欧洲人口是8000万，那么我们可以估计出，在1347—1351年的瘟疫中有多达2500万人殒命。另外，尽管本书只涉及瘟疫第一次造访带来的影响，但事实上此后周期性的瘟疫、战争与其他疾病的危害范围更广，危害也更大，以至于欧洲人口一直没办法恢复到瘟疫降临之前的数量。设瘟疫前的诺曼底人口规模指数为100，14世纪50年代，该指数降到了约75，还不是最低值，最低值出现在15世纪20年代，几乎降到了25。直到1600年之后，诺曼底的人口规模才恢复到瘟疫前的水平。英格兰和挪威两地的人口规模最低点可能在1450年前后，并且分别到1600年（英格兰）和1750年（挪威）才恢复到瘟疫前的水平。

说来奇怪，历史学家们总是不大情愿说黑死病爆发周期在欧洲历史上起了重要作用。他们担心这么解释历史变迁过于简单，因此偏向于认为黑死病在社会与文化领域的影响有限。考虑到现今相关研究的情况，这种犹豫其实没有必要。周期性出现的瘟疫确实敲响了中世纪欧洲文明的丧钟。黑死病肆虐之后的欧洲被称为文艺复兴的欧洲、近代早期欧洲，也有按地域被称为都铎王朝时代的，无论如何，那时的欧洲社会都已经和黑死病之前的完全不同了。

教会则遇到了极大的人员危机。首先，无论是修士、教士、修女群体，还是生活在大教堂和大学中的教会人士，都特别容易受到瘟疫的侵袭。如果有修士死于瘟疫，教会中的成员就会集合起来，为其清洗身体、祷告，咏唱圣诗，之后再下葬。这时，跳蚤大可以离开死者渐渐冷却的身体，在教会成员身上找到合适的寄生之处。越来越多的证据表明，教会人士的死亡率是高于整体人群的。我们无法获得普遍的统计数据，但确实有一大批宗教群体在瘟疫中失去了 60% 甚至更多的成员。

面对如此规模的人员损失，教会的第一反应是大举招募，用新成员填补职位的空缺，派他们履行宗教职责，比如主持悼念死者的弥撒，为死者祈福，管理祭坛，分发救济品，在必要时帮助广大世俗人士，收取费用。世俗人士加入教士阶层是有利可图的。越来越多的人身兼数职，在教会中承担多份有油水的工作。只要空缺的职位能找到人填上，让他们从捐赠中创造收入，就有发财的机会。主教、院长、修会会长、顾问等高级教士不得不提拔年轻教士（也许还要比以往提拔得更快）和世俗人士，而许多世俗人士恐怕更想赚钱，而不是投身于虔诚的宗教生活。一些学者还发现，1350 年之后，教会人士的拉丁语知识和书写能力都下降了。这一方面是因为数千名掌握拉丁语的教士在瘟疫中死去了，跟新招募人员的规模相比，能教他们拉丁语的幸存教士太少，另一方面是因为人们用在学习拉丁语、掌握优美书法上的时间也少了。俗语运动在这场危机中兴起了。

教会征召受到的阻力加剧了教会的人员危机。贵族家庭一直有人口问题，因为少年和青年男性在激烈竞赛和战争中的死亡率很高，如何保证有人继承家业往往是个难题。虽然说起继承人，人们通常会想到男性，但是在中世纪盛期，女性继承封地的情况也颇为常见。黑死病及其余波给贵族家庭带来了额外的压力，许多贵族没能留下继承人就死去了，还有很多家族的男女继承人几乎全因黑死病而死。因此，究竟是该成为神职人员，然后身兼数职获利，还是应该继承世俗封地，许多人摇摆不定。

至少在14世纪50年代时，手忙脚乱的教士和贵族都觉得这些麻烦只是暂时的。领主们你争我夺，试图保证自己名下的领地依然能够有所产出。这意味着他们需要将能从事生产的劳动力束缚在自己的领地上，并在瘟疫致人大批死亡的情况下找到新的人，让他们接管因瘟疫侵袭而失去佃农的农场。问题在于，新来的工人和佃农知道自己有资格讨价还价，因此他们会要求更高的酬劳和更宽松的租约。如果领主不答应他们的条件，劳动力恐怕就要流向那些领主不那么刻板的庄园了。

在欧洲西部，劳动力价值的变化、劳工人群的迁移使农奴制面临崩溃。对这一变化的抵制很激烈。有时，封建主们似乎认识到领主阶层是有共同利益的，他们应当保护农奴制度，限制工资上涨。1350年之后，符合这一立场的法令越来越多，但许多领主都各自面临困境，很难保证整个阶层铁板一块。拥有劳工的领主自然会设法让他们留在自己的土地上。某些庄园面临严重的人口危机，从其他庄园那里挖人便成了合理的策略，而最能保证成功的办法就是提供更高的薪水、更宽松的租约。从封建主们的角度看，这无疑是恶性循环。

常有人说，黑死病导致的人口数量下降提升了农民阶层的生活水平。因为缺乏劳动力，所以农民不需要在贫瘠的土地上耕作。从导致人口锐减的灾难中幸存下来的人们积累下好几处土地，于是村庄中出现了上层的自由农民阶层。贫富差距进一步扩大，因为新资源并没有得到平均分配。同样是幸存者，本来就比较富裕的农民和穷人相比，能租用的土地面积要大得多。贫富差距的扩大让乡村生活的氛围紧张起来，尽管在 14 世纪 50 年代的瘟疫之后，所有幸存农民的生活跟 14 世纪初期时比，都不同程度地变好了。家里需要养活的人少了，城镇需求下降，农民可以自由支配的生产盈余多了，他们的营养状况因而得到了提升。因此，我们可以合理地推测，人口锐减的情况将得到反转。

然而，14 世纪 60 年代，上述乐观的估计落了空，瘟疫两度降临，人口数量进一步下降。跟 1347—1351 年发生的事相比，14 世纪 60 年代的灾难对中世纪盛期人们的情感冲击更大。当然，1347—1351 年的岁月十分可怕。历史学家们发现了 14 世纪 50 年代经济领域的亮点，但这不能抵消欧洲在短短时间内失去三分之一人口带来的情感冲击。尽管如此，14 世纪晚期和 15 世纪那一系列流毒甚广的混乱病态现象，却不是 1347—1351 年的事件足以引发的。

我们可以想象，1348 年时，生活在英格兰村庄中的一名年轻男子失去了妻子，独生子刚出生就夭折了，他许多一生的挚友和可以仰赖的血亲也因瘟疫去世。到了 1355 年，这名年轻人已经再婚，生了两个孩子，生活也比第一段婚姻生活更富足。随着时间的流逝，对 1348 年这个可怕年头的记忆也逐渐模糊起来。然而在 1362 年，瘟疫又一次临到他所在的村庄。更多的孩童、朋友和亲人被死神带走。故事的主角再次努力重建自己的生活，却在1369年又一次面临灾难，眼看着瘟疫侵袭自己的村庄。

像在大饥荒岁月中一样，人们也开始相信，反反复复的瘟疫是上帝在惩罚他们这些罪人。在艺术和戏剧表演中，人们开始将人类存在的最终状态表现为黑死病死者在恶魔（或携带镰刀的骷髅）引导下，迈向永恒地狱的可怕舞蹈。也有人不愿意接受这就是人类不可避免的命运，他们的态度显明在鞭笞者运动中。鞭笞者运动实际上是一系列定期发生的运动，这些狂乱的朝圣者在瘟疫肆虐的岁月里聚集游行，有时，他们光着脚甚至赤身露体，一连游行33天——因为耶稣在世的时间是33年。参加游行者用鞭子和铁链抽打自己的身体直至流血，认为这样可以替人类赎罪，让瘟疫早日结束，让基督教世界获得道德复兴。这些人想要拯救整个世界。

中世纪时，每当危机出现，人们都会找出替罪羊，这次也不例外。他们找出的是据称和基督徒住在一起却玷污了圣洁群体的男男女女。当替罪羊的还是从前那些人。大饥荒时，人们责怪麻风病患者和犹太人。至少自第一次十字军运动以来，每当社会出现危机，每当人们宗教热情高涨，犹太人就会成为人们施暴的对象。在14世纪中期瘟疫横行的年代，麻风病患者和犹太人在狂热者的暴力活动中遭到了可怕的对待。

此时，在人们的诸多偏见之外又加上了一个，那就是女巫。人们相信，长久以来好女巫和坏女巫都生活在基督教社会中。女巫（或令人害怕，或遭人憎恨）受到不公正对待的例子很多。但14世纪末到15世纪的情感环境首次引发了真正意义上的猎巫狂热。猎巫将持续数十年，而那些最终撕裂了天主教世界的宗教纷争，也一次又一次地给猎巫活动煽风点火。

没有哪个历史学家会说，暴力对待麻风病患者、屠杀犹太人和狂热猎巫的行为是黑死病和一次次瘟疫的结果。事实上，许多学者主张，猎巫狂热和瘟疫（及大规模死亡侵袭）的可怕经历之间并没有直接联系。一个世纪前的历史学家往往将在那之后出现的新情况都归结为瘟疫的直接后果，后来一些较为清醒的学者为表示反对，主张瘟疫的影响并不是很大，但现在这种为反对而提出的学术观点已经有些过时了。我们还需要深入研究。可以肯定的是，在 14 世纪中期鼠疫菌（和其他极具破坏力的病原体）引发那场致命的灾难之后，欧洲——基督教世界——已经完全不同了。

第 20 章

政治与社会暴力

许多研究中世纪历史的学者都会问：为什么 14 世纪发生了那么严重的自然灾害，却没能让那些理当保护基督徒子民的受膏统治者清醒过来，从而停下削弱自身的内斗，停止禁运、私掠等出于自私和争竞之心的经济活动？答案可能比我们想的还简单。根据中世纪盛期的道德观念，统治者和其他人一样，都认为上帝在饥荒和瘟疫中扮演了某种角色，他们也都认为，上帝降下责罚，根本原因在于人犯了罪，而只有好行为才能平息上帝的愤怒。统治者们都相信或号称相信，他们发动的战争（在他们自己眼中）是正义的，那些极具战略意义的经济政策也都是好行为。他们的敌人是一群作恶之徒，击败这些恶人能够平息上帝的怒火，让基督徒们重获健康并走向繁荣。统治者如果不去履行职责、发动正义的战争，就是犯了大罪，还会使上帝的责罚继续下去。

统治者这么认为，社会等级在他们以下的人也这么想。暴力活动使欧洲的城镇和乡村土崩瓦解，出自精英阶层（例如王室和修道院）的编年史将其视为混乱、野蛮、充满恶意的行为。然而，实施暴力的人认为，自己为生计举起义旗、发起革命，是为了照上帝的旨意恢复整个世界的秩序。这些人常说，他们这么做，是为了他们高高在上但饱受爱戴的国王，他们认为国王会祝福这些正当的暴行。也就是说，如果让国王知晓臣民的痛苦，知晓那些恶毒的王室顾问——中世纪的人会说这些恶人是亚希多弗（Achitophel）——不让他知道的痛苦，那么国王是会认可这些暴行的。许多人对当权者心怀愤恨时，都会说他们是亚希多弗，这个比方有很强的敌意，因为在《圣经》中，亚希多弗是大卫王之子押沙龙（Absalom）的谋士，也当过大卫的谋士。亚希多弗煽动押沙龙反叛其父，让他公然强暴王室妃嫔以昭示不恭。后来，押沙龙不肯听从亚希多弗的建议，采纳了另一名（邪恶）谋士的建议，遭到冷落的亚希多弗便回家自杀了（《圣经·撒母耳记下》第15—17章）。《圣经》的注释者们认为，亚希多弗活该有这种下场。

战争

一系列继承战争和领土扩张活动揭开了14世纪的序幕。在斯堪的纳维亚，情况最糟的地方是瑞典。国王比耶二世（Birger II，1290—1318年在位）处决了两名可能与他竞争王位的小王子，将王国推向了内战的深渊。这场内战几乎贯串了14世纪的第二个10年。在同一时期，丹麦人和波兰人联合起来，于1316年入侵勃兰登堡的土地，以遏制德意志向两国势力范围——波罗的海东部地区——扩张的势头。在1314年的选举中，巴伐利亚的路德维希（Ludwig of Bavaria）和奥地利的腓特烈（Frederick of Austria）都被推上了德意志的帝位，两人争斗，这个饱受战火蹂躏的国家又经历了长达10年的破坏性战争。

最终，路德维希获胜，但德意志付出的代价是经济停滞不前，政治氛围压抑，人民生活倒退。

这一时期也见证了多场边境战争：英格兰对苏格兰、法兰西对佛兰德，还有英格兰对法兰西。多年来，英格兰人一直宣称对苏格兰拥有某种宗主权，但苏格兰人多次否认。英格兰一再干涉，越发强硬，苏格兰人则报之以更为激烈强硬的反抗。苏格兰人没能成功抵抗英王爱德华一世，但英格兰人也没有取得彻底的胜利。后来，爱德华一世的儿子爱德华二世（Edward II，1307—1327 年在位）继位，苏格兰军队于 1314 年在班诺克本（Bannockburn）取得了一场压倒性的大胜。由于英格兰不愿意收回对苏格兰的宗主权宣称，也不愿放弃那些苏格兰人视为自己合法领土的地区，因此在班诺克本战役之后，英格兰和苏格兰陷入了旷日持久的小规模边境冲突。这一切造成的后果就是当大饥荒到来时，那些饱受战乱之苦地区的经济几乎完全崩溃了。

在罗伯特·布鲁斯（Robert Bruce）和其弟爱德华·布鲁斯（Edward Bruce）的领导下，苏格兰人在这场野蛮的战争中开辟了第二战场。他们把北方小岛当作跳板，入侵了爱尔兰。布鲁斯兄弟指望爱尔兰人起事反抗英格兰人的霸权，然而，爱尔兰人和苏格兰人一样（甚至更糟），饱受饥荒之苦，因此并没有大规模的起事发生。英格兰人和苏格兰人一边互相攻伐不休，一边侵扰爱尔兰，在那里抢夺财物，用专横野蛮的手段惩罚敌人。入侵爱尔兰的苏格兰军队面临凶险的局面，但他们还有希望，因为就在那时，威尔士南部的居民发动了反抗其英格兰统治者的起义。没过多久，在班诺克本之战中，威尔士地区最重要的英格兰边境领主也战死沙场。边境领主去世了，英格兰人又在全力应付苏格兰和爱尔兰局势，这在威尔士产生了权力真空，让威尔士人看到了机会，但英格兰人最终还是扑灭了威尔士的叛乱。苏格兰从爱尔兰撤军。1320 年，英格兰终于重新获得了对爱尔兰的有限控制权。尽管如此，在英格兰和苏格兰边境这个冲突的主要场所，对英格兰人不利的袭击和游击战仍时有发生。

从 1315 年到 14 世纪 20 年代初，法兰西和佛兰德边境地区的情况也一样混乱。争议的焦点是法兰西在佛兰德的权力有多大。佛兰德和法兰西王国之间的纽带到底意味着什么？佛兰德与法兰西的封建依附关系给了法国王室多大权威？在合法范围内，法王能对佛兰德人提出什么样的经济或其他要求？在大多数佛兰德人看来，法国人对其宗主权未免过于自信。佛兰德的上层人士对该如何抵抗、抵抗到什么程度意见不一，也有些人希望达成妥协方案。许多贵族不愿屈服，市民们也很坚定，不惧法兰西的威胁。

因此，纠纷是在佛兰德境内的战场解决的。法国的贵族们不得不在一系列残酷的战斗中面对意志坚决的城市民兵和佛兰德骑士，在战争初期，法方的处境尤为艰难。1302 年 7 月 11 日的科特赖克（Courtrai）战役又称金马刺之战。参战的佛兰德军队规模庞大但装备低劣，其中的士兵大多是步兵。然而，这样一支军队击败并羞辱了法国骑士的精锐部队。胜利者没有留下俘虏，而是痛下杀手，至少杀死了 68 位法国大贵族，以及（一份记录显示）多达 1100 名骑士。佛兰德人从战死的骑士身上取下 700 对金马刺，将这些战利品保存在科特赖克的一所教堂中。

交战双方都不止一次实施类似的野蛮行径，因此参战者往往有决绝的战斗意志。此后多年间，战争断断续续，其野蛮程度也没有减轻。1312 年，法国人似乎占了上风，甚至将佛兰德的法语区土地并入法国，其中包括里尔（Lille）和杜埃（Douai）。佛兰德人发起了有力的反击，战事也继续下去——至少在天气允许的情况下。根据一些比较戏剧化的描述，在后来的饥荒时节，欧洲北部的雨下个不停，他们却仍在交战，双方军队都陷在泥里。下雨对佛兰德人比较有利，因为法国骑兵的优势在雨中就显不出来了。雨停之后，资源大大占优的法军虽然花了很长时间，但还是胜过了佛兰德的市民及其贵族支持者。里尔和杜埃仍属于法兰西。

英格兰和苏格兰互相攻伐，法国人与佛兰德人彼此相杀，英格兰和法兰西这两个大国也在1294年进入了战争状态。这场英法战争的起因表面上是边境矛盾：在英格兰控制的法国西南部省份加斯科涅，双方因管辖权起了纠纷。当地人还算幸运，这里的战事不如其他地区的激烈。虽然英法双方直到1313年才正式签订和平条约，但真正意义上的战争只从1294年持续到1297年。此后双方勉强维持着和平状态，却在其他地方间接对抗。法国人向苏格兰人示好，英格兰人则与佛兰德人交好——在和平时期，佛兰德可是英格兰羊毛原料的大买家。

1294—1297年的战事在军事上乏善可陈，却在两方面产生了重大影响。首先，这场战争在教廷与英法之间制造了很深的裂痕。教皇波尼法修八世（Boniface VIII）谴责英王爱德华未经主教同意就向教会征税，认为这侵犯了教会的自由。英格兰人对此十分愤怒，但他们的不满没有持续太久。经过一系列外交斡旋，教皇最终让步，允许国王在显然不得已的情况下或紧急时刻不经教皇同意征税。毕竟，国王宣称自己进行的是正义之战，是在履行保护子民和教会的责任。爱德华的外交使节称，当需要迅速展开军事行动来保卫国家时，限制国王的权力和他保护英格兰教会的能力是不明智甚至愚蠢的。

法王“美男子”腓力也未经教皇同意就向教士阶层征了税，也遭到了波尼法修的谴责。最后，教皇也对王室做出了让步。然而，在征讨阿拉贡的十字军行动（参见第18章）之后，法王就对教皇的政策颇不以为然。因此在他看来，这场纠纷中的教廷外交活动，以及纠纷之初主教手下们炮制出的教会优先理论，都是罗马方面用以羞辱法国王室的计谋。因此，虽然腓力在斗争中最终获得了胜利，教皇还摆出慷慨的姿态，将他的祖父路易九世封为圣人，但法王对这场冲突还是久久不能释怀。

1294—1297年的小规模战事之后，人们试图巩固停火协议，这场战事的第二方面影响就由此而来。双方停止敌对行为之后，爱德华一世之子与“美男子”腓力之女很快订了婚，以示双方向长期和平迈进了一步。然而，法王之女伊莎贝尔（Isabelle）和未来的爱德华二世的婚事最终成了灾难。伊莎贝尔完成了自己的使命，产下了未来的继承人，但此后这对王家夫妻就分道扬镳了。王后找了英格兰边境领主罗杰·莫蒂默（Roger Mortimer）当情夫，国王则与男性情人寻欢作乐——当然，那些人可能只是国王的密友，只是被当时的人和后世学者误会了。

爱德华二世（1307—1327年在位）统治的灾难性可以说不亚于其婚姻。他随意赏赐自己的宠臣，对大贵族中的天然盟友却不怎么慷慨，还总是打败仗（想想班诺克本之战吧）。因此，男爵们时常密谋推翻爱德华二世，夺取政府的控制权，把爱德华二世变成傀儡，或者干脆让他出局，用他的长子取而代之。

爱德华二世不傻，有时也能展现出勇气。他利用英格兰各个阶层人民对国王的尊敬之情，发明了一种主张王室具有传统权威的强大理论，该理论体现在1322年议会颁布的《约克法令》(Statute of York)中。这一法令发布时，全国上下都对男爵的内斗（他们于1311年夺取了权力 *）感到反感，爱德华赌对了，他的政治地位上升了。他也趁机报复了那些胆敢处死他情人 / 密友皮尔斯·加韦斯顿（Piers Gaveston）的贵族们。然而，此后国王没能继续有效控制政府机构，还再度严重依赖宠臣来管理国家，宠臣也没能建立起强大的王室派系来保障自己的地位。爱德华的王后加入派系斗争，密谋推翻自己的丈夫，可见当时英格兰国内的情况有多混乱。此外，国王被妻子戴了绿帽，1315—1322年又发生了大饥荒，这些对他的名声都没什么好处。

1327年，王后及其情夫罗杰·莫蒂默夺取了大权，迫使爱德华二世退位。当年晚些时候，爱德华遭到谋杀，死状可怕。罗杰和伊莎贝尔施行统治，用的是爱德华二世未成年的儿子爱德华三世的名义。不过，爱德华三世对罗杰·莫蒂默充满了憎恨，因为此人不仅和他的母亲同处一室，玷污了本属于他父亲的枕席，还对受膏的国君下手，致其被杀。1330年，爱德华三世发动政变，夺回了权力。罗杰·莫蒂默遭到处决，伊莎贝尔则被软禁于嘉勒苦行会的修道院。

站在后人的角度，我们发现，爱德华二世与伊莎贝尔婚约的本意是巩固英法两国之间的停火，却在爱德华活着的时候就给英格兰带来了数不尽的麻烦。伊莎贝尔之父“美男子”腓力死于1314年，当时他的子女中，在世的有三个儿子和伊莎贝尔这个女儿（那时她已经是英格兰王后了）。这三名法国王子一个接一个地统治法兰西，却也

---

* 贵族和教士在1311年迫使爱德华二世签署《1311年法令》(Ordinances of 1311)，限制了国王的权力。——译者注

接连英年早逝。他们分别是路易十世（Louis X，1314—1316 年在位）、腓力五世（Philip V，1316—1322 年在位）和查理四世（Charles IV，1322—1328 年在位）。他们三个人里，只有路易十世留下了合法的嗣子。然而，路易十世的这个遗腹子出生几周后就夭折了，还没来得及接受加冕。

1328 年，法兰西高等法院选出“美男子”腓力的侄子继任国王，是为腓力六世（Philip VI）。当时伊莎贝尔没有提出正式抗议。发动政变推翻爱德华二世后，她希望法兰西能够提供援助，巩固她自己和罗杰·莫蒂默在英格兰的地位。事实上，继承法国王位的权利本应传到她手中，并借由她传给她的儿子。法兰西此前确实没有过女性君主，只有在新王年幼或国王暂离（比如参加十字军）的情况下，王后或王太后才有可能暂时摄政。此外，男性贵族们显然都不愿意接受女人的统治。然而，有人说根据沿袭自中世纪早期萨利克法兰克人（Salian Franks）法律的法兰西根本大法，女性不能统治法兰西，也不能将统治权传给后代，但这种观念其实是法理学家们后来捏造出来的。为了推广上述论点，法理学家们不得不从早已过时的萨利克法兰克人法律中找和继承权相关的根据。

爱德华三世亲自掌权后，人们发现，在英格兰人看来，法国的王位继承仍是有争议的。而两国其实并没有建立真正意义上的友善关系，因此，爱德华完全可能在未来的对抗中宣称自己有权坐上法国王位。事实上，爱德华三世在 1337 年公开宣布自己有权继承法国王位，英法百年战争（1337—1453 年）就此开启。我们无法在此详述这场漫长战争的细节。不过可以肯定的是，在这场试图联合英法两个王国的斗争中，我们却看到了民族主义的兴起。短暂停火反而加深了法兰西和英格兰之间的民族仇恨。停火的危害比那些最有名的激战还大，因为没有拿到酬劳或只拿到部分薪水的军人甫一解散，便将怒火倾泻到刚经历战争的法兰西城镇和乡村居民身上，从物质和精神两个层面向后者索取补偿。在英格兰的军队中，有一部分人是服兵役替代原有刑罚的罪犯，这些人可没有什么骑士精神。而饱受虐待的农民在忍受到极限的时候，也会对英格兰人施以野蛮的报复。至于那些面临军事压力的法兰西地方统治者，他们侵吞财物、羞辱百姓，农民在报复时也不会手软。

然而，这场无休止战争的最糟糕后果直到 14 世纪中期才显现出来，那就是战争期间，两国都不断对百姓课以重税，在已出现严重经济衰退迹象的情况下，这几乎压垮了国家。当然，战争对两国的影响是不同的。在英格兰，税收对一些经济因素的发展有碍，但税金支出刺激了特定的军工业和军工供应商的发展。在法国，税金支出多少有助于战争相关产业的发展，但跟军队交战带来的破坏、停火期间四散作恶的军人造成的毁坏相比，这点发展就微不足道了。然而，下令发动战争的人认为这些人口与物资损失是值得的。双方都相信自己是战争中正义的一方。

民众的暴力

国家间的战争加剧了社会上本已存在的紧张氛围，最终导致内乱出现。传统上，学者们都认为 14 世纪上半叶的情况没有下半叶那么糟。这可以说是一种误解，至少概括得太简单了，我们之后会讨论佛兰德的情况并总结近期的相关研究成果，到时我们就会发现传统说法的不完备之处。不过在此之前，我们还得再讨论一下佛兰德南边的邻居——法兰西王国。

1320年，当国王腓力五世表露出亲自率领十字军前往圣地的意向时，饥荒的阴影依旧笼罩着法国北部地区。法王表态之后，人们爆发出了极大的热情，因为这么做可能有助于基督教子民与上帝和解。大斋节（Lent）到复活节前后，在王室集结自己的远征部队之前（其实王室始终没能集结起自己的部队），大量自称十字军战士的人（其中许多都出身低微）聚集到了王国最北端的地区。这群人社会地位不高，里边还有牧羊人，因此被蔑称为“牧羊人十字军”（pastoureaux），意思是他们没法承担战争的使命。

牧羊人十字军的领导者们身份不明，也许包括一些被剥夺圣职的神父，他们拿起武器的理由和参加教会授权的十字军远征的神父一样。然而，他们手下的部队缺乏纪律，对社会上层心怀怨恨，也对国家没能召集起一支十字军感到不满，于是，这支军队很快将愤怒倾泻到了其他基督徒身上。在巴黎，这些自称十字军战士的人甚至攻击了沙特莱（Châtelet），即管理巴黎的王室官员们的驻地。这些人继续从底层（有时是中产）人群中获得支持，他们的敌人则诽谤其男性支持者为懒汉，女性支持者为妓女。

暴力活动在这个王国中扩散开来，南方也未能幸免。各地成百上千的犹太人或惨遭屠杀，或被迫改变信仰；而不久之前（1315年），这些犹太人才在付出代价之后被重新接纳为法国的一分子（1306年时他们曾遭驱逐）。一些王公贵族插手此事，最终王室也派兵消灭这些从十字军战士变成暴民的人，牧羊人十字军的残余势力逃到了西班牙。当然，这些人在西班牙也仅仅获得了短暂的喘息之机，很快就被忠于阿拉贡王室的军队剿灭了。

这场牧羊人十字军暴动历时短暂，佛兰德的下层起义活动则持续了很长时间。在大饥荒期间，佛兰德社会就出现了小规模的暴力活动，因为民众感到富人违背了当时深入人心的道义原则——富人剥削穷人以获取利润是不正当的，特别是在危机发生的时候。囤积居奇、哄抬物价显然是不道德的。城镇市场缺乏产品供应，食物价格高企，下层居民要借债才能满足最低限度的物质生活需要。这一切让人们对富人产生了疑虑，中间商尤其遭人痛恨。有人说，有些内河驳船满载着粮食谷物，这样的谣言激起了一场可怕的暴乱。暴乱之后，始作俑者（很大一部分是女性）遭到了报复，在杜埃，他们被割掉了舌头，以示对煽动暴行的惩罚。

在饥荒年代，这类扰乱社会和平秩序的流血冲突还是地方上的孤立事件。然而在佛兰德，饥荒之后的惨象、法兰西和佛兰德长期战争带来的混乱，以及英法战争的经济后果（封锁与海盗活动），催生出两场持续时间较长的社会运动，这些运动撕裂并永远改变了城镇与乡村的文化。第一场运动是 1323 年至 1328 年的农民大起义，第二场运动则带来了范阿特维尔德（van Artevelde）自 14 世纪 30 年代起的统治。

14 世纪初，法兰西和佛兰德之间的和平状态一再遭到破坏，双方签订了一系列协议试图弥补，却将意料之外的重负强加给了佛兰德的农民。法兰西人最终取胜，佛兰德人需要向他们支付赔偿金，赎回在战争中被俘的佛兰德贵族也需要赎金，这些沉重的负担都落在饱受自然灾害之苦的乡村居民身上。此外，重归故里的贵族们也着手恢复自己土地的产出，这引起了许多农民的疑虑，甚至让他们和贵族完全对立。1322 年之前的情况固然糟糕，但那时有许多佛兰德领主死去，另有大量贵族身陷牢狱，对农民而言，传统封建地租等形式的剥削是有所减轻的。在佛兰德伯爵获释并从法兰西返回本土之前，城镇中也有类似的情况，特别是布鲁日。伯爵返回后，希望重拾（也许是加强）权力，减少城镇的特权，至少在一些中下层人士眼中是如此。于是，在1323年冬季的几个月中，出现了短暂的暴乱。

政府限制暴力并磋商达成解决方案的努力一开始似乎成功了，但平静的状态只是表象。在超过20年的时间里，贵族和社会中下阶层之间的裂痕逐渐扩大，对立终于在1324年末再次酿成暴乱。从伯爵当局和城镇贵族手中，布鲁日的下层人民夺取了政权，其他城镇里上层人士的地位也岌岌可危。伯爵试图扭转局面，但没能成功。事实上，连伯爵本人也被起义者俘虏了。此后伊普尔等城镇也落入了声称代表下层利益的革命政府手中，这些政府被称为“织工的政府”。

对抗布鲁日的势力在根特的显贵寡头和贵族同盟的统领下发起反击，但没有成功，起义引发的内战仍在持续。连根特城中的纺织工人都发起了叛乱，只是未能成功。在动荡的1324—1325年，纵火时有发生，其对象主要是贵族的居所。此外，双方都对怀疑是（或可能成为）自己敌人的群体进行了屠杀。

不用说，法国很快介入，还采用了多种手段。教会向暴动的地区颁布了禁令，法国王室则试图分化起义者，和倾向于释放伯爵的派系达成和解。这样的手段取得了成功，人们也提出折中方案：只要起义领袖愿意放下武器，拆除工事，撤销新近引入的反贵族的管理模式，比如由在佛兰德权势甚大的起义首领（hoofdmannen）管理的模式，他们便能得到宽恕。

许多起义者都愿意接受上述安排，但也有相当数量的人不为所动，在后者控制的地区中出现了恐怖统治。反对起义和对起义漠不关心的人都成了大规模屠杀的牺牲品。落在这些激进分子手中的贵族境况尤其悲惨。据说有些贵族被迫杀死了自己的亲人，这是有证据的。1327 年，局面进一步恶化了。

法国人认为他们别无选择，必须介入，于是集结了一支庞大的军队。毫无疑问，倘若佛兰德的起义者把力量集中起来，是能组建起可与法国人抗衡的军队的。然而，他们无法确定法军的攻击来自何处，还要警惕佛兰德内部的敌人，提防他们在背后对抗。1328 年秋季，在卡塞尔（Cassel），一支庞大但并不具压倒性优势的起义军占据了坡顶的位置，等待对手到来。一路上大行毁坏的法军到达后，考虑到上坡攻击的困难，决定推迟进攻，这一战术给法军带来了巨大的好处，因为佛兰德人决定下坡主动求战，最终损失惨重。根据战斗之后的死者统计，起义军至少损失了 3185 人。之后，这些死者的财产全部遭到没收，在该伯国其他地方被捕的起义者或是遭到处决，或是被没收财产，或是在被处决后财产充公。

这些起义者本打算建立“没有腐败的世界”和“没有特权的世界”（TeBrake，1993 年）。在热情高涨的时候，他们无疑是为此奋斗的。在现实中，这些起义者试图减轻税收和赔偿金的重负。佛兰德的税负总是很重，因为在漫长的战争年代里，法国或某些贵族总会要求平民提供钱财，作为每次停火的补偿。从法律上说，大多数农民已是自由之身，但他们还想避免强加的经济义务，以免在经济上陷入被奴役的地位。再说纺织工人，他们也想要平等，但若非情况失去控制，更多的尊重、更高的工资、更多的升迁机会和价格控制等条件是本可以让他们满意的。

对抗起义者的军队同样怀有高尚的理念。在他们看来，对手喊出那样的口号，是要颠覆上帝认可的社会体系和等级制度。于是，他们要求教会谴责起义者及其僭越之举，竭力将自己重建社会秩序的暴力举动宣传为神圣的行为。镇压起义的军人们认为自己相当于一个世纪前的神圣的十字军战士。

种种痛苦和仇恨对佛兰德产生了挥之不去的影响。起义者及其后人总是回想起那些残酷的压迫，贵族们也忘不了自己受过的羞辱，以及针对他们家人的那些近乎仪式化的暴力行为。中世纪佛兰德社会那种各阶层之间的基本信任也荡然无存。事实上，这样的社会恐怕已不能算作中世纪社会了，因为佛兰德人效忠的对象已经改变，传统上种种有机体式的政治合作已不再可能。

这有助于解释一场也出现在佛兰德但没那么暴力的革命活动，即范阿特维尔德政权的建立。在动荡岁月中，根特城依旧“忠于”伯爵派系，但这种忠诚是有条件的，根特城希望获得相对自治的地位，以及受其他城市、内陆地区和伯爵尊重的经济地位，只是根特想成为佛兰德首要城市的野心没什么人买账。尽管如此，14 世纪 30 年代时，在范阿特维尔德充满感召力的领导下，根特确实获得了重要地位。面对试图剥夺根特城特权的伯爵，范阿特维尔德还成功重塑了内部的城镇联盟。

国际政治局势让范阿特维尔德有机会发挥作用。从英格兰进口的商品（主要是原毛）是在根特接收的，因此该城是战略要地，想在百年战争之初摧毁英格兰出口贸易的法国急需根特的支持。然而，尽管法国人向根特市民频频示好，范阿特维尔德却更倾向于英格兰，并最终邀请英王爱德华三世前来，承认其对法国王位的宣称权。除此之外，范阿特维尔德还对国际局势善加利用，在本地伯爵政治中长袖善舞，让根特成为重要的粮食出产地，从而不至于只依赖不稳定的纺织业收入，这一切使根特在佛兰德获得了近乎霸主的地位。

上述情形的长期影响超出了本书的涵盖范围。我们在此可以说的是，14 世纪 20 年代发生在佛兰德的可怕暴力事件，以及 14 世纪 30 年代至 40 年代的种种不稳定情况与奇特的政治架构，都预示了欧洲许多地方将要发生的事，那就是在乡村和城镇地区出现规模难以想象的暴力活动，比如 1358 年法国的扎克雷起义（Jacquerie）、1378 年佛罗伦萨的梳毛工（Ciompi）起义、1381 年英格兰的农民起义等。不过，佛兰德的暴力活动不仅是最早出现的，还是整个 14 世纪的革命活动中最持久的。暴力在佛兰德造成的伤亡也最惨重，比其他地区大好几个数量级。

第 21 章

危机中的教会

基督教的王公贵族们彼此争斗不休，无法让自己治下的上层和下层人民和平相处，面对 14 世纪初的危机，他们也没能争取到教会方面的通力合作。几任教皇和多国国君之间的关系十分紧张，双方很难在赈济饥荒一事上合作。举个例子，在欧洲北部最穷困的时候，教廷还坚持对那里的教会征税。教会与王室明争暗斗，对普罗大众的宗教热情无法及时做出有效回应，民间宗教活动由此产生，却往往被污蔑为异端，招致野蛮的镇压。黑死病肆虐，社会和经济陷入混乱，面对饱受摧残的百姓，官方机构却从未真正伸出援手。哪怕是这个时代的亮点——被称为“14 世纪的希望”的技术创新——也有可怕的负面作用，因为其中最重要的一项发明是火药。

教会与国家的危机

1294 至 1297 年间的英法战争（参见第 20 章）戏剧化地改变了针对教士阶层的传统征税规章。教会法专家长期以来都主张，国王在向教士征税前必须得到教皇的批准。但英格兰的爱德华一世与法兰西的“美男子”腓力四世都宣称，自己有权在显然必要的情况下规避这一程序。两位国王都称自己正进行一场正义的战争，军情紧急，对征税不能有丝毫的迟疑，否则他们的王国和教会都将因此蒙受损失。国王与教皇艰难的外交角力以波尼法修八世彻底转变立场告终。显然，“美男子”腓力有多讨厌教廷干涉（在他看来）自己的事务，教皇对自己遭到的羞辱就有多痛恨。

不管怎么看，波尼法修八世（1294—1303 年在位）都不是受爱戴的教皇。波尼法修在前任塞莱斯廷五世（Celestine V）辞职（1294 年）后登上圣座。塞莱斯廷五世是位有圣人美名的隐修士，在众人推戴下成了教皇。后来，有些人说波尼法修是个恶人，用诡计使塞莱斯廷相信上帝希望他辞去教皇的职务。无论传言的真实成分有多少，塞莱斯廷终究是在受新教皇保护的情况下死去的，而在波尼法修为数众多的敌人看来，其死因实在可疑。波尼法修的敌人包括一个由意大利望族科隆纳（Colonna）家族领导的枢机主教团体，教皇与他们争斗，名声也进一步受损。许多批评者指控教皇将意大利的家族和个人争端美化为十字军行动。

波尼法修八世最受人瞩目的成就之一是将 1300 年宣布为禧年*（jubilee year），这是教会第一次庆祝禧年。这一年中访问罗马的朝圣者能借由悔过行为获得宽宥赦罪，他们去罗马，也间接表达了对罗马乃至教皇的崇敬。宣告禧年获得了意料之外的成功，教会的收获远远超过人们的想象。圣城罗马挤满了朝圣者，在任的教皇沐浴在荣光之

* 《圣经》中旧约律法规定，七个安息年（共 49 年）之后，第 50 年就是禧年，是宣告释放与自由的一年。——译者注

中。但紧随这一伟大成就而来的，是惨痛的失败。

1301年，法国南部帕米耶（Pamiers）的主教贝尔纳·赛塞（Bernard Saisset）被指对法兰西国王出言悖逆。这位主教启程前往罗马，却遭到逮捕，被押送到北方囚禁起来，等待他的将是国家审判。王室官员在事件的每个阶段都违反了教会的律条。事实上，法王完全清楚这一点，并在1302年2月允许这位主教继续前往罗马，也没有以叛国的罪名起诉他。然而，在1301年12月时，波尼法修就已做出了激烈的回应，当时他还不知道腓力改变心意的事。征税之争再起，教皇禁止法国王室对教士阶层征税，还召集法国主教开会，考虑下一步对策。

本来，出于对教廷进一步举动的担忧（教廷甚至可能提出废黜），再加上法国当时已经卷入了和佛兰德的残酷战争（法王的许多重要顾问将在不久之后阵亡），法王应该是会妥协的。然而，教皇谴责的口气实在太不客气了。根据法兰西宫廷人士添油加醋的宣传，教皇的谴责简直是疯狗乱吠。法兰西的神职人员试图介入，却遭到两面攻击：他们到底效忠于谁？局面越来越糟，腓力逐渐坚定了决心。他威胁说，自己会没收参加前述会议的主教们的教区地产，还会将支持波尼法修之人的财产充公。法国的79名主教中，只有33人有足够的勇气或意愿来与国王公开对抗，参加教皇召开的会议。1302年11月18日，波尼法修八世颁布了《一圣教谕》（Unam sanctam），宣称自己拥有整个天主教世界的统治权。

此时，教皇几乎要采取行动废黜法王了，但法国人抢先一步，对教皇做出了一长串指控，指责波尼法修在诱使塞莱斯廷辞职后未经正当选举即走上圣座，还有其他种种异端和不得体的行为。之后，法国一方派出了一批意志坚定的执行人员前往意大利，打算绑架波尼法修并将其带到法国审判。尽管教皇被法国人控制的时间并不长，但法国人在阿纳尼（Anagni）绑架他时的暴行间接导致了教皇之死（死因也许是中风）。从此以后，法国王室便利用对法裔枢机主教及波尼法修在意大利的敌人的影响，让教廷倒向了法国一边。

在克雷芒五世（Clement V，1305—1314 年在位）任内，局面终于稳定了下来。克雷芒五世赦免了法国人，以免后者挖出波尼法修的遗体进行死后审判。这位新教皇是法国人，曾任波尔多大主教。看到“美男子”腓力与教皇关系变好，其他王公贵族颇为担忧。无论是否合理，他们都担心克雷芒会进一步为法国谋利。克雷芒从未前往罗马，而是在阿维尼翁的教皇领地内驻留，那里名义上不属于法国，但实际上无论怎么看都是法国的，这恐怕无助于消除贵族们的担忧。有人说，克雷芒五世这么做，让教廷开始“在罗马之外流亡”，有如古代犹太人被掳至巴比伦，这固然是后人的诽谤，但他的做法不免让人担忧法国人对教廷事务的影响力太大了，这种担忧一直持续到克雷芒卸任之后。接连 7 任法国出身的教皇在阿维尼翁走上圣座，枢机主教团也由法国人主导。此外，克雷芒在任期间发生的一件事说明了法国王室有多么肆意妄为，那就是镇压圣殿骑士团。

“美男子”腓力开始相信，圣殿骑士们是旧时代所谓“污秽之人”，这些人崇拜恶魔而非基督，涉足巫术，还有鸡奸行为。至于法王的这种观念到底是怎么来的，长期以来人们一直都在争论。诚然，基督徒在圣地的最后一个前哨据点于 1291 年丢失后，各个军事修会都遭到了批评，但其他修会都保留了下来，比如医院骑士团和条顿骑士团，更不用说西班牙的军事修会了。这些幸存的修会继续发挥军事作用，只是军事行动的规模无法和大型十字军远征相比。有些学者认为，腓力对圣殿骑士团的仇恨背后有个隐秘的动机：圣殿骑士们协助国家间的金钱往来，积累了大量财富，腓力或其顾问就是想染指这些财富。然而，医院骑士们也处理金钱往来事务，却没有遭到打击。当然，圣殿骑士自有其特殊之处，他们常为法国王室的金库服务，王室成员显然怀疑他们有侵吞行为。

无论缘由为何，1307 年，“美男子”腓力都授权发起了一次出人意料的行动，迅速逮捕了法国国内所有的圣殿骑士。这次行动的手段和 1306 年夏季腓力授权打击犹太人时用的颇为相似，当时，在法王的密令之下，法国国内的所有犹太人（可能有 10 万人之多）都在一天之内遭到拘捕。那些犹太人被囚禁起来，房子遭到洗劫，档案充公，不久后，这些人都被逐出了法国。许多学者认为，这次针对圣殿骑士的行动，腓力也是意在金钱，与宗教无涉。有人说，英格兰的爱德华一世在 1290 年驱逐犹太人也是为了钱。然而，宗教和金钱非此即彼的二分推论，在分析这两位国王的行为时都不适用。腓力和爱德华都认为犹太人是王国的敌人，认定他们对基督教世界犯下了罪行。腓力听到了一些关于奇迹的传闻，渐渐相信犹太人偷走了圣餐中祝圣过的饼——基督的肉身——并试图将其“毁灭”。对于劝说犹太人改信基督教，虽然有些成功的例子，但腓力和爱德华都放弃了希望。英法两国攻击犹太人，既是出于宗教上的疑虑，又是出于获取金钱的欲望（王室有大笔债务在犹太人手中）。

因此，对圣殿骑士们的残暴打击在法国显然是有先例的，而且这个先例就发生在不久之前。许多其他王公也被说服，开始打击圣殿骑士团，但他们的手段温和得多，而且在他们看来，骑士团犯下的罪孽也不像法国王室宣称的那般耸人听闻。但教皇克雷芒五世同意对圣殿骑士团的信仰和行为展开调查，许多圣殿骑士在经过拷问定罪之后，被当作异端处以火刑，圣殿骑士团本身也在 1312 年的维埃纳（Vienne）会议上遭到正式取缔。修会的财产被重新分配，大多落入其竞争对手医院骑士团手中。但是在葡萄牙，人们为接收圣殿骑士团的财产特地成立了一个军事修会，那就是于 1319 年成立的基督骑士团（Order of Christ）。

阿维尼翁的教廷之前就因过分逢迎法国人而受到指责，现在又多了一项指控，就是那里的人生活奢侈铺张，还从事圣职买卖。毫无疑问，在阿维尼翁的高级教士们无法从罗马和教皇国那里获得给教皇和枢机主教的稳定收入，不得不想别的法子。他们获取收入的效率很高，也很容易被解读为贪婪敛财。尽管如此，在 1350 年时，人们对待教廷的态度还比较温和，不像后世宗教异议者约翰·威克利夫（John Wyclif）那样，将阿维尼翁教廷斥为"买卖圣职的渎职者巢穴"，也不像英格兰"善良议会"（Good Parliament）那样，说阿维尼翁是"罪恶之城"（1376 年）。不过，在这个饥荒、瘟疫、政治社会暴力于欧洲肆虐的年代，教皇的道德权威跌至谷底，情况恐怕还不如 11 世纪早期，那时，教皇职位不过是件可供某个贪赃枉法的意大利家族购买的商品。

对"多明我会"神学的攻击

教廷偏袒法国，与几大世俗强权的关系恶化，陷入了危机，另一个问题也开始扰乱基督教的神学体系。多明我会成员们建立"科学神学"的尝试在学术界内外都招来了不少批评。从 13 世纪晚期到 14 世纪初，最激烈的批评都指向了我们通常所说的唯名论。在这一时期，唯名论对数学和科学产生了很大影响，但引发巨大情感波澜的是唯名论在神学领域的发展。与此相关的是两位伟大的思想家，约翰·邓斯·司各脱（John Duns Scotus，生卒年 1266—1308）和奥卡姆的威廉（William of Ockham，生卒年 1285—1347）。

约翰·邓斯·司各脱是方济各会成员，人称“精微博士”（doctor subtilis），他在 14 世纪的第一个 10 年里完成了大部分工作。从名字可以看出，他是苏格兰人。他在剑桥大学进行研究工作，后来在牛津大学、巴黎大学详细阐释自己的思想并因此成名。他虽然是个学者，却被卷入了当时最麻烦的俗务。因为在教会自由问题上支持教皇波尼法修对抗法王“美男子”腓力四世，约翰甚至被驱逐出了巴黎。波尼法修死后，法国王室的态度有所缓和，约翰得以返回巴黎，并于 1305 年在那里获得了授课资格（regent master）。之后，他前往科隆，于 1308 年在那里去世。他的遗骸被尊为圣物。

共相的本质是什么？共相的本体论地位为何？约翰加入这个数百年来从未停止的争论。按照约翰的理论，共相以三种方式存在：在创世以先存在于上帝心中［物先（*ante rem*）］，存在于殊相之中［物中（*in re*）］，存在于概念之中［物后（*post rem*）］。这三种共相同样是现实存在，这部分是因为三者都仰赖上帝，而上帝本身就是现实存在。

约翰的神学理论与本章主题关系更大。约翰强调，拥有意志（爱）是人类最高贵的特性，这是典型的方济各会观念，不同于一些人归于多明我会或托马斯主义的观点，即智性是人性的最重要方面。当然，这种简单的说法无法体现出两种神学立场中的大量细节，不过，传统上多明我会认同亚里士多德的名言，即人是理性的动物，因此，批评多明我会神学观点的人往往会强调理性的局限性。

在约翰看来，知道何为善只是行善的必要条件，知识本身不足以使人有善行。也就是说，人在决定采取行动时，若不知道这是行善，所做的就不算善行；但仅仅知道什么样的行为是善的，并不会导致此人行善。在托马斯·阿奎那看来，外部世界的规律是上帝之“心”的反映，而人的行为之所以是善的，是因为它们既体现了人受造时的原初本性——上帝按自己的形象和样式造人，也是为了塑造人的终极目的。然而，在约翰看来，只有上帝那叫人去爱的命令才是完全的善，而其他的行为被称为善行，只是因为遵守了上帝的命令。严格说来，行为本身是中性的。如果有人能从这样的概括中读出后来新教教义的意味，那也许就理解对了，不过约翰的哲学语言非常复杂，有很多自造词，也不连贯，因此他的理论对后世神学并没有产生当有的直接影响。

奥卡姆的威廉则以另一种方式发挥影响力。威廉是英国人，出生于伦敦附近地区，在牛津度过了他职业生涯的大部分时间。威廉的一些作品对科学发展产生了深远影响，其中包括以他名字命名的格言“奥卡姆剃刀”（Ockham's razor）：“如无必要，勿增实体。”（entia non sunt multiplicanda, praeter necessitatem.）人们通常将这句话理解为，针对同一事件，最简单的解释总是比复杂的好。在神学领域，威廉则以激进倡导唯名论著称。

奥卡姆的威廉认为，根本就不存在共相，即便共相存在，我们也不可能获得关于共相的知识，因此实际上对理性讨论而言，共相是不存在的。我们只能获得关于殊相的知识。因此，离开真实存在的殊相，去谈如何“认识”以可理解形式存在于认识者心中的事物，是毫无意义的。“存在”这个形而上概念本身是无法用理性来讨论的，因为根据定义，形而上的实体就是在自然之上（meta ta physika）的，无法理解。人不可能获得关于形而上事物的知识，因此宗教真理都是无法证明的。人不能通过理性来认识上帝，不可能为上帝存在提供论证证明。这绝不是在主张无神论。奥卡姆的意思是，人应当满足于通过信心和启示显明的真理，这也是他虔心真诚相信的。认识上帝没有捷径，人相信上帝，是在没有科学证据安慰的情况下凭意志做出的决定，也正因为理性无法为信心辩护，信心才弥足珍贵："那没有看见（希腊文的意思可以理解为"没有认识"）就信的有福了。"（《圣经·约翰福音》20:29）

这样的思想虽然激进，却很符合学术论述的特点，其中有很多辩证甚至争辩的成分。持相反观点的多明我会成员不得不努力为自己辩护，至于说他们用亚里士多德式的范畴把上帝框起来，限制了上帝行动的可能性和自由，他们更得加以回应。假如上述讨论仅限于学术圈，奥卡姆的威廉本可以成为牛津大学的授课教师，我们对他的了解也将是学术层面的。但事态并没有如此发展。

当时，许多自视正统的哲学家和神学家都想为圣餐变质说等论点提供证明，或者至少给出可能成立的论证。在这样的环境下，奥卡姆的威廉提出这类激进唯名论观点，必然会被某些教会人士视为近乎异端。事实上，威廉关于圣餐变质说的一些神学观点招来了攻击，一些人就指责他为异端。事态严重，威廉于1324年前往阿维尼翁的教廷为自己辩护。他在阿维尼翁逗留期间几乎没有得到支持，但他本人和他的理念当时都没有被完全否定。这位哲学家迟早能获得赦免——如果他没有发表那些关于方济各会的言论的话。

当时的方济各会已经和世界"妥协"了，包括修会内部权威人士在内的许多批评者称，方济各会已经背离了创始者的初衷。威廉越来越认同这种“守规派”（observant）观点，对于教会特别是教廷积聚财富、铺张炫耀、与世俗同流合污的做法，威廉早已十分不满。正因如此，1327年，还逗留在阿维尼翁的威廉受到了怀疑。威廉的神学观点本来就很可疑，这一下更激起了强烈的敌意。威廉感到自己受了迫害，于是对修会内部反守规派的“住院派”（conventual）展开了全面批评。此后，威廉更进一步，开始明确批评有形教会的方方面面，还指责整个有形教会的领袖教皇若望二十二世（1316—1334年在位），这位教皇宣称，如果有人说基督及其使徒们从未拥有任何财产，就是在传播异端思想。

在威廉看来，问题出在对方身上。于是，这位神学家开始强调教皇本人是多么容易被异端思想蒙蔽，像他这样的正统教士多么有责任反对沦为异端的教皇。在这种情况下，1328年，威廉和其他几名高阶守规派成员逃离了阿维尼翁，取道意大利前往德意志。在德意志，他们所坚持的理念，即教会人员与方济各会士应当甘于贫困，得到了（被处以绝罚的）巴伐利亚支系德意志皇帝路德维希四世（1314—1347年在位）的支持。路德维希此前一直在为意大利的权力分配与教皇若望二十二世缠斗，因此他支持威廉等人是很合理的。此时，奥卡姆的威廉已与阿维尼翁的教廷彻底决裂，开始支持一名倾向于守规派的敌对教皇。在接下来的20年时间里，他在慕尼黑的方济各会修道院里继续研究学术，继续与住院派论辩，直到于1347年去世。威廉的遗骸不知所终，这也许是因为他的支持者们担心获胜的教廷势力会像对待异端首领的遗体那样，对威廉掘墓、焚尸、扬灰，因而隐匿了其埋葬地点。

14 世纪早期的神秘主义转向

方济各会守规派不仅涉足神学和政治论争，还宣扬一整套生活方式，那是他们心目中良善、圣洁的生活。从普罗旺斯、朗格多克到西班牙，他们的拥护者——特别是方济各会在俗第三会的成员——都在努力按这种方式生活，即便在教皇若望二十二世对此公开表示不满后也依然如故。因此，教廷建立了异端裁判所，打算要么将这些人拉回到教皇心目中的正道，要么将他们消灭。

守规派人士和追随他们的殉道者所追求的，也是其他许多追求圣洁的群体和个人所寻求的。那些人越来越渴望追求圣洁，是因为受到了一系列悲剧事件的震动：圣地失落，德意志陷入内乱困局，吉伯林派和归尔甫派在意大利开战，国与国争战不休，国内暴乱不断，饥荒降临，瘟疫肆虐，阿维尼翁教廷的道德权威又屡遭质疑。

神秘主义的灵修传统有很大争议。有时，神秘主义灵修表现为用艰深甚至经院哲学式的手法解读《圣经》和其他属灵文本，由此得出的解释往往超出通常释经的范围。这么做是为了从正统文本里那些或晦涩或众所周知的段落中，读出神秘主义的意涵。普通平信徒很难理解这种深奥的方法，但这类艰深的思辨和教导往往会有通俗版本，也通过布道传播。14 世纪的许多著名神秘主义者都身体力行，热心行善，赢得了世人对他们所传神秘主义的尊重。埃克哈特大师（Meister Eckhart，估算生卒年 1260—1328）就是一个例子。他是多明我会的教师（magister，德语 Meister），相当于教授，为人真诚正派。教皇若望二十二世批评埃克哈特及其作品，认为他让头脑单纯的人陷入不必要的困惑。但是在德意志乃至整个基督教世界中，埃克哈特仍然在思想比较开明的教会人士中享有很高的声望。极端保守人士对此很看不惯，在他们眼中，整个世界都充满了异端和异端支持者。

在不持末世论调的观察者看来，真正的问题不在于这些接受过大学教育的离经叛道者和他们出身精英阶层的支持者，而是出在其他地方。在欧洲大陆北部地区，特别是在莱茵兰、佛兰德和法国北部，出现了许多以妇女为主的在俗信徒团体，这些虔诚、严守道德规范的人被称为伯格音派（beguines）信徒，他们在加入伯格音派时需要抵押一些物品，但并没有一直留在其中的义务，他们如果改变心意，就可以离开。团体成员有点像修士和修女，但他们仍是俗人，也参与纺织等劳动，而修道院中的人是不会做这些事的。伯格音派发展出了独特的灵修模式，有大量神秘主义作品。伯格音派的圣洁生活方式是许多人都认可的。人们尤其看重这些圣洁妇女的祷告。很多病人都将清洁遗体、准备下葬这些身后事托付给她们。

在莱茵兰地区的一些城镇中，伯格音派团体很多。人们偶尔也会抱怨。伯格音派人士是不是太多了？他们织布，会不会对一直从事这一职业的人构成威胁？修道院中的人也提出疑问：既然已经有了传统的修道院、修女院和托钵修会，信徒可以在其中过上良善圣洁的生活，伯格音派的修道院还有必要存在吗？但最严重的指责针对的是他们的神秘主义灵修方法。

神秘主义小册子早在14世纪之前就有人撰写，也不是伯格音派独有的。13世纪70年代时，就有许多人怀疑伯格音派的小册子不符合正统教义，但教会并没有采取强硬手段控制伯格音派的发展。这可能是因为法王——尤其是路易九世（卒于1270年）——比较宽厚，看重伯格音派。路易九世去世后，伯格音派兴旺起来。1300年前后，出现了一本法语小册子，作者玛格丽特·波蕾特（Marguerite Porete）是一个来自埃诺（Hainaut，一个隶属于神圣罗马帝国的小伯国，与佛兰德毗邻）的伯格音派信徒。这本小册子就是《单纯灵魂之镜》（*The Mirror of Simple Souls*），它用对话录形式指导读者进行默想，实现与上帝和/或基督的神秘主义联合。

有神秘经历的人不多，能将之记录下来的更少，而且将神秘经历记下来的人几乎都是通常意义上的正统教徒，至少也会吩咐记录下他们异象的抄写员如此宣称。尽管如此，在这些神秘主义经历中，信徒往往直接与上帝相交，这就引发了教会的疑虑。教会不至于完全否认超自然异象和直接与主相交的神秘经历，因为那样就相当于否定了圣方济各等许多伟大教会人士的神圣性。但是，对于暗示不需要教士、不需要通过圣礼也能与神相交的神秘经历，无论是高级教士还是层级较低的教会人士，都是会心存疑虑的。

许多严肃的教会人士在《单纯灵魂之镜》这本小册子中看到了上述倾向。于是，1310年时，这部作品遭到没收焚毁，其作者也被处以火刑。但这本小册子非常有吸引力，没被焚毁的手抄本在不那么偏激的正统教士中得到了传抄，册子里不合适的内容要么被删去，要么被标记为危险内容。尽管教会人士对伯格音派信徒的指责之声越发响亮，《单纯灵魂之镜》还是得以存留。在1312年的维埃纳会议中，人们强烈的指责和恐惧汇聚在一起，最终催生了1317年的教令。伯格音派信徒被斥为反律法者（antinomianism），据说他们既不愿意按现有的教会规范生活，也不愿意遵循直接（由《圣经》）启示而来的以及传统和教会权威定下的律法。这些人自己就是自己的律法，不是修士修女，却像他们一样行事，没受过什么教育，却要写超出自己理解能力的作品。

然而，教会能如何阻止平信徒过体面的宗教团体生活呢？继 1317 年的教令之后，若望二十二世又在 1318 年发布教令，教廷似乎认为这类群体有好有坏。好的群体如能得到悉心监管，又为地方教区当局所接受，就可以继续存在。坏的群体则要马上取缔，具体的取缔方式较为复杂。一些城镇中的伯格音派组织影响力较大，其经济地位也对传统生产者构成了威胁，这些城镇中的伯格音派遭到了镇压。在伯格音派影响力不大的地方，相关活动自然而然渐渐消失了，但不是所有地方都这样。在一些面积较大的地区（比如在现代比利时的境内），尽管看起来经济上的冲突将导致伯格音派消亡，该派却继续发展壮大，只是受到了当地教会更严密的控制，或是与既有的托钵修会多少建立了正式联系。

*

尽管 14 世纪之初出现了种种残酷野蛮的斗争，教皇若望二十二世也不肯妥协，但神秘主义的实验仍在继续。基督教世界各处的普通百姓仍仰赖神父与上帝沟通，但有时，他们也会面对面见到上帝。为避免受到镇压，他们提醒当局，掌权者有义务保护百姓。如果当局无法保护他们，他们就自己行动，诉诸上帝的律法、上帝对穷人的爱，以及上帝行公义、好怜悯的性情。即便是在 14 世纪最黑暗的年月里，人们仍相信某种"应许"，这种信念帮助许多个人、家庭和社群撑了下去。简言之，这应许就是，虽然世道艰难，但上帝仍然深爱自己的子民，永远不会抛弃他们。

结语

14 世纪早期，战祸连绵，围城和恶战不断。1324 年的梅斯围城战几乎不值一提，但是在现存关于此战的描述中，出现了西方军事史上已知最早的火炮使用记载。毫无疑问，面对厚实的城墙，火炮这种新武器的效果有限，此后数十年间，其他类型的火药武器也没在战争中发挥太大作用。这些武器开火的场面非常壮观，虽然杀伤力和破坏力没有看起来那么大，但巨响、火舌、烟雾已足以震慑敌人。人们传说，火炮是恶魔在他的作坊里造出来的。那气味刺鼻、久久不散的烟雾，让人仿佛见到、感受到传说中地狱的硫黄烈火。

两个世纪之前，哥特式建筑与绘画传播到了各国，同样，在战争中使用火炮和较小火器的做法也将在欧洲的土地上传播开来。像哥特式风格传播的情形一样，对这种新技术的使用是有地区差异的。有些地方的人（比如德意志人）在步兵作战时喜欢用长枪，他们就很乐意把手枪当作武器善加利用。瑞士人则固执地继续使用长枪这一帮助他们赢得独立的武器，因而在转变作战方式方面行动缓慢。

总体而言，旧习惯改起来是很难的。全身覆甲的骑兵被视为传统骑士精神的最佳象征，他们在战场上仍是最突出的，哪怕敌人炮兵的机动力已经增强，炮弹的穿透力也比 14 世纪初时更大。当然，取代了锁子甲的板甲能帮助骑兵在敌方拥有火炮的情况下发起冲锋。但我们还是得再提一提众所周知的事：在 14 世纪早期的动荡中和动荡后，出现了欧洲“现代化”的力量，但同时也有一股力量坚持按“传统”或“继承而来”的方式重塑基督教世界的社会与文化，这两股力量彼此相争。最宽泛意义上的“旧制度”虽然在近期造成了矛盾和痛苦，但毕竟是人们熟悉的。但是，人们执着于过去，能坚持多久呢？未来对他们意味着什么？是延续，是重生，还是一边延续一边重生？不管是好是坏，本书都只能到此为止了。

致谢

在此我想感谢企鹅欧洲史系列的主编戴维·康纳丁（David Cannadine），他邀请我撰写了关于中世纪盛期的这一卷内容。此外需要感谢的还有拉温德拉·默克达尼（Ravindra Mirchandani），作为企鹅出版社最早负责该系列的编辑，他帮助我启动了这一项目。西蒙·温德尔（Simon Winder）接替了他的工作，从一开始，他的明智与体贴就令我深为敬服。为此，我下定决心，绝不在内容上落入俗套，也不会在进度方面有所拖延。在普林斯顿时，蒂娜·恩霍费尔（Tina Enhoffer）是我的研究助理，她也阅读并评估了本书的各个章节。亚当·戴维斯（Adam Davis）博士编纂了推荐阅读书目。对于本书，我学养深厚的同事阿尔诺·迈耶（Arno Mayer）和彼得·布朗（Peter Brown）在形式和内容方面都提出了批评与建议，对此我深表感谢。

谨以此书献给我深爱的姐妹埃伦·玛丽。

附 录

世系表

奥地利的统治者 1000—1350

巴本堡王朝

994 — 1018	边境伯爵	亨利一世
1018—1055		阿达尔贝特
1055—1075		恩斯特
1075—1096		利奥波德二世
1096—1136		利奥波德三世
1136—1141		利奥波德四世
1141—1156		亨利二世
1156—1177	公爵	亨利二世
1177—1194		利奥波德五世
1194—1198		腓特烈一世
1198—1230		利奥波德六世
1230—1246		腓特烈二世
1248—1250		赫尔曼·冯·巴登
1253—1276	国王	波希米亚的奥托卡二世*

* 奥托卡二世属于波希米亚的普热米斯尔王朝，在巴本堡家族绝嗣之后接管公国。——译者注

哈布斯堡王朝

1276—1282	公爵	鲁道夫一世
1282—1308		阿尔布雷希特一世
1308—1330		腓特烈
1308—1326	共同摄政	利奥波德一世
1330—1358	公爵	阿尔布雷希特二世

波希米亚的统治者 1000—1350

普热米斯尔王朝

999—1003	公爵	博莱斯拉夫三世
1003—1035		波兰的弗拉迪沃伊
1035—1055		布热季斯拉夫一世
1055—1061		斯佩茨尼耶二世
1061—1092		弗拉季斯拉夫二世
1092—1100		布热季斯拉夫二世
1100—1107		博日沃伊二世
1107—1109		斯瓦托普卢克
1109—1125		弗拉迪斯拉夫一世
1125—1140		索别斯拉夫
1140—1158		弗拉迪斯拉夫二世
1158—1173	国王	弗拉迪斯拉夫二世
（1173—1197，内战时期）		
1197—1230	国王	奥托卡一世
1230—1253		瓦茨拉夫一世
1253—1278		奥托卡二世
1278—1305		瓦茨拉夫二世
1305—1306		瓦茨拉夫三世
1306—1307		鲁道夫
1307—1310		亨利

卢森堡王朝

1310—1346	国王	约翰
1346—1378		查理

拜占庭皇帝 1000—1350

马其顿王朝

976—1025	皇帝	巴西尔二世
1025—1028		君士坦丁八世
1028—1034		罗曼努斯三世
1034—1041		米海尔四世
1041—1042		米海尔五世
1042—1055		君士坦丁九世
1055—1056	女皇	狄奥多拉
1056—1057	皇帝	米海尔六世
1057—1059		伊萨克一世・科穆宁

杜卡斯王朝

1059—1067	皇帝	君士坦丁十世・杜卡斯
1067—1071		罗曼努斯四世
1071—1078		米海尔七世
1078—1081		尼斯弗鲁斯三世

科穆宁王朝

1081—1118	皇帝	阿历克赛一世・科穆宁
1118—1143		约翰二世
1143—1180		曼努埃尔一世
1180—1183		阿历克赛二世
1183—1185		安德罗尼卡一世

安格鲁斯王朝

1185—1195	皇帝	伊萨克二世
1195—1203		阿历克赛三世
1203—1204		阿历克赛四世
1204		阿历克赛五世

拉丁帝国诸皇帝

1204—1205	皇帝	鲍德温一世
1205—1216		亨利
1216—1217		皮埃尔
1217—1219	女皇（摄政）	约朗德
1219—1228	皇帝	罗贝尔
1228—1261		鲍德温二世

拉斯卡利斯王朝（尼西亚帝国）

1206—1222	皇帝	塞奥佐罗斯一世・拉斯卡利斯
1222—1254		约翰三世・杜卡斯
1254—1258		塞奥佐罗斯二世・拉斯卡利斯
1258—1261		约翰四世・拉斯卡里斯
1259—1261	摄政	米海尔・巴列奥略

巴列奥略王朝

1261—1282	皇帝	米海尔八世・巴列奥略
1282—1328		安德罗尼卡二世
1328—1341		安德罗尼卡三世
1341—1347		约翰五世
1347—1355		约翰六世

十字军诸国统治者

安条克公国

1098—1111	大公	博希蒙德一世
1111—1131		博希蒙德二世
1131—1163	女大公	康斯坦丝（共治统治者）
1131—1149	大公	雷蒙（共治统治者）
1163—1201		博希蒙德三世
1201—1233		博希蒙德四世
1233—1251		博希蒙德五世
1251—1268		博希蒙德六世

耶路撒冷王国

1099—1100	圣墓守护者	布永的戈弗雷
1100—1118	国王	鲍德温一世
1118—1131		鲍德温二世
1131—1143		安茹的富尔克
1143—1162		鲍德温三世
1162—1174		阿马尔里克一世
1174—1185		鲍德温四世
1185—1186		鲍德温五世
1186—1187		吕西尼昂的居伊

的黎波里伯国

1102—1105	伯爵	圣吉利斯的雷蒙
1105—1109		威廉·约尔丹
1109—1112		图卢兹的贝特朗
1112—1136		庞斯
1136—1152		雷蒙二世
1152—1187		雷蒙三世

1187—1233		博希蒙德四世
1233—1252		博希蒙德五世
1252—1275		博希蒙德六世
1275—1287		博希蒙德七世

埃德萨伯国

1097—1100	伯爵	鲍德温一世
1100—1118		鲍德温二世
1118—1131		库尔特奈的约瑟林
1131—1144		约瑟林二世

丹麦王国统治者 1000—1350

985 — 1014	国王	斯韦恩一世，“八字胡”
1014—1018		哈罗德，斯韦恩之子
1019—1035		克努特大帝
1035—1042		克努特三世
1042—1047		马格努斯一世，“好人王”
1047—1074		斯韦恩二世
1074—1080		哈罗德，“软弱王”
1080—1086		克努特四世
1086—1095		奥拉夫一世
1095—1103		埃里克一世，“好人王”
1104—1134		尼尔斯
1134—1137		埃里克二世，“被铭记的”
1137—1146		埃里克三世，“羔羊王”
1146—1157		斯韦恩三世，“灰荒原”
1157		克努兹三世
1157—1182		瓦尔德马一世，瓦尔德马大帝
1182—1202		克努特六世

1202—1241	瓦尔德马二世，“胜利王”
1241—1250	埃里克四世，“犁地金王”
1250—1252	艾贝尔
1252—1259	克里斯托弗一世
1259—1286	埃里克五世，“削剪王”
1286—1319	埃里克五世，“曼维德”
1320—1332	克里斯托弗二世
1340—1375	瓦尔德马四世，“新黎明王”

英格兰王国统治者 1000—1350

978 — 1016 国王	埃塞尔雷德二世
1016	埃德蒙二世
1016—1035	丹麦的克努特
1035—1040	哈罗德一世，“飞毛腿”
1040—1042	哈德克努特
1042—1066	爱德华，“忏悔者”
1066	哈罗德二世
1066—1087	威廉一世，“征服者”
1087—1100	威廉二世，“红发”
1100—1135	亨利一世
1135—1154	斯蒂芬
1154—1189	亨利二世
1189—1199	理查一世
1199—1216	约翰
1216—1272	亨利三世
1272—1307	爱德华一世
1307—1327	爱德华二世
1327—1377	爱德华三世

法兰西王国统治者

卡佩王朝 1000—1350

996—1031	国王	罗贝尔二世，“虔诚者”
1031—1060		亨利一世
1060—1108		腓力一世
1108—1137		路易六世
1137—1180		路易七世
1180—1223		腓力二世
1223—1226		路易八世
1226—1270		路易九世
1270—1285		腓力三世
1285—1314		腓力四世，“美男子”
1314—1316		路易十世
1316		约翰一世
1316—1322		腓力五世
1322—1328		查理四世
1328—1350		腓力六世

匈牙利王国统治者 1000—1350

997 — 1038	国王	伊什特万一世
1038—1041		彼得·奥赛洛
1041—1044		奥鲍·萨穆埃尔
1044—1046		彼得·奥赛洛
1046—1060		安德拉什一世
1060—1063		贝拉一世
1063—1074		萨拉蒙
1074—1077		盖萨一世
1077—1095		拉斯洛一世

1095—1116	卡尔曼，拉斯洛一世之侄
1116—1131	伊什特万二世
1131—1141	贝拉二世
1141—1161	盖萨二世
1161—1162	伊什特万三世，盖萨二世之子
1162—1163	拉斯洛二世
1163—1165	伊什特万四世，贝拉二世之子
1165—1172	伊什特万三世
1173—1196	贝拉三世
1196—1204	伊姆雷
1204—1205	拉斯洛三世
1205—1235	安德拉什二世
1235—1270	贝拉四世
1270—1272	伊什特万五世
1272—1290	拉斯洛四世
1290—1301	安德拉什三世
1301—1305	波希米亚的瓦茨拉夫
1305—1307	巴伐利亚的奥托
1308—1342	查理一世
1342—1382	路易大帝

挪威王国统治者 1000—1350

995—1000 国王	奥拉夫一世，“赤膊王”
1000—1016	斯韦恩一世，“八字胡”
1016—1030	奥拉夫二世
1030—1035	斯韦恩二世，克努特之子
1035—1047	马格努斯一世，“好人王”
1047—1066	哈拉尔德三世，“无情者”
1066—1093	奥拉夫三世，“温和王”

1093—1103	马格努斯三世，“赤脚王”
1103—1122	埃斯泰因一世
1103—1130	西居尔一世，“圣战者”
1130—1135	马格努斯三世
1130—1136（王位宣称者）	哈拉尔德四世，“事奉基督者”
1136—1155	西居尔二世，“大嘴”
1142—1161	英格一世
1142—1157	埃斯泰因二世
1161—1162	哈康二世
1163—1184	马格努斯四世
1184—1202	斯韦克（斯韦勒）
1202—1204	哈康三世
1204—1217	英格二世
1217—1263	哈康四世，老哈康
1263—1280	马格努斯四世，修法者
1280—1299	埃里克二世
1299—1319	哈康五世
1319—1355	马格努斯七世（瑞典的马格努斯二世）
1355—1380	哈康六世（瑞典的哈康一世）

波兰王国统治者

皮亚斯特王朝 1000—1350

992 — 1025　国王	博莱斯瓦夫一世
1025—1034	梅什科二世
1034—1058	卡齐米日一世
1058—1079	博莱斯瓦夫二世
1079—1102	瓦迪斯瓦夫一世
1102—1138	博莱斯瓦夫三世
1138—1146	瓦迪斯瓦夫二世

1146—1173	博莱斯瓦夫四世
1173—1177	梅什科三世
1177—1194	卡齐米日二世
1194—1227	莱谢克一世，白莱谢克
1232—1238	亨利一世
1238—1241	亨利二世
1241—1243	康拉德一世
1241—1279	博莱斯瓦夫五世
1279—1288	莱谢克二世，黑莱谢克
1288—1290	亨利四世
1295—1296	普热梅斯瓦夫二世
1300—1305	瓦茨拉夫二世
1306—1333	瓦迪斯瓦夫一世
1333—1370	卡齐米日三世

历任教皇 1000—1350

999 — 1003 教皇	西尔维斯特二世
1003	若望十七世
1003—1009	若望十八世
1009—1012	赛吉阿斯四世
1012	格列高利（敌对教皇）
1012—1024	本笃八世
1024—1032	若望十九世
1032—1044	本笃九世
1044—1045	西尔维斯特三世（敌对教皇）
1045	本笃九世
1045—1046	格列高利六世
1046—1047	克雷芒二世
1047—1048	本笃九世（敌对教皇）

1048	达马苏二世
1049—1054	利奥九世
1055—1057	维克托二世
1057—1058	斯德望十世 *
1058—1059	本笃十世（敌对教皇）
1058—1061	尼古拉二世
1061—1073	亚历山大二世
1061—1064	洪诺留二世（敌对教皇）
1073—1085	格列高利六世
1080—1100	克雷芒三世（敌对教皇）
1087	维克托三世
1088—1099	乌尔班二世
1099—1118	帕斯加尔二世
1100	狄奥多里（敌对教皇）
1102	阿尔伯特（敌对教皇）
1105—1111	西尔维斯特四世（敌对教皇）
1118—1119	格拉修二世
1119—1124	加里斯都二世
1118—1121	格列高利八世（敌对教皇）
1124	塞莱斯廷（敌对教皇）
1124—1130	洪诺留二世
1130—1143	英诺森二世
1130—1138	克雷二世（敌对教皇）
1138	维克托四世（敌对教皇）
1143—1144	塞莱斯廷二世
1144—1145	卢修斯二世
1145—1153	尤金三世
1153—1154	阿纳斯塔修斯四世

* 另有说法将其称为斯德望九世。——译者注

1154—1159	亚德四世
1159—1181	亚历山大三世
1159—1164	维克托五世（敌对教皇）
1164—1168	帕斯加尔三世（敌对教皇）
1168—1178	加里斯都二世（敌对教皇）
1178—1180	英诺森三世（敌对教皇）
1181—1185	卢修斯三世
1185—1187	乌尔班三世
1187	格列高利八世
1187—1191	克雷芒三世
1191—1198	塞莱斯廷三世
1198—1216	英诺森三世
1216—1227	洪诺留三世
1227—1241	格列高利九世
1241	塞莱斯廷四世
1243—1254	英诺森四世
1254—1261	亚历山大四世
1261—1264	乌尔班四世
1265—1268	克雷芒四世
1271—1276	格列高利十世
1276	英诺森五世
1276	亚德五世
1276—1277	若望二十一世
1277—1280	尼古拉三世
1281—1285	马丁四世
1285—1287	洪诺留四世
1288—1292	尼古拉四世
1294	塞莱斯廷五世
1294—1303	波尼法修八世
1303—1304	本笃十一世

阿维尼翁教廷的教皇

1305—1314	教皇	克雷芒五世
1316—1334		若望二十二世
1328—1330		尼古拉五世(敌对教皇)
1334—1342		本笃十二世
1342—1352		克雷芒六世

葡萄牙王国统治者 1000—1350

1140—1185	国王	阿方索一世
1185—1211		桑乔一世
1211—1223		阿方索二世
1223—1245		桑乔二世
1245—1279		阿方索三世
1279—1325		迪尼斯
1325—1357		阿方索四世
1357—1367		佩德罗一世

西西里统治者

诺曼统治者

1072—1101	伯爵	罗杰一世
1101—1105		西蒙
1105—1130		罗杰二世
1130—1154	国王	罗杰二世
1154—1166		威廉一世
1166—1189		威廉二世
1189—1194		坦克雷德

霍亨施陶芬王朝

1194—1197	国王	亨利六世
1197—1250		腓特烈二世
1250—1254		康拉德四世
1258—1266		曼弗雷德
1266—1268		康拉丁

安茹王朝

1268—1285	国王	安茹的查理一世
1285—1309		查理二世
1309—1343		罗贝尔
1343—1381	女王	乔万娜

阿拉贡王朝

1282—1285	国王	佩德罗三世
1285—1295		海梅二世
1296—1337		腓特烈二世
1337—1342		佩德罗二世
1342—1355		路易

西班牙王国统治者 1000—1350

莱昂和卡斯提尔王国

1035—1065	国王	费尔南多一世
1065—1072		桑乔二世
1072—1109		阿方索六世
1109—1126	女王	乌拉卡
1126—1157	国王	阿方索七世

卡斯提尔王国

1157—1158	国王	桑乔三世
1158—1214		阿方索八世
1214—1217		恩里克一世

莱昂王国

1157—1188	国王	费尔南多二世
1188—1230		阿方索九世

莱昂和卡斯提尔王国

1217—1252	国王	费尔南多三世
1252—1284		阿方索十世
1284—1295		桑乔四世
1295—1312		费尔南多四世
1312—1350		阿方索十一世

纳瓦拉王国

1000—1035	国王	桑乔大帝
1035—1054		加西亚一世
1054—1076		桑乔四世

阿拉贡王国

1035—1063	国王	拉米罗一世
1063—1094		桑乔·拉米雷斯

纳瓦拉和阿拉贡王国

1076—1094	国王	桑乔·拉米雷斯
1094—1104		佩德罗一世
1104—1134		阿方索一世

纳瓦拉王国

1134—1150	国王	加西亚·拉米雷斯
1150—1194		桑乔六世
1194—1234		桑乔七世
1234—1253		特奥巴尔多一世
1253—1270		特奥巴尔多二世
1270—1274		恩里克一世
1274—1307	女王	胡安娜一世，与法兰西的腓力四世结婚

（1284—1328，纳瓦拉王位由法兰西国王兼领）

1328—1349	女王	胡安娜二世
1349—1387	国王	卡洛斯二世

阿拉贡王国

1134—1137	国王	拉米罗二世

加泰罗尼亚伯国

1035—1076	伯爵	拉蒙·贝伦格尔一世
1076—1082		拉蒙·贝伦格尔二世
1082—1096		贝伦格尔·拉蒙二世
1096—1131		拉蒙·贝伦格尔三世
1131—1162		拉蒙·贝伦格尔四世

加泰罗尼亚通过联姻控制阿拉贡

1162—1196	伯爵	阿方索二世
1196—1213		佩德罗二世
1213—1276		海梅一世
1276—1285		佩德罗三世
1285—1291		阿方索三世
1291—1327		海梅二世
1327—1336		阿方索四世

1336—1387		佩德罗四世

瑞典王国统治者 1000—1350

994—1022	国王	奥洛夫·埃里克松
1022—1050		阿农迪·雅各布
1050—1060		老厄蒙德
1060—1066		斯滕克尔
(1066—1080	内战时期)	
1080—1110	联合统治者	哈尔斯滕
1080—1112	联合统治者	英格(老)
1112—1125	国王	菲里普
1112—1125	联合统治者	英格(小)
1130—1156	国王	斯渥克尔
1150—1160	王位竞争者	埃里克九世
1160—1161	国王	马格努斯·亨里克松
1161—1167		卡尔七世
1167—1195		克努特·埃里克松
1195—1208		斯渥克尔·卡尔松
1208—1216		埃里克十世
1216—1222		约翰一世
1222—1250		埃里克十一世
1229—1234	王位竞争者	克努特·隆格
1248—1266	摄政	比耶伯爵
1250—1275	国王	瓦尔德马一世
1275—1290		马格努斯一世
1290—1318		比耶二世
1319—1365		马格努斯·埃里克松二世

神圣罗马帝国统治者 983—1378

萨克森王朝

983—1002	皇帝	奥托三世
1002—1024		亨利二世

法兰克尼亚王朝

1024—1039	皇帝	康拉德二世
1039—1056		亨利三世
1056—1106		亨利四世
1106—1125		亨利五世
1125—1137		萨克森的洛泰尔二世

霍亨施陶芬王朝

1138—1152	皇帝	康拉德三世（未加冕）
1152—1190		腓特烈一世，“红胡子”
1190—1197		亨利六世
1198—1208		士瓦本的腓力（未加冕）
1198—1215		（王位竞争者，不伦瑞克的）奥托四世
1215—1250		腓特烈二世
1250—1254		康拉德四世（未加冕）
1256—1271		罗马人的国王，理查，康沃尔伯爵

（1254—1273，“大空位”时期）

后霍亨施陶芬王朝的继承情况

1273—1291	皇帝	哈布斯堡家族的鲁道夫一世（未加冕）
1292—1298		拿骚的阿道夫
1298—1308		奥地利的阿尔布雷希特一世

1308—1313		卢森堡的亨利七世
1314—1325	王位竞争者	奥地利的腓特烈三世
1314—1347	皇帝	巴伐利亚的路德维希
1347—1378		卢森堡的查理四世

参考书目

第 1 章　1000 年的基督教世界

Martha Carlin, *Medieval Southwark* (London, 1996), pp. 250–51.

第 2 章　地中海地区的欧洲

Thomas Head and Richard Landes, eds, *The Peace of God: Social Violence and Religious Response in France around the Year 1000* (Ithaca, New York, 1992), pp. 327–42.

Lester Little, *Benedictine Maledictions: Liturgical Cursing in Romanesque France* (Ithaca, New York, 1993), p. 36.

Jonathan Riley-Smith, *The First Crusaders, 1095–1131* (Cambridge, 1997), p. 51.

第 3 章　北欧人、凯尔特人与盎格鲁 - 撒克逊人

John Wright, *The Geographical Lore of the Time of the Crusades* (New York, 1965), pp. 346–7.

The Story of Burnt Njal, trans. George Dasent (New York, 1911), pp. 208–9.

Orkneyinga Saga, trans. Hermann Palsson and Paul Edwards (London, 1978), p. 137.

George Sayles, *The Medieval Foundations of England* (New York, 1961), p. 192.

第 4 章　法兰克 / 法兰西

Joseph Strayer, *Feudalism* (New York, 1965), p. 113.

第 5 章　中欧地区

Gyorgy Gyorffy, *King Saint Stephen of Hungary* (New York, 1994), p. 89.

Giles Constable, *The Reformation of the Twelfth Century* (Cambridge, 1996).

第 6 章　主教叙任权之争

Ernst Kantorowicz, *The King's Two Bodies: A Study in Mediaeval Political Theology* (Princeton, 1957), p. 46.

H. E. J. Cowdrey, *Pope Gregory VII, 1073–1085* (Oxford, 1998), pp. 504–7.

Robert Moore, 'Heresy, Repression, and Social Change in the Ages of Gregorian Reform', in *Christendom and Its Discontents*, ed. Scott Waugh and Peter Diehl (Cambridge, 1996), pp. 24, 33.

Gordon Mursell, *The Theology of the Carthusian Life in the Writings of St Bruno and Guigo I* (Salzburg, 1988), p. 256.

Theodore Evergates, 'Aristocratic Women in the County of Champagne', in *Aristocratic Women in Medieval France*, ed. Theodore Evergates (Philadelphia, 1999), p. 105.

第 7 章　第一次十字军运动

Riley-Smith, *First Crusaders*, p. 33.

The Penguin Book of Hebrew Verse, ed. and trans. T. Carmi (Harmondsworth, 1981), pp. 372–3.

Fulcher of Chartres, *A History of the Expedition to Jerusalem, 1095–1127*, trans. Francis Ryan, ed. Harold Fink (New York, 1969), pp. 121–2.

Alan Murray, 'Walther, Duke of Teck: The Invention of a German Hero of the First Crusade', *Medieval Prosopography*, 19 (1998), 35–54.

第 8 章　知识界

Bernardus Silvestris, *Cosmographia*, trans. Winthrop Wetherbee (New York, 1973), p. 69.

Abelard, 'The History of My Calamities', in *The Letters of Abelard and Héloïse*, trans. Betty Radice (Harmondsworth, 1974), p. 75.

Stephen Jaeger, *The Envy of Angels: Cathedral Schools and Social Ideals in Medieval Europe, 950–1200* (Philadelphia, 1994), p. 239.

Medieval Woman's Guide to Health – The First English Gynecological Handbook, trans. Beryl Rowland (Kent, Ohio, 1981), p. 139.

Kantorowicz, *King's Two Bodies*, p. 104.

第 9 章　12 世纪的文化创新：俗语文学与建筑

Raoul de Cambrai, trans. Jessie Crosland (London, 1926), pp. 43–4.

William Paden, 'The Figure of the Shepherdess in the Medieval Pastourelle', *Medievalia et Humanistica*, 25 (1998), pp. 1–14.

Raymond Cormier, One Heart, *One Mind: The Rebirth of Vergil's Hero in the Medieval French Romance* (University, Mississippi, 1973), pp. 86–7.

John Harvey, *English Cathedrals* (London, 1961), p. 44.

第 11 章　政治势力及其环境（下）

Philip Jones, *The Italian City-State: From Commune to Signoria* (Oxford, 1997), p. 457.

第 13 章　教皇英诺森三世与第四次拉特兰会议

Two Views of Man: Pope Innocent II, On the Misery of Man; Grannozzo Manetti, On the Dignity of Man, trans. Bernard Murchland (New York, 1966), pp. 3–4.

第 14 章　学问

David Knowles, *The Evolution of Medieval Thought* (New York, 1962), p. 200.

第 17 章　哥特世界

Maria Dembinska, *Food and Drink in Medieval Poland: Rediscovering a Cuisine of the Past*, trans. Magdalena Thomas (Philadelphia, 1999), p. 72.

Dembinska, *Food and Drink in Medieval Poland*, p. 166.

第 20 章　政治与社会暴力

William TeBrake, *A Plague of Insurrection: Popular Politics and Peasant Revolt in Flanders, 1323–1328* (Philadelphia, 1993), chapter headings.

推荐阅读

第 1 章　1000 年的基督教世界

Guy Bois, *The Transformation of the Year One Thousand* (Manchester: Manchester University Press, 1990)

Christopher N. L. Brooke, *Europe in the Central Middle Ages, 962–1154* (New York: Longman, 1975)

Léopold Genicot, *Rural Communities in the Medieval West* (Baltimore: Johns Hopkins University Press, 1990)

J. A. Raftis (ed.), *Pathways to Medieval Peasants* (Toronto: Pontifical Institute of Mediaeval Studies, 1981)

第 2 章　地中海地区的欧洲

Thomas Head and Richard Landes (eds.), *The Peace of God* (Ithaca: Cornell University Press, 1992)

Frederick C. Lane, Venice: *A Maritime Republic* (Baltimore: Johns Hopkins University Press, 1973)

Robert S. Lopez and Irving Raymond, *Medieval Trade in the Mediterranean World* (New York: Columbia University Press, 1955)

G. A. Loud, *The Age of Robert Guiscard: Southern Italy and the Norman Conquest* (Harlow, England: Longman, 2000)

Joseph F. O'Callaghan, *A History of Medieval Spain* (Ithaca: Cornell University Press, 1975)

第 3 章　北欧人、凯尔特人与盎格鲁 – 撒克逊人

Theodore M. Andersson, *The Icelandic Family Saga: An Analytical Reading* (Cambridge,

Mass.: Harvard University Press, 1967)

Peter Foote and David M. Wilson, *The Viking Achievement: The Society and Culture of Early Medieval Scandinavia* (New York: St Martin's Press, 1990)

Ruth Karras, *Slavery and Society in Medieval Scandinavia* (New Haven: Yale University Press, 1988)

P. H. Sawyer, *Kings and Vikings: Scandinavia and Europe, A.D. 700–1100* (New York: Methuen, 1982)

Frank M. Stenton, *Anglo-Saxon England* (Oxford: Clarendon Press, 3rd edn, 1971)

Patrick Wormald, *Legal Culture in the Early Medieval West: Law as Text, Image and Experience* (Rio Grande, Ohio: Hambledon Press, 1999).

第 4 章　法兰克 / 法兰西

David Bates, *Normandy Before 1066* (London: Longman, 1982)

David Bates, 'West Francia: The Northern Principalities' in *The New Cambridge Medieval History*, vol. III (Cambridge: Cambridge University Press, 1999)

Marc Bloch, *The Royal Touch: Sacred Monarchy and Scrofula in England and France*, trans. J. E. Anderson (London: Routledge & Kegan Paul, 1973)

A. W. Lewis, *Royal Succession in Capetian France: Studies in Familial Order and the State* (Cambridge, Mass.: Harvard University Press, 1981)

第 5 章　中欧地区

Erik Fugedi, *Kings, Bishops, Nobles and Burghers in Medieval Hungary* (ed. J. M. Bak) (London: Variorum, 1986)

Karl J. Leyser, *Rule and Conflict in an Early Medieval Society: Ottoman Saxony* (Bloomington: Indiana University Press, 1979)

Karl J. Leyser, *Medieval Germany and Its Neighbors* (London: Hambledon, 1982)

Timothy Reuter, *Germany in the Early Middle Ages, 800–1056* (London: Longman, 1991)

第 6 章　主教叙任权之争

Uta-Renate Blumenthal, *The Investiture Controversy: Church and Monarchy from the Ninth to Twelfth Century* (Philadelphia: University of Pennsylvania Press, 1988)

Giles Constable, *The Reformation of the Twelfth Century* (New York: Cambridge University Press, 1996)

C. H. Lawrence, *Medieval Monasticism: Forms of Religious Life in Western Europe in the Middle Ages* (London: Longman, 1989)

Ernst Kantorowicz, *The King's Two Bodies: A Study in Mediaeval Political Theology* (Princeton: Princeton University Press, 1997, reprint)

Gerd Tellenbach, *Church, State and Christian Society at the Time of the Investiture Contest,* trans. R. F. Bennett (Toronto: University of Toronto Press, 1991)

第 7 章　第一次十字军运动

Robert Chazan, *European Jewry and the First Crusade* (Berkeley: University of California Press, 1987)

Carl Erdmann, *The Origin of the Idea of Crusade,* trans. Marshall W. Baldwin and Walter Goffart (Princeton: Princeton University Press, 1997)

Jonathan Riley-Smith, *The First Crusade and the Idea of Crusading* (Philadelphia: University of Pennsylvania Press, 1986)

Jonathan Riley-Smith, *The First Crusaders, 1095–1131*(Cambridge: Cambridge University Press, 1997)

Jonathan Riley-Smith, *Hospitallers: the History of the Order of St. John* (London: Hambledon press, 1999)

第 8 章　知识界

Robert L. Benson and Giles Constable (eds.), *Renaissance and Renewal in the Twelfth Century* (Cambridge, Mass.: Harvard University Press, 1982)

James Brundage, *Medieval Canon Law* (London: Longman, 1995)

Marcia Colish, *Medieval Foundations of the Western Intellectual Tradition, 400– 1400* (New Haven:Yale University Press, 1997)

Alexander Murray, *Reason and Society in the Middle Ages* (Oxford: Oxford University Press, 1978)

Hilde De Riddler-Symoens (ed.), *Universities in the Middle Ages,* vol. I of A *History of the University in Europe* (Cambridge: Cambridge University Press, 1992)

Beryl Smalley, *The Study of the Bible in the Middle Ages* (Oxford: Blackwell, 3rd edn, 1983)

第 9 章　12 世纪的文化创新：俗语文学与建筑

Peter Dronke, *The Medieval Lyric* (New York: Cambridge University Press, 1977)

C. Stephen Jaeger, *The Origins of Courtliness: Civilizing Trends and the Formation of Courtly Ideals, 939–1210* (Philadelphia: University of Pennsylvania Press, 1985)

Gustav Kunstler, *Romanesque Art in Europe* (Greenwich, Conn.: New York Graphic Society, 1968)

William D. Paden (ed. and trans.), *The Medieval Pastourelle* (New York: Garland Pub., 1987)

第 10 章 政治势力及其环境（上）

John W. Baldwin, *The Government of Philip Augustus: Foundations of French Royal Power in the Middle Ages* (Berkeley: University of California Press, 1986)

Robert Bartlett, *England Under the Norman and Angevin Kings, 1075–1225* (Oxford: Clarendon Press, 2000)

Horst Fuhrmann, *Germany in the High Middle Ages, c. 1050–1200,* trans. Timothy Reuter (Cambridge: Cambridge University Press, 1986)

Karl Hampe, *Germany Under the Salian and Hohenstaufen Emperors,* trans. and intro. Ralph Bennett (Oxford: Blackwell, 1973)

第 11 章 政治势力及其环境（下）

Jean Richard, *The Latin Kingdom of Jerusalem,* trans. Janet Shirley, 2 vols. (Amsterdam: North-Holland Pub. Co., 1979)

Jonathan Riley-Smith, *The Crusades: a Short History* (New Haven: Yale University Press, 1987)

Daniel Waley, *The Italian City-Republics* (London: Longman, 3rd edn, 1988)

Kenneth Baxter Wolf, *Christian Martyrs in Muslim Spain* (Cambridge: Cambridge University Press, 1988)

第 12 章 社会结构

Edith Ennen, *The Medieval Town,* trans. Natalie Fryde (Amsterdam: NorthHolland Pub. Co., 1979)

Robert Fossier, *Peasant Life in the Medieval West,* trans. Juliet Vale (New York: Blackwell, 1988)

Paul Freedman, *Images of the Medieval Peasant* (Stanford: Stanford University Press, 1999)

Barbara A. Hanawalt, *The Ties That Bound: Peasant Families in Medieval England* (New

York: Oxford University Press, 1986)

Michel Mollat, *The Poor in the Middle Ages: an Essay in Social History* (New Haven: Yale University Press, 1986)

第 13 章 教皇英诺森三世与第四次拉特兰会议

Christopher Cheney, *Pope Innocent III and England* (Stuttgart: Hiersemann, 1976)

C. H. Lawrence, *The Friars: the Impact of the Early Mendicant Movement on Western Society* (London: Longman, 1994)

Mark Pegg, *The Corruption of Angels: the Great Inquisition of 1245–1246* (Princeton: Princeton University Press, 2001)

Jane Sayers, *Innocent III: Leader of Europe, 1198–1216* (London: Longman, 1993)

Walter Wakefield, *Heresy, Crusade and Inquisition in Southern France, 1100–1250* (London: G. Allen & Unwin, 1974)

第 14 章 学问

Jacques-Guy Bougerol, *Introduction to the Works of St. Bonaventure,* trans. José de Vinck (Patterson, NJ: St Anthony Guild Press, 1964)

M.-D. Chenu, *Toward Understanding St. Thomas* (Chicago: H. Regnery Co., 1964)

John Marenbon, *Later Medieval Philosophy: An Introduction* (London: Routledge & Kegan Paul, 1987)

F. E. Peters, *Aristotle and the Arabs: the Aristotelian Tradition in Islam* (New York: New York University Press, 1968)

Fernand van Steenberghen, *Aristotle in the West: the Origins of Latin Aristotelianism,* trans. Leonard Johnston (Louvain, Nauwelaerts, 2nd edn, 1970)

第 15 章 北方诸王国

D. A. Carpenter, *The Reign of Henry III* (London: Hambledon Press, 1996)

William C. Jordan, *The French Monarchy and the Jews: From Philip Augustus to the Last Capetians* (Philadelphia: University of Pennsylvania Press, 1989)

Jean Richard, *Saint Louis: Crusader King of France,* ed. Simon Lloyd and trans. Jean Birrell (Cambridge: Cambridge University Press, 1992)

G. O. Sayles, *The King's Parliament* (New York: Norton, 1974)

第 16 章　波罗的海和中欧

David Abulafia, *Frederick II: a Medieval Emperor* (London: Allen Lane, 1988)

Robert Bartlett, *The Making of Europe: Conquest, Colonization, and Cultural Change, 950–1350* (Princeton: Princeton University Press, 1993)

Philippe Dollinger, *The German Hansa,* trans, and ed., D. S. Ault and S. H. Steingberg (Stanford: Stanford University Press, 1970)

Peter Jackson, 'The Mongols and Europe' in *The New Cambridge Medieval History,* vol. V (Cambridge: Cambridge University Press, 1999)

Birgit Sawyer, *Medieval Scandinavia: From Conversion to Reform, circa 800–1500* (Minneapolis: University of Minnesota Press, 1993)

第 17 章　哥特世界

Jean Bony, *French Gothic Architecture of the Twelfth and Thirteenth Centuries* (Berkeley: University of California Press, 1983)

A. Gasiorowski (ed.), *Polish Nobility in the Middle Ages: Anthologies* (Wroclaw: Zaklad Narodowy im. Ossoli'nskich, 1984)

Roberta L. Krueger (ed.), *The Cambridge Companion to Medieval Romance* (Cambridge: Cambridge University Press, 2000)

Emile Mâle, *The Gothic Image: Religious Art in France of the Thirteenth Century,* trans. Dora Nussey (New York: Harper, 1958)

David Robb, *The Art of the Illuminated Manuscript* (South Brunswick: A. S. Barnes, 1973)

J. W. Sedlar, *East Central Europe in the Middle Ages, 1000–1500* (Seattle: University of Washington Press, 1994)

第 18 章　南欧

Thomas Bisson, *The Medieval Crown of Aragon: a Short History* (Oxford: Oxford University Press, 1991)

R. I. Burns (ed.), *The Worlds of Alfonso the Learned and James the Conquerer: Intellect and Force in the Middle Ages* (Princeton: Princeton University Press, 1985)

Jean Dunbabin, *Charles I of Anjou: Power, Kingship and State—Making in Thirteenth—Century Europe* (London: Longman, 1998)

Steven Runciman, *The Sicilian Vespers: a History of the Mediterranean World in the Later Thirteenth Century* (Cambridge: Cambridge University Press, 1958)

第 19 章　饥荒与瘟疫

Guy Bois, *The Crisis of Feudalism, Economy and Society in Eastern Normandy, c. 1300–1500* (Cambridge: Cambridge University Press, 1984)

William C. Jordan, *The Great Famine: Northern Europe in the Fourteenth Century* (Princeton: Princeton University Press, 1996)

Millard Meiss, *Painting in Florence and Siena after the Black Death* (New York: Harper and Row, 1964)

Philip Ziegler, *The Black Death* (New York: Harper and Row, 1969)

第 20 章　政治与社会暴力

Richard W. Kaeuper, *War, Justice and Public Order: England and France in the Later Middle Ages* (Oxford: Clarendon Press, 1988)

D. Nicholas, *Town and Countryside: Social, Economic and Political Tensions in Fourteenth—Century Flanders* (Bruge: 'De Tempel', 1971)

D. Nicholas, *The Metamorphosis of a Medieval City: Ghent in the Age of the Arteveldes, 1302–1390* (Lincoln: University of Nebraska Press, 1987)

W. M. Ormrod, *The Reign of Edward III: Crown and Political Society in England, 1327–1377* (New Haven: Yale University Press, 1990)

Jonathan Sumption, *The Hundred Years War: Trial by Battle, 2* vols. (London: Faber, 1990–99)

第 21 章　危机中的教会

Marilyn McCord Adams, *William Ockham* (Notre Dame, Indiana: Notre Dame University Press, 1987)

Marilyn McCord Adams and Allan B. Walter (eds.), *The Philosophical Theology of John Duns Scotus* (Ithaca: Cornell University Press, 1990)

Bernard McGinn (ed.), *Meister Eckhart and the Beguine Mystics* (New York: Continuum, 1994)

Francis P. Oakley, *The Western Church in the Later Middle Ages* (Ithaca: Cornell University Press, 1979)

Joseph R. Strayer, *The Reign of Philip the Fair* (Princeton: Princeton University Press, 1980)